青海师范大学“藏区历史与多民族繁荣发展研究省部共建协同创新中心”项目

老子句读

左克厚 著

東方出版中心

图书在版编目（CIP）数据

老子句读 / 左克厚著. —上海：东方出版中心, 2021.9
ISBN 978-7-5473-1889-8

Ⅰ. ①老… Ⅱ. ①左… Ⅲ. ①道家②《道德经》-研究 Ⅳ. ①B223.15

中国版本图书馆CIP数据核字（2021）第178819号

老子句读

著　　者　左克厚
责任编辑　冯　媛　周心怡
装帧设计　青研工作室

出版发行　东方出版中心
地　　址　上海市仙霞路345号
邮政编码　200336
电　　话　021-62417400
印 刷 者　上海颛辉印刷厂有限公司

开　　本　890mm×1240mm 1/32
印　　张　15.5
字　　数　324千字
版　　次　2021年10月第1版
印　　次　2021年10月第1次印刷
定　　价　78.00元

序

左克厚教授又要出新书了，这次是《老子句读》，又一本导读经典的著作。此前他出过《论语旧注今读》《大学中庸通讲》和《孟子通讲》，把儒家“四书”“通讲”了一遍，现在开始瞄准道家了。我一看这个书名，就暗自为他捏了一把汗：《老子》五千言，一句一句都讲清楚，这是一个冒险犯难的事啊。我记得钱穆先生曾经说过，要求一个学者把一部经典的所有问题都解决，都讲清楚，是对经典本身的不了解。用句读的方式，对《老子》做逐句讲解，左克厚教授如何面对那些诸家纷纷扰扰的文本问题？而讨论如此多纷扰琐屑的问题，这本书还如何面对更广大的读者？更重要的是，如何呈现《老子》的真正价值？

但在我粗略浏览了他发来的电子书稿以后，我松了一口气：他不在一些训诂和文本上纠缠，而注重于义理的阐释和生命体验的契洽——事实上，这正是钱穆先生主张的：钱穆先生在《论语新解》“颜渊死，颜路请子之车以为之椁”章下注曰：“有志于学者，不宜在微末处骋才辩，滋枝节。”记得左克厚教授在私下谈到那些新近出土的文献时，说过这样的话：既然这些文献一直湮没无闻，它们的历史价值又如何论断？它们又哪里有什么影响？这个观点深契我心。在本书第十九章的句读里，左克厚教授谈到竹简本和通行本、帛书本的区别，有这样一段话：

有人因为竹简本的出现，提出要重写先秦思想史，有没有这个必要呢？这是高估了竹简本的思想价值。竹简本并未偏离老子的基本思想，不存在重写先秦思想史的问题。至于重写中国思想史，就有些耸人听闻了。尽管竹简本最早，但并未对中国思想产生实际的影响。两千多年来，影响中国思想的毕竟是通行本，所以也不存在重写中国思想史的问题。

不久前我还在朋友圈转发了龚鹏程教授的一篇文章《中国已无文采》（“龚鹏程大学堂”2019-12-01），其中谈到这些出土文献：

近日马王堆汉简、郭店楚简、清华简、北大简等等更是可观，吸引了无数文字学家关注，动不动就要出来爆料一下，说又发现什么珍贵的简帛、可以破译什么古史了。自媒体、网站更是喜欢这类话题，以博眼球。可真要他们做，又做不出什么，一个长沙马王堆，《简帛集成》就忙了四十年。

其实那些东西，既然几千年没人看过，当然也就没有任何影响，跟几千年来之中国可说毫无关系，有什么研究之价值？

左克厚教授这部《老子句读》，一个显著的特点，就是不在微末处驻足，骋才辩，弄聪明，他以陈鼓应校订的王弼本来作句读，当然，一些细节处有所调整，甚至也在一些符合逻辑的地方采用其他本子，比如，他解释“与善仁”就根据帛书乙本，理解为“与善天”；解释“正善治”，就从陈鼓应的“政善治”等等，最后提出自己的见解：王弼本的“正善治”应当是“治善正”，我觉得这些都是合理的。但整体而言，这部书稿不枝不蔓，不纠缠于细枝末节，侧重于呈现《老子》的思想价值和现代意义。

而左克厚教授对《老子》义理的阐释，又有这么两个特点：

第一，左克厚教授多年研究的是美学，是西方哲学，所以，他有深厚的西学功底，他的哲学素养很高——这是他和一些文字学、声韵学学者不同的地方。他谈中国古典，往往是中西对照来解说，这一点，他此前的《孟子通讲》《大学中庸通讲》里就有特别的表现。这一次也是如此，比如说，他这部谈老子的书稿，竟然22次提到康德，其他如维特根斯坦、弗洛伊德、歌德等等，不一而足。这样的解读，让《老子》的哲学意蕴得到充分的展示。所以，左克厚教授这本谈《老子》的著作，和市面上流行的诸多同类著作有很大的不同：不是仅仅把它解读为庸俗的人生社交指南、生存和生活技巧，而是回归老子当时的思维现场，在哲学的境界上，与老子对话。

第二，中西对照以外，左克厚教授还注重"古今互鉴"，特别注意发掘《老子》的现代价值。由于《老子》预设的读者是作为统治者的王公大人，所以《老子》其实还是"君人南面之术"，谈政治。古代的政治智慧，在今天还有无借鉴价值？这是本书的特点之一。

第三，《老子》高度抽象的哲学和哲学化表达，阻碍了大多数人走入老子思想的可能性——除非如现在很多人做的那样，把《老子》庸俗化。老子高度精粹简略而独特的文字表达，成了一道屏障。如何让哲学思维在日常的场景中呈现出来？"道无所不在"如何"期而后可"，"道在屎溺"又如何呈现，毕竟是一般东郭子对学者的正当期待。值得一提的是，这恰恰是左克厚教授这部书稿的最大特色，谓予不信，我们看看他对"有无相生"这一句的句读：

（这里的有与无）是由人的价值观而产生的有无。……老子讲有无相生，有无同时存在。有无同时存在是什么意思呢？比如说这个杯子，它存在于这个空间，对于这个空间来讲，它就是有，对于它不在的那个空间而言，它就是无。我们可以不停地改变杯子的存放空间，杯子可以不停地有，也可以不停地无。所以同时存在意味着，这杯子在一个地方是有的，在另一个地方就是无了。对空间来讲，没有增加什么，也没有减少什么，看见杯子突然没了，感觉很坦然，它没有无呀，它在这个地方无了，跑到另一个地方去有了。在这个世界上，从来没有无过，从来也没有有过，世界原本就是这个样子。

我们还可以从另外一个层面讲有无相生，在你拥有这个杯子的同时，也让你失去了其他的杯子。在人和物的关系中，人时时都在拥有，也时时都在失去。所以拥有的时候不必沾沾自喜，因为你正在失去别的。失去的时候也不必伤心，因为你正在得到别的。只要有选择就会有拥有，就会有失去。大家能来这里上学是值得高兴的，但一想到失去了那么多学校，那么多学校从此就无缘了，一下又感到有些失落。跟某个人谈恋爱很幸福吧，但从此便失去了跟别人谈恋爱的机会。另外，既然有无同时存在，只要恋爱，就有失恋的可能。有了这一条，就有一个心理准备，万一失恋了，就会有个说法，对象本就不属于你，你们是侥幸有了这么一段关系，现在又恢复到原状了。水归了大海，云归了天。

说到最后，竟然有了云在青天水在瓶的禅意。这样的段落，书中比比皆是。左克厚教授这部书，确实是读《老子》的方便之门。

我前段时间给花时间读书社的学员讲《中庸》，用的是我自己编写的讲义，每一章都有相应的导读阐释，我再讲，也不过是依照着讲。但学员对我说，还是要现场听，因为，现场讲授的时候，老师会各种举例譬喻，使抽象的形象，不可解的可解，看不见的呈现。左克厚教授的这本书，恰恰就是他现场讲授的录音整理，所以，我们看到他那么多当场当时随手拈来的譬喻举证，使不可道的可道，不可名的可名，不可为的可为——老子的道，被他用日常的斧凿剥卸出来。

左克厚教授近十年来，在全国各地包括台湾，给各种机构的学员讲《老子》，这些阅师无数、口味刁钻的学员，给左教授的评价是“老子天下第一”。我以为，左教授老子讲得好、庄子讲得好，还有一个原因：他的生活态度非常接近老庄，他的世界观非常贴近老庄。我们当年一起去青海支教，十几二十年后纷纷孔雀东南飞，而他，面对诸多南迁的诱惑和呼唤，淡然处之。在他看来，幸福，或者理想的生活，不在某个地方，而在某种心态，这很老庄。很多听过他课的学员，都说左老师主要还不是讲出了老庄，而是活成了老庄，他活成了老庄的样子，他不是在文字里和老庄打成一片，他几乎是按照老庄的说法在生活，他的生活美学就是老庄的。前面引述左克厚教授的文字里，说到谈恋爱，我八卦一下：二十来岁时的左克厚，谈恋爱的条件是，女孩子必须认为他左克厚一无所能，然后爱他。我们当时都觉得这个恋爱逻辑实在奇葩，但现在回头一看，这不就是老子的逻辑吗？

老左讲老子，老左真的可以讲老子，因为，他讲的是自家体会呢。

鲍鹏山

2021.5 于浦东偏安斋

目录

一　章

道可道，非常道；名可名，非常名。

无，名天地之始；有，名万物之母。

故常无，欲以观其妙；常有，欲以观其徼。

此两者，同出而异名，同谓之玄。玄之又玄，众妙之门。

第一章是《老子》里最难懂的一章，也是影响最大的一章。中国人特别重视第一，总认为第一章一定是具有深意的，具有一种思想引领的作用。而且，为了解释第一章为什么是“道可道，非常道；名可名，非常名”，人们还编出了一个故事。老子出函谷关的时候，遇到了边防长官尹喜，尹喜崇拜老子的思想，老子临走时，尹喜让他一定要写点东西留下来。但如果要写点什么，就违背了老子的基本思想，因为隐士要隐姓埋名，连姓名都要隐去，留下一部著作干什么？全是画蛇添足。但对于尹喜，老子盛情难却，于是就写了五千个字。但是为了防止后人误把这五千字当作不可更改的经文，老子提前打了一个预防针，让大家不要把他讲的东西当作真理。虽然他写了，但写的并不一定就是真理，大家不要执着于他所写的文字，要去关注真理本身。用老子的话来讲，他写的这五千字不是道，真正的道，需要自己去体会。因此把“道可道，非常道；名可名，非常名”放在第一章，似乎就有了一个合理的解释。但是，通行本第一章在帛书本里并不是第一章。帛书本《老子》《道经》和《德经》与通行本的安排相反。通行本里，《道经》在前，《德经》在后，所以“道可道，非常道；名可名，非常名”为第一章，但帛书本里，《德经》在前，《道经》在后，那么“道可道，非常道；名可名，非常名”就不是第一章了。竹简本《老子》没有第一章的内容，而且经文的顺序和帛书本以及通行本的顺序完全不一样。这说明，通行本《老子》的第一章，原本并不是《老子》的第一章，它成为第一章，是后人精心编纂的结果。后人认为这一章比较玄，所以放到第一章，并赋予一个很深的含义。如果事实如此，说明《老子》这本书不是传说中一气呵成的，而是后人编纂出来的。老子可能是一篇一篇地写，后人将之编在了一起。

道可道，非常道。第一个道是名词，是道家的道；第二个道是动词，是说的意思；第三个道也是名词，也是道家的道。这句话的意思就是：道是可以说的，但说出来的道，不是真正的道。这里的常道，很多人认为是一个固定的词汇，以为在道之外还有常道，高于道，这显然不正确。因为“常道”在《老子》里仅此一例，后来再也没有出现过，所以常和道应该是一个临时性的组合。根据组合的次数来看，不能认为它是一个固定的词汇。此外，道已经是老子的核心概念了，不应该还有一个高于道的常道。如果真是这样，就会出现一个问题，为什么不把道家叫作常道家？因为道已经把道家的思想涵盖进去了，没有必要再加上一个常字。所以应该将常道理解为真正的道。为什么呢？因为好多人把说出来的道当作道了，所以老子讲，说出来的道不是真正的道。这句话还有另外的译法，有人说第一个道是说的意思，第二个道也是说的意思，第三个道才是道家的道。这样这句话就可以译为：说可以说的，但所说的不是真正的道。这个译法，受到了维特根斯坦的启发，维特根斯坦说，人只能说能够说的，对不能说的要保持沉默。这两种翻译字面上有点区别，但意思上没有区别，都是说道是不能说的。表面上看，道可以说，但说出来的不是道，那就等于，道还是不能说。

这句话是讲语言和道的关系。简而言之，人不能够用语言说出道。这是老子的基本观念，也是道家的基本观念，是儒家和佛家的基本观念，是三家的共同观念。庄子说“道无问”，不要问道是什么。因为问道是什么，潜意识里就已经把道当成了一个东西，这就降低了道的品格，把道变成了万物中的一物。尽管是高贵之物，但无论多么高贵，终究就是一个物。当然，你不向别人问道，但不能阻止别人向你问道。怎么办呢？庄子又说“问无应”，问了不要答应，要保持沉默。因为一旦答应了，又意味着把道变成了一个东西。孔子也不信任言说，孔子的核心思想是仁，仁是说出来的吗？不是，仁是做出来的。所以孔子讲“听其言而观其行”，孔子不喜欢滔滔不绝的人。佛家说“言语道断”，只要说话，道就停止了，明确表示说即不是，慧能的禅宗强调不立文字，直指人心，也是讲说的有限性。尽管三家不说的内涵有很大差别，但思想的方式是完全一致的。

另外，用语言说道就把道凝固成一个具体的思想，就把道僵化了。语言的本质就是把一个活的东西变死，说道就等于把道说死，让人以为只有这个是道，那个不是道。道是无限开放的，但说把道变成封闭的东西。还有，人是通过语言来把握世界的，用语言说对象就是用语言把握对象，凡是能够说的对象，都是已经把握住了的对象。诸葛亮借东风，在当年是不可理喻的事情，但今天已不再神秘，风云变化由不可说变成了可说，还成了一门学科。那么人类的说有没有一个界限呢？如果人能说清一切，那人就凌驾于一切之上。那样的话，人就会自我膨胀，人就成为了神。道不能说，表面看来是语言的局限性，但更深层则是人的局限性。人之外还有道，道又不能说，道就有了神秘性，人对道就会产生一种敬畏感。人为什么需要一个神秘的道呢？归根到底是要给人提供一种生活的意义。假如道能够说出来，世界就透明了，世界也就从此失去意义了。道不可说，恰好激发了人去说，越是不可说的东西，人越是想要说，想说制造了生活的意义。

名可名，非常名。第一个名是名词，是概念的意思；第二个名是动词，是命名的意思；第三个名也是名词，是概念的意思。常名也是一个临时性的组合。这句话可以翻译成：概念是用来命名对象的，但能够用来命名对象的概念不是高级的概念。上一句是讲语言不能表述道，这一句是讲文字也不能命名道。这就意味着，道原本是没有名称的，只是出于方便才给了一个名字。在这里，老子把概念分成了两类：一类是普通的概念，日常生活中常见的，比如桌子、椅子。这些概念是在经验中产生的，是先有对象，后有对象的名称，先有桌子，然后取名叫桌子，也就是说，存在在先，命名在后。另一类是高级的概念，高级概念没有与之相应的对象，比如鬼、神、上帝、自由、爱。这些概念来自理念，是与生俱来的，是为了生活必须假定的概念。用康德的话来讲，这些概念是超验的。先有超验的概念，后有超验的存在，先有上帝这个概念，然后才有上帝存在。一个是因为存在而有概念，一个是因为概念而有存在。这两种存在有什么区别呢？一种是经验的存在，是实实在在的存在，可以用经验去证明存在。一种是概念的存在，似有若无，似无若有，若有若无。说它无吧，人们使用这些概念的频率，丝毫不比具体的概念少，甚至使用的范围更广，尤其在人的精神生活中。说它有吧，这些概念所指的对象又看不见，摸不着。没有人见过鬼神、上帝、自由和爱。一个若有若无的对象只能是一个信念的对象，相信就有，不相信就无。

比如自由，自由有没有呢？人一生都在追求自由，人成长的过程就是追求自由的过程，婴儿从爬到走到跑，其实都是在追求自由。与此同时，自由也受到了限制，父母对孩子的保护，在孩子的眼里都是对自由的限制。当孩子能无所顾忌地奔跑时，又被送进幼儿园，这一进去差不多二十年后才能出来。大学毕业，找到了工作，摆脱了学校，摆脱了父母，自由了，但很快发现，工作又限制了自由。苏东坡感慨“长恨此生非我有”，连苏东坡那么旷达的人都不感到自由，何况一般人呢？人一生追求自由，最终却发现处处都不自由，人对自由的所有追求，最终都限制了自由。人拥有了手机，看起来很自由，能随时联系到他人，但随时被他人联系，又不自由。自由是一个理念，是信念的产物，是不能证明的。证明的结果很可能就是没有自由。因为人来到世间就是不自由的，不是因为想要来，而是被父母带到世间的。开端就是不自由的人，有什么理由去要求自由呢？

爱也是一种信念，相信有爱，然后才会去爱，人追求爱表明人相信有爱。信念不能够被证明，却能引导人去生活。没有这个引导，人就会失去生活的方向感。比如，明天会更好，几乎成了一个口头禅。甚至只要说出明天会怎样，人们就会自然地跟着说，明天会更好。这个说法其实没有任何根据，如果用经验来证明的话，明天会更坏更有道理。明日复明日，总有一天会没有明日，这是人人认可的事实，但人性深处，并不倾向于这样一种说法。即便在绝境中，人还是相信明天会更好，这种相信就是信念。当然人可以说明天会更坏，还拿出很多证据来证明明天会更坏，但人都不会这样去做。因为明天会更坏的话，今天就没有活下去的理由了。人活下去的理由就是明天会更好，只要人活着，就会认为明天会更好。

理念来自信念。这些理念有很多，如自由、爱、美、上帝、神，还有道。道是一个理念，也是信念的产物。当然，在老子及道家看来，道的理念是最根本的，有了道，才有上帝、神、自由、爱和美。现在可以给道下一个定义了。什么是道？相信有道，这就是道。这是道的基本含义，以后还会展开道的更多含义。相信有道特别重要。道就是路，人要通过路才能走出去，没有路，就是无路可走，相信有道，就是相信世界上有路可走。对人来讲，这特别重要，因为每个人都会在生活中遭到挫折，此时就会本能地认为，自己已无路可走。也是在此时，道的信念出现在眼前，人就凭借道战胜生活的困难。人在遇到不公正的时候，就会本能地喊天，觉得天是公正的。有的时候还要喊妈，觉得妈是很公正的。实际上，天是不是公正的呢？不知道。但如果不相信天公正，人就无路可走了。天是否公正并不重要，重要的是人必须要相信天是公正的，这样才能迈过不公平的坎。妈是不是公正的呢？妈对子女也是有偏爱的，但不能因为偏爱就否定了她的公正性，如果否定了她的公正性，你又无路可走了。不是妈妈公正才喊妈妈的，而是必须相信妈妈是公正的。所以道就是人类给自己留下的一条后路，保证人在任何困难的条件下，都能够克服困难。这又可以理解为人类对自己的激励。

无，名天地之始；有，名万物之母。这两句话在断句上有分歧。至少从王弼开始，都是从无名和有名这里断句的。但是到了北宋，王安石怀疑这种断句的方式，认为应该从“无”和“有”处断句。同时代的司马光、苏辙也持相同的观点。这样一来，就有了两种不同的断句方式。不同的断句方式产生不同的意义，在一些关键的地方，断句影响到对思想的理解。那么哪一种断句比较好呢？我觉得还是从“无”和“有”处断句比较好。严格地讲，这两种不同的断句方式，在《老子》的文本里都可以找到证据。老子也讲到了有名无名的问题，但有名无名出现的次数比较少。魏晋时期，玄学讨论有无的问题，今天的人也多讲有无，不太讲有名和无名。可见，以有无断句，对后世的影响更大。从哲学的深度来讲，有无是一个根本的问题，有名无名则是一个次生的问题。只有有了有和无，才有有名和无名的问题。因此，我们主张从有无处来断句。从思想的逻辑上来讲，上句讲的是道，此处讲的是有和无，两者是什么关系呢？因为道的不可思议性，我们把它归结为一种信念，但如果道仅仅停留在信念的层面，那老子的哲学就不再是哲学，而是一种宗教了。所以必须把道加以具体化，这就要深入到道的内部，深入到道的原始结构，这样就由道过渡到有无的问题了。

在老子看来，道是由有和无构成的。通过有和无，道就比较好理解了。老子是怎么发现有无这两个概念的呢？首先发现的应该是有这个概念，发现有这个概念是很不容易的，这需要一种哲学的抽象能力。世界万物千差万别，概而言之叫万物。万物有什么共同点呢？老子认为，万物中的每一物都可以叫有，桌子是有，椅子是有，山是有，水是有，它们的外在形态完全不同，但都可以说是有，世界万物都是有。如果世界上只有有，这个有就等同于道了。但是有只是道的一个构成要素，道里面除了有，一定还有别的要素，并且肯定与有不一样。如果跟有相似的话，就可以归结为有。所以道在有之外，还应该包含与有性质相反的要素，这个相反的要素就是无。发现无太了不起了，这是老子对中国哲学最有创造性的贡献。因为道是春秋时期的一个共名，道家讲道，儒家也讲道。孔子讲"朝闻道，夕死可矣"，孔子也是把道当作最高概念了，比仁还高。知道了道，死也值得，可见道的地位之高。中庸之道，文以载道，都用的是道的概念。但同一个道，内涵不一样。所以儒道思想的差别不在道字，在于各自的次生概念上，这个次生的概念在儒家就是仁，在道家就是无。因为仁是人和人之间的关系，属于有的范围，所以儒道差别就是有和无的差别，儒家讲有，道家讲无。从看得见的有进入到看不见的无，这是思想的质的飞跃。因为无看不见，摸不着，常人面对无无从说起。把无当作一个问题来思考，在常人这里是不可思议的，但这个不可思议的问题，在老子那里却是思议的重点。过去我们把眼睛盯在有上面，现在发现，有之外还有一个广大的无的领域，这极大拓展了思想的空间。道不能下定义，但无可以下定义。那什么是无呢？老子说，无是天地之始。天地之始是什么？始是开始的地方，天地开始的地方，是天地的边界。界内是天地，界外就是无。天地在无之内，也就是在空间之内。所以无是空间的概念，当然，无由空间概念还会引申出更多的含义，但它基础性的含义就是空间。空间是对万物的限制，万物只能在空间中。什么是有呢？有是万物之母，万物都是有，万物源于有，所以有是万物之母。

故常无，欲以观其妙。常有，欲以观其徼。这两句在断句上也有两种不同的意见，王弼从欲字上断句，宋代的王安石、苏辙都怀疑这种断句的方式，他们改从有无处断句。这种断句方式，就和前面的“无，名万物之始；有，名万物之母”统一起来了。这两句话是接着上两句话来的，上面从有无断句，下面也要从有无断句来保持上下的一致性。当然，除了逻辑上的关系以外，还有一个原因。如果从欲字处断句，会有一个问题。常无欲比较好理解，也比较符合道家的思想，而常有欲在道家思想里面，不是能够说得通的。且无欲的说法在《老子》中有很多处，有欲却是仅此一例，所以我们赞同王安石的断句方式。

前面讲有无这两个概念，这里讲有无这两个概念发挥的作用。从无的观点，怎样去看世界；从有的观点，又怎样去看世界。以无的眼光看世界，看到了世界的妙处。妙是什么意思呢？妙是一种很精微的道理，这个道理很难用语言去表述，只能体会它的含义。当然，只讲说不清楚，固然也可以，但还是尽量要把说不清的东西说清楚。这个精微道理是什么呢？这个精微的道理是看不见摸不着的，是思想出来的。前面讲到的那些理念，比如说自由、爱、平等都是妙，都是思想出来的。那么思想怎么能提出这些理念呢？这就与无有关了。如果没有无的话，这些概念都没有着落。是无给了这些概念一个存在的空间，一个存在的住所。比如说自由这个概念，就来自无，没有无就没有自由。人在无里生存，在无里自由活动。是无给了人自由，并让人有自由的思想。所以自由这个概念，就源自无。平等也源于无。我们讲万物是平等的、人是平等的，从什么意义上讲万物是平等的、人是平等的呢？从有的观点看，桌子和椅子不一样，这个人和那个人不一样，怎么能够平等呢？平等就在于它们都是一个物，都是在无里的一个物，在这一点上，它们是平等的。平等不是说物和物之间、人和人之间完全是一样的。而是它们都源于无，都是由于无才成为了一个有，都是无这个大家族中的一个成员。爱也和无有关。爱让两个独立的个体走到一起，爱的前提就是，相爱者必须是两个独立的个体。正是因为无，他们才成为独立的个体，如果没有无，他们就粘连在一起，成为一体，就无所谓爱或不爱了。就像脑袋上的两个耳朵一样，它们不是独立的个体，永远走不到一起，也就没办法相爱。正是由于无，独立的个体才能自由活动，相互吸引，然后走到一起。所以自由也好，平等也好，爱也好，这些人类的理念，这些不可思议的概念，都是无的成果。

还可以从引申义上，把无理解为有的缺失，就是一个东西先有后无。一个存在的东西，后来不存在了，一个在场的东西，后来不在场了。在场的只是一些有限的东西，更多东西都是不在场的。但是人呢，只能从在场的东西中去理解事物，这种理解就可能出现问题，就可能把一个局部的真理，放大成一个普遍性的真理。从无看世界，就会关注不在场的东西。我们每个人都有一部家族史，我们那些祖先是些什么人呢？生存状态是怎样的呢？我们一无所知。所以一部二十四史充其量就是一部帝王的家族史，只不过是中国历史的沧海一粟，那个一粟不能代表沧海。这样，从帝王的家族史中总结出来的规律还具有普遍的意义吗？即便帝王一家的历史也不是一部完整无缺的历史，它是精心选择的结果。想让你看的，你才能看到，不想让你看的，你永远看不到。因为永远看不到，就会认为它是无，其实那些无原本是有的。用无的眼光去看，就是通过思想的方式，把那些失去的有找回来。当然，人不可能真的能够把失去的历史找回来，材料都没有了，怎么去找？肯定找不回来了。但是呢，能不能找得回来是一回事，心里有没有找的意识是另一回事。有了找的意识就会根据无来反思，来怀疑在场的东西，就会导致在场的东西性质会发生变化。比如说为了表扬一个人，一般来讲，就会隐瞒他的缺点，给人留下素来做好事的印象，人们就会判定这是一个好人。但如果补上那些删除的缺点，你就会发现，这个人好坏参半，就会感慨人性的复杂。可见那些不在场的东西、无的东西，对理解有太重要了。那些无让人重新去审视有，这也是思想创新的一个源头。

“常有，欲以观其徼”，这是从有来看世界。徼是边界的意思。边界让人一目了然，分清楚这边和那边。边界有很醒目的标志，让人很清晰地去识别它，去看见它。所以这个徼，就是指能够把握的那些道理。比如说科学的道理，就是能够把握的。数学、物理学、化学都是能够把握的道理，可以根据这些道理，预测下一步会如何变化，预测它的结果。知道了化学配方，就可以达到想要的结果。这里面配方最重要，谁去配方不重要，谁去配方都可以达到这个结果。只要给出确定的条件，就能达到预定的结果。既从有的观点看世界，又从无的观点看世界，就把世界所有的方面都看透了。

此两者，同出而异名，同谓之玄。玄之又玄，众妙之门。“此两者”指的是有和无。有无是什么关系呢？“同出而异名”。这句话很重要。同出有两个意思，第一个意思是，有无同出于一个地方，有和无性质相反，但同出于道。这表明有和无具有一种亲属关系，这就避免了从字面上去理解有和无，把有和无分裂开来，从而保持了世界的统一性。这个很重要，世界具有统一性，人就有了归宿。世界不统一，人就有四处流浪、找不到家的感觉。第二个意思，同出是同时出现的意思。有无不仅有同一个源头，而且是同时出现，要是一先一后，就会出现一个问题，到底是有在先呢，还是无在先呢？有无同出意味着，可以用有去规定无，也可以用无去规定有，有无相互规定。通过有才知道无，也因为无才知道有。老子在这里强调有无同时出现，但在其他地方表述有无关系时，却更强调无的作用。为什么要强调无的作用呢？由于在有无当中，有是一贯受到重视的，而无往往被忽略，这就必须强调无的优先作用。但无的优先作用是有严格限定的，不是指时间上的优先，不是说在时间上无先出现，然后再无中生有，不是这个意思。这个优先是指逻辑上的优先。一般都认为，先有空间，然后才有空间里的万物，感觉是无在先，有在后。就像教室，先有一个空间，然后桌子、椅子和人才能进入到这个空间里面来。当然可以反驳说，构成空间的这个楼就是一个有。但有人会辩护，这个楼本身，这个有本身，又处在一个更大的空间里面，先有这块空地，才能在上面盖楼，是不是空间又在先？这就给人造成一个印象，好像无应该先于有。其实这种说法是有问题的，为什么它有问题呢？可以提出一个问题，就是这个有，在没有进入到无以前，在什么地方？它总得在一个地方吧。只要在一个地方，它就在无里面。也就是说有一开始就在无里面，有和无是同时存在的，这就叫同出。无在逻辑上可以优先，但在时间上绝对是同时的。

“同谓之玄”，这个同是指有无同出于一个地方，又同时出现，这件事情很玄。玄是深黑的颜色，有深不见底的感觉，所以玄就是无法理解的、无法看透的、不可思议的。也就是说，有无同出于一个地方，又同时出现，这件事是让人无法理解的。世界从终极的意义上讲，很多现象是无法理解的，是找不到最终原因的。为了给事情一个合理的解释，就假定这种状态是合道的。然后在道的概念之下去理解万事万物。“玄之又玄”是一种惊叹。表示对这个事极度迷惑：怎么会出现这样的事情？这是通常的思维无法理解的事情，相反的东西同出于一个地方，又同时出现，这怎么可能呢？但事实上，它就是如此。所以一方面要接受这个事实，另一方面又对这个事实又感到困惑。“众妙之门”，万事万物的道理，都是从有无关系中得到理解的。世界上的道理看起来很多，但最终不外乎有无，都可以用有无去解释。有无是理解世界的一把钥匙，是“众妙之门”。当然，有无为什么会呈现出这样的关系，这是人永远无法理解的，是超出人的智力之外的。所以“玄之又玄，众妙之门”，是对有无关系表示的一种惊叹。

二　章

天下皆知美之为美，斯恶已；皆知善之为善，斯不善已。
有无相生，难易相成，长短相形，高下相盈，音声相和，前后相随。
是以圣人处无为之事，行不言之教；
万物作而不为始，生而不有，为而不恃，功成而弗居。
夫唯弗居，是以不去。

天下皆知美之为美，斯恶已。天下人都知道什么是美的时候，也就意味着天下人都知道了什么是丑。也有人按照字面意义把这句话翻译为：天下人都知道什么是美的时候，这就是丑了。但这一章下面的内容，都是讲两个相反观念之间的关系。这两句话的思想和后面的思想应该是一致的，也是讲两种相反的观念是如何同时产生的。这也呼应了第一章讲的有无关系，第一章讲抽象的有无关系，这一章讲具体的有无关系，所以这两句话是讲美丑同时产生。这个恶，是丑的意思。《庄子》里讲卫国有一个恶人，叫哀骀它，这个恶也是丑的意思。这句话是讲美丑的关系。通常的观念是，在美丑当中，要弘扬美，要排斥丑。但根据美丑同时产生的观念，排除了丑，美也就不存在了。只要美存在，丑就会存在，丑是消灭不了的。这就避免了美学上的理想主义，理想主义美学就是要保持美，排斥丑。美丑同时产生，意味着美丑是相互创造的关系，美创造了丑，丑也创造了美。因为美创造了丑，所以美就不能自傲。因为丑创造了美，那么丑呢，也不要自卑。美丑应该相互承认。在美丑关系里，对美而言，美不要鄙视丑，而要承认丑，更要感激丑。对于丑而言，不但不需要自卑，还应该感到自豪，因为丑创造了美。这才是一个正确的态度。美学把丑作为研究的重要内容，表明美学的视野在扩大，美学不但认识到了美的重要性，还意识到丑的重要性，没有丑就无法理解美。但在现实当中，美不知不觉表现出一种自傲，丑不知不觉表现出一种自卑，双方都没有在关系中认识自己。这里就能理解相反相成这个成语的含义了。有时候一个词，不深入思考的话，觉得只是一个平常的词，深入思考后，才能真正体会，相反的事情是如何相成的。

皆知善之为善，斯不善已。天下人都知道什么叫善的时候，不善的观念也同时产生了。这句话表达的思想和上句表达的思想是一致的，但是这两句话还是有区别的。与美相对应的丑，尽管表现为一种感官的不适应，但从理性上讲，还是认同的。因为丑只是一种形式上的欠缺，并不妨碍内容上的真实，丑尽管具有一点负面的含义，但我们还是承认它的价值。但与善相对应的不善，不仅是形式上的欠缺，而且在内容上也是应该否定的。根据善与不善这两个观念同时存在的道理，我们在承认善的时候，也就必须承认不善。这就要考验人的理性了，不善是绝对不能接受的东西，但因为善和不善这层关系，还必须承认不善。怎么去理解呢？王阳明有一个弟子，他在花园里除草的时候产生了一个疑问，也可以说是感慨，说花间的草啊，怎么老是除不尽呢？除了一遍，过几天它又长出来了。他由除草中的困惑，引申到对善恶的困惑，为什么恶老是除不掉？为什么善这么难培养？善恶之间，好似善很脆弱，恶反而很顽强。他就问老师，这是怎么回事呢？王阳明回答说，因为你要看花，所以把草看作不善，如果你想看草的生机，就不会认为草是一种不善了。所以草的不善，是你把它看作不善，相对于你要看花，草才变得不善。不执意于看花，草也就无所谓不善。

王阳明首先确定善和不善有同等的价值，认为善恶的区分全在于人。世间万物本无所谓善与不善，因为人的介入，才有了善与不善。学生又问，既然如此，那花间的草是不是就可以不除了？也就是说，这个恶，也就可以放任它，不用管了。王阳明又说，这是不对的，想看花，就必须要除掉草，除草也是合理的。王阳明的这个观念很有意思。从道理上讲，说草不善，是没有道理的。草在大地上生长，是自然生机的表现。北宋的周敦颐有一个雅好，就是不除窗外草。为什么不除呢？周敦颐的说法是，自家窗外草体现了一种自然生机，也是一种善。但在现实中，为了看花，可以除掉草。王龙溪把王阳明的思想总结成了两句话，“时时知是知非，时时无是无非”。从人的现实活动来看，知是知非，为了是而反对非，但从道理上讲，本无是非，是非是人价值判断的结果。善与不善也是这样，就道理看，无所谓善与不善，但现实中，为了善，可以除掉那个不善。这和美丑不一样，人不必为了美而把丑去掉。但善就不一样了，为了善，可以把不善去掉，这是人的一种本性。但更重要的是，还要时时无是无非，人为了善而除掉不善，是一种不得已的行为，从更高的思维来看，那些所谓的不善，并非真的不善，所谓的善，也不一定真的就是善。

接下来，老子列举了六种相反观念的关系。这是要表明，这种相反观念的关系不局限于美丑善恶之间，还普遍存在于生活的各个方面，是生活中的基本关系。相反观念的关系可以通俗化为反义词之间的关系。美丑善恶是反义词，接下来要讲的有无、难易、长短、高下、音声、前后都是反义词。我们从小就熟悉反义词，在反义词中，一方是褒义的，一方是贬义的。对褒义的一方进行肯定，对贬义的一方进行否定。在反义词中，我们看到了一个黑白分明的世界，这个世界一部分是好的，一部分是不好的。通过对反义词的学习，人慢慢形成了一种思维习惯，用二元对立的模式去思考世界，把世界看成对立的两面，肯定一面，否定一面。多亏了世界上还有文学，文学真正的好处就是打破了思维的对立，好人还是坏人呢？一下子变模糊了。老子的思想也是要打破二元对立，他认为反义词之间不是对立的关系，而是一种相生的关系。

有无相生。这个地方的有无相生，和第一章讲的有无关系，应该有一些区别。它们不在同一个层次上，那个地方的有无是道的两个构成要素，这个地方是由人的价值观而产生的有无。这个有，是拥有的意思，这个无，是丧失、丢失的意思。有无是一对反义词，在这对反义词中，人肯定有，否定无。人们津津乐道，我有什么。比如游客到西宁来，导游就会介绍西宁有什么，市内有塔尔寺，周边有青海湖，但不能给游客介绍没有什么。大家找工作的时候，肯定要讲我有什么特长，只能讲我有的东西，不能讲我没有的东西。这种讲话方式，慢慢就使有变成一个褒义词。而无一无所有，什么都没有，就成了一个贬义词。但老子的观点不一样，老子讲有无相生，有无同时存在。有无同时存在是什么意思呢？比如说这个杯子，它存在于这个空间，对于这个空间来讲，它就是有，对于它不在的那个空间而言，它就是无。我们可以不停地改变杯子的存放空间，杯子可以不停地有，也可以不停地无。所以同时存在意味着，这杯子在一个地方是有的，在另一个地方就是无了。对空间来讲，没有增加什么，也没有减少什么，看见杯子突然没了，感觉很坦然，它没有无呀，它在这个地方无了，跑到另一个地方去有了。在这个世界上，从来没有无过，从来也没有有过，世界原本就是这个样子。我们还可以从另外一个层面讲有无相生，在你拥有这个杯子的同时，也让你失去了其他的杯子。在人和物的关系中，人时时都在拥有，也时时都在失去。所以拥有的时候不必沾沾自喜，因为你正在失去别的。失去的时候也不必伤心，因为你正在得到别的。只要有选择就会有拥有，就会有失去。大家能来这里上学是值得高兴的，但一想到失去了那么多学校，那么多学校从此就无缘了，一下又感到有些失落。跟某个人谈恋爱很幸福吧，但从此便失去了跟别人谈恋爱的机会。另外，既然有无同时存在，只要恋爱，就有失恋的可能。有了这一条，就有一个心理准备，万一失恋了，就会有个说法，对象本就不属于你，你们是侥幸有了这么一段关系，现在又恢复到原状了。水归了大海，云归了天。

难易相成。难和易中，通常认为难是有价值的，艰难困苦，玉汝于成，克服了艰难困苦，成功才有价值和意义。如果事情本来就很容易，举手之劳，做成了，也得不到感谢，得不到表扬。所以励志故事里都要写磨难，经过磨难做成了某件事，这件事就有价值。日常思维模式强调难，而不是强调易。学生作文写老师，都会写老师熬红了眼睛来上课。为什么呢？表明老师为这节课付出了很多很多，昨晚备课到深夜，别人家的灯都熄灭了，老师家的灯还亮着。那么，按照老子的思想，千辛万苦才备好一节课，表明什么？他不称职，不适合做老师。老子更欣赏另外一种情况。晚上没备课，还喝了一场酒，居然把课上得那么好，这个价值更高。老子颠倒了难易价值观，他强调了易的重要性，易在某种意义上体现了无为的思想。什么叫难？什么叫易？每一件事情，既可以说难，也可以说易。对于胜任这个工作的人来讲，这个工作就是易，对于不胜任这个工作的人来说，这个工作就是难。对这个人来讲，是难的，对那个人来讲，可能是容易的。难和易是同时存在的。就同一个人而言，做了不能胜任的事情，就感觉到难，做了胜任的事情，就感觉到易，难和易也是同时存在的。

长短相形。我们通常总是褒扬长，所以跟长组合的词，都是褒义词。说人有什么长处，就很高兴，说人有什么短处，就很沮丧。按照老子的说法，长短是在比较中形成的，是同时存在的。没有长，哪有短；没有短，哪有长。万物当中，跟长的对象相比，就是短。跟短的对象比，又是长。所以每个对象，既是长，也是短，它同时具备了两个要素，我们人也同时具有长处和短处。

高下相盈。盈是呈的意思，高和下相互呈现。凡是与高组成的词，都是褒义词，崇高、高兴等等。凡是与下组成的词，都是贬义词，卑下、下流等等。但问题在于，任何一个高的对象，都必须建立在低的对象的基础之上，高是不能独立存在的。就某个对象而言，高是对象的上端，低是对象的下端，没有下端也就没有上端。其实，若立足事物的上端，也可以把上端看作下端，把下端看作上端。另外呢，万物当中，与高的对象相比，就是下；与低的对象相比，又变成高。所以每个对象，既是高又是下，它们是同时存在的。

音声相和。什么叫音？音有音乐、音韵的意思。音有一种节奏感，具有艺术性，主要为了愉悦心灵，陶冶情操。声是平常的讲话，主要为了沟通交流，具有很强的功利目的。音和声功能不一样，只有音声相和才是一个美好的社会。如果只有声，生活就会枯燥乏味，如果只有音，看起来很不错，但把艺术当作生活，将会是生活的灾难。试想，用唱京剧的方式去沟通，会是什么结果？所以，艺术是艺术，生活是生活，艺术与生活相结合，才是和谐的社会。

前后相随。什么叫前？什么叫后？面对人的，就叫前；背对人的，就叫后。前后是以身体的朝向为标准的，但身体是能转向的，当身体向后转时，过去是前，现在就变成后了；过去是后，现在又变成前了。就身体而言，任何方向都是前，任何方向也都是后。前和后是同时出现的，在确定某一个方向是前的时候，相反的那个方向，就已经是后了。

老子在这里列举了六种关系。其实生活中远远不止这六种关系，还可以列出大量相反相成的关系。人走路需要动力，什么叫动力？阻力就是动力，没有阻力哪有动力呢？雪地上阻力变小了，动力也就不足了。人类的思想也是这样，思想的发展依赖于相反的思想。如果世界上只有一种思想，思想就永远不能发展了。先秦思想家都很幸运，孔子遇到了宰我，孟子遇到了告子，庄子遇到了惠子。思想遇到对立的思想，思想才能往深里发展。相反才能相成，强大的对手，不是敌人，是成全你的人。所以对于对手，应该怀有一种敬意，这才是对的。

以上这么多，都是讲原理，懂得了原理，就要按照原理去做。但很多人懂得原理，却没有按照原理去做。知行脱节了。用王阳明的话来讲，知而不行呢，是没有真知，真知必定包含了行。那么谁有真知呢，就是圣人。圣人是知行合一的典范，那圣人是怎么做的呢？

是以圣人处无为之事。这里出现了一个重要概念，无为。这是老子思想的核心概念。无为由于字面的含义，导致了很多人的误解。很多人都认为无为就是什么也不做。然后就质问老子，质问道家，什么都不做，那人最后不会饿死吗？如果老子的无为思想，就是指什么都不做的话，任何一个人都能够指出它的荒谬性，他还能够成为一个伟大的思想家吗？所以这个无为肯定有它独特的含义，它至少包含三个方面的含义。

首先，适性而为。每个人或者是每个物都有自己的性。我们填表的时候，必须要填性别。性是什么意思啊？性是物的规定性，它规定了物发展的界限，是对物的限制。也就是说，人能做什么，不能做什么，都由性先天决定了。所以有一些行业，有严格的性别限制，就是这个道理。那是不是所有的男性都是同一个性呢？所有的女性都是同一个性呢？还不是。性别之下，每个人又有自己的性，每个人都只能在自己性的范围内做事，人在性的范围内做事，就叫作无为。越过了自己的性去做事，这就是有为。比如说，有一个人只能挑五十斤的担子，结果他挑了六十斤，挑得很吃力，这就叫作有为了。另一个人他能够挑一百斤的担子，结果他只挑了九十斤，挑得很轻松，就叫作无为。所以，有为和无为不是看人做了什么，不是说做得多就是有为，做得少就是无为。挑了九十斤，还是无为，挑了六十斤，却是有为。所以有为和无为，不是和别人相比，而是自己的所为和自己的性相比，跟自己的能力相比，是自己跟自己比。所以有的人做了很多事情，不能说他有为，有的人做了很少的事情，不能说他是无为。有为和无为，没有外在的标准，只用自己的感觉作为标准，做事感觉很吃力的时候，这就是有为了，或者说接近有为了，做事感觉到很轻松的时候，这就是无为。

其次，顺势而为。顺着大趋势而为，就是无为。势这个词一定要好好体会。什么叫势？我们经常讲形势，形的整体倾向，就叫形势。形的整体倾向，非常难以改变，必须顺着这个势去为。有一句话叫时势造英雄，可见时势多重要。一般人只知道赞美英雄，但不知道英雄是怎么来的，英雄是时势造出来的，没有三国那个乱世，哪有那些英雄。反过来说，那些成为英雄的人，都是把握住了时势的人。乱世里做个军事家相对容易些，做个企业家就很难。

最后，循理而为。按照理去做，这就是无为。每个事物都有一个理，违背事理去做事，肯定不能成功。什么是理呢？前面讲的，有无相生，长短相形就是理，相反相成就是理。但是人们喜欢对反义词强行作价值判断，肯定一面，否定一面，结果人就在做永远做不到的事情。就像前面讲到的，要消灭世界上所有的丑，只留下美，这就是在做徒劳无功的事情。既然美丑相依，就让它们并存好了，这省了多少事！既然相反相成，去掉短的，哪还有长呢？去掉下的，哪还有上呢？去掉后的，哪还有前呢？所以圣人不做徒劳无功的事情，让长的长、短的短，上的在上、下的在下，前的在前、后的在后。这不就循理而为了吗？就像人有优点，也有缺点。想把人的优点都留下，缺点都改掉，肯定会天天吵架，不如用其所长，避其所短。

根据无为的三个含义可以看出，无为其实很难。要适性而为，那就先要了解自己的性。苏格拉底说，认识你自己，他把认识自己作为一个哲学命题提出来，可见认识自己太难了。很多人一辈子都不能完全认识自己。顺势而为，势是无形的、看不见的，到底是什么势，这个又需要人去判断。如果把形势判断错了呢？那就不是顺势，而是逆势了。这里的关键在于势不是摆在那里，而是依靠人判断的。循理而为，首先要找到事物的理，这要耗费多少精力，而且世界上有很多的理，理和理之间还有冲突，公说公有理，婆说婆有理。怎么去找真正的理呢？有一个词叫讲理，要是不会讲理呢，有理也是没理。会讲理呢，没理也是有理。即便真的有理，又讲出了道理，最后会不会按这个理去做，还是一个问题。可见无为有多难了，当然呢，这里讲的是圣人，一切难处在圣人这里都不难了。圣人是无为的典范，他只以无为的方式去做事。

行不言之教。有人把不言之教理解为身教。这个理解是有问题的，身教也是一种教，只要是教，必定就会居高临下，去教育别人，规范别人。不管是身教还是言教，都不过是教育的策略问题。身教不会改变居高临下的态度。不言之教是不教的意思，不教就是顺其自然地教。道家对人是很信任的，从某种意义上讲，道家比儒家更信任人。不言之教并不意味着不用语言，甚至可以使用语言，但是在使用语言的时候，不是居高临下的态度，而是跟别人平等对话，教育的目的就是让对象实现自我教育，去独立地做人做事。所以不言之教不是不说话，说话本身也可以是不言之教。

万物作而不为始。这句话是什么意思呢？就是让万物自己去开始，不要人为地让万物开始。每一个事物都有开始，自然万物的开始是自然发生的，不需要人去让它开始。所以，“万物作而不为始”是指人类社会的事物。人类社会的事物都起因于人，人不去开始，事物就不会产生。既然事物都是开始于人，为什么又说不为始呢？这个不为始有一个特定的含义，就是不要强行开始。尽管每天有许多事物开始，但在这样众多的开始里面还要有一个区分，有一些是自然地开始，有一些是人为的强行开始。为始，就是强行开始，不为始，就是顺其自然的开始。为什么要强行开始呢？人都有一种心理，认为开始最重要，所以特别重视开始，喜欢去开始。当然有时候不叫开始，叫开创新时代，都是一个意思。开创一个时代，让人千古流芳！因为开始太重要，大家就会争着去开始，没有到开始的时候，就要强行开始，以获得开创之功，这就导致有许多不该开始的开始了。因为不是自然的开始，开始就是个仪式，开始了的事情就不能持续下去。所以“万物作而不为始”，就是不好大喜功，强行给事物一个开始，给自己留一个名，而让事情顺其自然地开始。

生而不有。生而有是根深蒂固的观念。创造者拥有创造物是天经地义的，是生活的常识。人对自己的创造物有一种非常强烈的占有欲。父母把孩子据为己有，所以在打骂的时候有充足的理由，因为你是我生的。人有了新发明，一定会申请专利，写了一本书，一定要署上名字。大家都有一个强烈的意识，我的创造物必须归我所有。但老子讲

"生而不有"，如果"生而不有"的话，那创造物属于谁呢？属于它自己。然后才属于某个人、某个群体。如果它不属于自己的话，就不能属于任何人。即便属于某个人、某个群体，那也是暂时的，最终它不属于任何人、任何群体，只属于自己。"生而不有"强调了创造物的独立性。这一点在父母与孩子的关系中最为明显。父母生下孩子，但孩子并不属于父母，如果父母把孩子看作私有的，就必然会干预孩子的成长，使孩子在成长的过程中失去独立性。当孩子没有了自我意志的时候，就变成实现父母意志的工具，越是强势的父母，孩子越容易变成父母意志的工具。文学创作里也有这个问题，按理来说，作家创造人物，想怎么创造就怎么创造，但是伟大作家在创造人物的时候，常有身不由已的感觉，作家仿佛被他创造的人物牵着鼻子走。不是歌德写浮士德，而是浮士德借歌德写他自己。如果是歌德写浮士德，那浮士德就成了歌德自我表达的工具，只有浮士德借歌德写他自己，浮士德才有独立的人格和个性。这是文学创造的奥秘。大作家们总有一些很奇怪的说法，鲁迅就讲阿Q是自己要死的，不是被写死的。类似的话，托尔斯泰、普希金、福楼拜都说过，这正是"生而不有"的态度。在创造的过程中，越是尊重被创造的对象，被创造的对象就表现得越好。当然，"生而不有"不是说就不要拥有，而是说不要太执着于拥有。

为而不恃。依仗着给别人做了事，就要求相应的报答，这是通常的思维方式，有付出就应该有收获。但老子讲"为而不恃"，帮别人做了事，盼望着别人的报答，那是不对的。别人可以给你一个报答，但你不要等着那个报答。人这一辈子总要做事，碰巧了，正好给他做了事。你不给他做事，也要给别人做事，不存在报答的问题。有人经常问我一句话，你来到青海，把青春都献给了这里，是否后悔？我就回他一句话，青春到哪里都要奉献掉，不是说到发达的地方就能永葆青春。所以不要觉得你做了什么，别人就应该对你怎样，做了就做了，把责任尽到了。别人给你奖赏，欣然接受，没有奖赏，也不要太见怪。好多父母喜欢跟孩子说，把你带大了，自己多辛苦，这样说就是变相地要求报答。问题就在于，如果当年没有孩子，父母难道不痛苦吗？不要老是觉得为孩子付出了，实际上孩子也给父母带来了欢乐。用理性看待问题，就会减少很多抱怨。

功成而弗居。做成了一件事，不要居功自傲。人成功了，要如何对待自己的成功呢？老子的态度是“功成而弗居”。居就是待在功劳簿上，赖着不走，像居家一样，要永久地占有这个功劳。“功成而弗居”就是不要待在功劳簿上。为什么要“功成而弗居”呢？因为功成是一种结果，形成结果的原因有很多。理论上讲，原因是无穷无尽的，它们因缘和合造成了这个结果。既然成功是大家合力的结果，人就无功可居，每个人都只是做了应该做的，为功成出了力尽了责，仅此而已。好多人成功的时候，都要感谢许多人，这不是谦虚，而是说的老实话。没有众人相助，他是成功不了的。“功成而弗居”还有一个道理，如果前人都居功不去的话，那就轮不到后人有功了。《列子》中记载了一个故事，齐景公游牛山，看到美好的江山，流着泪说，人为什么会死呢？几位大臣也跟着流泪，独有晏子在冷笑：说论贤，景公不及太公、桓公，论勇又不及庄公、灵公，若是他们不去的话，哪里轮得上你景公呢。景公一听有理，自己罚酒一杯。从人情说，都有不想死之心，就物理言，只有弗居死亡，才能给后人留下位置。

夫唯弗居，是以不去。世界上的事情就这么奇怪，你居功了，人家要赶你走，你不居功，反而想把你留下来。大自然里有很多启示。大自然有四季，很多人喜欢春季，诗人尤其偏爱春天，诗词里写春天最多。有的惜春，有的伤春，都想留住春天。试想，如果春天听懂了诗人的意思，最终决定要留下来，会是什么结果？花一直开着，叶一直绿着，庄稼一直不能成熟，人最后只能饿死。这时候人就会想，让春天留下来可能是一个错误。春天的伟大在于，她不因为诗人哭哭啼啼、凄凄惨惨地挽留，就真留下来。春天的伟大，不仅在于让万物复苏，更在于她拒绝了人们的盛情挽留，毅然决然地离开。正因为她毅然决然要离开，诗人们才会深情地挽留。挽留是建立在离开的前提上，所以春天的美好，还是因为它要离开。“夫唯弗居，是以不去”，因为她不留下，所以她在人们的心目中是那样美好。世界靠什么支撑？不是靠情感，而是靠理性。因为春天的理性，她把季节交给了夏天，理性的夏天又把季节交给秋天，理性的秋天又把季节交给了冬天，有了理性的循环，才有了大家美好的生活。

三　章

不尚贤，使民不争；不贵难得之货，使民不为盗；不见可欲，使民心不乱。是以圣人之治，虚其心，实其腹，弱其志，强其骨。常使民无知无欲。使夫智者不敢为也。为无为，则无不治。

不尚贤，使民不争。尚贤是儒家的一个基本思想，儒家在治国理政的过程中到处寻找贤人。不仅儒家，墨家也尚贤，墨子专门写了一篇《尚贤》。今天还有人在提倡贤人政治。现实生活中，考公务员要层层选拔。先要笔试，然后面试，面试完要公示，公示完了见习，见习一年以后才能正式成为公务员。这也体现了尚贤的思想。可见尚贤是自古到今，人人认同的思想。但老子反对尚贤，这让人很奇怪，治国理政不去寻找贤人，靠谁去治国呢？难道要让一个庸人去治国？

为什么要不尚贤呢？首先，尚贤把人分成三六九等，说这个人贤，那个人不贤。当然，你可以说，人本来就有贤愚，不是强行分出的贤愚。问题的关键是，贤是怎么来的？为什么说他贤呢？一般人都认为，因为他能干，人品又好，所以说他是一个贤人，也就是说，因为他贤，所以才选贤。

这个观点对不对呢？在说一个人贤的时候，一定要注意，肯定是有一个关于贤的规则在先。先有一个关于贤的规则，因为他符合了这个规则，所以说他贤。可见贤是特定规则下的产物，一个人是不是贤人，从本质上讲，不取决于这个人，而取决于贤的规则。不同的规则会产生不同的贤人。这样看来，老子讲不尚贤，不是不要贤人，而是说不要用一个固定的规则去衡量贤人。固定的规则会僵化，会把某一类人永远当作贤人，把另一类人永远不当作贤人。懂得这个道理后，就要尽量地让规则多元化，让不同的人在不同的规则下都成为贤人。老子不尚贤的深层含义是每个人都是贤人。用这个标准来衡量不是贤人，但换一个标准，就可以成为贤人。每个人都是潜在的贤人，各有各的贤，有什么必要嫉贤妒能呢？“不尚贤，使民不争”是多么深刻的思想！按照儒家的观点，贤就是贤，不贤就是不贤，是贤人永远高兴，不是贤人永远痛苦。这就必然导致嫉贤妒能。

我们通常是认同一个规则，然后努力让自己符合这个规则。老子的深刻在于他反思规则，固定的规则只能产生固定的贤人，所以要尽量使规则多元化，让每个人都能人尽其才。例如，有段时间大家在讨论高考的公平问题，大家都承认高考是实现公平的基本途径和方式。但高考是不是绝对的公平？肯定不是。高考有好多不公平，最大的不公平，就是科目设置的不公平。高考必考语数外，大家都习以为常了，但这样的科目设置已经造成不公平了。首先就是城乡不公平，城市学生学外语的途径多，外语水平明显比农村学生高。所以，把英语固定成150分，对农村学生造成了规则的不公平。如果把外语换成农业基础知识，结果就会完全不同，农村一大批学生都来上重点大学了。可见规则的重要性。老子讲“不尚贤，使民不争”，就是在反思规则。因为规则产生了贤，所以，人贤也不必沾沾自喜。

不贵难得之货，使民不为盗。统治者不看重难得之货，老百姓就不去当盗贼。什么是难得之货？难得与数量有关，数量少就难得。人人都想据为己有，偷盗的事就难免要发生。就会特别地看重它，特别地保护它。因为数量稀少，价值就会越来越高，物以稀为贵，这是符合经济学原理的。面对难得之货，人的心理就会发生变化，“贵难得之货”不是人的主观臆想，而是有客观根据的，这种思维也有它的合理性。集邮的人都珍爱错版，因为错版就是绝版，绝版的价值最高。所以，为了提高物品的价值，就必须减少物品的数量。

这种思维方式隐含着一个问题，就是过于强调市场的价值，而遗忘了物品自身的价值。根据市场的原则，数量决定物品的价值。一个杯子放在这里，随着数量的不断减少，杯子的价值在不断提高。杯子没有发生任何变化，但价值却不断在变化，本来就是一个喝水杯子，昨天还一百，今天就一万了。市场的价值会造成一种荒诞的结果。老子说“不贵难得之货”，是要反思市场的价值，回归事物自身的价值，物品回归自身价值的时候，难得之货就回到它的日常性，它只是一个喝水的杯子而已。如果这只是一个平常的杯子，谁会去偷盗呢？

所以，“不贵难得之货”就是让人返回到生活本身。杯子就是喝水的，碗就是吃饭的，尽管它们是几百年前的，但它们的功能就是用于喝水吃饭。而且，大家会发现，完全按照市场的价值会出现价值颠倒的情况，最有价值的东西反而被忽视了。为什么呢？因为许多有价值的东西数量上很庞大，比如空气、阳光、水。就市场价值而言，它们都没有什么价值，它们没有那个杯子值钱，那个杯子完全可以不要，但谁敢说不要空气、阳光和水？可是日常生活中，谁真的把空气、阳光和水当回事了？生活中，人们经常把无价值的东西吹捧成有价值的东西，而把那些有价值的东西反而说成是无价值的。

老子反思市场的价值并不是否定市场价值，市场价值毕竟也是价值。但市场价值如果不加反思，就会导致价值颠倒，就会忘记事物自身的价值，就会把古董的价值看得比空气、阳光和水的价值还高。日常生活中，人们更看重古董的价值，那是因为空气、阳光和水已经被无偿拥有了。如果不以空气、阳光和水的价值为前提，古董是毫无价值的。老子的反思只是提醒，在事物自身价值和市场价值的比较中，事物自身价值更具有优先性。

那么如何寻找真正的价值呢？用减法。可以做个思想实验，比如说，在与世隔绝的情况下，你家里有一部手机、一袋黄金、一袋粮食。现在让你把不重要的东西先扔掉，肯定是先扔手机，接下来再扔，是扔黄金还是扔米呢？你会毫不犹豫地扔掉黄金。这个时候，人才意识到什么对人最重要。

不见可欲，使民心不乱。不见可欲的对象，民心就不乱。什么叫可欲？欲和可欲是不一样的，要注意分辨这两个词。欲的对象很广泛，万事万物都是人欲望的对象。可欲就不一样了，有条件使欲的对象变成自己的对象，这叫可欲。也就是说，能够实现的欲，就是可欲。

苏州园林很美，但绝没有人想把苏州园林变成自己家的园林，因为这是不可能实现的。所以苏州园林只是欲的对象，但不是可欲的对象。如果你说某个宾馆特别好，宾馆的配置特别好，服务也特别好，一定要住一个晚上，这个不仅是欲的对象，而且变成了可欲的对象。这里有一个问题，老子说由欲到可欲，人心必乱，但现实中，许多可欲的对象并没有让人心乱，看到好的宾馆就想去住一晚，看到好的物品想买回来，最多只能说是动心了，但远未达到乱心的程度。那么导致心乱的可欲必定是不同寻常的可欲，是违背常理常规的可欲，是见不得人的可欲。所以，“不见可欲，使民心不乱”准确地翻译应该是：不让人产生不合理的欲望，民心就不乱。举一个例子，与所有可欲的对象相比，银行应该是最让人可欲的，银行的工作人员天天跟钱打交道，看到客户存了一大笔钱应该很兴奋才是。但他们面不改色心不跳，不把钱当钱，数钱就像数纸一样，毫无感觉。如果他们对钱产生了感觉，心跳加快，天天如此，最终会要人命的。银行工作人员面对金钱如此淡定，让人感觉视金钱如粪土，因为这些金钱只是欲的对象，没有成为可欲的对象。怎么变成可欲的对象呢？怎样让工作人员马上心乱呢？很简单，拆掉头顶上的监控，钱马上就由欲的对象变成可欲的对象。可见是不正常的可欲导致了心乱。为什么过去心不乱，现在心乱了？关键在监控，有监控就有制度制约，没有监控就没有制度制约，就使欲的对象就变成了可欲的对象。

也就是说，在一个社会里，有一个好的制度，人心才能不乱。一旦失去了制度的制约，不该欲的对象，成了可欲的对象，人心必然会乱。心乱不乱取决于那个监控，取决于那个制度。制度严明，想乱也乱不成。当制度有漏洞的时候，人心必然会乱。老子在这里反思制度，是制度让人不见可欲，人心不乱。现在反腐败抓了许多贪官，大快人心。大家见了贪官都骂，贪官固然可恨，如果只有很少的几个贪官，问题可能出在贪官身上，是他们道德品质败坏。但如果有很多贪官出现，就不能不冷静反思，反贪的制度是不是有点问题。能不能像老子所讲的，把制度建设好，让他们不见可欲，想贪都贪不了。贪官并非开始就贪，开始也是个清官，后来发现制度有漏洞，钱成了可欲的对象，才慢慢贪起来，越贪越多。这样看来，贪官是不是也有点冤枉呢？如果大家都意识到，贪官的问题不在贪官，在制造贪官的制度上，就会去健全制度。制度健全了，贪官也就不会有了。老子上面几句话都是在反思，先反思规则，再反思价值，最后反思制度。老子的话，表面上看有些匪夷所思，但仔细分析，都非常深刻。

是以圣人之治，虚其心，实其腹。圣人该怎么治国呢？先要“虚其心”。人和动物最大区别在于，人的心是用来思考的。孟子讲，“心之官则思”，因为心能思考，人才超越了动物。但思考也给人带来了困扰。人会思虑过多，杞人忧天。杞人担心天要掉下来，吃不下饭，睡不好觉。人不仅思虑今天，还思虑明天，思虑后天。人不仅思虑衣食，还要思虑名利，思虑脱离了原始的目的，为思虑而思虑，这就会生出无限烦恼。“虚其心”，就是要减少思虑。人当初为腹而思虑时，只是一个有限的思虑，因为腹的欲望是有限的，思虑也就是有限的。“实其腹”，现在思虑要回到事物本身上来，回到腹上来，腹的要求很简单，吃饱就行了。可是结果呢，人把事情搞得太复杂，单是为吃饭准备的时间就太长。从小学到研究生，快二十年了，还在学校，还没有吃上自己做的饭。这里的腹代表了一种简单的生活，这里的心代表了一种复杂的生活。人要从复杂的生活回到简单的生活，简单的生活就是最美好的生活。

弱其志，强其骨。“虚其心”去掉其字，就是虚心，虚心使人进步，所以虚心是一个褒义词。但“弱其志”去掉其字，就是弱志，弱志怎么看都是贬义词。志是心的志向，志跟心的思虑不一样，它是心的正面价值。所以要教人立志，教人有远大志向。但老子要人弱志，志向不要太大。老子这话是讲给统治者听的，当然对一般人也适用。为什么要弱志呢？因为志不只是内在的，还追求外在落实，有志者事竟成。志代表着一种决心，决心做成一件事，所以有志就是有为。统治者的志向牵扯到全体臣民，所以统治者的志向最可怕，他的志向可能给全体臣民带来灾难。历史的经验表明，统治者越是有志，社会就越是混乱。老子生活的那个时代，春秋末年，以及随后的战国时代，统治者都特别有志。他们富国强兵，兼并小国，把侵略做成了轰轰烈烈的事业，并让普通老百姓全都卷入其中。本来百姓都相安无事，过着平静的生活，就是由于统治者有志，结果天下大乱。因为志具有侵略性，老子才提出“弱其志”，要使统治者从有为状态回到无为状态。弱志后，人总得做点什么，做什么呢？“强其骨”。“实其腹”只是让人填饱肚子生存下去，“强其骨”是让人挺立的站着，骨是身体的主干啊，人能直直地站着，表明人的身体好啊。显然在老子看来，身体健康最重要，一切工作都应该围绕健康的身体来进行。按照这个思想，人类所有的科技力量，都应该研究人的身体健康问题，而不是去研究那些核武器、宇宙飞船。生老病死是每个人都遇到的问题，是人生的根本问题，人类能不能做到让所有人都能无疾而终呢？

常使民无知无欲。这个知就是智。从字面上看，感觉这句话有愚民的倾向。好多人也是这样理解的，但这是一个误解。老子用词的含义与常人不一样，常人认为智慧是褒义词，在老子这里智是贬义词。所以这个无知，就是让老百姓不要去耍小聪明。那么统治者是否可以耍小聪明呢？绝对不可以。老子一贯反对统治者以智治国，老子一视同仁，让所有人都不用智，所以使民无智并没有愚民的意思。

无欲，不是让人没有欲望。人的身体就是欲望的化身，人没有欲望了，也就没有生命了。只要生命存在，欲望就存在。老子不可能说让人没有欲望。所以这个无欲的欲，应该指过度的欲望，人不要有过度的欲望。但自然的欲望不能没有，人饿了，就必须去吃饭。老子说“实其腹”，就是要把肚子吃饱，满足自然欲望。

使夫智者不敢为也。这个智者就是有点小聪明的人。人有点小聪明，就会认为自己有智慧，就敢去胡作非为，做违逆自然的事。一般人本来就不敢为，因为不敢为，才顺其自然地为。世界上的坏事都是智者做出来的，所以老子警告这些智者，不去警告百姓，因为百姓是不可能这么做的。

为无为，则无不治。“为无为”就是以无为的方式去为，就是以自然的方式去为。什么是无为的方式呢？上面讲的“不尚贤，不贵难得之货，不见可欲”，这些都是无为。以无为的方式去做，效果怎么样呢？“则无不治”。天下没有治理不好的。为什么无为反而会无不治呢？因为无为就是让百姓自为，百姓以最好的方式去为，能达到为的最好结果。如果有为的话，不让百姓自己去做，而是由统治者安排百姓去做，统治者再神通广大，也不能知道所有人的需求，统治者越是有为，就越是顾此失彼。所以最好的方法不是替百姓去做，而是让百姓自己去做。

四　章

道冲而用之或不盈。渊兮，似万物之宗；

[挫其锐，解其纷，和其光，同其尘，] 湛兮，似或存。

吾不知谁之子，象帝之先。

这一章的文字，调整一下会更好。把“挫其锐，解其纷，和其光，同其尘”放到这一章的最后，这样意思会更加顺畅。前面讲的是道，后面讲的是道所发挥的作用。

道冲而用之或不盈。“冲”是虚的意思，道是虚的，不是实的。“不盈”就是不满不停止的意思，也就是无穷无尽的意思。道为什么是虚的呢？这么好的道，如果是实实在在的，看得见，摸得着，拿过来就能用，那该多好！老子为什么把道说成是虚的呢？可以这样去想，如果道是实实在在的，会出现什么情况？首先，任何具体的事物，不管它多么大，都是一个有限的事物。一个有限的事物，它的作用就是有限的。道是虚的，它的作用才能是无限的。就像这间房子，因为是虚的，才可以有许多用途，可以做办公室，可以做客厅、卧室、厨房，做什么都可以。但房子里面放了课桌，就只能当教室来用，作用就有限了。孔子讲“君子不器”也是同样的意思。君子不能成为一个器物，因为器物再珍贵也只是个器物，作用是有限的。其次，如果道是实的，那就意味着道是可以被人占有的。什么人能去占有道呢？最有钱的人，或是最有权的人。他们占有了道，就变成了道的化身，面对道的化身，我们就成了无道之人。无道很危险，比没有钱、没有权还危险。没有钱可以去挣钱，没有权利可以去争取权利，但没有道，就一无所有了。因为道是虚的，谁都不能占有道，有权有钱的人就不能以道自居，人人都能以自己的方式去解释道，正是在这个意义上讲，人是平等的。人可以平等地进行讨论，还可以相互批评，展示自己的个性。

道是虚的，意味着每个人都不能够一劳永逸地得到道，道和人是若即若离的关系。追求道的时候，你就有道；放弃道的时候，道就离你而去。人一生中要时时守护道，没有一天能停止。就像曾子讲的，“仁以为己任”“任重而道远”。道比仁层次还要高，更不能指望一次性拥有道，从此万事大吉，坐享其成，那是不可能的。如果一次拥有就永远拥有，会面临一种道德风险。道是虚的，人和道可以一生相伴，也可能随时相离，人需要不断努力去求道，这就避免了道德的风险。

道是虚的，还能化解人类思维的矛盾，也就是差异性与统一性的矛盾。差异性和统一性思想都根源于人性。一方面，人追求多样性，追求差异性。用席勒的话来讲，就是人有感性冲动，人追求多样性，喜欢看不同的风景，喜欢听不同的音乐，喜欢吃不同风味的美食。但另一方面，人又有理性冲动，追求统一性，人害怕在多样性中迷失自我。没有多样性，世界太单调，没有统一性，世界会分裂。但统一性和多样性是矛盾的，统一就意味着要消除差异，差异就意味着要破坏统一。如何协调彼此冲突的两种思想呢？老子用道解决了这个问题。因为道是虚的，允许多样性的存在，同时呢，尽管它是虚的，但毕竟是一个文化符号，具有一种向心力，所有的多样性都围绕着道来运行。老子的伟大在于，他把统一性理解成虚的，而不是实的。如果统一性是实的，就会和万物产生冲突，实的和实的会发生冲突。

儒家统一性概念就有这个问题，宋明理学的理，有一种实的趋向，容易让人向实的方面理解，所以就容易和万物产生冲突。理学的名言

“存天理，灭人欲”，就把天理和人欲对立起来了，理本无意杀人，却成了杀人凶手。但道是虚的，永远无法朝实的方向去解释，它和万物就不会产生冲突。道是虚的，承认多样性，容易产生民主；理是实的，妨碍多样性，容易导致专制。最高的存在必须是虚的，不能是实的。老子的这种思维代表了中国思维的最高水平。

渊兮，似万物之宗；湛兮，似或存。“渊”就是深渊，望不到底，看不到头。因为道是虚的，很难让人产生感性的认识，老子就用深渊打比方。深渊看不到底，望不到头的那种感觉，就是道给人的感觉，有了这种感性的经验，我们对道就不那么陌生了。“湛”也是深的意思，通过湛这种状态，让人对道有所体会。“似万物之宗”，道像万物的祖宗，像万物的根源。“似或存”，道好像存在，好像又不存在。这里要注意老子的表达方式，他用了两个“似”字，他为什么不说是呢？说是的话，就必须提供证明。但道是虚的，怎么证明？没有办法证明是，也没有办法证明不是。对最高存在的表述，不能说是，只能说似。这个似字从表面看来，是最不准确的表述，但实际上是最准确的表述。一般存在的表述，是就是是，否就是否，表述讲究准确性、科学性，但最高存在没有办法证明是与否，表述只能是模糊的。

吾不知谁之子，象帝之先。我不知道这是谁的儿子，好像他在上帝之前。我们通常都认为上帝是万物的创造者，说道在万物的创造者之前，也就意味着道是先于上帝的。在西方，上帝是最高的概念，但在中国不是，上帝前面还有道。这个地方的用词和刚才一样，采用的也是模糊的表达方式。这是讲什么是道，接下来看道的作用是什么？

挫其锐，解其纷，和其光，同其尘。这是讲道的作用。道的思维方式，必须在日常生活中发挥作用。这四句话，前面两句一组，后面两句一组，表达两层含义，每组的两句又构成因果关系。

“挫其锐，解其纷”是因果的关系，只有“挫其锐”，才能“解其纷”。平常人生活在一起，很难不发生纠纷，纠纷是怎么来的？纠纷根源于人的锐气，锐气容易伤害人。“挫其锐”就是要削弱他的锋芒，没有锋芒了，彼此伤害就不可能了。

“和其光，同其尘”也是因果关系，只有“和其光”，才能“同其尘”。光有二重性，既能带来光明，又会伤害人。“和其光”就是使光线变得柔和，不再刺眼了。“同其尘”就是把自己变成尘土，变成很普通的东西。“和其光，同其尘”就是把自己从光彩照人变成一个很普通的人，这就避免了对他人的伤害。这里的锐和光都是指自我，每个人都有自我，都想扩张自我，这样，自我和自我之间就容易发生冲突。

道是干什么的呢？就是让人意识自我的有限性。道是无限的，每个自我在道面前都是一种有限的存在。所谓修身都是在道的面前，认识自己的有限性，就会由自我扩张变为自我收缩。

孔子晚年有一个自我总结，体现了道的这个作用。“吾十有五而志于学”，十五岁开始寻求自我。“三十而立”，形成一个物质上的自我。“四十而不惑”，形成一个精神上的自我，人有了自我就有了锐气，有了光芒。“五十而知天命”，知道自我是有限的，开始限制自我。“六十而耳顺”，把自我化为无我。在某种意义上，老子的思想好像就是孔子生活的抽象，孔子的生活好像就是老子思想的佐证。老子抽象的道和孔子生动的生活，彼此之间有一种天然的呼应。

五　章

天地不仁，以万物为刍狗；圣人不仁，以百姓为刍狗。

天地之间，其犹橐籥乎！虚而不屈，动而愈出。

多言数穷，不如守中。

天地不仁，以万物为刍狗。仁是孔子的核心思想。什么是仁呢？孔子对仁有很多不同的解释，但有一句话代表了孔子对仁的基本看法，那就是仁者爱人。仁是一种爱，听到爱这个字，人就有一种很美好的感觉，很纯洁的感觉，很温暖的感觉。但老子说天地不仁，也就是天地不爱，乍一看，老子是在说一个事实，天地无意志，本来就不爱万物。那么老子为什么说出这个事实，用意何在呢？人在天地之间，人要顺从天地，既然天地都不爱，那人还能爱吗？

这里牵扯到对爱的理解。什么是爱？同一个爱字，孔子和老子看到了不同的意思。孔子看到爱的温暖，老子看到的是偏爱。比如说爱一个人，看起来很美好，但思考一下，为什么爱这个人，不爱那个人，这不是偏爱吗？比如说爱家乡，谁不说俺家乡好，自己的家乡真的比别人的家乡好吗？不是偏爱又是什么呢？又比如爱国，为什么爱自己的国呢？自己的国真的比别的国好？这也是偏爱啊！在万物中人偏爱自己，说人是万物的灵长，是宇宙的精华。把人看作万物的灵长，万物就成了人的消费品，人就会利用万物，甚至破坏万物，以服务自己。老子看到了爱的问题，他想要纠偏，如何纠偏呢？老子发现，“天地不仁”。

“天地不仁”体现在天地对万物的态度上。天地对万物是什么态度呢？天地对万物的态度就像人对刍狗的态度，人对刍狗是什么态度呢？刍狗是草扎成的狗，供祭祀的时候用。祭祀的场合非常庄重，尽管是用草扎成的狗，但在这个神圣的仪式里，它临时充当了祭祀的对象，所以它的地位就特别高。但祭祀完了以后呢？那个草扎的狗就成了一个普通的物件，可以把它弃之不顾。这就出现一个问题，前面那么受人尊敬，现在这么被人鄙视，如果这个草扎的狗有意识，就会认为人冷酷无情、翻脸不认人。对老子来讲，这就是不仁，这就是不偏爱。该爱的时候去爱，不该爱的时候不去爱，就是不偏爱。不该爱的时候去爱，爱得不恰当，就叫偏爱。祭祀完成以后，还把刍狗供奉在家里，这个就是偏爱。所以，不偏爱就是与时俱进地爱，不断改变爱的方式。孩子一两岁的时候，要帮助他穿衣、穿鞋，到三四岁的时候，爱就要改变了，就要教孩子自己去穿衣、穿鞋。上学的时候，就不再管他穿衣穿鞋了。这里从帮到教到不管的过程，在老子看来，就是不仁，因为帮是该帮，教是该教，不管是该不管，一切按照事理去做，没有任何偏爱。天地对万物正是如此，春天让万物复苏，夏天让万物生长，秋天让万物成熟，冬天让万物凋零，这就是不仁。天地对人也不仁，它让人生老病死。如果天地让春天永驻人间，让人永远不死，这就是偏爱了。

那么不偏爱是不是一种爱？也是一种爱。这个一定要注意啊！我们看到“天地不仁，以万物为刍狗”的时候，很容易产生一种观念，天地是冷酷无情的，就像荀子讲的“天行有常，不为尧存，不为桀亡”。但天道正是以这种冷酷无情的方式来表达它的情，表达它的爱，一定要这样去理解。否则就不理解天地之爱，就会对天地产生一种怨恨，一种冷漠，一种疏远。

“天地不仁”就是天地之爱。天地以理去爱，在常人看来就是不爱。这种不爱，其实是一种大爱。四季更替，暑往寒来绝不改变，这是对万物的大爱。如果天地像人一样，突然有了偏爱，延长了春季那就危险了。所以，世界上最爱我们的就是那个绝对理性的天地，它没有情感，它以它的无情保护着万物，保护着人。它一旦有情感的倾向，万物就遭殃了。可见，这个世界的基石是什么？是理性。感情只有在理性的基石之上才是有意义的。所以天地不能仁，天地只能不仁，这样才能成就万物，天地是以不爱来表达它的爱。

天地从不偏爱万物。在天地那里，人和万物是平等的，没有高低贵贱之分。这是在降低人的地位，以实现人与自然和谐相处，这就是道家的一种生态观。这个思想非常重要！应该说，在老子那个时代，以人为中心的思想方式正在形成，人的中心地位并不突出，表现出来的危害性还微不足道，但老子已经敏锐意识到以人为中心的思想方式可能带来的危害性。老子的思想更像是针对现代人的，在他那个时代一定是空谷足音。老子很理性地定位人在世界中的位置。这改变了人的思维方式。儒家只讲人，以人的眼光看自然；道家讲自然，以自然的眼光看人，结果是完全不一样的。以人的眼光看自然，人依自己与自然的关系，把自然分成不同的等级，不仅物与物不平等，人与人也不平等。以自然的眼光看人，人只是自然的一部分，人与万物是平等的。只有天地不仁，万物才能平等。

圣人不仁，以百姓为刍狗。圣人是理想的统治者，理想的统治者应该向天地学习。圣人也应该不仁，把百姓当作刍狗。说天地不仁还可以理解，因为我们的的确确没有看到天地对万物的爱。天地是没有意识的，它无法表现出偏爱，它就是想表现也表现不了，所以，说天地不仁，人还是可以接受的。但让圣人不仁，把百姓当刍狗，接受起来相当困难。人们可能会说，自然有自然的规律，社会应该有社会的规律，社会怎么能和自然一样呢？在儒家的文献里，通篇都是爱：仁爱，仁政，爱民如子，如保赤子。儒家的圣人观念已经深入人心。这时，老子提出圣人不仁，人们一时难以理解，难道圣人爱百姓还有错？

老子的思想的确不太好理解。从字面上看，似乎全都是谬论，但理解之后，发现全都是真知灼见。在这里，老子对儒家的爱民思想进行了反思。比如说爱民，这个民应该包含所有的民，每个人都不能例外，一个人都不能少。但是人爱的能力是有限的，从理论上讲可以爱所有的民，但从实践上看，只能爱一部分民，在实施爱的过程当中，实际上是用自己的爱制造了差异，制造了不平等。而且民和民之间，利益上是有差别的，必须要差别化地对待他们，才能表达你的爱。但要差别化的对待，就要去了解每个民的生存现状，而这是不可能做到的。

既然爱民制造了不平等，那就通过不仁达到平等。天地不仁不是说天地什么都没有做，天地以自然法表达对万物的爱。四季、寒暑、昼夜轮流交替，这就是自然法，在自然法下，万物自己去生长。那么圣人呢？就应该效法天地，去制定一个好的法，也就是一个不仁的法，一个不偏爱的法。所以老子不是反对爱，而是反思爱，以达到理性的爱。不反思爱，爱就容易变质，一反思，就会去节制爱，使爱处在一个合理的范围之内。

不仅爱民要反思，生活中各种各样的爱都需要反思。父母爱孩子，要不要反思？这个爱里有很多问题，什么问题？父母总想把某些东西强加给孩子，当孩子不服从时，就打骂孩子，打骂小孩的时候，总有一个不变的理由，就是爱孩子。打人是坏事，但这个坏事却是以爱的名义做成的，因为以坏的名义做坏事是做不成坏事的。

文学作品里有许多爱情悲剧，所谓爱情悲剧，顾名思义就是因爱产生的悲剧。情爱是不是也要反思？贾宝玉的悲剧全在于爱，他喜欢很多人，想让所有人得到他的爱，到最后心力交瘁，没有人理解他，连林黛玉也不理解他，他只好去当和尚，一了百了。为什么爱有问题？首先，爱把对象分为三六九等，对爱的对象来讲，爱是一种关心，关心她在哪里？在做什么？通过什么去关心呢？通过语言去关心，去了解她的行踪。被人关心、被人关注，是让人高兴的事。但另一方面，关心就是被跟踪，也是一种限制，让人失去自由。

如果她也爱你，限制就被体验为关心，如果她不爱你，关心就被体验为限制。如果关心被体验为限制，就要减少关心，因为你的关心已经使她失去了自由。如果这样做了，感人的爱情故事就看不到了，悲剧也没有了。现实的状况常常是，人们不但不减少关心，反而强化关心，悲剧就这样产生了。汉乐府有一首著名的爱情诗："上邪！我欲与君相知，长命无绝衰。山无陵，江水为竭，冬雷震震，夏雨雪，天地合，乃敢与君绝。"这样的爱情让人感动，也让人害怕。一个人这样爱你，就不允许你不爱她，仿佛爱就有理了，怎么做都是对的，爱到这个时候，就变成了一种负担、一种痛苦。所以，不仅圣人对百姓要不仁，父母对子女要不仁，恋爱时对爱的对象也要不仁。不仁是对爱的反思。只有爱，没有对爱的反思，爱就是不完整的，就是有缺陷的，就会导致悲剧。反思爱，不是不去爱，而是更好地去爱。反思之后，人会自我提醒，爱有没有过度？是不是偏爱？有了反思，才知道爱的本心是好的，但本心可能是有问题的，只有反思爱，才能实现一种真正的爱。什么叫真正的爱？真正的爱是让所爱的对象自由，让她自由地做自己想做的事，包括想要自由地离开你。父母最大的爱就是帮助孩子脱离你，能够独立的生活，如果你的爱让孩子丧失了独立性，这种爱就是失败的。小孩已经会吃饭了，还追着去喂饭，还帮助他干这个干那个，这看起来是爱，实际上是通过你的爱，让孩子失去了独立性，长大到社会上就会遇到很多麻烦。

天地之间，其犹橐籥乎！虚而不屈，动而愈出。这是打比方让我们对天地不仁有一个很感性的体会。一个理论没有经过感性体会的话，就会游离于生活之外，就会和生活无关，所以理论需要实践的验证。“天地之间，其犹橐籥乎？”橐籥，就是风箱，天地之间就像一个巨大的风箱。风箱有什么特点？风箱要出风的话，里面必须是虚空的。“虚而不屈”，不屈就是不停止，也就是一直保持这种虚的状态。风箱本来就是虚的，为什么要保持虚的状态呢？这牵扯到人的仁，牵扯到人的爱。人看到虚空，总觉得很可惜，总喜欢塞进去一些什么东西，感觉只有这样，才没有浪费空间。人有一种爱的本性，但人却没有善待自己的爱，甚至可以讲在滥用自己的爱，在不该爱的时候爱，在不该爱的地方爱。人的仁爱使风箱丧失了它的功能。风箱本应该是虚的，它才能出风。人出于一种爱，一定要往里面加上一些东西才心安。爱总与添加什么有关。小孩子出门，父母总是叮嘱冷了加衣服，请人吃饭时总劝客人多吃一点。实际上，穿衣吃饭是人的本能，无须叮嘱，但不叮嘱就觉得没有表达自己的爱。

这说明爱很顽固，保持虚是很不容易的。就如时间，父母见孩子的时间安排很充实，就很高兴，看到还有一点闲的时间，就很着急。其实，学生有点空闲时间是非常重要的，闲了心里才有一种空灵的东西，才能脱俗，才能去思考，但许多父母总觉得这是在浪费时间。“动而愈出”，因为虚空，风箱才能拉出来风，才能产生一个好的结果，所以老子认为人能不能少点仁心。

多言数穷，不如守中。“多言数穷”，帛书本写作“多闻数穷”。“多言数穷”和“多闻数穷”意思完全不一样。多言是我在说，别人在听，我把信息传达给别人。多闻正好相反，是别人在说，我在听，我从别人那里获取信息。多闻和多言哪一个更好呢？如果把这一章看作一个完整结构的话，多言要比多闻好，写成多言，这一章的文字就贯通到一起了。前面讲天地如何对待万物，然后讲圣人如何对待百姓，最后讲天地之间本是空虚的，不须多事，不要多言，要尽量少言，甚至是不言。这样上下意思就连贯起来了。但一般统治者并不能像圣人那样不言，他们喜欢多言，喜欢发布各项政策命令，结果使自己很快陷入困境，并导致了灭亡。可见政令发布得越多，统治的效果就越差。

这里还要说一下，帛书本“多闻数穷”的问题。竹简本里，“天地之间，其犹橐籥乎？虚而不屈，动而愈出”是独立成章的。《老子》成书不是一气呵成，早期的《老子》也不分章，后人把《老子》分成81章。分章的时候会有所选择，有一些段落可以独立成章，也可以和其他章合到一起组成新的一章。本章极有可能是三个段落合到一起的，开始只有竹简本这几句，前后的内容都是后来组合进去的。因为“多闻数穷”与本章整体意思不统一，就把“多闻数穷”改成了“多言数穷”。当然这是我们的一个推测，但这个推测还是有一定道理的。如果“多闻数穷，不如守中”独立成章的话，它比多言数穷更富有哲学意味。多言数穷是世俗的智慧，言多必失啊，所以少说话。多闻是多了解外部的知识，人们通常都认为知识越多越好，但老子认为，知识越多，困扰越多。

如果不多言的话，那该怎么做呢？“守中”。儒家中庸之道专门讲到中，那么儒家的中和道家的中有什么区别呢？儒家的中是在有和有之间，寻找一个中。比如说要做一件事情，是要这样做好呢？还是那样做好呢？反复权衡，最后找到那个中。道家的中就是无，无是永恒的中。无体现在生活中就是无为，不如守中就是不如守无为，这就跟“多言数穷”联系在一起了。作为一个统治者，频繁发布政令，今天发一个，明天发一个，这就叫多言。如果不断地发布政令，那就意味着，每一次政令都是不慎重的，否则的话，怎么会朝令夕改呢？所以要减少政令，守着那个无为，守着无为就是守中。

六　章

谷神不死，是谓玄牝。玄牝之门，是谓天地根。绵绵若存，用之不勤。

谷神不死。谷神不死有两种译法：一种是谷神连读，意思是山谷之神不死；另一种是谷、神、不死分读，谷、神、不死是道的三个特征。第二种译法比较好。谷是山谷，山谷低洼空虚，能接受，能包容。道也是空虚的，能包容万物，天下万物无一物不在道中。神就是神奇神秘神妙，阴阳不测之谓神，阴阳不测就是变化莫测。道不是一个具体的东西，难以把握，但万物又都离不开道，万物以何种方式与道相关，道又以何种方式进入到万物中，都是说不清道不明的，否则的话，道就成了僵化的规则，被人们拿去直接使用。不死，什么东西不死？不死意味着不生，只有不生的东西才不死，不生就是一直存在，那一直以前呢？一直就没有以前了。

是谓玄牝。牝是女性的生殖器官，玄牝就是神奇的女性生殖器官。神奇在什么地方呢？它空虚、神妙、不死。古人觉得生殖行为很神秘，近乎于无中生有，于是就产生了对生殖器官的崇拜，尤其是对女性生殖器官的崇拜。

玄牝之门，是谓天地根。老子由人的产生想到了天地万物的产生，天地万物是不是从玄牝之门里生下来呢？回答是肯定的。这里的玄牝之门就是道，道生万物，道是天地万物之根。这里有两个问题特别重要，一是老子为什么说道是天地之根，为什么要为天地寻根？二是老子用类比的方式，说明天地之根具有中国思想特色。先看第一个问题，老子为什么要提出天地之根的问题。

首先，根是看不见的。在日常生活中，我们很少触及根的问题，常常处于无根状态。这不是说我们没有根，而是说我们没有意识到根在何处。有一个词叫追根究底，还有一个词叫刨根问底，都表明根是被追问出来，被刨出来的。我们看见一棵树，欣赏树干、树枝、树叶，但没有人欣赏树根。树大根深，根深入到地下，在黑暗里面，谁也看不到。根是看不见的，看见的都不是根。所以，寻根不是找到根，而是思考根。

为什么要去寻根呢？这源于人性的冲动，对整体性的冲动，人性渴望整体性。人的整体性冲动表现为对万物统一性的追求。千差万别的世界是否具有统一性，是否有一个共同的根呢？每个人都是个体，个体是孤独的、无依无靠的。个体若想摆脱这种现状，就必须回到他的根，回到生命的源头，也就是回到父母的身边。父母就是人的根吗？显然不是。父母也有自己的父母，他们的父母又各自有自己的父母，这样寻下去，根就延伸到遥远的过去，在蒙昧和黑暗之中。这就出现一个问题，祖先太多，祭祀祖先的时候是都祭祀呢，还是有选择地祭祀呢？都祭祀的话，漫无目标，难以达到祭祀的效果。儒家只好规定，只祭祀五服之内的祖先，五服之外的就不算祖先了。所以，严格意义上儒家祭祀祖先是很不彻底的。尽管不彻底，但人毕竟有了一个归属感，在家谱里有了自己的定位。

家族有自己的根，民族也有自己的根，一讲到炎黄子孙，就觉得是一家人。人类有没有共同的根呢？寻根必须寻得彻底，不能像儒家那样半途而废，寻根不彻底的话，就会产生许许多多的利益集团，每个家族不都是利益集团吗？每个国家不都是利益集团吗？那人和万物有没有共同的根呢？如果人和万物没有共同的根，人和万物就无法沟通，人能够在自然中寻找食物来源，正因为人与食物同根同源。所以，天地、万物、人应该有一个共同的根。这个共同的根是什么呢？就是关于根的意识。有了根的意识，就等于有了根。就像每一个人，尽管没有找到自己的根，但只要心里存着根的念头，就等于已经有了根。所以，根的核心问题不是真的找到根，而是有一个关于根的意识，就是相信天地是有根的。这个根只能是道了。

可以看出，寻根的过程是一个逆向推理的过程。因为每一个对象的存在，必有其存在的原因，原因之上必然还有原因，一直推到最早的原因，推到第一因。老子把这个第一因称之为道。当然也有人不把它称为道，比如说，称为上帝，称为真主。它们的内在含义并不完全一样，但思维方式是完全一样的。道是由万物逆推出来的，但能否反过来，由道顺推出万物的存在呢？理论上讲是可行的，但实际上是不可行的。由事实推出第一因是无条件的，但以第一因推出事实却是有条件的，条件是经验的、偶然的。就如有了你，完全可以推出你有个最早的祖先，这是确定无疑的。但绝对不能通过你家老祖先推出你，那是推不出来的。你的存在是偶然的、有条件的，祖先中任何一个偶然的事件都可能导致你的不存在。父母之命、媒妁之言与自由恋爱都会影响到你的存在。通过推理得出来的第一因只是个理念，并不是事实。世界的统一性也好，整体性也好，道也好，都是经验上感觉不到的，所以世界的统一性和整体性不是证明出来的，而是需要提前假定的。

这个假定非常重要。没有这个假定的话，世界就会一片混乱；没有这个假定，科学也不会存在。这个假定和科学有啥关系呢？只有假定世界是统一的整体，人才会去探索世界的各种规律。如果认为世界是混乱的，还有什么探索的必要呢？所以探索之前，必须先要假定探索的对象是有规律的。

老子不是用推理的方式，而是用类比的方式找到天地之根。这是中国思想的一个基本表达方式。但是用什么来进行类比，儒和道是不一样的。儒道思想的差异不是体现在类比的方式上，而是在类比所使用的对象上。儒家喜欢用伦理关系来类比，比如把统治者比作民之父母，显得特别温情，但也掩盖了许多真相。老子喜欢用身体进行类比，还特别喜欢用女性的身体来类比。他认为女性的身体优于男性的身体，他从女性的身体里发展出了道的哲学。好多人由此得出结论，说老子具有女权主义思想。这个说法是没有根据的，老子这里只不过用女性身体做一个类比，最终要说明天地是怎么生万物的。尽管这个类比也很重要，的确说明了他的一种思想和观点，但这不是本章的核心思想，这跟女权主义一点关系都没有。

绵绵若存，用之不勤。这两句话和第四章“渊兮，似万物之宗；湛兮，似或存”意思相近。这里强调道的特点是若存。为什么是若存呢？一是因为道看不见。尽管说道生万物，但看不见道是如何生万物的，就有理由去怀疑道生万物的思想。另一方面，尽管看不到道，却又不能说道不存在。为什么呢？因为天地万物是怎么来的，得有一个合理的解释。一个东西只要存在，就必定有存在的理由，道就是万物存在的理由，道看不见摸不着，但的的确确是存在的。“用之不勤”就是用之不尽，就是说道的作用无穷无尽。这与道的性质有关。如果道是存，那它的作用就是有限的，只有是若存，是虚的，它的作用才是无限的。

七　章

天长地久。天地所以能长且久者，以其不自生，故能长生。

是以圣人后其身而身先；外其身而身存。非以其无私邪？故能成其私。

天长地久。“天长地久”现在已经是一个成语了。这个“长”指的是空间，“久”指的是时间。天长地久根源于人的感觉经验。人的感觉经验中，天地是最长久的。当然从纯理性的角度去看，天地肯定不是最长久的。天地长久是就感官体验而言的，因为万物在天地之间生生灭灭，原则上讲，它们都比天地要短暂。

天地所以能长且久者。天地的寿命为什么能长久呢？我们都有天长地久的经验，但没有把天长地久当作一个问题去思考。生活当中，有许许多多的现象，都是在脑海里一晃而过。当你不把它作为一个问题的时候，就真的不是一个问题；当你把它看作一个问题的时候，就真的会成为一个问题。就像写论文，首先要有一个问题意识，脑子里先要形成一个问题，然后去思考这个问题，最后就是解决问题。问题意识源于疑问，凡事要问个为什么。如果只是不假思索地接受现象，不去追问现象背后的原因，是不会产生问题的。有人说岁月静好，其实岁月并不静好，只是你不知道有人为你负重前行，你才以为一切都很好。没有问题意识的人，看不到这个世界有问题，这本身就是个问题。你只要去问问题，就会发现到处都是问题。谁都知道天长地久，但谁把它作为一个问题去思考呢？不思考等于问题不存在。有人会说不存在就不存在呗，不存在不也挺好吗？其实不是这样的。问题被掩盖的时候，人就容易被愚弄，就活得不明白。

以其不自生，故能长生。天长地久有各种解释，科学家有科学的解释，老子也提供了自己的解释。“以其不自生，故能长生”，因为天地不为自己而生，所以能长生。这个解释如果拿到科学家面前，科学家会觉得很可笑。这算什么解释？这是一种哲学化的解释。天长地久的原因很多，老子的解释只是其中之一。在多种解释中，老子的解释无疑是别具一格的，这是老子的创见。老子为何要取“以其不自生”来解释呢？因为这样解释有利于他的思想发挥。

为什么不自生就能长生呢？可以先看相反的情况，自生会产生什么样的结果。自生就是为自己而生，以自我为中心，这就容易产生得失的焦虑。要求越多，失去的就越多，焦虑也就越多。总觉得那个东西应该是自己的，可为什么不是自己的呢？没有得到的时候，担心得不到；得到的时候，又担心失去，总是处在一种焦虑的状态中。焦虑会危害人的身体。另外，以自我为中心容易和他人发生冲突，处在一个糟糕的人际关系当中，人会变得孤立，由孤立到孤独，到孤家寡人，结果是可想而知的。

“不自生”就是不为自己而生，而是为别人而生。为别人而生，自己不就什么都没有了吗？不会的。正因为为别人而生，别人要靠你而生，别人要生活得好，必须要让你也生活得好。比如说天地，天地给人提供了生活空间，让人自由自在地做自己喜欢的事。但人可以在天地间胡作非为吗？人可以去污染天空，污染河流，破坏生态吗？如果这样做的话，庄稼就长不成了，人也就穷途末路了。因为天地不为自己着想，总是为人着想，所以人必须要保护天地，保护天地就是保护自己。

是以圣人后其身而身先。圣人是理想的统治者，理想的统治者应该效仿天地不自生。在这里不自生具体表现为“后其身”，就是站在队伍的最后。圣人什么时候应该躲到后面去呢？一定是遇到利益的时候。遇到利益的时候要远离利益，把老百姓的利益放在前，把自己的利益放在后。圣人这样做不就一无所有了吗？但结果出乎人的意料，“而身先”，圣人反而到了队伍的最前面，圣人获得了最大的利益。这个最大的利益是什么呢？就是获得了百姓的称赞。当圣人在利益面前往后退的时候，当百姓口耳相传这个事实的时候，这就成就了圣人，圣人就成了百姓心目中最理想的统治者。这里要注意，不是圣人故作姿态，故意站到最后，而心里却谋划着如何站到队伍的最前。圣人站到最后，是本性使然，圣人站在最前，是不期然而然的结果。百姓不会推举一个与他们争利益的人去做他们的统治者。

外其身而身存。“外其身”就是把身体置之度外。什么时候要站在最外面呢？危险的时候。遇到危险的时候，圣人挺身而出，站在最外面，保护百姓的生命安全。站在最外面是最危险的，但奇迹又出现了，“而身存”，身体反而保存下来了。为什么“外其身”反而能身存呢？因为圣人的抵抗是为了百姓，百姓就会帮着圣人一同反抗，帮助圣人就是帮助他们自己。这个时候，众志成城，终于消除了危险。圣人不惧危险，救民于水火之中，最终赢得百姓的信赖，百姓推举圣人作为他们的统治者，这也成就了圣人。

非以其无私邪？故能成其私。这句话是对前面两句话的总结，把它们提升到哲理性的高度。无私才能实现私。这两个私翻译应该是不一样的。如果翻译成：因为他无私，所以成就了他的自私。这就有问题了。第一个私是通常意义上的私心，第二个私应该是自己、自我的意思。“成其私”就是成就了他自己，圣人无私才成就了自己。圣人无私，是圣人的主观行为，圣人“成其私”，是后人对圣人行为的评价。

这里有两个问题值得注意。一个就是圣人“后其身”“外其身”“无私”，到底是有意识的，还是无意识的？这个一定要辨别清楚。如果是有意这样做的，有意要后其身，有意要外其身，有意要无私，去成就自己，那圣人就成了一个阴谋家。这显然是不妥的。所以，圣人无私一定是自然的、本然的，是应该这样做，没有任何目的性。有利益就应该站到后面，遇到危险就应该挺身而出，站到最前面。另一个是圣人成其私是一种不期而然的结果。圣人无私并没有想得到什么结果，但客观上，圣人无私赢得了百姓的信赖。百姓为了表达感激之情，就给了个圣人的称谓。这个称谓不是圣人想要的，是后人强加给他的。孔子活着的时候，很多学生都说孔子是圣人，孔子坚决反对。孔子死后，学生们觉得老师这么伟大，不给老师一个称号说不过去啊，于是称孔子为圣人。可见，孔子圣人的称谓不是他想要的，是后人给他的。

还有一个问题要去思考，“后其身而身先”“外其身而身存”“无私成其私”，是不是必然会产生的一个结果？也就是说，“后其身”是否一定会身先？“外其身”是否一定会身存？“无私”是否一定会成其私？显然不是。因为身存也好，身先也好，成其私也好，都不是由圣人自己决定的，而是他人对圣人行为的一种报答。好心不一定能得到好的报答，善未必就有善报。但圣人之为圣人，后身、外身、无私本是他的分内事，并不指望身先、身存、成其私。

圣人做好事是无私的、本然的、不带目的的。平常人做好事，不免有私心，不免有一种目的性。尽管在境界上不如圣人，但做好事本身也是值得赞许的。如果人一辈子都本着利益去做好事，不也是很好吗？因为这里已经有了利益共同体意识，只有让他人获益，自己才能获益；只有让他人先获益，然后自己才能获益。利益共同体的意识在于任何自我的发展，都必须以他人的发展为前提，要发展自己，先要发展别人。开饭馆是要赚钱，但要达到这个目的必须先提供服务，提供的服务越好，获得的利益就越多，每个人都以服务他人作为发展自己的前提，就会创造一个美好的社会。

八　章

上善若水。水善利万物而不争，处众人之所恶，故几于道。居善地，心善渊，与善仁，言善信，政善治，事善能，动善时。夫唯不争，故无尤。

上善若水。这四个字大家都特别熟悉，这是中国人的一个座右铭。在很多人家的客厅里、书房里都能见到这四个字，可见它的影响有多大。它是什么意思呢？首先看“上善”，“上善”是最高的一种善，也可以理解为掌握最高善的那种人。“上善若水”就是上善像水，也可以说上善之人像水。老子把善和水联系起来，把善比作水。先秦思想家都很关注水。庄子写了一篇有名的《秋水》，汪洋恣肆，洋洋洒洒。那么儒家呢，也特别关注水，孔子说过有名的一句话，“逝者如斯夫，不舍昼夜”。孔子说，君子“见大水必观焉”。孟子也关注水，“源泉混混，不舍昼夜，盈科而后进”。可见在先秦时代，水是重要的思想对象，思想家们都用水来表达自己的思想。但和水相连的山没有得到应有的关注，为什么思想家们关注水，不关注山呢？山水相连，按道理来讲，水成为思考的对象，山也应该是思考的对象。事实上，古人对山也有过很多的表述，但深刻性和哲理性远不及水。“上善若水”把上善和水联系在一起，这是两个完全不同的领域。善是道德领域，水是自然领域。“上善若水”把人的德行和自然联系在一起，把人和自然打通，极大地扩展了人的思想空间。善是属人的，也是属自然的，善根源于自然，具有自然性。也就是说，人和自然是统一的，用中国古代哲学的观念来表述，就是天人合一。儒家也讲天人合一，但内在的含义不一样。道家的天人合一是以人合天，因循自然，迫而后动。儒家的天人合一是以天合人，要战天斗地，人定胜天。“上善若水”实际上是讲天人合一，以人合天，趋向于自然的善才是上善。

水善利万物而不争。“上善若水”是一个论题，接下来就要论证这个论题的合理性了。上善之人为什么要像水，这与水的特点有关。水有什么特点呢？水利万物而不与万物相争。水利于万物，这是有目共睹的。水是生命的起源，有水才有生命，没有水的话，人类就不会存在。人在外星上寻找生命，有一个重要的方法就是寻找水，如果在外星上发现水，那就必定有生命。水的重要性，高原人体会更深。高原的荒凉，不就是缺水吗？要像南方一样多雨，荒漠也就成了绿洲。物产、植被，都是和降水量息息相关的。水利万物而不争强调了水的利他性。水如何能利他？因为水无我，上善之人应以水为榜样，化自我为无我，做一个有利于他人的人。

处众人之所恶。水还有一个特点，喜欢待在众人讨厌的地方。在什么地方呢？最低的地方。最低的地方往往也是最脏的地方，风会把垃圾吹到最低的地方，人们也喜欢把垃圾倒到低的地方，最低的地方是垃圾的避风港，风再也吹不到它们。但水不怕脏，它愿意待在最低处。人都喜欢往高处走，水却往低处流。上善之人如果像常人一样只往高处走，就算不得做上善之人。上善之人应该像水一样，往低处流，去大家都不想去的地方。大学毕业了，去北京上海找工作，算不得上善之人。大家只会说北京上海好，有发展前途，应该去，但不会说他思想境界高。如果一个北大毕业的外地学生跑到青海来，西宁都不待，跑到一个小村庄里去教书，就让人敬佩了，他一定会是全国最美教师。这是一个特立独行、与众不同的人，“处众人之所恶”，去了许多人都不愿意去的地方。

故几于道。因为水有以上两个特点，所以水“几于道”，“几于道”就是近于道，但还不是道。为什么近于道呢？因为水的特性很像道。水无定形，利万物而不争，与道无为让万物自为非常相似。水“处众人之所恶”，与道空虚容纳万物很相似。但水有形质，看得见，摸得着，而道无形，看不见，摸不着，所以水只是近似于道而已，不能说就是道。“上善若水”只是一个类比，是以水的感性特质帮助我们理解什么是上善之人。水只是个中介，它通向道。所以“上善若水”，真正来说是上善若道。

这里有一个问题。老子在这里说到水的特点，是不是水的全部特点呢？如果不是的话，那这些特点就是老子精心选择出来的。我们不禁要问，老子讲了水的许多优点，难道水就没有缺点？也有啊。比如说洪水滔天，水能载舟，也能覆舟。水载舟是有利的，水覆舟是有害的。老子不知道水的危害性吗？当然知道。老子那么博学，能不知道大禹治水的故事？大禹为什么要治水？就是因为水危害到人的生存，可老子为什么视而不见呢？水的特点有很多，不同的人关注到不同的特点，发展出不同的思想。庄子在水里发现人的渺小，孔子在水里发现时间一去不复返，孟子在水里发现本源的重要，而老子发现水近于道。他们都只说到水的某一面，谁是对的呢？人在论证自己观点的时候，喜欢引经据典。经典之为经典，就在于其思想的丰富性、复杂性，有巨大的解释空间。每个人都可以在那里寻找到有利于自己的观点，大家引用同一部经典，却得出来完全不同的结论。孔子去世后，儒分为八，谁得孔子真传？墨子去世后，墨离为三，谁得墨子真传？水是一部经典，是自然界里的一部大书，自然也有不同的阅读方式，每位思想家都能在水里发现自己所需要的思想。上善若水是老子在水里发现的思想，只属于老子。

还有一个问题，民间有一句谚语，人往高处走，水往低处流。从这个谚语看，人之道与水之道，正好是相反的，一个向上，一个向下。老子说“上善若水”，要求人像水一样“处众人之所恶”，一直往下走，这与人往高处走显然是相悖的。人的本能都要往上走，道却要求人像水一样往下走，这不是和人性作对吗？怎么理解这个问题呢？这就需要对“上善若水”作进一步的解释。“上善若水”不能理解为人一开始就像水一样往下走，如果真是这样，那是违背常识的。这句话也就不可能作为座右铭挂在书房里。老子其实是赞同人往高处走的。问题在于人往高处走，有的人体弱，走到半路就走不动了，怎么办？有的人呢，体力很好，还可以继续往上走。但这些体力好的人，往上走的时候也会面临困境，总有一步走不上去。也就是说，每个人往上走的时候都会遇到极限，达到这个极限之后就再也上不去了。这个时候怎么办？这时候，很多人用人往高处走激励自己，尽管身体很累，还是坚持往上走。身体越是强壮的人，越是不好意思停下。往上走很难，往下走更难，往下需要勇气，体力越好的人往下走越需要勇气。体力差还有借口，上不去就不上了，身体这么好，怎么能选择往下走呢？往下走仅有勇气是不够的，还需要有一个往下走的道理去支撑。这时候，老子出现了，他是来提供道理的。老子讲，“上善若水”，水往低处流，这是符合道的。听到这句话，人就可以理直气壮地往下走了。可见，“上善若水”不是不让人往上走，而是提醒不能往上的时候，可以往下走，这是符合道的。这时候你对“上善若水”有什么感觉？温暖啊！善解人意啊！就如父母与子女的关系，父母一定会让子女好好学习，考一个好的大学，找一个好工作，走得越远越好。但子女真的去了远方，临走时必定有一句话，外面实在混不下去了，可以回来，家的大门永远为你敞开。这个时候你就进退自由了，就可以毫无顾忌地往外走，在外面很开心就不回来，万一不如意呢，还可以回来。所以，“上善若水”就是跟你讲，往外走，走不动了，可以回来，就是这个意思。这与人往高处走矛盾不矛盾？一点都不矛盾。不管做多大的事，总有做不下去的时候。你会发现好多成功的人都特别喜欢老子，为什么？老子给了他一条可以回家的路，这个很重要。

居善地。接下来这些话都是讲人要学习水，在水里汲取灵感，把水作为自己行动的指南。“居善地”就是居以地为善。这个居，字面上是居家，要把家安在最低的地方，实际上是指居心，要把心安放在最低的地方。居心不要太高，不要好高骛远，不要想一口吃成一个胖子，要从基础做起。孟子说大匠教人必以规矩，羿教人射箭必先练拉弓，务必拉满弓。但基本功离目标最远，人往往很不耐烦。所以居心要低，而地是最低的，水从不离开大地，人要像水一样，脚踏实地，要扎根大地，要接地气，这些日常语言都表明大地的意义。

心善渊。心以渊为善。渊是深水，特别的沉静。它和海水不一样，海水无风三尺浪，没事都能找点事。“心善渊”就是心要像渊水那样沉静，不要躁动。心为什么躁动？心被外物引诱，就会心神不定，就会一事无成。所以心要静，心静才能排除干扰，专心做自己喜欢的事。“心善渊”对现代人尤其重要。因为在古代，外面的诱惑比较少，相对容易做到心静，现在真的很难，如果真的做到“心善渊”，一定会有所成就。

与善仁。与以仁为善。给予要以仁为善。这句话听起来很有儒家的味道。老子前面还在讲“天地不仁”，这个地方突然讲“与善仁”，让人感觉有点奇怪。这个感觉很重要，这就是问题意识，如果这么一个严重的问题，脑子里都没有产生任何问题，这就有问题了。“与善仁”，特别费解。帛书乙本，写作“与善天”，解决了这个难题。“与善天”就是与以天为善。天是天然、自然的意思，“与善天”就是帮助别人，一定要自然而然。人家需要帮助，就去帮助，不需要就不要去帮助，不要为了自己想做好事而去帮助别人。有些人为了写作文，自己家里的地不扫，去邻居家扫地，这是故意在做善事，其实是不善。故意做善事，就会想着回报，如果得不到回报，就会心生怨恨。水利万物求回报了吗？

言善信。言以信为善。这句话也不太像老子的话。儒家喜欢讲信，所谓仁义礼智信，所谓人无信不立；老子也讲信，所谓“信言不美，美言不信”。看上去和儒家没有太大的差别。关键在于对信的理解上，儒家讲的信是诚信，道家的信是真实。老子讲的信比儒家讲的信更根本，只有在真实的基础上才谈得上诚信，否则诚信就会沦为虚妄。老子以真为善，水是真实的，水有时候清澈，有时候浑浊，水不隐瞒自己的浑浊，不因为人喜欢清澈就只表现清澈。水也以浑浊的方式展示自己。许多人认为说真话很危险，但道家认为说假话其实更危险。《庄子·人间世》说，叶公子高出使齐国，临行前，请教孔子。孔子告诫，不要传两喜两怒之言。因为“两喜必多溢美之言，两怒必多溢恶之言”，传两喜两怒之言，传言者必有大祸。认为“传其常情，无传其溢言，则几乎全”。这就把说真话提到保命的高度，因为说真话而丧命，那也是无可奈何的事。

政善治。这是陈鼓应校订文。王弼本作“正善治”。许多学者都认为正政相通，就改为“政善治”。根据句式一律的要求，“政善治”就是政以治为善，迫于文义的要求，就把“治”理解为清静。但“治”在老子书中是个中性词，“不以智治国”“以智治国”“治大国若烹小鲜”，诸多的“治”字都是治理的意思，并无以何种方式治理的含义。

我以为，王弼本的“正善治”应当是“治善正”，就是治以正为善。老子说“清静为天下正”。这样，治以正为善，就可以理解为治国以清静为善。无我才能清静，就像水一样，水无我才能渗透到土里，去滋润万物。水渗透到地里，再也没有自己了，因为无我才能为那块土地服务，如果凝固怎么去服务？

事善能。事以能为善。做事以能胜任为善，这是符合无为思想的。无为就是在个人能力范围内，做再大的事，如果在能力范围之内都叫无为。做多小的事，如果超出能力范围都叫有为。“事善能”就是以无为的方式去做事。但是人呢，总想超越自我，超越别人，去做自己不能做的事。在这一点上，人也要向水学习。水能随物赋形，放到圆形器皿里面，它就是圆的，放到方形器皿里面，它就是方的，把它放到什么形状的器皿里面，它就成为什么形状，水千变万变，都在它的能力范围内变。

动善时。动以时为善。行动以把握时机为善。时机是刚开始而尚未开始的时候，稍早则时机未到，稍晚则时机已过。时机瞬息万变，把握时机最难。人一辈子能把握一两次机会就能成大业，而许多人则是白白错失了机会。在把握时机方面，水又是人的榜样。水流随机应变，该快的时候快，该慢的时候慢，阻挡一下，就换个方向走，有洼地，就填满再走。但始终往前走，不紧不慢，因时而动。

夫唯不争，故无尤。“尤”是怨恨、不满的意思。只要不争，就没有什么怨恨、不满。这句话看起来很消极，所以不被人理解。通常的体验是，一个东西争就有，不争就没有，怎么能不争呢？老子讲不争，怎么去理解呢？老子讲不争，是讲不要以不合自然的方式去争，但并不反对以自然的方式去争。按照老子的这个观点，如果你真的绝对高于别人，那就不需要争，如果你真的不如别人，其实也不需要去争。

当你想去争的时候，表明这个东西不必然是你的。所以，争就是争一个不属于你的东西。既然不属于你，肯定争不上，肯定就有怨恨。不争并非不去努力，努力做好自己的事，这个也就是争，这是自然方式的争，是不争之争。人做好自己的事，只是为了实现自我，原本不是为了争，却达到了争的效果。但在不争者看来，完全是个不期然而然的结果。

九　章

持而盈之，不如其已；
揣而锐之，不可长保。
金玉满堂，莫之能守；
富贵而骄，自遗其咎。
功遂身退，天之道也。

持而盈之，不如其已。“持”是保持的意思，“盈”是满的意思。“持而盈之”就是保持满的状态，“不如其已”就是不如停止这种满的状态。也就是说，满是一种不好的状态。这个表述和人性的要求是矛盾的，人性都喜欢追求圆满，但老子却说，满是一种不好的状态。满为什么不好呢？因为满意味着停止，追求满就是追求停止，实际上是在追求自我毁灭。假设有一杯水，处在满的状态，会出现什么样的情况？首先不能再增加水了，永远只有这么多，也就是说，这一杯水从此失去了所有的可能性。如果水是凉的，现在想喝热的，就没有办法满足了。如果水是热的，想喝一点凉的，就要等很长时间。如果是半杯水的话，就可以随时加水来调节水的温度以适应人的需要。水满则溢，为了不让水溢出来，只好让这杯水静止不动，如果要移动这杯水，就要格外小心。因为水满，这杯水变成了人的累赘。尽管特别小心，移动水杯，水还是可能外溢，这会让人有一种挫败感，会影响到人的心境。不仅如此，水溢出来，洒在不该洒的地方，和外部的环境又产生了冲突。所以给别人倒水不要太满，就是这个道理，既害已又害人。

人的满是什么意思？水的满看得见，人的满看不见。所以，人的满只能是一种自满，是自己认为满了。自满为什么不好呢？自满意味着不再接受任何新的事物，意味着拒绝一切外来事物。人这么渺小，世界这么大，人哪有自满的时候啊！人自满也就宣告了生命的终止。“不如其已”就是要停止自满，以便给自己腾出发展的空间。只要人活着，就永远不可能有满的这一天。

揣而锐之，不可长保。“揣”是捶打的意思。通过捶打，使器物变得尖锐。结果怎么样呢？“不可长保”，因为太尖锐了，所以很难长久地保持自己。什么道理呢？先看这个“锐”字，把器物变尖锐，这是一个自我削弱的过程。比如一根木棒，要把它变得尖锐，就要不断地削它，削得越多，就越尖锐。因为尖锐，很容易刺穿对象，但也因为尖锐，又很容易折断。小时候削铅笔，把铅笔削得尖尖的，没写几个字就断了。人的尖锐也一样，越尖锐，越能击中要害。因为击中了要害，也就越容易引来许多攻击。既伤害了别人，也伤害了自己。尖锐的人容易四处树敌，所以尖锐的人大多命运多舛。与盈相比，锐要复杂一点。盈在任何状态下都是不好的，但锐在不同的领域里应该有不同的评价方式。在私人领域，与人交往的时候不要太尖锐，尖锐是很伤人的，应该保持一种相对温和的状态。但在思想领域中，就一定要尖锐，以保持思想的深度。对社会问题批评不尖锐的话，坏的东西就会蔓延。尽管尖锐不可长保，但尖锐本身仍然是有价值的。

金玉满堂，莫之能守。财富太多，人是守不住的。言下之意就是不要追求那么多的财富。人为什么守不住财富呢？首先看财富的来历，如果财富是非法所得，财富肯定是守不住的，这是不用说的。所以，这里的财富应该是取之有道的。正当的财富为什么还是守不住呢？如果生逢乱世，尽管财富来路很正，但在没有规则的世界里，财富就是一个诱饵，财富越多，危险就越多。那么在太平盛世中，为什么财富也守不住呢？守住财富的最好方式就是使财富不断增值，就是要不断地去投资、创业，以获取更多的财富，这不就保住财富了吗？就像赌博一样，财富多只不过是赌资大了而已，总有一天会输掉。古代有那么多富人，你捋一捋，到最后，家里还有几个后代是富的？还有一种情况可能更符合老子的思想。财富在你手上是守住了，当你把财富转移给后代的时候，怎么能够保证他们能守得住？对你来讲，财富是通过自己的努力获得的，增加财富的过程，也是不断历练自己的过程。你历练了自己的能力，所以能够控制财富。但你的后代呢？他只是得到了财富，而没有获得相应的历练，他就无法控制财富。财富对他来讲就像天上掉馅饼，所以很难守住。他不劳而获，除了挥霍财富，还能干什么呢？在坐享其成中，最终变成了废人。古人说富不过三代，不是没有道理的。明白了“金玉满堂，莫之能守”的道理，人就会以平常心对待财富。

富贵而骄，自遗其咎。富贵是人人向往的生活，连圣人也不例外，孔子就说富贵是人之所欲。追求富贵，就是追求美好的生活，是值得肯定的。问题出在骄字上，以富贵为骄傲，把富贵看得了不得。人对富贵的看法，也就是人对人的看法。“富贵而骄”就是以富贵为标准评价人，漠视人的自身价值，颠倒了人的价值观。子贡富贵了，但富而无骄，他从来没有瞧不起“一箪食，一瓢饮，在陋巷”的颜回。他称赞颜回的学习能力，说自己是闻一知二，而颜回闻一知十。即便富而无骄，孔子还不满意，他要求富而好礼。从孔子的观点看，富贵而骄，是对待富贵最差的态度，肯定要自遗其咎的。富贵本就是人羡慕的对象，无形中，也造成了对他人的压力，如果炫耀富贵的话，就会引发他人的嫉恨。如果这种嫉恨进一步转化为行动的话，那就是大祸临头了。另外，以富贵为标准看不起别人，那遇到比你更富贵的人呢，你又被别人瞧不起了，这就叫“自遗其咎”。这一切都源自“富贵而骄”，怪不得别人。

功遂身退，天之道也。这是老子正面的观点。“功遂身退”，现在都叫功成身退。什么是功遂？前面讲的“持而盈之”“揣而锐之”“金玉满堂”“富贵”都是功遂。这些都是大功，做出了轰轰烈烈的事情，可以说是功成名就了。这样理解的话，功遂的范围就会很小，只适合那些特别成功的人。所以这个功呢，应该理解得更宽泛才好。比如说，为人父母，教育好子女也是有功的，子女要孝顺父母，就是报答养育之功。大家从幼儿园、小学念书到现在，受到许多老师教诲，那些老师也是有功的。每个人一生中，多多少少大大小小都立过功，所以人人有功。

什么叫身退？从字面上看，就是身体退回去，身体从原来的位置上退出来，比如说做官，辞官回家就是身退。陶渊明就是这样做的。但这样理解显得有些狭隘，有些地方也不太合适。比如父母有功，如何身退？怎么退都是父母啊！老师又如何身退？从此不当老师了吗？所以身退其实是心退，就是不以功为功，建立了很多功业，却不居功自傲。父母有功于子女，却不指望子女回报，这就是身退。老师教出了好学生，但是呢，不把功劳揽到自己身上来，这就是身退。把功当作功的时候，就没有身退。把功不当作功的时候，这就是身退。为什么要“功遂身退”呢？老子说这是天道，天道就是必然性，就是必须要这样做，是不能选择的。如果违背天道，就会“不可长保”“莫之能守”“自遗其咎”，就会受到天道的惩罚。老子说的天道，实际上就是事之理。他把事之理提到天道的高度，增加了说服力和权威性。

这里有一个问题。“功遂身退”境界固然很高，但这是否会影响到社会公平公正？按照道理，立了大功，就应该论功行赏，这是天经地义的事情。如果都不去论功行赏，谁还会做事呢？所以，论功行赏是合理要求。但具体到论功行赏的时候会出现一个问题，这个功到底有多大，给多少回报才是合理的？如何去量化？每个人都认为自己的功大，都觉得给的赏不够自己的功，都觉得很委屈，都在抱怨，都在愤愤不平。最好的解决办法就是制定一个公平的论功行赏的制度，但制度再公平也有不公平的地方。这个时候，“功遂身退”就发挥作用了。所以“功遂身退”不是不要论功行赏，而是论功行赏出现不公平的时候才要“功遂身退”。论功行赏是制度性的问题，制度的问题可以通过改进制度去解决。但遇到制度外的不公，就要有“功遂身退”的意识。尽管你功劳很大，别人给的赏抵不上你的功，但这个时候不要把功当作一回事。

这一章里，大家会发现一个问题，“持而盈之”“揣而锐之”“金玉满堂”“富贵而骄”讲的都是人情。人情总喜欢让事物发展到极端。而“不如其已”“不可长保”“莫之能守”“自遗其咎”讲的都是物理，是用来限制人情的。道家是讲理性的，以理性的态度对待情感是道家的一个重要特色。

十　章

载营魄抱一，能无离乎？

专气致柔，能如婴儿乎？

涤除玄览，能无疵乎？

爱民治国，能无为乎？

天门开合，能为雌乎？

明白四达，能无知乎？

[生之畜之，生而不有，为而不恃，长而不宰，是谓“玄德”。]

载营魄抱一，能无离乎？第一个字“载”，有不同的说法，现在一般把它理解成发语词，不需要去解释。“营魄”就是魂魄，魂是精神性的，灵魂的意思；魄是物质性的，身体的意思。“抱一”，这个一，很多人认为是道，“抱一”就是抱道，这样理解不是很好。因为道是无形的，不是具体的，怎么去抱？这个一是一体的意思，“抱一”就是抱成一，成为一体的意思。“营魄抱一，能无离乎？”就是灵魂和身体相统一，能不分离吗？灵魂和身体合一，就是保持人成为自己。灵魂和肉体分离，人没有灵魂，就是一个行尸走肉，往极端里说，就是人的死亡。那么保持一，人成为自己，是什么意思呢？“抱一”就是回到生命的原始的状态，从时间上来说，也就是最早的状态，这是生命浑然一体的状态。随着生命的生长，灵魂与身体慢慢呈现分离状态。正如苏东坡感慨的那样，“长恨此身非我有”。人由一的状态分裂成二的状态，感觉十分痛苦，非常怀念一的状态，想回到一的状态。这个一的状态，是前语言、前意识的状态，用老子的话说就是婴儿之未孩的状态，这状态也是人最好的状态。从本质上讲，一个方面，在面向未来，其实很多时候呢，特别想回到过去。回到那个一的状态，那里特别安全，特别温暖。但这个状态不仅回不去，连回忆也触及不到。所以人们退而求其次，以“抱一”的相关状态作为回忆的对象，人们回忆童年，回忆母亲，回忆故乡，以获得替代性满足。

专气致柔，能如婴儿乎？这个“专”应该是抟字，女娲抟土造人的抟，抟是揉捏的意思。土是看得见的，抟土比较好理解，气看不见，也摸不着，怎么去抟呢？让人感觉非常神秘。通俗地讲，抟气就是运气，如何运气呢，也说不清楚，估计练过气功的人，会有些体会。抟气是有哲学根据的，中国古代哲学认为万物由气构成，人当然也是气构成的。气又分清气、浊气，清气凝聚到一起就变成了人，浊气沉淀到一起就变成了土啊、石头啊，各种各样的东西。既然身体是由气构成的，就可以用气去解释生死的现象。庄子就是这样做的。庄子的妻子死了，庄子却鼓盆而歌。唱歌是表达喜悦的，人死怎么能唱歌呢？庄子解释说，他开始也是很悲伤的。这个解释很重要，为什么重要？人们常以此认为庄子无情，其实，他是悲伤过度，承受不了自己的悲伤，要把自己从悲伤中解脱出来。解脱是需要道理的，没有道理是解脱不了的，自己都说服不了自己，怎么行呢？庄子终于想通了，因为人是由气构成的，还没有她之前，她是自然之气。后来，气凝聚成她这个人。现在她死了，就是气散了，又变成了自然之气，回到了她本来的状态，回到她的老家了，有什么好哭的呢，应该高兴才是。倒是我们这些活着的人，仍在旅途中，还在那里奔波，值得同情。可见，气是生命的本源，所以农村说人死了是断气了。人运气干什么？就是要致柔，使身体变得很柔软，柔软得像婴儿一样。为什么要把身体变柔软呢？柔软体现生命力，有生命的东西都是柔软的，而僵硬意味着生命的衰退，人老了喜欢说老胳膊老腿。身体柔软，在发生碰撞的时候能够退让。以退让的方式保护自己不受伤害，也使碰撞的对象免受伤害。老子的老师叫常枞，老子去老师那里问道，老师张开嘴巴让他看，牙全没了，舌头好好的，老子一看，全明白了。小孩摔倒了，爬起来一点事没有。老年人摔倒了，就会骨折。因为柔软好，经济学也借用了，强调经济要软着陆。所以人要尽量把身体练得很柔软，尽管达不到婴儿那样柔软，但向婴儿身体学习的方向是没有错的。

涤除玄览，能无疵乎？“涤除”是打扫的意思，“览”读作鉴，镜子的意思。“玄览”就是奇妙的镜子，不可思议的镜子。这两句话的意思是，擦洗心灵的镜子，能毫无瑕疵吗？大家都有经验，照镜子的时候要让镜子照出本来的自己，镜子必须是干净的。镜子干净，人才可能干净，镜子不干净，人肯定不会干净。所以，照镜子前务必使镜子干净。玄镜是心灵的镜子，人通过心镜去了解世界，心作为一面镜子，必须是干干净净的，才能看到世界的真相，否则看到的就是一个有偏见的世界。禅宗讲，“身是菩提树，心如明镜台。时时勤拂拭，莫使惹尘埃”，这也是说要擦心灵的镜子。心灵的镜子擦拭以前，看到的是一个可以执着的世界，所以很苦恼。擦拭之后，看到的是一个无可执着的世界，所以很平静。擦洗心灵的镜子没有那么容易。物质的镜子脏了，一眼就能看见，心灵的镜子脏了，是看不见的，明明是脏的，但人却不承认是脏的。心灵的镜子脏是什么意思？就是人有了主观偏见。问题在于人的主观偏见并不是主观产生的，没有人主动地产生偏见。人的偏见是在自然而然中、不知不觉中产生的。自己有了偏见，却不知道这是偏见，人是莫名其妙地陷入到偏见当中的。人的偏见是生活造成的，是有限的生活经验造成的。人出生在特定的家庭，受到特定的教育，就构成特定经验，以这个特定经验看世界，是多么正常的一件事！但这个正常里已经包含了不正常，包含了一种偏见，自己还不知道。可以说人一辈子都是生活在偏见里面，这是人的基本生存状态。所以，消除偏见特别难。这里要特别注意，不要以为错误的观念是偏见，应该去掉，而好的观念可以留下。偏见不论好坏，坏的观念是偏见，好的观念同样是偏见，不能因为是好的，就不是偏见了。就像镜子上灰尘肯定要擦掉，那镜子上的金屑呢，也是要不得的。只有这样，才能看到世界的真相。

爱民治国，能无为乎？这是陈鼓应的校订文。王弼本写作，“爱民治国，能无知乎？”陈鼓应根据别的本子改“知”为“为”，他认为“能无为乎”比“能无知乎”好。但我以为王弼本可以不改。为什么呢？六十五章专门讲不以知治国的问题，这是老子的习惯性用语，是老子反复谈到的观念，没有必要改动。所以我们按“爱民治国，能无知乎？”来讲解。“知”通智。“爱民治国”能不用智慧吗？人们通常认为“爱民治国”是一件大事，是极其严肃的事，只有有智慧的人才能胜任。但老子的观点正好相反，他说“爱民治国”能不能不用智慧？当然这个智慧指的是小聪明，不是大智慧。这个地方应该对大智慧和小聪明有个简单的区分。小聪明往往把简单的问题复杂化，大智慧正好相反，把复杂的问题简单化。按照老子的标准，如果治国非常辛苦的话，那就是用智慧在治国。如果治国轻轻松松，就是不以智治国。把事情做得很轻松的时候，就是做得最好的时候。做得最累的时候，就是最坏的时候，表明你就不适合做这个工作。

天门开合，能为雌乎？“天门”就是天开的门。人的感官就是天开的门。“天门开合”就是人通过感官感觉外部世界。人在感觉外部世界的时候会发生什么呢？会对外部世界产生一种欲望。这种欲望，人的身体不能自足，必须要靠外部世界来维持生存，必须把外部世界当作欲望的对象。但是，人在欲望对象的时候，会被欲望的对象控制。表面上看是人在欲望对象，实际上是人被欲望的对象控制。欲望越强烈，被控制的程度也就越深，人的自由就越少。自由建立在与对象若即若离的关系上，必须要向内收缩，人才能获得自由。“能为雌乎？”雌是收缩自己，也就是要减少欲望，摆脱欲望的对象，保证自己的自由。当然，人有的时候把欲望这个词说得很正面，不说欲望一个对象，而说爱一个对象，这样讲好像纯粹一点，但本质上没有多大的区别。爱一个对象，也是被这个对象控制，脑子一天到晚想着别人的时候，就是被别人控制了。所以爱有时候也挺可怕的，爱得越深，依赖感就越强。《红楼梦》里贾宝玉最怕谁？林黛玉。为什么怕她？因为爱她。爱她就怕她，不爱她就不怕。她不理就不理了，现在不理可不是小事，那就是天大的事。“能为雌乎？”就是能否从感情里退出？

明白四达，能无知乎？这是陈鼓应先生校订文。王弼本写作，“明白四达，能无为乎？”我认为不改更好。“明白四达”，是说一个人心里很明白，心里明白的人还能无知吗？所以，我还是按照“明白四达，能无为乎？”来讲解。“明白四达”，什么都知道，就是聪明的意思。聪明人总想做点什么去表现他的聪明。老子告诫，能不能控制住自己不去表现聪明。这句话跟“爱国治民，能无知乎”构成了连续性思维的关系，前面讲“爱民治国”不要用小聪明，至于人有没有小聪明还难说。后面讲“明白四达”，人事实上已经有了小聪明，那该怎么办？还是不要表现小聪明。

生之畜之，生而不有，为而不恃，长而不宰，是谓“玄德”。这几句话，五十一章里也有，表述几乎是一样的。而且这段话放在那个地方比放在这里文意更流畅，所以这里就不讲了。

十　一　章

三十辐，共一毂，当其无，有车之用。
埏埴以为器，当其无，有器之用。
凿戶牖以为室，当其无，有室之用。
故有之以为利，无之以为用。

三十辐，共一毂，当其无，有车之用。古代的大车，有三十根辐条都连接在毂上。毂里面是空的，可以插入一根轴，这样车轮才能够旋转，大车才能够行驶。一般人看到大车，会看到三十根辐条，看到毂，看到轴穿过毂，看到车轮滚动，大车在行驶，仅此而已。这是每个人都能看到的，老子自然也看到了。但老子之为老子，他还看到了别人没有看到的东西：毂里的无。因为这个无，轴才能插入毂里，车轮才能转动，大车才能行驶。大车的其他部分都是固定装置，只有毂里虚空的部分才是活动的。因为这个虚空，因为这个无，大车才发挥大车的作用。无最容易被忽略，因为无不是个东西，它没有颜色，没有声音，也没有形状。无什么都没有，也就没有人把它当回事，即便承认有个无，但说到无，也会很不屑。无成了没有意义的代名词。儒家思想里没有无的踪影，无是思想上的盲点。老子发现无，这是一个非常伟大的发现。发现无是不容易的，需要思想的洞察力。中国古代那么多的思想家，都把眼睛盯着有。盯着有也不错，但限于有，视野毕竟很狭小。有了无，思想就进入无限的领域。

埏埴以为器，当其无，有器之用。揉捏泥土成一个器皿，然后烧制，成为可以使用的器皿。这句话是讲制作器皿的过程。人制作器皿是为使用器皿。比如杯子，用它来喝水；比如碗，用它来装饭。这里有一个问题，杯子为什么能喝水，碗为什么能装饭？这是一个很可笑的问题，也是一个很深刻的问题。这一问会问出一个意想不到的结果，会问出一个无来。我们去超市买杯子的时候，首先关注杯子的造型是否美观，有时候就是冲着造型而购买的。造型是什么？就是有啊，这个杯子，有杯底，有杯壁，还有杯柄，它们以一种独特的方式组合在一起，于是你就买了。但仔细思考，就会发现，杯子的造型无论多独特都不是最重要的，最重要的是由这个造型构成了一个无的空间。如果杯壁和杯底没有围成一个封闭空间，你还会买回家当杯子用吗？不会的。所以看起来买的是有，实际上买的是由有构成的无。杯子能喝水正是由于无，杯子成为杯子也是由于这个无。无才是杯子的本质。所以，表面看买的是杯子，实际上买的是杯子里的空间，没有这个空间，它的造型再好，你也不会买。日常生活中，我们没见过没有空间的杯子，对杯子空间的存在已习以为常，以至于遗忘空间的存在。买杯子的时候，只会说杯子很漂亮，没有一个人说，杯子的空间很漂亮。因为空间只有大小，没有好坏。但杯子造型好是有前提的，没有空间的话，造型再好也是没有意义的。可是在生活中，由于感官的局限，眼睛只看到有，看不到无，杯子的空间反而被遗忘了。无最容易被忘掉，本质性的东西最易被遗忘，老子意在唤起我们对本质性东西的意识和关注。

凿户牖以为室，当其无，有室之用。盖房子必须要有门窗，有了门窗，房子才可使用。门是让人进出的，房子没有门，就进不去，进去了也出不来。房子开窗子，让封闭的小空间和外部空间保持沟通，让人时时感觉外部世界的变化。人在家中的同时，人也在天地中，人与天地万物共在。房子能作为房子，全在于门窗。窗子是无，门是无，房里的空间也是无。可见无对房子的重要性，是无使房子成为房子。

老子举的三个例子都与日常生活相关。车子是用来出行的，器皿是日常要用的，房子是天天要住的，可见任何伟大的思想都不是凭空产生的，都是来自日常生活。只要用心体会日常生活中的种种现象，就能发现意想不到的思想。老子从人的吃、住、行中发现了无的思想。我们也要培养自己的感觉能力，尤其是学文科的人，没有这种感觉能力是不行的，没有这种感觉能力，只能重复别人的东西。

故有之以为利，无之以为用。我们平常只看到有的便利，眼里只有有，就忘记了无的作用。有能发挥作用，根源是无，没有无，所有的有都是废品。如果毂里没有无，车子就不能行走；如果杯子里面没有无，就不能喝水；如果房子没有无，就不能居住。所以，看起来是使用有，实际上是在使用无。所以制造器具的原则是：用有去构造无。如果用有没有构造出无，器具就成了废品。事实上，人们在构造器具的时候，就在遵循这样的原则。没有人把杯子制造成平面的，没有人建造房子的时候会忘记开门窗，人们在潜意识里正是按照无的原则去构造器具的。

老子以有形的空间阐释了无的重要作用，但老子无的思想作用却不限于有形的空间，也适合于无形的空间。在无形的空间里，无的启发意义更大。在社会生活领域，制定法规应该遵循什么样的原则呢？应该遵循以无为核心的原则。制定法规跟制造器皿，遵循同样的原则，就是要通过有构造出无的空间。法规自古就有，只要是一个群体，就需要群体的法规，否则群体就不可能存在。问题在于，用什么标准衡量法规合理不合理呢？这就是无。法规必须要构造出一个无的空间。什么是无的空间？具体讲，就是自由的空间。人在法规里自由活动，感觉不到法规的存在，这就是合理的法规。法规的本质是无，人通过法规，享受那个无的空间。否则就像五十七章说的，“法令滋彰，盗贼多有”。按道理来讲，制定了那么多法规，小偷应该越来越少，怎么会越来越多呢？什么原因呢？法规制定得不合理，让人动辄得咎，人为制造了盗贼。好的法规遵循无的原则，给人无限多自由活动的空间。现在大学里课太多，课外约束也太多，学生很少有自由活动的空间。有太多，无太少，这样很难培养出好学生。没有无，既没有创造力，也没有生活的情趣。儿童也一样，也需要无，不要看到孩子在那里玩泥巴，就认为是在浪费光阴，就督促他去背唐诗，其实唐诗也可以是从泥巴里来的。

这里还有两个问题需要说一下。一个就是本章的断句问题。有人把“当其无，有车之用”断句为“当其无有，车之用”，理由是，老子的道既是有也是无，是有和无的统一。从无这里断句，强调了无，忽略了有。这种断句方式好像也有道理，但仔细看不如从无断句好。从无这里断句，突出了无，彰显了老子思想的特色。这种断句也没有忽略有，“三十辐共一毂”“埏埴以为器”，讲的就是有，但常人只看到有，所以要强调无，以纠正思想的偏差，并不是要用无来否定有。“车之用，器之用，室之用”里有无是统一在一起的。从有这里断句，本意要使思想更完备，但面面俱到，感觉很平庸，没有思想创意。

还有一个问题，这里讲有无关系，似乎更突出无的作用。但在第一章，老子说，“有无同出而异名”，强调有无同时出现。既然有无同时出现，有无的地位应该是平等的。显而易见，老子对有无关系的表述是有些矛盾的，至少是表述前后不一致的。该怎么理解呢？第一章讲本体的有无，这章讲现象的有无，它们处在不同的层面上。从本体上看，有无不分先后，但在一个有限的无里，无和有的确有先后关系，比如教室和课桌，必须教室在先，然后才能把课桌放进教室。

关于现象中的有无关系，可以再作三点说明。首先，无大于有。无如果不大于有，有就无法放到无里面去，无论有有多大，有必定在无里，只要在无里，就比无小。如果桌子比教室还大，怎么能放到教室里面来？无大于有容易理解。其次，无先于有。这里的先于有两层意思，一是时间上先于，空间要优先于空间里的万物，教室要优先于桌子。二是逻辑上优先。这张桌子在搬进教室之前，它在另一个教室，或放在别的什么地方，所以这个教室对于桌子而言，只具有逻辑的优先性，只有特定的教室对特定的桌子，才具有时间的优先性。什么是逻辑的优先呢？举一个例子。手敲桌子发出声音，所谓手敲桌子，就是手和桌子同时到达，因为同时性，才发出声音。声音的发出既归功于桌子，也归功于手，缺一不可。但生活中，人不把声音的发出归功于桌子，只归功于手。这是为什么呢？这是因为逻辑优先。手主动去敲打桌子，而桌子是被动的。手的动作相对桌子具有优先性。最后，无强于有，无比有强大。念一首诗就会有体验。陈子昂的诗，“前不见古人，后不见来者。念天地之悠悠，独怆然而涕下”，“前不见古人”，古人到哪里去了？死了。秦皇汉武、唐宗宋祖那么厉害的人都没了。“后不见来者”，后面的人还没生出来，肯定见不到。“念天地之悠悠”，天地构成了一个无限的空间，构成了一个巨大的无。人在天地之间，生生灭灭。万物都会在空间（无）中灭亡，空间（无）却不会灭亡。你没有了，空间（无）还在；人类没有了，空间（无）还在；地球没有了，空间（无）还在；人在空间（无）面前不值一提。“滚滚长江东逝水，浪花淘尽英雄”，英雄被浪花淘尽了，你以为浪花能长久吗？滚滚长江能长久吗？它们也要在空间（无）中消失。人间打打杀杀也好，恩怨情仇也好，最后都了无踪影，只留下一个孤独的空间（无）。面对孤独的空间（无），人的悲凉之感油然而生。万物都是短暂的，时空是永恒的。万物都是时空里的过客而已，何况人呢！

十　二　章

五色令人目盲；五音令人耳聋；

五味令人口爽；

驰骋畋猎，令人心发狂；

难得之货，令人行妨。

是以圣人为腹不为目，故去彼取此。

五色令人目盲。五色，就是青赤黄白黑这五种颜色，可以译成五彩缤纷的颜色。五彩缤纷的颜色会使眼睛失明。这句话的字面含义一看都很清楚。我们要去寻找字面背后的意思。眼睛的本能是看，但是现在在看的过程中，却丧失了看的本能。这是让人奇怪的事，人满足本能的时候，怎么会丧失这个本能呢？它是怎么丧失掉的呢？追究一下原因，应该归咎所看的对象。五彩缤纷的颜色具有一种引诱性，一种诱惑力。它引诱着人不由自主地去看，让人沉迷于看，而不能自拔。人为什么沉迷于对象呢？这与对象的美好性质有关。如果这个对象不美好，不是这样五彩缤纷，就不可能沉迷。因为不沉迷，反而保护了眼睛。现在大家发现是什么害了眼睛？是美好的颜色害了眼睛。平常我们觉得坏的东西会伤害人，所以特别警惕，但很少想，好东西也会伤害人。是美好的颜色伤害了人的眼睛。所以对美好应该有所警惕，因为美好让人沉迷，让人失去节制。但人，又有一种对美好的无限向往，而这种对美好的无限向往最终又害了人。也就是说人所倾心追求的对象，最终害了人。说得好听，是为了理想放弃生命；说得不好听，是理想害了生命。人在心灵深处有一种追求毁灭的倾向，人对美好的追求，就是追求毁灭的一个表现，只是这个表现有一个冠冕堂皇的名称，使人忘掉了它的可怕本质。

弗洛伊德说人有两种本能，一种叫生的本能，一种叫死的本能。人追求生，这个好理解，人追求死很难理解。其实，人奋不顾身去追求美好，丢掉生命，在所不惜，就是追求死。还有一点值得关注。古代的科技手段是有限的，所谓五彩缤纷的颜色应该并不常见，这个思想如果出现在今天，大家很容易理解，出现在两千多年以前，这就很难让人理解。因为没有足够的事实支撑老子的思想，老子的思想从哪里来呢？他的思想给人的感觉，不是给他那个时代的人说的，而是给两千五百年以后的我们说的，老子在两千五百年前就预言今天人的眼睛要出问题了。可见，一个伟大的思想家，他的思想具有多大穿透力。另一方面，伟大的思想往往是孤独的，老子当年提出这个思想，估计没几个人能理解，他在今天才找到了知音。真是知音难觅啊！

五音令人耳聋。这句话的意思和上句话是一样的。老子换了一个角度，从听觉出发，再一次阐述同一个思想。五音就是宫商角徵羽。五音该怎么翻译？陈鼓应译成：纷杂的音调。这个翻译是有问题的。纷杂的音调是嘈杂的声音，是不好听的声音。不好听的声音让人耳聋，这个三岁小孩都知道。但是，因为嘈杂的声音难听，人本能地拒绝听，耳朵反而是不会聋的。事情的微妙就在于，一个坏的东西，从直觉上讲，好像能把人变坏。但正因为是坏的东西，人本能地会拒绝它，反而不会变坏。所以五音应该翻译成：美妙的音乐。美妙的音乐令人耳聋。道理跟刚才一样，也是源于一种美好的诱惑。孔子在齐国听韶乐，三月不知肉味，显而易见，音乐已经破坏了孔子的味觉。尽管大家都正面解读为孔子爱好音乐，但仔细想想，一个人爱音乐到这种地步，味觉都丧失掉了，这是很可怕的。再这样下去呢，耳朵肯定也会出问题。看看现在人，走路耳朵都不闲着，一定要塞个随身听，时间久了，肯定会损害耳朵。耳朵的确能听，但以一种人为的方式，过度使用听觉器官，必定会导致听觉器官的损坏。老子这句话同样体现了思想的穿透力，老子那个时代，能如此沉迷于音乐的人必定是极少数，但是老子就通过极少数的人的爱好发现了一个思想，可见老子思想的敏锐性。

五味令人口爽。五味就是甜酸苦辣咸，可翻译成：美妙的食物。“口爽”，味觉受到伤害，这个爽不是好，而是伤害的意思。这句话翻译出来就是美味能够让人丧失味觉。跟视觉和听觉相比，味觉更具有生理性。美味对人来讲更有吸引力，更有诱惑力。儒家有个大圣人叫伊尹，商汤的宰相。他是怎么被商汤发现的呢？传说伊尹特别会做饭，厨艺非常高，于是就以厨艺去接近商汤，终于被商汤启用了。要得到天子的青睐不容易，得有一个特长，会做饭就是一个特别诱人的特长。孟子不认同这个传说，因为它有损于伊尹的形象，一个大圣人，怎么能用歪门邪道去获取别人的信任呢？但不论真假如何，这个传说本身表明味觉太有吸引力了。圣人如此，坏人也一样。有一个叫易牙的，饭做得好，齐桓公吃饭不香就会想到他，只好把他留在身边，他就成了齐桓公的宠臣。好人要靠味觉取悦于人，坏人也要靠味觉去取悦人，可见味觉的诱惑力有多大。美学家钟嵘在《诗品》里提出滋味说，说诗写得好，就说诗有味道，读起来津津有味。味已经从生理词汇变成了一个美学词汇，可见味字的辐射能力有多大，人对美味的追求多强烈。但追求的结果呢，伤害了人的味觉。现在人吃东西没有胃口，很重要的原因就是味觉被过度使用了，不加大刺激力度就没有味感，就这样把味觉弄坏了。味觉是被美味伤害的。美味不仅伤害了味觉，还伤害了胃。面对美味佳肴，人们忍不住就会往多里吃，城门失火，还殃及池鱼。

刚才我们讲到，“五色令人目盲，五音令人耳聋，五味令人口爽”，把罪责都推给了外部对象，推给了美色美味美声的引诱。这有没有道理呢？没有道理啊，罪魁祸首应该是心。表面上看，是目耳口出了问题，是外在的诱惑出了问题，实际上是心出了问题。感官是被心驱使着去沉迷于对象的。心没有制止这种诱惑，还在放纵这种诱惑。表面看来，是耳在听，眼在看，口在吃，但决定它们的是心，耳、眼、口都是代心受过。

驰骋畋猎，令人心发狂。驰骋畋猎就是骑马奔驰，纵情打猎。结果怎么样呢？“令人心发狂”。心刚才还隐藏在感官的背后，是一个隐形的支配者，现在呢，它直接由后台跳到前台来了。它觉得感官的刺激已经不够了，它要直接受到刺激。什么东西能够刺激人心，让人心发狂呢？这就是杀戮。畋猎的场面是非常血腥的，它展示出活物变成死物的过程。畋猎不是直接杀死猎物，而是让猎物处在求生的状态中，使猎物处于极度的惊恐和痛苦的状态中。畋猎把杀戮当游戏，享受杀戮的过程，追求杀戮的刺激。这是一个残酷的游戏，它让弱者的生命消失，以求获得快感。跟畋猎相比，前面五色五音五味的刺激就是小儿科了。

难得之货，令人行妨。难得之货让人行为失常。这个体验人人都有，怀里揣着几万元现金上公交车，神态就会很戒备，神色就会很紧张，就会主动避开其他乘客。精明的小偷一眼就能看出来。可以做一个思想的实验。比如说中大奖了，一亿元奖金从天而降，变成亿万富翁了。想象一下，什么感觉？爽。接下来还爽不爽？怕是一点都不爽了。晚上肯定会失眠，会连续多夜失眠。会有不安全感，要住独栋别墅，还要雇保安，要请专门的厨师。但不久，就会疑神疑鬼怀疑厨师会不会下毒，保安是不是可靠。而且从此再也不上班了，工资就那么一点点，还上什么班，天天躺在家里睡觉好了。一个正常人就这样给废了。难得之货，让人行为失常。人是被美好折磨死的。《浮士德》里，歌德专门安排魔鬼去诱惑浮士德，浮士德与魔鬼抗争，就是善和恶的抗争，善在抗争中不断壮大。后来，浮士德看到了一幅景象，看到许多人在大海边围海造田，场面特别壮观，就停下来欣赏，魔鬼乘机要把他的灵魂收走。上帝看在眼里，把他的灵魂带到天堂。这说明什么问题？让人堕落的不是罪恶，而是美好，所谓美好的东西，也是让人堕落的东西。

是以圣人为腹不为目。这里的圣人是指圣人之治，圣人如何治理天下呢？“为腹不为目”。这里要注意，目其实是个替罪羊，因为目看世界，是受到心的指使。因此，严格地讲，应该叫为腹不为心。为腹就是让百姓吃饱肚子。腹的欲望是有限的，腹代表一种有限的欲望。一顿饭最多三碗，再也不能多了。所以圣人不追求社会高速发展，不认为发展的速度越快越好，因为肚子是有限的，不会因为经济发展了，人的饭量也会以每年百分之几的速度增长。况且人老了，饭量反而会减少。

为目是什么意思？目的功能是看，看是无止境的，所以目代表着一种无限的欲望。老子这句话是讲，圣人治理天下，让人满足有限的欲望，而不让人有无限的欲望。这句话容易引起误解。有人批评老子，说老子要让社会停留在原始状态。把肚子填饱就行了，志向也太渺小了。这显然是误解。老子不是不让享受美好，不是要彻底否定美好，而是要求在享受美好的同时，要反思感官带来的美好。反思有什么好处呢？反思让人自觉地减少这种享受，注意享受的限度。有了这个限度，感官就会得到保护，否则就会破坏感官，让人失去享受的可能性。

“为腹不为目”，在今天可以针对所有人，但在老子那个时代，只是针对统治者的。因为只有统治者才能享受五色五音五味，才能驰骋畋猎，才有难得之货。警告统治者是要有策略的，直接批评是不行的，必须要以关心的方式批评。老子很委婉地说，沉迷于五色五音五味会伤害感官，当统治者意识到这是伤害自己的时候，就会收敛自己的行为。统治者的自我收敛，客观上会减轻老百姓的负担，让百姓获得相对自由的生存空间。

十　三　章

宠辱若惊，贵大患若身。

何谓宠辱若惊？宠为下，得之若惊，失之若惊，是谓宠辱若惊。

何谓贵大患若身？吾所以有大患者，为吾有身，及吾无身，吾有何患？

故贵以身为天下，若可寄天下；爱以身为天下，若可托天下。

宠辱若惊。“宠辱若惊”已经是一个成语了。从字面上来看，应该是宠若惊，辱若惊，宠和辱都让人心惊。这个翻译不是特别好，因为辱若惊是人人都有的体验，没有什么思想内涵。可以把这句话词序调整一下，调整为“宠若辱惊”。那么这句话就翻译成：宠像辱一样让人心惊。还可以把宠辱若惊看成偏义复词，只有宠若惊的意思，没有辱若惊的意思。就像国家这个词，只有国的意思，没有家的意思。就像舍得这个词，只有舍的意思，没有得的意思。

贵大患若身。这句话词序也要变一下，否则不是特别好理解。“贵大患若身”就是“贵身若大患”。“贵身若大患”就是像重视大患那样去重视身体，也就是把身体当作最大的祸患去重视。这是一种很奇怪的表述。一般情况下，说重视什么，都是与一个特别有价值的东西相比，没有与负面性质的东西相比。但从效果来看，与负面性质的东西相比更有警示作用。因为祸患是人最害怕的，也是人最想回避的，因而也是人最重视的。这样，老子就把身体置于思想的核心位置。老子这里提出了两个命题，一个是“宠辱若惊”，一个是“贵大患若身”。一般来讲，在一篇文字中最好只有一个命题，如果有两个命题就需要思考一下这两个命题之间的关系。如果没有关系的话，主题就是分裂的。那么宠辱与身体是什么关系呢？宠辱是身体的延伸物，是身外之物，它们危害着身体。这两个命题合在一起，就是要人从一个非身体的世界，回归到一个以身体为本位的世界。这样两个主题就统一在一起了。

何谓宠辱若惊？宠为下，得之若惊，失之若惊，是谓宠辱若惊。这是解释“宠辱若惊”。这段文字的核心是什么？“宠为下”。“宠为下”是讲，得宠是最让人瞧不起的事情。这跟世俗的思维有很大的区别，我们平常都认为得宠是一件特别荣耀的事情，喜欢到处炫耀自己是怎么得宠的，生怕别人不知道。闲聊的时候就会说认识谁谁谁，谁谁谁对我特别好，那个谁谁谁肯定不是一般的人。讲这个话表明他已经得宠了，还以得宠为荣。日常生活中，争宠是一种普遍的现象，人人争着去得宠，以得宠为荣。宫廷戏里，把争宠表现得淋漓尽致。后宫争宠，大臣也争宠，某种意义上讲，中国的历史就是一部争宠的历史。

老子为什么说“宠为下”呢？先要思考一个问题，什么情况才会出现宠和被宠这种现象？平常人之间不会发生这种现象，宠和被宠要有一个前提，这就是有人掌握了生杀予夺的大权，只有他们才能去施宠。平常老百姓不能去宠人，只好去宠物。宠物就是人宠的物，人为什么宠小猫小狗？因为它是人花钱买来的，人对它有绝对处置权。小猫小狗特别可爱，一般人不会下狠手，但人是可以这样做的，它们没有反抗能力。

从宠物的特点来看，宠是绝对不平等的体现。人不会去宠牛马，因为牛马的身体比人大，在牛马面前，人倒像是个宠物。所以人只宠小猫小狗，小猫小狗的身体比人小，且永远不会长大。可见人对宠物的要求是很高的。宠里面等级森严，施宠的这一方发号施令，被宠的那一方需要绝对服从。小猫小狗成为宠物，在于它特别听话，如果小猫小狗不听话，就不能成为宠物了。得宠是以听话为前提的，小猫小狗百依百顺，取悦于人，人当然喜欢它。这样就可以理解一个奇怪的现象了，为什么好多人愿意带小猫小狗，却不愿意带小孩。因为小猫小狗从某种意义上来说比小孩更听话。

所以得宠的前提是必须完全失去自我、失去人格和尊严，得宠的人绝对不能反抗宠他的人。另外，有得宠就有失宠，能施舍就能收回施舍。得宠时施舍的东西，失宠时又全被收回。施舍的东西是不可靠的，为了保住施舍，就必须更加的顺从。最后，得宠导致人格分裂。得宠的人在宠他的人面前非常温顺，但对待别的人却异常凶狠。他一方面没有自我，另一方面张扬自我；一方面没有尊严，另一方面又过分自尊。

还要思考一个问题，宠是自然现象还是文化现象呢？如果是自然现象，就是绝对无法避免的，就像人要吃饭一样。如果是文化现象，就是可变的，也是必须要改变的。宠是绝对权力的产物，消除争宠的现象，关键是要改变权力的结构。自上而下的权力，必定要争宠；自下而上的权力，就不会争宠。

何谓贵大患若身？吾所以有大患者，为吾有身，及吾无身，吾有何患？我为什么会有大患？在于我有一个身体，如果我没有身体，我有什么祸患呢？身体成为祸患的源头，是由身体的地位决定的。如果身体无足轻重的话，无论身体怎样，都酿不成大祸。老子把身体置于思想的核心位置，他的很多思想都是围绕身体论证的。身体是价值的根源，冷热、远近、高低、前后、左右的观念都是由身体定位的。人类一切文化都根源于身体。身体有时间限制，人就通过食品、保健品、药品努力延长人的生命，以突破时间的限制。身体又有空间限制，身体在一个极为有限的空间里活动。人制造汽车，制造飞机，就是要突破身体的空间限制。人类的一切发明创造，都是围绕着身体的局限性来进行的。

讲艺术的时候，一定要讲到艺术的分类。艺术是感性的，只能围绕感官来分类。严格来说，所有艺术只能分为听觉艺术、视觉艺术，不能有其他的，因为人只有视听两种审美感官。为什么有音乐？是因为人有听觉。为什么有绘画？因为人有视觉。人的感官不变，艺术的种类也就不会变。几千年的艺术发展，为什么没有发展出新的艺术种类？就是受到视觉和听觉限制，即便是现代的电影和电视，也没有突破视觉和听觉的限制，没有办法突破。在这个世界上没有一件事情和身体无关，从身体出发去思考世界就抓住了事情的根本。老子讲身体是大患，不是要否定身体，相反是提醒人们要重视身体。

道家是最重视身体的。佛家认为身体是苦，生老病死都是苦的，佛家讲这个道理，帮助人解脱身体。儒家把身体当作实现价值的工具，为了实现价值，可以杀身成仁。如果没有实现价值，身体就是行尸走肉。道家认为身体是自然物，生老病死是自然的，应该以自然的态度对待身体。身体既不是苦，也不是实现价值的工具，身体有自身的价值和目的。儒佛的身体观，都是对身体的伤害，构成了身体的大患。比较而言，儒家重视身体的衍生物，有世俗的倾向，危害性更大。身体的衍生物根源于身体，不是身体偶然产生的，而是身体的必然产物。在某种意义上，它们也构成了身体的一部分，身体的存在依赖于这些衍生物，身体和身体的衍生物纠结在一起，形成一种错综复杂的关系。比如名利，既是身外之物，又是身内之物，完全没有了名利，身体的存在就成了问题，但一味追逐名利，又把身体遗忘了。

大家反思一下，自己从早到晚都想了些什么？想的都是身体的衍生物，实际上就是把身体当成工具，去实现这些衍生物而已。大家从早到晚焦虑毕业论文，就是以身体为工具去完成论文，去实现自己的理想。论文和身体有关吗？那些不读研的人就没有这个焦虑。身体是认识的盲区。身体离人最近，但也最远，眼睛看事物，看到的都是万物，忘掉的总是眼睛。人欣赏万物的时候，可曾想过自己的眼睛？所以要唤醒人对身体的意识，怎么去唤醒？可以通过自然的方式，也可以通过学习的方式。

所谓自然的方式，就是通过生病，人自然地意识身体存在。生病的时候，那些平常认为最重要的事情都不重要了，身体才是最重要的。人生病不全是坏事，生病会让人反思。所谓学习的方式，比如学习老子的思想，意识到身体的重要性，然后回归身体。比如学习禅宗去修行，不过是饿了就去吃饭，困了就去睡觉。仔细体悟，其实也是回归身体。但现代社会如此先进，却没有解决身体的吃和睡的问题。现在人赶时间，吃方便面、吃盒饭或者点外卖，表明没有解决吃的问题。现在人天天加班，工作压力大，普遍失眠，表明没有解决睡觉的问题。社会如此发达，却吃不好饭、睡不好觉，这真是一个好社会吗？现代人学习老子的思想特别有意义。老子消解了宏大的理想，让人回归身体，过一种简单的生活。回到身体谈何容易？人生病了被迫回到身体，但走出医院，又回到名利场里去了。回归身体，不只是关注身体，什么事都不做，学也不去上，论文也不写了，不是这个意思。而是说论文让你不堪重负时可以考虑不要写算了。身体是绝对价值，其他的是相对价值。回到身体就是要有一种身体的意识。身体意识是用来反思的，人在追求名利的过程中要时时想着身体的原本价值，提醒自己追求名利要有一个限度。

故贵以身为天下，若可寄天下；爱以身为天下，若可托天下。很多人把“贵以身为天下，若可寄天下”翻译成贵身胜过贵天下，就可以把天下托付给他。把“爱以身为天下，若可托天下”翻译成爱身胜过爱天下，就可以把天下托付给他。这种翻译是有问题的。为什么呢？一种情况是，一个人如果爱身胜于爱天下，贵身胜于贵天下，你把天下托付给他，他是不会接受天下的。庄子曾经讲过，尧治理好天下以后，要把天下交给许由，可是许由不愿意接受他的天下。另一种情况是，一个人爱身胜于爱天下，贵身胜于贵天下，他可能会祸害天下，为自己的身体服务。历史上的暴君没有不爱身、不贵身的。所以这句话这样翻译可能更好：以贵身的方式去治理天下，就可以把天下托付给他。以爱身的方式去治理天下，就可以把天下托付给他。这种翻译把爱身和贵身当作一种治国的方式，这种情况下把天下托付给他，人就放心了。

什么是贵身和爱身呢？七十二章里有一句话，“自爱不自贵”，就是要自爱不要自贵；七十五章里有一句话，“无以生为者，是贤于贵生”。在这两章里，老子区分贵生和爱生，认为这两个概念不一样，自爱是对的，自贵是不对的。给人的感觉是“爱以身”“贵以身”不在一个层次上。如果这两个词不在同一个层次上，那么这里的文意就很费解。所以，这里的贵身和爱身应该是一种互文现象。这里的贵以身就是爱以身，是一个意思，都是爱惜身体的意思。

老子爱身、贵身有特定的含义，就是对身体采取一种自然的态度。既不苛刻，也不溺爱，顺其自然，这就是老子的身体观。老子从身体观里有引申出治国理论：不要有为，要让百姓自为，老子从身体里寻找治国的思想，这是对人类思想的一个重大贡献。

十 四 章

视之不见，名曰“夷”；听之不闻，名曰“希”；搏之不得，名曰“微”。

此三者不可致诘，故混而为一。其上不皦，其下不昧。

绳绳兮不可名，复归于无物。是谓无状之状，无物之象，是谓惚恍。

迎之不见其首；随之不见其后。

执古之道，以御今之有，能知古始，是谓道纪。

视之不见，名曰“夷”。这个“之”指的是道，道家的道。这个视就是看，后面的见，也是看的意思。视和见有什么差别呢？视是看的行为，带有主观性质，见是看的结果，带有客观性质。视表明人在看，见指看到那个东西。视而不见，就是想要看道，却没有看见道。要注意，没有看见道不是道离得太远，也不是道跑到别的什么地方去了。而是指道无形，本来就是看不见的。所以，这句话要这样翻译：人试图去看道，但道是看不见的，这个叫作“夷”。

听之不闻，名曰“希”。这句话的含义跟上句话差不多，只是换了一种感官。人试图去听道，但道无声，是听不见的，这种状况叫“希”。

搏之不得，名曰“微”。搏是揉捏触摸的意思。想要触摸道，但道不是物质性的，是触摸不到的，这就叫作“微”。道的特点是希、夷、微，这三个词意思不是很明确。有些人研究希、夷、微与视、听、搏的对应关系，但是纠缠这个意义不大。因为这几个词的意思本就含糊不清，视之不见，名曰夷，还是名曰希，还是名曰微，其实都是可以的。好多人在这个地方纠结，其实没有必要。这三句话都是说道的特性。一般人都特别相信感官，眼见为实。尽管耳听为虚，但必定是听到那个东西了，只是不能确定听到的是否属实，还需要进一步判断。但无论如何，是感官让人确定外物的存在。感官感觉到的，就认为是存在的，感官没有感觉到的，就认为是不存在的。

现在的问题是道看不见、听不到、触摸不到，道在感官之外，在时间和空间之外。那道到底在还是不在呢？说道在吧，的的确确没有感觉到它在；说不在吧，人的的确确又相信在。其实，生活中人人都相信道在。各位上了大学还不满足，还要上研究生，说明你们的内心是相信道在的。但道是什么样的又说不清楚，尽管说不清楚，还是相信有，道就处在这么个状态。

此三者不可致诘，故混而为一。这三者是指希、夷、微。但什么是夷，什么是希，什么是微？不要再追问了，不要打破砂锅问到底。为什么不让追问呢？因为世界上所有的学问都有一个奠基，它是立论的前提，对这个前提不能再加以追问。所以一切理论是独断的。老子哲学的起点是道，不能再追问为什么有道了，理论的前提是不可致诘的。就像唯物主义和唯心主义，差别在哪里？唯心主义就比唯物主义多问了一句话，不问这句话，就是唯物主义，问了这句话，就是唯心主义。唯物主义说世界是物质的，物质是运动的，但有人偏要问，物质从哪里来的？正是这一追问，唯心主义产生了。就像人一样，我们相信人是存在的，非要追问人是从哪里来的，就会问出麻烦。但追问也有好处，就是锻炼人的思维，开阔人的视野。为什么不能问呢？“故混而为一”，这个故是固然的固，它们本来就是在一起的，希、夷、微，表达的是同一个道。只不过人有不同的感官，每一个感官都试图独立地去了解道，就产生了好像是不同的道。好像一个叫希，一个叫夷，一个叫微。这是一种错觉。真正说来没有希、夷、微，希、夷、微是人的感官强行所作的区分，它们其实是一个东西。

其上不皦，其下不昧。前面从视觉、听觉、触觉三个方面表明了道是超越感官的，意思已经很明确了。按照道理来讲，问题已经解决了，后面的话可以不讲了。为什么他还要讲呢？因为前面讲得太抽象。道听不到、看不见、摸不着，没有任何感性的因素，难以产生影响，所以需要把抽象的道具体化。老子是怎么把抽象的道，把无具体化的呢？“其上不皦，其下不昧”，道的上面不明亮，道的下面不晦暗。这跟我们平常看到的事物很不一样，平常看到的事物都是上面亮、下面暗，这种表述方法的逻辑是先假设道存在，它与普通物一样，也有上面和下面。但道的存在方式很特别，它的上面不明亮，下面不黑暗。但凡是物上面必明亮，下面必黑暗。所以，这样一种表述等于又否定了道是一个具体的物，否定了前面那个假定。这是一个自我解构的句子。自我设定一个存在物，又通过对存在物的表述否定了存在物的存在。这又回到了道视之不见的状态，绕了一个大圈子又回到了出发点。这不是白讲了吗？有什么意义呢？这正是说不可说的基本表述方式。这个世界上，有些东西能说，也能够说得清，有些东西不能说，也说不清。对不能说的东西，可以保持沉默。但始终保持沉默的话，久而久之，这个不可说的东西就会不存在。要让那个不可说的东西存在的话，就必须去说，通过说让人意识到那个不可说的东西是存在的。比如说无，如果不说无的话，人们就想不到世界上还有一个无。正是通过说无，无才存在。那个无因为说而有，但这个说又要使说出来的有最终变成无，这是很复杂的一个思维了。

老子通过说，让人对道有了一种感性化的体验。说道上面不亮，下面不暗，就把道与亮和暗以否定的方式联系到了一起，这个经历是有意义的。感性内在于人，强化了人对事物的记忆能力、体验能力。

绕一圈不是毫无意义的，这个时候，人对道的认识已经不一样了，这里面包含了一种经验。

绳绳兮不可名，复归于无物。“绳绳兮”就是绵延不绝，不断涌现出来。一个东西不断涌现就表明这个东西没有完成，还处在过程当中，无法看到全貌。因此，也就无法给这个东西命名。神龙见首不见尾，刚把它表述完，又涌现出来新东西，跟刚才表述的又不一样了，又要改变表述。所以，永远无法去表述。“复归于无物”，不能命名的东西就是无物，只要是有物，就一定能够命名。

是谓无状之状，无物之象，是谓惚恍。这句话的表述方式跟刚才是一样的。也是先假定道是有状的、是有象的，首先肯定它有。但接下来的表述，又让人感觉道是无状的、是无象的，又否定了它的有。“无状之状”谁见过呢？没有形状的形状，那是啥形状？老子一会儿让人明白，一会儿让人迷糊，不是老子故弄玄虚，而是道的状态就是如此。“无物之象”，有物才有象，无物怎么能有象呢？人们常说镜中花、水中月，但镜里毕竟有花，水中毕竟有月，能够让人看到，老子这个表述，比镜中花、水中月更不可思议，就像做梦一样，好像是真的，又好像是假的。

迎之不见其首，随之不见其后。这两句话的表述方式跟前面也是一样的，先假定道是一物，后又否定道是一物。既有首，迎面就该看到首；既有背，在后面就能看到背。现在居然看不见首，也看不见背，这是什么东西呢？感觉是不是有点瘆人？这有点像夏天乡村夜晚的鬼故事，鬼没有头、没有背。这种表述让人感到道就像鬼神一样神秘。老子以上对道的表述有点像汉大赋，通过铺陈排比，从不同的角度让人对道产生强烈的印象。

第一章里，老子就讲，道是不能说的。但越是不能说，人越是想说，那怎么办？就用否定的方法说。上面的表述全是否定的：视而不见，听之不闻，搏之不得，不可致诘，不皦，不昧，不可名，无物，无状，惚恍，不见。佛教有表诠、有遮诠，表诠就是直接地说，正面地说；遮诠就是间接地说，侧面地说。冯友兰换了一个说法，叫正的方法，负的方法，意思都一样。为什么说道要用否定的方法？因为说道是什么，道就成了一物，就把道从无限变成了有限。说道不是什么，道就脱离了有限性，回到无限性，回到无的本来状态。另外，说道是什么，会带来无穷的追问。比如说道是桌子，那人家就要问了，为什么不是椅子呢？为什么不是房屋呢？说道不是什么，无论怎么问，都回答不是，能一劳永逸。

执古之道，以御今之有。这是通行本的文字。帛书本写作："执今之道，以御今之有"。"古之道"好还是"今之道"好呢？严格意义上，讲"古之道"和"今之道"都有问题，因为道没有古今之分。这个说法让人感觉古今之道是不一样的。所以，"古之道"应译成自古就有的道。为什么"执古之道"可以"御今之有"呢？"古之道"为什么可以指导今天的生活呢？因为古今之道一样，所以古今的故事也一样，不同的只是故事的主人公。每个恋爱的人都觉得自己是世界上最幸福的人，每个失恋的人都觉得自己是世界上最痛苦的人。无论是初恋还是失恋，对个体来讲是新的，但对群体而言，只是重复一个古老而陈旧的故事。古今中外，所有人都在经历同一件事，太阳底下没有新鲜事。"江畔何人初见月，江月何年初照人"，古人的感慨，也是今人的感慨。古人的问题就是今人的问题，今人的问题也是古人的问题，今人古人都是人，古人也曾是今人，今人也将是古人。

能知古始，是谓道纪。根据自古以来就存在的道，今人也可以理解古人。今人的问题也是古人的问题，了解了现在，也就了解了过去。

无须回到过去，令人通过自己的体验，就能想象到古代人的体验。既然“能知古始”，也就知道未来。孔子说“过百世可知也”，三千年以后的事情都可以知道。孔子讲这个话，是在2 500年以前，他说三千年后，就相当于现在，也就是说，孔子知道我们现在发生的事情。为什么知道呢？因为道是不变的，仁义礼智信是不变的。孔子正是根据仁义礼智信，了解三千年后的今天。今天，人们还在读孔子的书、老子的书，可见三千年以后真的没变。再过三千年，只要人类还存在，也能知道他们的生活。这样道就把过去、现在、未来贯通在一起了。

十 五 章

古之善为士者，微妙玄通，深不可识。夫唯不可识，故强为之容：

豫兮若冬涉川；

犹兮若畏四邻；

俨兮其若客；

涣兮其若释；

敦兮其若朴；

旷兮其若谷；

混兮其若浊；

孰能浊以静之徐清；孰能安以动之徐生。

保此道者，不欲盈。夫唯不盈，故能蔽而新成。

古之善为士者。这个“士”字在帛书本里写作“道”，但竹简本里也写作“士”。这句话就有两种写法，一个是“古之善为士者”，一个是“古之善为道者”。文字表述有点区别，但基本意思没有大的变化。如果是古之善为道者，就翻译成：古代那些善为道的人。如果是古之善为士者，就翻译成：古代善于为道的那些士人。

微妙玄通。“微妙”就是细微，说不清楚。如果能说清楚，那就不是微妙了。“通”是贯通万物的意思。万物是不同的，怎么去贯通呢？用什么东西贯通万物呢？“玄通”就是以一种不可思议的方式去贯通。“玄通”让万物贯通，又保持万物自身的样子。具体地说，这个“玄”就是理，就是事物的道理。事物是不一样的，但事物的道理是一样的。

为道者玄通，用理去把握万物。

深不可识。为道之士深不可识。这里的深不可识，不是说为道之士待在深山老林里难得一见，也不能理解为为道之士城府很深，难打交道。如果这样去理解，那些为道的人就是很古怪的人，与环境格格不入的人，甚至是很危险的人。这样就把为道之士孤立起来了。那为道之士深不可识该怎么理解呢？大隐隐于世。他们就在众人之中，和众人生活在一起。他们以道理贯通万物，按照道理去办事。既然如此，为什么深不可识呢？这说明人们平常都没有按照道理去做，反而认为那些按照道理做事的人深不可识，认为他们很奇怪。其实，奇怪的应该是我们自己。所以这个深不可识啊，是从谁的眼光来看的？是从大众的眼光来看的。那些不讲道理的人，看到有道之士，就觉得他们深不可识。其实有道之士特别简单，就是按照道理做事。

夫唯不可识，故强为之容。因为众人不理解有道之士，所以有必要描述一下为道之人的行为方式，看他们平常是怎么做的。为什么是"强为之容"呢？为道之人按道理去行事，但道理是处境化的，不断在变化的，情景不同，道理也不同。所举为道之人的行为方式只是方便法门，为道之士以道通万物，随机应变，并无固定模式。

豫兮若冬涉川。犹和豫是两种小动物的名字，这两种小动物天生谨慎多疑，后来人们就用犹豫表示小心谨慎。有道之士很谨慎，"若冬涉川"，就像冬天过河一样谨慎。各位想一下，一年四季什么时候过河最危险？夏季雨水多，河水猛涨，河面变宽，河流湍急，这时候过河是最危险的。但有道之士却认为冬天过河最危险。冬天雨水少，河面变窄，按道理来讲，这个时候过河最安全。为什么最危险呢？因为，当人意识到危险的时候，反而不再危险了，而认为没有危险的时候，却是真正的危险。夏天大水的时候，每个人过河都十分小心，做好充分准备，确保万无一失。所以夏天过河淹死的人反而少。冬天呢？河水很小，还有点儿薄冰，容易丧失警惕。就在毫无警惕的时候，危险来临了。常人看见有道之士冬天渡河还小心翼翼，就觉得这个人深不可识，其实有道之士只是按道理做事。一般人呢，夏天过河的时候，想起了这个道理。冬天过河的时候，忘记了这个道理。

犹兮若畏四邻。谨慎啊，就像畏惧邻居一样。远亲不如近邻。人是群居动物，人必须比邻而居。你可以不与某个人做邻居，但不可能与所有人都不做邻居，你总要与人做邻居。邻里关系是人与人之间一种必然关系，想摆脱都摆脱不了。邻里关系密切，每天都见得到，每天都要打交道，抬头不见低头见。邻居最熟，也最容易陌生，最亲近，也最容易疏远。所以，四邻关系最难处。而且，邻里关系只能处好，不能处坏，没有退路。因为四邻关系的重要性，所以在处理四邻关系时，一定要有畏的态度。畏让人摆脱情绪化，让人冷静、理性地对待四邻关系。

邻里关系的最大问题在于，因为熟悉而不分彼此，这就容易闹矛盾。所以邻里一定要有边界意识，要保持距离感。这不是对邻里的戒备，而是保持各自的生活空间。邻里关系过分密切，容易干扰到他人的自由。所以“畏四邻”不是把四邻当贼防着，而是把四邻关系看得特别重要，要时时保护好这种关系。鲁迅《伤逝》里的子君，因为养鸡与邻居闹纠纷，既影响了她与邻居的关系，也影响了她与涓生的感情。

俨兮其若客。拘谨啊，像客人一样。有道之士，以客人的身份去体验世界。生活中，是做主人的机会多，还是做客人的机会多？显然做客人的机会多。人只有回家的时候才是主人，严格地说，只有一个人在家的时候才是真正的主人。人离开家，无论走向哪里，都是处在客人的位置上。人一生中大部分时间都是在做客人，都是在别人的地盘上。认识自己是客人的身份，就会收敛自己的行为。像林黛玉进贾府一样，不敢多走一步路，不敢多说一句话。林黛玉有自我定位，她寄人篱下，就把自己当客人。王熙凤出场，未见其人先闻其声，她是家里的主人，是可以放肆的。所以，为道之士从不喧宾夺主，而是客随主便。

涣兮其若释。这是竹简本的文字，王弼本的文字是："涣兮若冰之将释"。两相比较，王弼本的文字意思更加明确。陈鼓应的校订为了形式的完美，导致了内容的费解。所以这里仍采用王弼本的文字。"冰释"就是冰融化了。水本无形，严冬过后，水结成了冰，有了各种形状，且很坚硬。这个冰可以理解为人的自我，冰释就是把自我消解成无我。为道之士有什么特点呢？能够像冰那样融化掉自我。因为有自我，就会封闭自己，孤立自己，排斥他人。所以人不要执着自我，要把自己融化掉，与他人融为一体，这时候才能体验到快乐和幸福。

敦兮其若朴。敦厚啊，就像没有经过雕琢的材料。对人来讲，就是要做一个本真的人，做一个真实的人。但是大家会发现，人已经远离了最真实的自己。

比如吃饭，本真的吃饭是什么？首先是要吃饱，其次是要吃好，最后是和喜欢的人一起吃。达到这三条就可以说是本真的吃了。至于在哪个饭馆吃，是否要用高档餐具，是否有高规格的服务都是次要的，这只是一种形式，不是吃的本质。

再看住宿，住宿的本质是什么？就是睡觉。睡觉的本质是什么？就是睡着。在一个地方只要睡不着，就不是好的地方，睡着了就是好地方。能否睡着，跟房间是否豪华没有关系，跟床是否高档也没有关系。相反，豪华的房间，高档的床有时还会影响睡眠。

还有旅行。旅行的本质是什么？是看景。就看景而言，速度慢的交通工具优于速度快的交通工具。所以歌中唱到，马儿啊，你慢些跑，让我把这美丽的景色看个够。古人讽刺走马观花，但今天走马观花已成常态，无论是上车睡觉，还是到景区拍照，都不是本真的旅行。大家发现，本真的吃，本真的睡，本真的旅行，都是最简单的。生活中，人们把简单的事情复杂化了。为道之士按照“朴”的方式去生活，减少了很多负担，让人感觉到生活很简单。

旷兮其若谷。空旷啊，像山谷一样。为道之士虚怀若谷。因为世界是多样性的，必须要接受这个多样性，你不接受多样化的世界，多样化的世界就会排斥你，你就变成孤家寡人。所以，虚怀若谷不是想要如此，而是不得不如此。谷的特点就是空虚，因为空虚所以能接受。谷接受外物，不加选择，既接受好的，也接受坏的。有道之士接受多样性，也应该是不加选择的，具体来说，有道之士更要接受那些异质性的东西。如果只接受同质的东西，这就是有限的接受，这种接受只是量的增大，没有质的提升。这不是虚谷若谷，而是排斥异己！接受赞同你的人，这是本能；接受批评你的人，才是超越。所以，不要用自我拒绝非我，非我也是自我的一部分。

混兮其若浊。混啊，像浊水一样。通常人们喜欢清澈的水，不喜欢浊水。但为道之士却把自己变得像浊水一样。浊水有什么特点呢？让人看不清水里有什么，同时浊水也照不见别人的身影。浊水像神秘的面纱，既让自己看不清别人，也让别人看不清自己。人与人之间要浑浊一点，不要看得太清。如何能做到这一点呢？这就要给人一个独立的私人空间，这个空间只属于个人，任何他人非经允许不得进入。人在自己的空间里自由自在，没有君子和小人之分。儒家也有独处一室的时候，但儒家恰恰要求把幽暗之处透明化。要求慎独，把幽暗处想象成透明处，把无人看见想象成有人在看，使幽暗处大白于天下。只有这样儒家才特别放心。但道家却强调浑浊的意义。庄子关于混沌的故事家喻户晓，混沌因浑浊而生，又因凿七窍而死，混沌忍受不了透明的世界。透明的世界毁灭了意义和价值，不值得去活，唯有一死。《列子》里也有一个发人深省的故事。说有个人有特异功能，一眼就能看出人是不是小偷，国君特别高兴，认为有了这个人，就再不会有小偷了。有个大臣忧心忡忡，说这个人肯定没命了。为什么呢？这人把小偷的生路都堵死了。果然，小偷一起想办法把他杀了。这人看得太清楚，不但对别人有害，对自己也有害。可见，人无法忍受一个透明的世界。

孔子说，“人而不仁，疾之已甚，乱也”。即便是一个不仁的人，也不能逼得太过分，也要有一个混浊的空间让他去生存，否则会出大乱。可见生活中，浊是多么重要，让人保留只属于自己的空间是多么重要。

孰能浊以静之徐清；孰能安以动之徐生。这句话是承接上面那句话的。上面那句话讲水要混浊，那么水是不是要永远浑浊下去呢？不是，水还需要变清。如果水只是浑浊，不能变清，那也不符合道了。水一方面保持浑浊，另一方面也要清澈，水不清不能喝，水至清则无鱼。水该清的时候一定要清，该浊的时候一定要浊，清浊合在一起才是真实的水。水清浊互现，清浊循环。人也应该保持清浊两种状态，清是透明的一面，浊是神秘的一面。

保此道者，不欲盈。保持道的人不会走极端。水要浊，但一直浊下去，那又盈了；水要清，但一直清下去，那也盈了。清和浊循环变化，那就是不欲盈。“不欲盈”，就是做事留有余地，保持变化的可能性，既不能一直清，也不要一直浊。

夫唯不盈，故能蔽而新成。因为不走极端，所以能不断从旧到新。这句话在王弼本里写作“敝不新成”，帛书本里写作“敝而不成”，竹简本里没有这句话。王弼本和帛书本的表述方式是一致的，“成”和“新成”实际上是一个意思。改成“敝而新成”好不好呢？改完过后意思的确更明确了。但不改也能说通，因为“敝不新成”这个“成”可以指最后的满，最后的成功。也就是说人要长久保持敝的状态，不要发展到极端，这也是能说得通的。

十 六 章

致虚极，守静笃。

万物并作，吾以观复。

夫物芸芸，各复归其根。归根曰静，静曰复命。复命曰常，知常曰明。

不知常，妄作凶。

知常容，容乃公，公乃全，全乃天，天乃道，道乃久，没身不殆。

致虚极。这个“致虚”指的是什么呢？指的是努力地把心变虚，变得一无所有。所以，“致虚”是就人的心而言的，不是把现实的某个东西虚化。人生下来的时候，心是虚的，是一片空白，里面一无所有。就如洛克所说，人心就是一块白板，干干净净的，什么也没有。但在生活中，人不断经验对象，就会在心里产生一种情绪、一种观念、一种思想，这时候心不再虚空，而是慢慢充实起来，慢慢形成一个自我。然后人就以自我去认识世界了。以自我认识到的世界，是我的世界，我的世界和本来的世界是有差别的。人们看的是同一个世界，但看到的却是不同的世界。因为看到的世界不一样，产生的感觉不一样，得出的结论也不一样。这就有了我执，有了偏见，就会争吵不休。如何化解矛盾呢？这就要“致虚”。抛去成见，把形成的我化成无我，回到本源的虚。以我看世界，叫以我观物，以无我看世界，叫以物观物。以物观物，能看世界的本相。所以，“致虚”要达到极点，要把心里所有的东西都虚掉，不能留下一点点。把思想和观念虚掉，那是比较容易的，把情感虚掉，那是很难的，把情绪也虚掉，那就更难了。“致虚极”就是把心里所有妨碍认识的东西都虚掉，这时候才能看到一个真实的世界。

守静笃。致虚后，人的心灵就一无所有了。心里没有观念、情感、情绪，心就静了。也就是说心无欲，心就静。但心无欲并非说心完全不动，心循理而动也是静。但心循理而动时，很容易悖理。所以这个静还需要去守，要守护静。而且还不是一般的守，要下切实的功夫去守。静是最难守的，因为意识的天性就是意识到某物。现象学有个重要的观念，叫意向性，认为意识不是空洞的，必须是对某物的意识。那么问题就出来了，只要有意识，物就跟着意识来了，观念就产生了，就静不下来。所以守静一定要笃，要切实地下功夫，否则是守不住的。

心虚静过后，会有什么结果呢？虚静解构了日常生活的世界，一个全新的世界呈现出来了。人在虚静的状态里能发现过去没有发现的东西，体验过去没有体验的情感。孟浩然有两句诗，“夜来风雨声，花落知多少”。大家好好体会一下，春天的晚上听到了风声雨声，会想些什么呢？想到天又转冷要加衣服？想到泥泞的路会很难走？这些想法也没错，但这些想法不会带来新的体验。作为一个诗人的话，这样的思维是不行的。孟浩然想到了什么？“花落知多少？”整个世界都不在他的心里，他的心里只有枝上的那些花。这么大的风雨，多少花会凋落，还能留住几朵？这就是诗人的情怀。诗人在虚静状态里消除杂念后，只留下对花的纯粹关注。王维的诗句，“人闲桂花落”“月出惊山鸟”有异曲同工之妙。人闲就是心闲，心不闲的时候桂花也会落，但心闲时才会关注到桂花落。在常人听来，月出是无声的，但是在鸟听来，月出是有声的，否则月出怎么能惊动山鸟呢？更重要的是，人是怎么知道月出惊动了山鸟呢？人若不虚静，怎么能觉察到月出惊动了山鸟呢？所以，人用虚静之心对待万物，和万物相接，才能看到万物的本性。可见，虚静里不是没有对象，而是对象以自身的方式存在，人、桂、月、山、鸟都作为自己而存在。

值得注意的是，虚静是针对不虚不静提出来的，而不虚不静也是人的生存状态。所以，人不能永远停留在虚静的状态里，还要从虚静状态里走出来。这虚静状态类似于审美的状态，人进入到审美的状态，不是说永远就在这个状态里，而是随时可能从这个状态中走出来，但是也随时可以走进去。

万物并作，吾以观复。“万物并作”就是万物同时生长，欣欣向荣。“万物并作”的景象非常壮观，让人激动，让人兴奋。我们希望万物一直保持这种生长的状态。但是，面对万物欣欣向荣的景象，老子看到了什么呢？“吾以观复”，什么叫复？复就是回来的意思。就在人们看万物欣欣向荣的时候，老子却透过欣欣向荣的状态，看到万物发展达到极限后会走向衰落。万物不能一直发展下去，万物的发展都有个限度，达到限度后，必然会走向衰落。复是一个非常重要的思想。《周易》里有复卦，说复是天地之心。天地万物变化的特点是复，生活中到处有复，复是万物的存在状态。白天出去，晚上回来就是复，要是晚上不回来，往而不复的话，就是出事情了。发展不是直线的，如果是直线的，出去就不会回来了。地球绕着太阳转，一定要转回原来的地方，否则地球就危险了。复作为天地之心，不是主观设想出来的，它是天地的秉性，是天地的规律。

认识万事万物复的本性并不是容易的。只有经验到事物发展的全过程，才能产生复的意识。但生活中人只经历了事物进程的某一个阶段，很难产生复的思想。人在盛的时候很难想到衰。尽管历史上有无数盛极而衰的事例，当事人总以为自己是个例外，即便承认有盛必有衰，但又认为此时离衰还很遥远。

夫物芸芸，各复归其根。“夫物芸芸”就是万物的意思。万物要返回到什么地方呢？要返回到根，也就是返回到万物产生的地方。万物产生的地方，也是事物结束的地方，万物的产生和结束，是在同一个地方，可见万物的发展是一个循环。有一个词叫叶落归根。树叶长在枝头，离根部很远，看起来与根不相干，但却是从根部长出来的。叶落归根，就是叶回到它出生的地方。但是人呢？怎么归根？归到哪里去？一般是归到父母的身边，父母到哪里，哪里就是根。那么万物归根，要归到哪里呢？万物的根在哪里？万物都是从大地上生长出来的，所以万物最终都要回到大地，回到泥土里面去。大地上万物并作，但万物最终要回归大地。就像《红楼梦》里的那块顽石，到人间变成了通灵宝玉，经历人世的繁华衰落后，又回归成为一块顽石。

归根曰静。这个“静”字跟“守静笃”的静字不太一样。守静的静是心灵的静，这里是讲物的静。当然，心静和物静是有关系的，只有心静，才能看到物静，心不静，物也不静。这里的静字可以从两个方面理解。一是指从归根的那个时刻起，万物进入静的状态。万物经过漫长的变化后，又回到出发的地方了，回来就是静了。就像出远门，回到家里，在安静地休息。这个静好理解。二是把万物并作到回归的全过程都理解成静。为什么呢？因为万物是循理发展、变化、回归的，只要万物循理而动，看起来在动，实际上也是静。什么情况是不静呢？只知道往，不知道返，不知归根，不愿归根，就是不静。

静曰复命。万物经过漫长的行程又回到出发的地方，万物就完成了自己的使命，不再存在了。万物消失过后，在根这个地方，又有新的生命产生，这就叫“复命”。“复命”是新生命的开始。如果只有结束，没有开始，那就是死寂了，再也没有生机了。“复命”意味着万物的根部既经历了一次死亡，又经历了一次新生。新的万物又开始了新的历程。这里要把“复命”与轮回的思想区分开，老子讲复命，讲万物新生，这个新生的万物与死去的万物是没有关系的。不像佛教所讲的，有一个灵魂，这个人死了，灵魂又附到另一个身体上去了，身体会不断消灭，灵魂却永远存在，老子是没有这种思想的。

复命曰常。这是在总结。从万物的运作方式中提炼出一个原理。万物的发展都会由盛而衰，旧的万物消亡了，又会产生新的万物。万物循环变化，这就是常，就是理。面对常理该怎么办？就要顺着万物的常理。也就是说，万物该并作的时候并作，该返回的时候返回，让万物顺其本性发展。

知常曰明。前面讲自然之理，这里开始讲自然之理的运用。知道自然之理就叫聪明。有一个词叫明察秋毫，说人的眼睛特别好，能看见秋天动物的毫毛。秋毫毕竟是有形的东西，而理是无形的东西。能看见无形的理，已远超明察秋毫了，所以最聪明的人，就是明白万物道理的人。

不知常，妄作凶。不明白事物的道理，胡作非为，会受到惩罚。具体地讲，“不知常”就是：只知进不知退，只知盛不知衰，只知存不知亡，只知事物发展的前半部分，不知事物发展的后半部分。“不知常”就会做违背常理的事情，自取灭亡。比如秦始皇，统一六国是知常，顺应潮流，所以成功了。但焚书坑儒，这就是不知常。他以为六国都能消灭，烧几本书，坑几个儒，又能怎么样？他不知道，六国是可以打败的，但书是不可以烧的，儒是不可以埋的。焚书坑儒最终导致秦王朝的灭亡。既然“妄作凶”，为什么还要妄作呢？有一个词叫利令智昏，仿此可以造一个词，叫权令智昏。权力让人的智力变得平庸。常人都明白的道理，秦始皇却不明白，秦始皇以权力藐视常理，甚至不相信有常理，以为权力就是常理。另外，“妄作凶”，但凶险的结果不一定马上就会到来。如果惩罚立竿见影的话，就没有人敢违背常理。问题是，违背常理，惩罚不是马上到来，这就让秦始皇怀疑，是否真有惩罚。秦始皇有生之年，真的没有受到惩罚，所以，他也就不介意这个惩罚。

知常容。知道常理的人会怎么做呢？就会有包容之心。包容什么呢？万物并作，欣欣向荣，这是正面的价值，是不需要包容之心的。但万物归根，回归到原点，在常人眼里，是一种负面价值。所以包容特指包容负面的东西，引申一下，就是包容那些反对者、批评者。所以知常的人，心胸特别宽广。

容乃公。包容负面的东西，已经体现了公。但还不够，还要对包容进来的负面东西有一个公正的态度。不能够只是包容，还要平等的对待。包容是初始的公，还没有达到绝对的公。因为容进来的负面价值，和正面的价值毕竟是不同的价值，很容易产生不同的态度。所以还要进一步地做到公正，要公正对待那些负面的东西。这些所谓负面的东西，并不是负面的，它们被说成是负面的东西，其实是事物循环发展不可或缺的组成部分。进一步思考，对正面的东西也会有不公正。对那些正面东西，也有一个公正的问题，所以这个公意味着要公正对待万事万物，公正对待所有的人。孔子很公正。孔子偏爱颜回，到处表扬他，但又批评颜回，没有帮助他提升思想。孔子批评宰我，特别激烈，骂他朽木不可雕，但孔门十哲里居然有宰我。人要做到公，就必须有理性，人的伟大不在于有情感，而在于有理性，能够克服私心，克服情绪，做到公正。

公乃全。王弼本作“公乃王”，作“公乃王”好。“公乃王”，公就能够做王。人具有公正的品质，可以做天子了。王天下的人应该是包容天下的人，如果说只包容一部分人，还有人在你的包容之外，就不能说你是天下王。因为还有一部分人你没有统治到，怎么能算是天下王呢？这里要注意，所谓王天下，不是王要去统治天下人，而是天下人都愿意接受王的统治。为什么天下人都愿意接受王的统治呢？因为王公正啊，那些批评王的人，王允许批评，接受批评。即便那些坏人，也希望王对他公正。有多大的错，给多大的惩罚，不会因为他是坏人，就加重惩罚。

全乃天。王弼本作“王乃天”，作“王乃天”好。王接近天了。王接近天，但还不是天。王和天还有差别。尽管王包容公正，但王毕竟是人，他有人性的弱点，会受到情感和情绪的干扰。比如说大舜，他把十恶不赦的弟弟封为相王，尽管弟弟的权力受到了严格的限制，不能去祸害当地的百姓，但这个人如果不是他的弟弟，有可能成为诸侯王吗？那是不可能的。显而易见，这就是私心。但天是无意识的，不受任何观念情感情绪的干扰，能做到绝对的公平。所以王只是接近于天，还不是天。

天乃道。天接近于道，但还不是道。天和道有什么区别？天圆地方，天是圆的，表明天是有形的。还有一个词叫天苍苍，苍苍是蓝的颜色，表明天不仅有形状，还有颜色。也就是说天是可感的对象，但道是不可感的。可感的东西作用有限，不可感的东西作用无限。这是一个方面。另一方面，尽管天公正地对待万物，但天在无意识中却客观地造成了万物的差别。天让云行雨施，但云分布得不均匀，雨也下得不均匀。东南雨水多，物产丰富；西北雨水少，土地贫瘠。天公也有不作美的时候，但天不公并非有意，所以人并不怨天。道是无形的，道让万物自由自在的生长，做到绝对的公正。

道乃久。达到道，就必定长久。追求长久是万物的本性，万物都希望长久的存在，这既是本能，也是最高的价值追求。但如何才能够长久呢？道无为，让万物自为，让万物按照自己的本性去为。以道的方式生活，生命能长久；以道的方式治国，国家能长治久安；以道的方式治天下，天下就能太平。

这个久到底是多久？久不是永久，不是要多久就多久。物尽其天年，不中途夭折，这是道家式的久。道教也讲久，讲长生不老，讲成仙。道教讲的久是永久，永远的存在。道家的久是天年，是理性的久，道教的久是长生不老，是非理性的久。所以道家的养生和道教的养生是不同的。

没身不殆。没有意外，活到了天年。也就是说，自然的生长，自然的老去，自然的死亡。

十　七　章

太上，下知有之；其次，亲而誉之；其次，畏之；其次，侮之。

信不足焉，有不信焉。

悠兮其贵言。功成事遂，百姓皆谓："我自然。"

太上，下知有之。"太上"有两种译法。一种译成最早的社会；另一种翻译成最好的社会。在道家思想里，最早的和最好的往往是一致的，最早的就是最好的，而最好的也是最早的。这两种不同的翻译有相通处，但毕竟还是有所区别。到底哪个翻译更好呢？我觉得应该翻译成最好的。因为翻译成最早的，和后面三个"其次"文义不连贯。另外，如果最早的是最好的，最晚的是最坏的，越往后越坏，那学道还有什么用呢？人学道，可以返回到最好的生活状态，但未必能返回到最早的生活状态。最好的生活状态与年代无关，只要人愿意，人就可以达到最好的生活状态。

"下知有之"。有些版本写作"不知有之"。从字面上来看，"不知有之"比"下知有之"的层次要高，所以好多人倾向于"不知有之"。但在这里，"下知有之"可能更好。为什么呢？如果最好的社会是"不知有之"，下面马上就到"亲而誉之"，下降的幅度有点大。应该有一个过渡，用什么去过渡呢？用"下知有之"去过渡，这样在"不知有之"下面就要增加一句"下知有之"，这就改变了文本，显然是不可取的。写成"下知有之"，就跟"亲而誉之"有了合理的等级差别。那么，"下知有之"有没有降低最好社会的标准呢？也没有。因为不知和下知尽管有差别，但差别并不大，不会影响到对老子思想的理解。所以，这句话可以翻译成：最好的社会，老百姓只知道有一个统治者存在。陈鼓应把这句话翻译成：最好的世代，人民只是感觉到统治者的存在。这个翻译有点问题。“知”只能译成知道，不能译成感觉。知道和感觉意思完全不一样。知道是概念的，感觉是体验的，知道并不一定有感觉。知道表明统治者还没有影响到百姓的生活，感觉表明统治者已经影响到百姓的生活了。百姓感觉到统治者存在，这已经不是最好的社会了。陈鼓应的翻译就降低了最好社会的标准。“下知有之”，就是老百姓知道有一个统治者存在，但没有感觉到他的存在。老百姓没有感觉到统治者存在，这样的社会就是最好的社会。老子以老百姓的感觉作为判断社会好坏的标准，这就把百姓当作了判断主体。一个社会好不好，最终由谁来判断？由百姓来判断，不能由统治者来判断。如果由统治者来判断，所有的统治者都说自己的统治特别好，历史上没有一个统治者说他的统治不好。

感觉的标准意味着，说对别人好不算好，让别人感觉到好才是好。人的本性，都喜欢标榜自己对别人好，问题在于不能以你的标准对别人好，必须要以别人的标准对别人好，让人感觉到你的好。如果别人没有感觉到好，那就不算好。感觉最诚实，人无法欺骗自己的感觉。统治者对老百姓好不好，统治者说了不算，百姓说了才算。即便统治者主观上真的对百姓好，客观上百姓没有感觉到好，那也不算好。

那么，什么样的感觉才是最好的感觉呢？没有感觉的时候，就是最好的感觉。也可以说，最好的感觉是没有感觉。各位体会一下自己的身体，身体最好的时候，感觉不到身体存在，生病的时候才会感觉到身体的存在。眼睛不舒服，才感觉到眼睛存在。耳朵不舒服，才感觉到耳朵存在，痛苦感导致存在感。

所以最好的社会，老百姓感觉不到统治者的存在。这不是说统治者真的不存在，而是说他的存在不对老百姓构成任何一种压力或者负担，他让百姓自由自在地去生活，去做事。在老子看来，最好的社会就是自由的社会，在自由的社会里，人是感觉不到统治者存在的。如果感觉到统治者存在了，那就是统治者让人不自由了。最好的社会里，统治者让百姓自由的生活是有一个前提的，就是统治者对人性有一个基本的认识，相信每个人都有基本的理性，相信每个人能够管理好自己。说到底就是对人性充满信心、充满信任。如果对人性没有信心，不信任，敢让百姓去自由地生活吗？当然，理性并不是万无一失的，自由的生活也会犯错，但不让人犯错是不可能的，犯错是人生必须有的经历，是完美人生的一个组成部分。人在犯错中成熟起来，不能因为害怕犯错误，就不让人自立。

其次，亲而誉之。有的版本写成“亲之誉之”，把“亲而誉之”分成了两个层次。亲和誉，都是美好的感觉，但在程度上还是有区别的。亲是内在的、发自内心的。亲人在一起，彼此默契，无须表达。“亲之”是老百姓对统治者发自内心的亲近感。“誉之”也是很美好的感觉，但誉要通过语言表达出来。亲是不需要表达的，显然亲比誉感情更深。给家人倒一杯茶，家人不会对你说谢谢，说谢谢就疏远了。给客人倒一杯茶，客人必定要谢谢，不谢谢就没礼貌。可见亲是不需要回报的，而誉正是表达一种回报。这种表达可能是真心的，也可能是程序化、礼貌性的，还可能是违心的。所以，就感情的深度而言，表达不如不表达。尽管亲和誉有程度上的区分，但都是一种很美好的感觉。

那么问题来了，既然是美好的感觉，为什么要放在其次呢？最好的感觉是没有感觉，其次才是美好的感觉，美好的感觉还不如没有感觉。这是为什么呢？这里就要去思考一个问题，为什么老百姓对统治者产生了好的感觉，这好的感觉不是无缘无故的，肯定是有原因的。必定是统治者对老百姓有恩，才导致了老百姓对统治者的感激。如果感激不是最好的感觉，那就是说，统治者施恩是有问题的。

统治者如何施恩呢？最好的办法就是让老百姓富裕，老百姓富了自然就会对统治者表达感激之情。那么如何使老百姓都富起来呢？就需要制定一个普惠性的政策，让大家同时富起来。有没有一个普惠的政策，让大家都富起来呢？事实表明，任何具体的政策都不可能是普惠的，都只能顾及部分人的利益，任何政策只会天然有利于某些人，不利于某些人。要求一项政策有利于所有人，无异于取消这项政策。所以，以政策的方式惠民，惠及的只能是一部分民，正是这部分获利者对统治者“亲之誉之”。所以“亲之誉之”的社会，必定是个不平等的社会，是个有巨大贫富差距的社会。以政策的方式惠民，还有一个隐忧，就是统治者有可能借此谋取私利。他可以人为地让某些人成为政策的获利者，从而滋生腐败。“亲之誉之”是讲儒家的统治境界，“下知有之”是讲道家的统治境界，道家的境界高于儒家的境界。

其次，畏之。再次一等的社会就是老百姓害怕统治者。这是法家的统治境界。这里对法要有一个正确的理解。任何一个社会都有法制，但不能说任何一个社会都是法治的。法制和法治是两个完全不同的概念，法治是现代的治国原则。区分法制和法治主要看立法的原则是什么。法家的立法原则是国君通过立法来控制臣民。法只是为国君服务的，是国君控制臣民的手段。而现代人讲的法治是通过立法保护人的自由，不受他人侵犯。就像十字路口的红灯，它不是限制人通行的，而是保护人可以自由通行。

法家以法限制臣民，让臣民处于恐惧之中，不敢去反抗国君。这是以恐怖的方法进行统治。比如连坐法，就是制造恐惧，让谁都不敢反抗，因为反抗不仅会祸害自己，还会连累他人。他人没办法，只好监督你，不让你犯错误。更恐怖的是株连九族，一人犯罪，九族受到牵连，一杀少则十几口，多则几百口。

用恐怖的方式去维护统治，这说明了什么呢？说明了统治者极度不自信。由于极度不自信，导致对他人的极度不信任。在互不信任的氛围里，只能采取极端的统治方法去控制老百姓。统治者实行恐怖统治，让人恐惧的时候，实际上他自己内心是最为恐惧的。正因为他内心恐惧，时时感觉要被推翻，他才采取恐怖统治。

其次，侮之。老百姓开始公开反抗，社会进入最差的乱世。老百姓为什么要反抗呢？他们长期生活在恐惧中，恐惧失去生命。当人生命不保的时候就会站起来反抗，去保卫生命。所谓侮，就是弱者对强者的反抗。一般人都会认为，弱者反抗强者是以卵击石，是注定要失败的。但说来也奇怪，历史上那些强大的王朝，都是被弱者推翻的。秦始皇那么强大，能灭掉六国，但他却被陈胜吴广灭了。陈胜吴广是什么人？就是农民工啊！几个农民工振臂一呼，就把强秦推翻了。这是不可思议的事。怎么可能呢？其实，推翻强秦的不是陈胜吴广，而是陈胜吴广们。陈胜吴广们长期生活在恐惧当中，已忍无可忍，他们一起推翻了强秦。但不论谁战胜了谁，毕竟是个乱世，谁都不愿意生活在乱世，因为这是个次而又次的社会。

信不足焉，有不信焉。这两句话是总结几个“其次”的社会，但不包括“太上”的社会。太上社会的统治者绝对信任老百姓。“其次”社会出现的原因，主要在于信任不足，就是统治者对老百姓信任不够。这个“信”不能翻译成诚信，一定要翻译成信任。老子认为，社会的好坏与统治者对老百姓的信任度有关，信任度决定了统治者采用何种治理方式。儒家不信任百姓，千方百计去教育老百姓。法家不仅对老百姓不信任，对自己也不自信，所以要采取严刑峻法。因为统治者不信任老百姓，老百姓也就不信任统治者。结果就是互相不信任。出现互不信任的局面，责任在统治者，统治者不信任老百姓，才导致老百姓不信任统治者。尽管都不信任百姓，但儒家的不信任和法家的不信任还是有区别的，两者不在同一个层次上。儒家的不信任与理想主义有关。儒家总想把社会变得更纯洁、更纯粹，把每个人都变成纯洁的人、纯粹的人。这个目标很难达到，但儒家却要为这个理想的社会而奋斗。由此造成了很多人间的悲剧，这是好心造成的悲剧，是理想主义的悲剧。儒家的理想太高，看谁都不符合理想，看谁都觉得需要教育。当然，这与儒家的教师身份可能也有关系。儒者多是老师，当老师的人有个缺点，就是喜欢教育人。老师是个很痛苦的职业，不教育不行，教育也不行。不教育会愧对职业，教育难免强人所难。法家不相信老百姓，纯粹由于个人私欲。要保住个人的私欲，就会把所有人都看作潜在的敌人，必欲除之而后快。当统治者把所有人都变成了敌人，他也就变成了所有人的敌人。当统治者成为所有人的敌人时，统治者还安全吗？他必定也会生活在恐惧中。所以这个“畏之”的社会，不是某个人、某一部分人陷入到恐惧当中，而是所有人，包括统治者自己也陷入到恐惧当中。所以皇帝一点都不安全，最不安全的就是皇帝。还有一个问题应该引起深思，为什么道家那么信任百姓，而儒家、法家就不信任百姓呢？这与他们对人性的不同看法有关。

悠兮其贵言。“悠兮”可以理解为悠闲的样子，很轻松的样子。作为一个统治者，不要太繁忙，一定要让自己轻松。“贵言”就是把语言看得特别珍贵，尽量少说话。统治者说话和常人说话不一样。统治者说的话，就是行政命令，就是方针政策。所以，让统治者少说话，言下之意就是统治者少颁布一些行政命令，少制定一些方针政策。为什么统治者要少制定政策？因为统治者是对不同区域、不同的老百姓制定统一的政策，但统一政策很难符合差异性的现实。如果统治者从差异性的角度制定政策的话，还需要去制定政策吗？只要把制定政策的权力交给下一级行政机构就可以了，同样下一级行政机构如果还面临差别的现实，就把制定政策的权力再进一步下放，直到现实的差异性彻底消失，再去制定同一的政策。

从经济学的观点看，“悠兮其贵言”是反对计划经济，坚持市场经济的。计划经济就是你家田里种什么，做计划的人说了算。市场经济就是你家田里种什么，市场说了算。道家思想是赞同市场经济的，是相信市场调节的，今年鸡多得卖不掉了，明年养鸡的人自然会变少。

功成事遂，百姓皆谓：“我自然。”“功成事遂”，第二章已经讲过了。这里再强调一下，不是成就伟业才叫“功成事遂”，日常生活中，做成了任何一件事都叫“功成事遂”。百姓日常的事都算不上大事，但做成了也是“功成事遂”。既已“功成事遂”，总得表达一下自己的谢意。西方人喜欢说，感谢上帝。中国人感谢谁呢？感谢天，感谢地，谢天谢地。婚礼上先要拜天地，这是把两人提到天作之合的高度。这就增加了婚姻的神圣性、崇高性。这里的“自然”不是大自然，是自己这样，自然而然的意思。在老子看来，事情自然地就做成了，找不到感激的对象，这正是一个好社会的标志，这是一个“下知有之”的社会。

十八章

大道废，有仁义；六亲不和，有孝慈；国家昏乱，有忠臣。

大道废，有仁义。仁义是儒家思想最高的概念。《论语》中有大量的仁字。孔子说："人而不仁，如礼何？人而不仁，如乐何？"学者们都认为，中国文化是礼乐文化。礼乐是以仁为基础的，没有仁心的话，礼能发挥什么作用呢？没有仁心的话，乐能发挥什么作用呢？可见仁的重要性。孟子说："仁，人心也。"仁是人的心，没有心的话，就不能思考，人就变成一个动物了，可见仁多重要。孟子还说："义，人路也。"义是人走的路，没有路的话，人就走不出去，就会走投无路。把义比作路，表明人离不开义。孔孟之道本质上就是仁义之道。日常生活中，有人做了伤天害理的事，就骂这个人不仁不义，做了有害于人的事，就说陷人于不仁不义。这说明了仁义的价值已经家喻户晓。当我们看到仁义两个字，看到有人有仁有义的时候，就会想到一个特别美好的景象。人们在一起和睦相处，互助互爱。那么老子看到仁义这两个字，是什么反应？他跟我们不一样，他有一个独特的思想角度。这就是老子的厉害。他的反应是："大道废，有仁义。"因为大道废了，才有了仁义。老子看到仁义的时候，想到的不是仁义本身，而是仁义之外，导致仁义产生的东西。老子这种表述方式，就把仁义降为一个二级概念。把道家置于儒家之上，认为仁义的社会之上还有一个大道的社会。

大道的社会是什么样的呢？谁都没见过。大道社会的具体样式人们并不清楚，但它绝对是个理想的社会。有了这个理想，就有了奋斗目标。大道的社会也是一个理想的社会，它提供了一个视角，去看待仁义的社会，去批评仁义的社会，去提升仁义的社会。

大道的社会，合乎道的社会，怎么会衰落呢？大道社会由盛而衰，才有了仁义的社会。在儒家那里，仁义是绝对的价值，是永恒的价值。在老子这里，它是历史的产物。既然是历史的产物，那就是一个相对的概念。老子在这里引入历史的观念。有无历史观念，是道家和儒家的重要区别。儒家很少有历史的观念，儒家展示思想的静态，思想的横断面。道家喜欢把概念放在历史的背景里考察，使得概念具有了历史的纵深感。如果只读儒家，就会认为仁义是天经地义的。但读了老子，突然发现仁义是历史的产物。儒家喜欢读经，道家喜欢读史。读经容易把观念读死，读史能够把观念变活。那么，"大道废，有仁义"，是不是说老子反对仁义呢？不是的。他是在超越仁义。在大道的社会里，人人都仁义，也就无所谓仁义了。只有到了没有仁义的社会里面，人们才把仁义这两个字挂在嘴边。仁义社会里的仁义，是一种个别性的仁义，是一种榜样性的仁义。大道社会里人人仁义。这样儒家和道家就不是那么冲突了，老子并不反对仁义，老子是要表明，人们在推崇仁义、呼唤仁义的时候，这个社会已经远离仁义了。

六亲不和，有孝慈。这句话前面，通行本还有两句话叫"智慧出，有大伪"。郭店简本无此句，陈鼓应据此删掉这两句话，删掉是合理的。第一个理由是，可以把本章文字分为三组，"大道废，有仁义"一组，"六亲不和，有孝慈"一组，"国家混乱，有忠臣"一组。这三组文字里面，句子的结构方式是完全一致的，思想表达的观念也是完全一致的。每一组的第一句都是讲理想的价值丧失了，第二句都是讲出现了世俗的好价值。而"智慧出，有大伪"，在句子结构上与其他三组文字不一致，思想表达的观念也完全不一样。第二个理由，没有这两句，文意更加流畅统一。第三个理由，“智慧出，有大伪”是老子的基本观念，这里删掉不影响老子思想的整体。如果这个思想只在这里出现，别的地方没有出现，还不敢轻易删掉。这是老子中多次重复出现的思想，此处删掉也无关大局。

现在来看，“六亲不和，有孝慈”。孝慈是儒家重要的伦理概念。看到孝慈的时候，我们会产生什么样的感觉呢？自然会想到一个美好的画面，产生一种感动。孝慈是每个人内心里的一种盼望、一种向往，看到孝慈的场景，不由自主就产生一种内心的感动。孝慈和仁义还有一些区别，仁义还很抽象，孝慈具有画面感，容易产生感动。老子看到孝慈这两个字，是什么感觉呢？他感到了“六亲不和”。因为“六亲不和”，才有了孝慈这样感人的场面。感动背后其实都有一种心酸，一种残酷在里面。什么场景让人感动呢？看到喜剧，只会开心；看到悲剧，才会感动。看到两条小鱼相濡以沫，就很感动。这两条小鱼感情真好，在这样的情况下还不离不弃。但感动是以它们令人心酸的生活为前提的，那时那刻，那两条小鱼是多么痛苦绝望！所以，老子看到孝慈，马上就想到这个世界上六亲已经不和了。舜是大孝子，他是怎么变成大孝子的呢？他有一个不幸的家庭，有一个不喜欢他的父亲，有一个想谋害他的弟弟。但无论父亲和弟弟如何对待他，他都孝心不改。仔细体会，这个孝背后是多么辛酸残酷。如果不回到大舜家庭历史的现场，人们很容易被大舜的孝感动，但深入历史后就会发现，感动背后是许多心酸的故事。在生活中，许多人特别容易被感动，特别喜欢被感动，特别喜欢心灵鸡汤。不是说心灵鸡汤不好，但只喜欢心灵鸡汤的话，就非常危险了。只知道喝鸡汤，鸡汤就变成了万能的神药。人生病了，必须吃药，药很苦口，没有鸡汤好喝，但只喝鸡汤不喝药治不好病。医院里只卖药，不卖鸡汤，如果鸡汤能治好病的话，家家都能开医院，还要医院干什么呢？所以，感动固然很好，但千万不要停留于感动，停留于感动解决不了任何问题。好多人都把传统文化讲成鸡汤了，把传统文化说得很神。说学了传统文化，啥问题都能解决，念《论语》一百遍，人就全变好了。可能吗？没可能。这些人把传统文化神化了，神化到极端，以至于迷信了。所以，思考的能力、理解的能力就特别重要。不要动不动就感动，动不动就泪奔了，哪有这么多让人泪奔的事？在人们感动于孝慈的时候，老子提醒人们思考更深层次的问题。为什么会出现孝慈呢？还不是因为六亲不和吗？如果六亲相和，那不是人人都孝慈了吗？现在六亲不和了，有几个孝慈，就让人感动得不得了。但不知道，这几个孝慈能让人感动，正是因为这个世界太缺少孝慈了。那该怎么办？按照老子的看法，解决孝慈的问题不能从孝慈本身着手。既然全社会都不讲孝慈，那问题就出在社会，就要解决社会的问题。而不是回避社会问题，去大力提倡孝道。

国家混乱，有忠臣。忠也是儒家的一个基本观念，做臣子的一定要忠心。曾子说："可以托六尺之孤，可以寄百里之命，临大节而不可夺也。"这样的人就是忠臣。这几句话听起来也是特别让人感动。国君临终托孤，忠臣表达忠心，鞠躬尽瘁，死而后已，场面也是十分感人。学文学的都知道屈原。屈原是忠臣，他写的《离骚》让人荡气回肠，感动不已。他大概觉得还是忠得不够，最后投江自杀，以死效忠。这样的忠臣历史上还有很多很多，让人一次又一次获得感动。但在感动之余还应该多一点思考。国家有如此多的忠臣，是喜还是忧，是福还是祸？老子发现，国家混乱的时候，最需要忠臣，也是出忠臣最多的时候。天下太平的时候，人人都是忠臣，也就无所谓忠臣了。所以往往忠臣的背后是一个乱世，忠臣不过是乱世中的一点亮色。比如屈原的背后是楚国的混乱，楚怀王的昏庸。所以，与其歌颂屈原的忠，不如去思考楚怀王为什么昏庸。楚怀王的昏庸导致了屈原的忠，只歌颂屈原的忠，不去追究楚怀王的昏庸，那就是本末倒置。从个人角度看，忠的品质是值得赞美的。从社会角度看，更应该关注忠臣背后的乱世。如何防止乱世出现，才是当务之急。按照老子的治国思想，就是要以道治国。具体来讲，要有一个好的制度设计，避免托孤情况发生。只要是家天下，托孤的现象就永远无法避免。如果让天下成为天下人的天下，就不会有托孤现象发生。所以，托孤是人为制造出来的感动，是莫须有的感动。要用理性去看待感动，淘汰那些虚假的感动，留下真正的感动。老子的思维方式是理性的，理性的思维方式让人感觉很冷酷，但能抓住问题的本质，能很好地解决问题。而感动什么问题都解决不了。老子为社会把脉，很像医生为病人把脉。医生对病人只有理性，很少夹杂情感，正因为如此，医生才能治病。

十　九　章

绝智弃辩，民利百倍；绝伪弃诈，民复孝慈；绝巧弃利，盗贼无有。此三者以为文，不足。故令有所属：见素抱朴，少私寡欲。

在讲文本以前，我们先把文本校订一下。“绝智弃辩，民利百倍，绝伪弃诈，民复孝慈”，这是竹简本的文字。通行本和帛书本写作，“绝圣弃智，民利百倍，绝仁弃义，民复孝慈”，和竹简本差别很大。按照通行本和帛书本的写法，道家和儒家势不两立，水火不容。但竹简本里并没有激烈地反对儒家思想。所以好多人就认为，竹简本的出现，改变了人们对先秦儒道关系的认识。在先秦，儒道关系并不是决然对立的，而是和睦相处的。有人甚至提出，要重写中国思想史，至少是先秦思想史。那么，竹简本、通行本和帛书本是什么关系呢？因为竹简本最早，许多人认为，通行本和帛书本是在竹简本的基础上改写而成的。是谁改写的呢？大家一致认为，庄子学派的人嫌疑最大。庄子对儒家嬉笑怒骂，对孔子也不是很恭敬。在《庄子》里孔子经常扮演受教育的角色，老子总是在教训孔子。据此，学者们猜测庄子学派的人改动的可能性最大。

陈鼓应认为，竹简本的文字优于通行本和帛书本，所以就用竹简本校订通行本。《老子》的文本就由“绝圣弃智，民利百倍，绝仁弃义，民复孝慈”校订为“绝智弃辩，民利百倍，绝伪弃诈，民复孝慈”。哪一个版本比较好呢？我个人认为，尽管竹简本产生的年代比较早，但无论从哪一个角度看，通行本和帛书本的表述可能更有意义。理由有三点：

首先，说庄子学派的人篡改了《老子》的文本，应该有一个前提。那就是说，竹简本和稍晚出现的帛书本、通行本是同一个版本系统，有一种直接的传承关系。如果有直接的传承关系，竹简本在先，通行本、帛书本在后，文本后来的变化肯定就是有人篡改了文本，但是现在无法证明它们之间有一种直接传承关系。古代书籍版本的流传特别复杂。完全可以假设帛书本、通行本和竹简本是两个不同的传承系统。即便它们是同一个版本系统，还可以假设帛书本和通行本有更古老的源头，比竹简本还要古老。这会出现什么结果？就可以设想，竹简本之所以出现这样的变化，是有人对帛书本和通行本共同的祖本进行修改的结果。谁会去修改呢？当然是有儒家思想倾向的人了。儒家的后学看到这样激烈的言辞，就改成竹简本的样子了。如果这个假设是成立的，就可以说，是有人把帛书本和通行本的原始版本改成了竹简本。为什么一定说是道家改的？也可以假定是儒家改的嘛！

其次，我们退一步，假定竹简本真的被庄子学派的人作了修改，改成了帛书本和通行本的样子，那么这样的改动是否合理呢？应该说是合理的。可以从两个方面来说明：

一方面，庄子学派的这种改动是有学理依据的。儒家和道家有很多的相似点，我们讲课的时候，经常都在强调这个相似。在讲《老子》的时候经常用孔子的语录去验证老子的思想。在讲《论语》的时候也经常用老子思想去加以抽象。儒道相似相通处很多，这是毋庸置疑的。但它们无论怎么相似，怎么相通，终究是有差别的，而且差别是根本的。读老庄和谈孔孟，感觉是非常不一样的，好像进入了两个完全不同的世界。孔孟的世界里，仁义呀，孝慈呀，全是伦理；老庄世界里，植物呀，动物呀，全是哲理。上一章讲“大道废，有仁义”，就是讲儒道区别的。三十八章讲，“故失道而后德，失德而后仁，失仁而后义，失义而后礼”，也是讲儒道区别的。儒道关系中，道家总是高一个层次，儒家总是低一个层次。可见，《老子》这本书主要强调儒道的差别。庄子学派的改动，只是在强化儒道之间本有的差别，突出各自学派的特征，符合老子的基本思想。

另一方面，竹简本的表述，思想深度明显不足。“绝智弃辩，绝伪弃诈”，只是一个常识性的表述。“绝伪弃诈”中，“伪”和“诈”本来就是负面的价值观念，现实中，谁提倡过“伪”和“诈”呢？既然没有提倡，何来弃绝呢？“绝智弃辩”是针对统治者讲的，统治者具有绝对的权力，何曾需要辩论？这个“辩”根本就不存在，如何弃辩呢？竹简本的这两句话思想平庸，经过庄子学派的改动，思想价值实现了质的飞跃。

最后，有人因为竹简本的出现，提出要重写先秦思想史，有没有这个必要呢？这是高估了竹简本的思想价值。竹简本并未偏离老子的基本思想，不存在重写先秦思想史的问题。至于重写中国思想史，就有些耸人听闻了。尽管竹简本最早，但并未对中国思想产生实际的影响。两千多年来，影响中国思想的毕竟是通行本，所以也不存在重写中国思想史的问题。有鉴于此，我们认为本章通行本优于竹简本，所以在讲解时采用通行本的文字。

绝圣弃智，民利百倍。道家也有圣人，《老子》里圣人随处可见。但这里的圣应该是儒家的圣人，这里的智也是指儒家的智慧。圣人无所不能，既有德行又有智慧，既然圣字里已包含了智，单说个圣字就可以了。圣就是儒家的圣贤思想，这是儒家的理想。圣贤思想深入人心，也成了老百姓的理想。在老百姓这里，圣贤思想被具体化为有一个好领导。学校希望有一个好校长，学院希望有一个好院长，班级希望有一个好班主任。圣贤思想源远流长，根深蒂固。现在考公务员，先要资格审查，然后要笔试、要面试、要公示，最后还要试用，试用期过了，才能成为正式公务员。为什么要把流程搞得这么复杂？就是要把贤能的人选出来。但老子对选贤任能的做法不以为然，他要“绝圣弃智”。他有没有道理呢？

首先，在老子看来，圣贤尽管很好，但实在太少。从尧舜禹汤文武周公到孔子，1 700 多年的时间里，说来说去，就那么几个圣贤。在 1 700 多年的漫长时间里，圣贤统治的时间是极为短暂的。所以，不是不想要圣贤而是圣贤太难得。其次，古代的圣贤不仅少，而且还不太可靠。他们中的一些人事迹模糊，民间话语体系的圣人和儒家话语体系里的圣人完全不一样。相比较而言，民间话语体系里的圣人更可信。这样的话，儒家的圣人就更稀罕了。最后，圣贤越少，就越是盼望圣贤。盼望圣贤，就会产生圣贤，就会人为地制造圣贤，把某个人推到圣贤的位置上去。那么他自己呢，也就会自称圣贤。本来只是普通的皇帝，摇身一变成了当今圣上，发出的命令就变成了圣旨。既是圣旨了，谁敢不接受？还敢批评？人们奔着美好理想而去，得到的却是专制的恶果。

既然已经是圣贤了，就要做些与圣贤相配的事来表明他是圣贤。所以，那些有圣贤情结的皇帝都好大喜功，大兴土木，以无愧于圣上的称号。这是圣贤政治必然要出的问题，所以老子要绝圣弃智。世上没有了圣贤，统治者也就成不了圣贤。皇上只是皇上，决不是圣上，命令只是命令，决不是圣旨。圣上是不会犯错的，但皇上是会犯错的，圣旨是不能违抗的，但命令是可以违抗的。意识到皇帝会干错事，干坏事，人们就会事先想出各种办法去限制他，这样皇帝就会处在老百姓的监督之下。如果是圣上，谁敢反对？反对圣上就是自绝于圣上，就是十恶不赦，就是死路一条。这样看来，老子说“绝圣弃智”，真是大智慧。人在情感上希望他是好人，但从理性上讲，却不能把他当作好人，要把他当作坏人去限制他。可见“绝圣弃智”会“民利百倍”。对老百姓而言，没有圣贤统治比圣贤统治要好千百倍。

绝仁弃义，民复孝慈。这话听起来也很困惑。老子的话总是让人困惑，但仔细一想都很有道理。仁义这么好，为什么要绝掉呢？因为仁义是一种特定的价值观。一种特定的价值观，一旦成为主流价值观的话，就会具有排他性。排他必然导致专制。怎么办呢？办法有两个。一种办法是承认仁义是好的价值观。但好的价值观不只是仁义，好的价值观是多种多样的。用价值多元化去平衡仁义的价值观，避免仁义的价值观造成破坏性的结果。另一个就是老子的办法，一劳永逸，直接回到前价值观状态。在各种价值观形成以前，人是怎么生活的呢？由于没有价值观的纷争，人们可能生活得更好。前价值观状态类似于人的童年时代。童年的时候，没有任何的观点，单纯而美好。某种意义上，恋爱也是前价值观，什么身份、财富、门第都不是爱情的障碍。

仁义还有一个问题，就是会被人利用。坏东西不会被人利用，好东西最容易被人利用，既然公认仁义好，仁义就会被利用。庄子对仁义嬉笑怒骂。他说仁义不过是个工具，好人做好事需要仁义，坏人做坏事需要仁义，小偷偷盗也少不了仁义。“夫妄意室中之藏，圣也”，室中之藏都是保密的，不会让别人知道的。能够知道他人室中之藏的，自然就是小偷中的圣人了。“入先，勇也”，谁先进去呢？那个冲在前面的人，一定是勇敢的人。“出后，义也”，偷完室内之藏，那个最后出来的人，一定很有义气。“知可否，知也”，判断能不能偷是智慧。“分均，仁也”，分赃的时候，要按劳分配，第一个进去的，最后一个出来的，应该嘉奖，这就是仁。儒家的仁义观念，小偷全用上了。现实社会中，许多人干着小偷的勾当。他们打着仁义的旗号谋自己的私利，这种人最有欺骗性。人们往往被仁义迷惑，不明真相，盲目追随。看看历史，历史上哪一件坏事不是打着仁义的旗号干出来的。所以要警惕仁义，最好是绝仁弃义，回到原始的孝慈。儒家也讲孝慈，但儒家的孝慈已经成为一种观念，而老子的孝慈是一种自然的情感。子女自然的孝，父母自然的慈，没有任何强制。是由内生发的，而非由外输入的。从严格意义上讲，老子原本不需要孝慈的概念，只是为了说明方便，而临时借用了孝慈的概念。

绝巧弃利，盗贼无有。这句话比较好理解，去掉巧和利，就没有盗贼了。通常人们认为偷盗与匮乏有关，只要增加供给，偷盗就会自然消失。但老子不这样看。因为匮乏是绝对的，任何时候，只要有比较，就会有匮乏。匮乏是人的生存状态，无论怎样增加供给都解决不了问题。而且有些匮乏是无法增加供给的，只能靠自己努力去获得。比如技不如人怎么增加供给？实在没有办法，只有去偷别人的技术。老子认为巧利产生了盗贼。巧利是以巧生利。以巧生利的行为源于以巧生利的思维方式。只有消除了以巧生利的思维方式，才能彻底消除盗贼。所以，道家特别警惕巧。《庄子》里记载，子贡南游，看到一个老人拿着一个大水桶去井里打水，然后再拎上来。旁边有省力的机械却不用。子贡很是疑惑，问为什么不用机械打水。老人说，用机械打水会产生机心。机心就是投机之心，不劳而获之心。所以，人保持勤劳是很重要的，不能完全生活在巧里，人以勤劳为本，哪里还会有盗贼呢？

此三者以为文，不足，故令有所属。此三者指的是什么呢？就是前面讲的“绝圣弃智”“绝仁弃义”“绝巧弃利”。“以为文，不足”，这个文是规则、原则的意思。这三条应当成为生活的原则，但还有不足。为什么不足呢？这三者是人的外在行为，外在行为必定有内在的根据，这个内在的根据才是事物的根源。仅仅把外在的东西绝弃了是远远不够的，只要根还在，就还会发芽，还会出现问题。所以，要在根源上下功夫，要“令有所属”，要让它归属一个更高的原则。什么原则呢？

见素抱朴。“素”是没有染色的丝，“朴”是没有加工的木料。“见素抱朴”，就是要回到原始朴素的状态，保持原本的样子。原本的样子就是最早的样子。老子认为，最早的样子就是最好的样子。儒家的观点正好相反。荀子说性恶，最早的样子是最不好的样子。孟子说性善，但他那个善只是善的萌芽，还要不断扩充。所以在他那里，最早的也不是最好的。所以儒家强调教化，不断教化的结果，是造成文明的压抑。那么怎么办呢？老子主张回到原初的朴素状态。可是人已长大，怎么可能回到原初状态呢？所以“见素抱朴”，不是说在生活当中回到朴素，而是说人要有朴素的意识，在意识中不断回到朴素的状态。当意识回到朴素的状态时，就会对现状有新的认知，过去认为正确的，现在都打上了问号。朴素的意识会对人的行为产生一种制约作用，让人放慢前进的脚步。人在现实中必定要离开素朴的状态，这也是人的一种本性，但人还要时时反思，回到朴素的状态。

少私寡欲。一切的一切都与私欲有关。人一旦被欲望裹挟了，又会回到圣智、仁义、巧利。人该如何对待私欲呢？有一种说法很流行，就是大公无私。但老子不这么认为，老子承认私欲的合理性。人的身体是人私有的，要保护自己的身体，就必须有私欲。人没有私欲，生命就危险了。大公无私是不可能的，也是不可取的。私欲是生命的象征，但是欲望太多也会带来痛苦。所以要寡欲，要把握欲的度。以食欲为例，寡欲相当于七分饱。寡欲为什么好？寡欲能让人持续不断地欲。

二　十　章

绝学无忧。唯之与阿，相去几何？美之与恶，相去若何？

人之所畏，不可不畏。

荒兮，其未央哉！

众人熙熙，如享太牢，如春登台。

我独泊兮，其未兆，如婴儿之未孩；

儽儽兮，若无所归。

众人皆有余，而我独若遗。我愚人之心也哉！沌沌兮！

俗人昭昭，我独昏昏。

俗人察察，我独闷闷。

澹兮其若海；飂兮若无止。

众人皆有以，而我独顽且鄙。

我独异于人，而贵食母。

绝学无忧。好多人认为这句话和下面的内容不协调，主张把这句话放到十九章的后面。从句式和意思来看，放到十九章的后面比较贴切：见素抱朴，少私寡欲，绝学无忧。但竹简本中，“绝学无忧”也是放在这一章的前面，而且它的前面不是通行本十九章，而是通行本的四十八章。这就表明“绝学无忧”不可以放到十九章的后面，仍然应该放在二十章的开头。那么“绝学无忧”是否真的与下文无关呢？

学是儒家的一个重要观念。《论语》第一篇第一章第一句就讲“学而时习之”，强调学的重要性。孔子自己好学，也喜欢好学的人，他每以好学称赞颜回。但老子却要绝学，绝学的绝字表明态度坚决。老子为什么要绝学呢？对于听惯了学习重要性的人来说，这是一个很奇怪的观点。老子讲这个话，其实是有他的道理的。学的目的是什么？就是认同一种既有的价值观念，实现人的社会化。但另一方面，所谓学有所成，其实就是认同了既有的价值观，并把所学当作了真理。而这个所谓的真理，其实只是偏见。人用这样的偏见去看世界，从此再也看不到世界的真相了。学得越成功，离真相就越远。所以，老子反对学，还是很有道理的。另外绝学不能理解为不学。人不能不学，完全不学，就进入不了社会。可是一旦学了，又会产生偏见。意识到所学可能是一个偏见，就会去绝学。所谓绝学，就是绝去所学，把所学的东西一点点剥离掉，恢复到人的本然状态。老子这个思想有点像弗洛伊德。一般人都强调文明的重要性，弗洛伊德却揭示文明对人的压抑，弗洛伊德不是要反对文明，而是要反思文明。同样老子的绝学思想，不是反对学，而是强调对所学一定要抱有反思怀疑的态度。人反思所学，所学就不会局限人、拖累人。人还有什么可忧的呢？

唯之与阿，相去几何？“唯”是应答，是晚辈回应长辈的声音。“阿”也是应答，是长辈回应晚辈的声音。“唯”的声音比较小，“阿”的声音比较大。声音小表示恭敬，声音大有怠慢的意思。这两种声音，在世俗社会是绝对有区别的，声音的大小能区分高低贵贱。为什么能根据声音区分意义呢？就是通过学。在进入社会以前，人根本就不知道“唯”和“阿”有什么区别。后来通过学，明白了它们之间的差别，并按照这个差别去规范自己的行为，这就有了高低贵贱之分。这是身份的一种定位。你是晚辈，你只能“唯”。他是长辈，就可对“唯”和“阿”的差别提出质问。“相去几何”？它们的差别真有那么大吗？低声也好，高声也好，只是声音而已。用“阿”就不能表达尊敬吗？用“唯”就不能表示怠慢吗？所以“唯”和“阿”，作为通常应答方式，并没有绝对的必然性。长辈也可以小声应答，晚辈也可以大声应答。应答方式不是固定的。但学却把唯和阿僵化了。

美之与恶，相去若何？这里还是举例子。美和丑的差别真有那么大吗？辨别美丑是学的重要内容之一。通过学习，形成了对美丑的价值判断，明白了什么是美，什么是丑。莲花为什么美，“出淤泥而不染”。言下之意，淤泥是丑的，淤泥可以污染莲花。问题是莲花长在淤泥里，没有淤泥哪有莲花。现在，却要在淤泥和莲花中分出美丑。硬要说莲花美，淤泥丑，把生长莲花的淤泥判断为丑。这不是很奇怪吗？什么是淤泥？土加上水就变成了淤泥，淤泥是生命之源，生命之源居然是丑的，这是多么奇怪的审美观！不同的对象，美和丑是相对的。同一个对象，美丑也是相对的。心情变了，美丑也就变了。“感时花溅泪，恨别鸟惊心”。花本来是悦目的，但特定的时候，却让人落泪；鸟声本来是很悦耳的，但现在叫声让人心惊。美和丑真有那么大的差别吗？老子用两个例子说明，平常所学让人变得僵化。平常只讲学习的好处，越学越聪明，没说学习的坏处，越学越僵化。以为唯和阿真的有差别，美和丑真的势不两立。现在看，这两句话和绝学无忧是不是有关联了？

人之所畏，不可不畏。这就是忧了。为什么要绝学？因为不绝学，就有忧。忧在这里体现为畏。尽管唯和阿差别不大，美和丑的差别不大，但是，一旦唯和阿、美和丑的价值差别被固定了，被学到了，被认同了，它就变成了一种普遍的社会规则。一旦变成社会规则，每个人就必须遵守这个规则，否则，就会受到规则的惩罚。因为畏惧规则，就去遵守规则。久而久之，也就习惯了规则，规则怎么要求，你就怎么做，否则会面临后果。比如说唯和阿，不按规则去应答，人们就会说你没有礼貌，不懂规矩。比如说美与丑，如果你公开说淤泥也是美，人们就会说你没有审美观，美丑颠倒。所以“人之所畏，不可不畏”。尽管这是一个很僵化的规则，但你不得不照做。这就产生了畏，产生了忧。老子这几句话是在解释“绝学无忧”。学本是好事，但把所学绝对化、僵化，好事就变成了坏事。所以，老子要求反思学，绝去所学。

荒兮，其未央哉。“荒”就是荒远、广大的意思。“未央”，没有尽头的意思。广阔辽远，好像没有尽头。这句话没有主语。什么东西广阔辽远，没有尽头呢？就是世界本来的样子。世界本来是广阔无边，没有尽头的。但人的观念却是有始有边的，人的观念在无边的世界里人为制造了一个边。比如说，唯、阿、美、丑。这个世界，在唯和阿之外，原本还有各种声音。但现在只剩下了两个声音：一个唯，一个阿。世界原本千姿百态，各有各的美。但现在被人一分为二：一个美，一个丑。一个原本丰富多彩的世界，变得单调、乏味、僵化。人作茧自缚，画地为牢，把世界变成这个样子，还以为这是世界本来的样子。既然世界不是这样的，人就可以突破现状，回到本来的世界。现在的自己，是学习的结果。这个结果不是必然的。原本以为必须要上学，其实可以不上，可以回家去。回家的思路，过去不敢想，但现在可以想。不上学了，做自己喜欢的事，也是很好的。世界原本是很广阔的，只不过你走了这条路而已，千万不要把这条路当成一条必然之路，其实还有很多路可以走。

众人熙熙，如享太牢，如春登台。这是讲众人学习后的状态。“众人熙熙”，众人特别高兴的样子。高兴什么呢？天下熙熙，皆为利来，天下攘攘，皆为利往。众人追名逐利，好像吃到美味的食物，好像春天出去郊游，非常享受追名逐利的过程。众人为什么会这样呢？这就是学习的结果。学习把人带入到一个观念的世界里。这个世界充满了等级，充满了差别，人们为了提高自己的等级，就会不知疲倦去追逐。在等级社会里，人以别人为榜样来规划自己的生活，这个规划名之曰自我提高，实际是放弃自我。人人都放弃自己，追名逐利，这就是众人的生存状态。

我独泊兮，其未兆，如婴儿之未孩。“我”不一定指老子自己，应该指所有求道的人。那求道的人是怎样的呢？“泊兮，其未兆”。很多人把“泊”理解为淡泊，我觉得，理解为停泊可能更好。停泊在什么地方呢？“在未兆”。“未兆”就是没有征兆，尚未开始的时候。尚未开始的时候，事物处在没有分别的状态，有各种可能性，这是最具有生机的时候。未兆状态不太好理解。老子打了一个比方，“如婴儿之未孩”。孩是婴儿的微笑，未孩就是婴儿还不会微笑。在老子看来，婴儿微笑还不是最原始的状态，因为婴儿毕竟已经开始笑了。为什么笑呢？一定是有了一种舒适感。有舒适，就有不舒适，舒适里已经有分别了。婴儿微笑了，分别就开始了。婴儿微笑之前，处在未分别的状态，这是最原始的状态。得道的人，就停留在这个状态，这里没有分别，是世界本来的样子。事实上，人是回不到那个原始状态的。所以这里讲的“未兆”“婴儿之未孩”，就是一种理想，一种观念。它不是真实能够达到的状态，而是应该达到的状态，是人应该向往的状态。人有了这种向往和没有这种向往是完全不一样的。没有这种向往，人就会沉沦于追名逐利的状态。有了这种向往，人就会怀疑追名逐利，反思追名逐利，摆脱追名逐利。就像贾宝玉一样，这里的“我”特别像贾宝玉。“众人熙熙，如享太牢，如春登台”的时候，贾宝玉在干什么？“独泊兮，其未兆，如婴儿之未孩”。在所有人都认同不平等的现实时，贾宝玉却平等地对待姐妹们，平等地对待丫鬟们。在不平等的社会里，平等地对待人，连那些被平等对待的人也极不适应，觉得贾宝玉是一个怪人。所以，贾府里贾宝玉最孤独。

儽儽兮，若无所归。“若无所归”，不是真的无所归。在众人的眼里，像一个无所归的人，但实际上是归依了道，是有所归。

众人皆有余，而我独若遗。这又是一个比较。“众人皆有余”，在什么地方有余呢？通过学习，接受了现实的原则，在现实中游刃有余，如鱼得水，前途无量。“而我独若遗”，在众人看来，我好像漫无目标，没有追求。但这是一个假象，我不是真的没有追求，我是在追求道。因为道不是个具体的东西，看起来像是无所追求。就像贾宝玉，别人都在忙着考功名，他却无事忙，他并非真的无事，他把心中的理想当作事，他为心中理想而忙。

我愚人之心也哉！在世俗的观念里，愚是一个贬义词。由它所构成的词都是贬义词：愚笨、愚蠢、愚钝。但在老子的思想里，愚是一个褒义词，是一种非常高的境界。说我是一个愚人，是说我是一个淳朴的人，一个保持原始状态的人，一个与道同在的人。为什么叫愚人呢？因为什么都不会呀！聪明人都知道自己该干什么，也知道该如何干。而愚人呢，好像无所追求，生活也没有目标，像是一个多余的人。

俗人昭昭，我独昏昏；俗人察察，我独闷闷。“昭昭、察察”，分辨力强，能看出事物之间细微的差别。“昏昏、闷闷”，正好相反，糊里糊涂，分辨不清。“昭昭察察”的人，对差异性特别感兴趣，他们在差异性中权衡得失，作出有利于自己的选择。艺术家也追求差异性。在现在人看来，艺术家是高雅的人，但在老子眼里，他们也是俗人。他们沉迷于五色、五声，往而不返。他们的确有超人的感觉能力，能分辨每一个乐音，能分辨不同的色彩。但差别是无穷的，是追求不尽的，这些人往往也就特别痛苦。这些都不是我的追求，我“昏昏闷闷”，无差别地看待世界。思想的最高境界是消灭差异性，达到统一性。佛教讲缘起性空，因为缘起性空，万物都一样了。原以为桌子是桌子，椅子是椅子，人是人，都分个彼此。现在好了，桌子也好，人也好，都是性空，都不必执着。这样椅子丢了，桌子坏了，人生老病死，都可以不动心了。许多人怀疑不动心是假的，其实不是，他真的把这个东西看透了，看到了差异性里的统一性。“昏昏闷闷”的人，在差异性中看到了统一性，“昭昭察察”的人相反，在统一性里只看到差异性。越昭昭察察，痛苦越多；越昏昏闷闷，痛苦越少。

澹兮其若海，飂兮若无止。“昏昏闷闷”的人是什么状态呢？“澹兮其若海”，就像大海一样的连成一片，无边无际。海水与海水紧密相连，看不到海水之间分界的痕迹。你能在大海里面分出这边的水和那边的水吗？“飂兮若无止”，就像空中的风一样，风在吹动，却看不出风的形状。风也是连在一起，无止无尽。昏昏闷闷的状态，就是一个没有分别的状态。

众人皆有以，而我独顽且鄙。这又是一个对比。众人有什么特点呢？“皆有以”。“以”是用的意思。众人都想把自己变成一个有用的人，为社会所用，实现自己的价值。这是众人的一种思想状态。人们喜欢把老师比作蜡烛，说老师燃烧自己，照亮别人。这话其实是不好的，是把老师当作工具使用。“顽且鄙”就是无用的状态。无用的状态并非真的无用，而是无用之用。庄子笔下的大树，都是些无用的大树，这些大树自由地舒展自己的生命，同时也给别人带来了生命的美好。炎炎盛夏，大人在树荫底下谈天说地，孩子们在树荫下玩耍，这是多么好的生活景象。《红楼梦》讲了一个无用之人的故事，贾宝玉就是那个无用之人。但他却是《红楼梦》中的灵魂人物，他把贾府所有人物事联系到一起。如果他有用，他只跟用他的人打交道，跟他相关的人打交道。由于他的无用，他跟所有人建立了关系，所有人因他而相聚，正体现了无用之用。

我独异于人，而贵食母。最后总结，我和别人不一样，根本在于“贵食母”。这个“母”是本的意思，也是根的意思，也是道的意思。母也好，根也好，本也好，都具有生长性。一个东西是不是根本，就要看它有没有生长性。如果有生长性，那就是根本。根本就是能够长出东西来的那个东西。在老子看来，这个根本就是道。“食母”就是以道滋养自己。当然什么叫根本，每个学派都有自己的看法。儒家也讲根本，法家也讲根本，墨家也讲根本，各家都有自己的根本。根本不止一个，根本有许多个，它们并不矛盾，而是互补的关系。

二十一章

孔德之容，惟道是从。

道之为物，惟恍惟惚。惚兮恍兮，其中有象；恍兮惚兮，其中有物。

窈兮冥兮，其中有精；其精甚真，其中有信。

自今及古，其名不去，以阅众甫。吾何以知众甫之状哉！以此。

孔德之容，惟道是从。“孔”是大的意思，“孔德”就是大德。“容”，容貌，引申为行为。有大德的人，他的行为是什么样子的呢？“惟道是从”。他的行为方式完全遵循着道。这是讲德与道的关系。大德接近于道，道的层次高，德的层次低。能按照道的方式去做事，这种人叫作有德。人不可能事事处处都按照道去行事，所以德是有限的，德只是得了道的某一个部分而已。

道之为物，惟恍惟惚。为什么只有大德之人，才能“惟道是从”呢？这与道的特性有关。道是什么？道是“恍惚”。什么是“恍惚”呢？“恍惚”就是变化莫测，琢磨不透。这是对道的正面表述，这个表述非常模糊，但毕竟是一个正面的表述。道是最高的存在，语言在表述最高存在的时候会出现一种困境。只要用语言去说道，无论说道是什么，道都会成为一个具体存在物，都会降低道的存在品格。《老子》第一章就说，道是不能说的。但人有一种说的本性、说的冲动，越是不能说，就越是想要说。不得已，老子采用否定的方式说道，第十四章就是用否定的方式说道。用否定的方式说道，还是不能满足人的好奇，不得已，老子只好以肯定的方式说道。肯定的表达方式就是：道是恍惚。

惚兮恍兮，其中有象。如果道只是恍惚的话，人就会对道产生怀疑。所以接下来说“惚兮恍兮，其中有象”。道不只是恍惚，恍惚里面是有象的。尽管象是虚的东西，但毕竟是能够看得见的。就像镜花水月一样，尽管是虚的，但毕竟镜中有花、水中有月了，毕竟能看到象了。这样人才会相信道的存在，眼见为实。因为道是恍惚，而恍惚又不可捉摸，就会引起对道的怀疑，对道的不信任。说“其中有象”，恍惚里面还有象，对道就多了一份信任。

恍兮惚兮，其中有物。这是语言的一种交错，否则语言就变得死板了。恍惚里不仅有象，还有物。物比象可靠，物是实的，象是虚的。由于其中有物，象就有了一个基础。为什么能够看到象呢？象背后肯定有物，有物才能看到物象。为什么镜中有花呢？肯定是真有花存在。为什么水中有月呢？肯定是真有月亮存在。因此，象不是虚的，而是有内容的，象背后必定有东西。这样，恍惚就不再恍惚了，还有了确定的内容。

窈兮冥兮，其中有精。“窈冥”跟前面的“恍惚”是一个意思，是从另外一个角度说明道的特征。“窈兮冥兮”，是说道微不可见，深不可测，让人无法把握。“窈兮冥兮”也会让人感到道不可信，于是接下来就要讲，“其中有精”，也就是在“窈兮冥兮”中有一种“精”存在。“精”是什么呢？有人说是精气，有人说是精灵。如果是精气的话，就带有物质的特性，如果是精灵的话，就带有精神的特性。人们为此激烈争论，老子的思想到底是唯物的还是唯心的。怎么解释这个“精”字呢？帛书本“精”字写作“情”字，“情”字比“精”字要好。“情”是实的意思，实就是有内涵、有内容，这就避免了唯物和唯心的争论。在“窈兮冥兮”里有实在的东西，有实在的内容，具体是什么，老子没有说。

其精甚真，其中有信。“其精甚真”就是“其情甚真”。这个实在的东西是真的，具有真的特性。为什么要讲一个真字呢？儒家喜欢讲善，道家喜欢讲真。真和善有什么区别呢？善是一种价值，往往带有主观的性质。真也是一种价值，更多带有客观的性质。真是本来如此，不带偏见的。后人把真和理连到一起，构成一个词叫真理。真理是客观的东西。所以，“其情甚真”说的是这个存在，这个有内容的东西，不是人主观给予的，而是客观上具有的。真对情作了进一步的规定，这个情是真实的。这就把道家和儒家区别开了。“其中有信”，这个“信”就是征信或者验证，就是“窈兮冥兮”里存在的那个东西，是能够得到验证的。只说一个东西存在，并不能让人信服，还必须验证存在。怎么验证道的存在呢？可以用反证法。如果没有道，四季昼夜就不会交替了，人还怎么生存？如果没有道，那人做任何事情都是合理的，人做坏事也是合理的。人做坏事不受惩罚，这个社会还能够存在吗？人们经常说，应该这样，不能那样。应该是什么意思？应该意味着已经将道作为做事的标准了，道已经先行存在了，否则就没有该不该的问题。所以道是能得到证明的。

现在来看，老子正面表述的总体思路是什么？首先把道模糊化，说道是恍惚的，是窈冥的。道的这种存在状态，让人怀疑道是否真的存在。接下来就讲若有若无的道里，其实是有内容的，内容是真实存在的，是能够得到证明的，这就是他的一个思路。

我们还可以从艺术的角度去理解道的存在状态。我们通常把作品叫艺术品，为什么称之为艺术品呢？因为作品里面具有艺术性，所以称之为艺术品。什么叫艺术性呢？艺术性就类似于道的存在状态：惚恍、窈冥。人被作品的艺术性吸引，却说不出艺术性在哪，什么是艺术性。道的惚恍、窈冥就像艺术一样。艺术的存在状态，也就是道的存在状态。所以肯定地说道，也可以说是以艺术的方式说道。这样说道就有三种方式：道不能说，道可以否定地说，道可以艺术地说。艺术地说，也就是诗意地说。惚恍就是诗意，就是诗的特性。

自今及古。这是帛书本的文字，通行本里面写作“自古及今”。“自今及古”，从今天上溯到古代，与从古到今的意思是一样的，并未有什么特殊的含义，且语言不符合表达习惯。“自古及今”可能更好。

其名不去。自古到今，道一直存在，一直没有离开我们。因为道惚恍、窈冥，一直没有给它一个名字。老子给它命名为道，但并不是说命名为道，道才存在。哪怕不命名，它也一直存在。其实，惚恍、窈冥、有物混成都是道的名字，道一直都有名字。

以阅众甫。吾何以知众甫之状哉？以此。“甫”就是父，开端的意思，“众甫”是万物的开端。“以阅众甫”就是根据道了解万物的开端。为什么知道了道，就知道了万物的开端呢？这个问题在第一章讲过，这里稍微补充一下。道和万物的开端是什么关系？道是无，天下万物是有，有是怎么成为有的呢？桌子是怎么成为桌子的呢？我们会认为桌子是木匠做出来的，但这不是哲学的理解方式。有生于无，由于无才成就了有。什么是无？无是有的边界。因为无才形成一个一个的事物，形成万有。如果没有无的话，万物就连到一起了。每个人成为自己，是由于人和人之间有一个无，如果没有无的话，就成不了自己。连体婴儿，就是中间缺了无，没有无把他们分离开来，所以永远成不了自己。成为自己就是把自己和他人分开，靠谁来分开呢？靠无。所以，无是万物的开端，是万物之父。这里万物的开端，不是指万物时间上的开端，这是科学所要解决的问题。老子理解的事物开端，不是科学理解的事物开端。

二十二章

曲则全，枉则直，洼则盈，敝则新，少则得，多则惑。

是以圣人执一为天下式。

不自见，故明；不自是，故彰；不自伐，故有功；不自矜，故能长。

夫唯不争，故天下莫能与之争。古之所谓“曲则全”者，岂虚言哉！

诚全而归之。

曲则全。这是讲曲和全的关系。曲不是弯曲的意思，根据曲和全的对应关系，这个曲应该是局部的意思。全是整体、完美的意思。那曲和全的关系就是局部和整体的关系。由此可见，曲代表负面的价值，全代表正面的价值。因此在曲和全之间，人自然就会去追求全，十全十美嘛。但是大家会发现，人永远达不到全，人自以为离全更近的时候，全却越来越远。也可以讲全在人的把握能力之外。这让人感到很失落。老子是怎么理解这个问题的呢？老子从曲去理解全。曲和全是有关系的，曲里面就包含着全，全不在曲之外。人可以在曲里追求全，离开曲是达不到全的。曲是生存的现状，必须承认这个现状。人从曲开始不断地趋向全，趋向于全就是全。这个趋向里包含着各种全的可能性。不同的人有不同的趋向于全的可能性，同一个人也有不同的趋向于全的可能性。庄子对“曲则全”有自己的理解。他看到那些没有用的大树都很好地活着，而能做栋梁的树被人砍伐了，就心生感慨，由于没有用处，所以能够保全自己。这和老子对“曲则全”的理解不太一样。老子对“曲则全”的理解，保持开放的态度。任何的曲都可以通过开放的态度成为全。庄子把“曲则全”理解成为一个特定的含义了，把“曲则全”的含义固化了，也是把老子的观念狭隘化了。

枉则直。这是讲枉和直的关系。枉是弯曲的意思。通常人们都认为枉是一种否定的价值，直是一种肯定性的价值。孔子说，“举直错诸枉，则民服；举枉错诸直，则民不服”。孔子把枉和直作了价值上的区分，肯定直，否定枉，枉直之间泾渭分明。在这种价值观的引导下，人们都追求直。问题是这个绝对的直、纯粹的直在哪里呢？在现实中，要找到一个绝对直的对象是很难的。比如说这是一条笔直的路，这条路真的是笔直的吗？就路的某一段而言，可能是笔直的，但把这条路无限延伸，还是笔直的吗？地球是圆的，在地球上，任何一条路无限延伸都是弯曲的。所谓直，不过是在弯曲中体现出来的直而已。也可以反过来讲，任何弯曲里面都存在着直，在弯曲里截取一小段就会是直的。这样直和曲的关系就变得模糊了。本来以为直的就是直的，弯曲的就是弯曲的，弯曲和直全然不同，但现在看来，曲中有直，直中有曲，曲直关系变得特别微妙。所以直只是一种理念，现实中的直都在曲中，人只能在曲中求直。每一个曲中都有通向直的可能性，这就是“枉则直”。自然中如此，社会中也是如此。父亲偷羊，儿子要不要告发，告发肯定是正直的表现。偷羊既是错误的，告发就是正确的，这种正直对事不对人。那么“父为子隐，子为父隐”，亲亲互隐是不是直呢？因为告发的对象是父亲，告发后父子亲情会荡然无存。亲情是天然的情感，是生活中必不能少的，是生活的意义所在。保持亲情也是直。不论亲人做错了什么，亲人还是亲人，这种正直对人不对事。在这两种直里，有儒家倾向的人都会站在孔子一边，这也没有错。但有一点必须看到，这两种直尽管很不一样，但有一点是一样的，都是在枉中求直，离开枉无直可言。告发是直，但枉情，不告发是直，但枉理。枉里有各种直，直里有各种枉。所以，一切现实中的直都是相对的。告与不告只是直的两种可能性，还有许多的可能性。趁着父亲睡着了，晚上爬起来把小羊放掉，这也是直。争论该不该告发其实是一个伪命题。

洼则盈。这句讲洼和盈的关系。通常我们都认为盈在价值上高于洼，所以都去追求盈。但老子认为“洼则盈”，洼中有盈的道理。没有洼就不可能有盈，洼是盈的可能性。盈则溢，盈则不能再盈，丧失盈的可能性。更重要的是盈与容器有关，任何容器都是有限的，所以任何盈也都是有限的，任何盈相对于更大的容器而言，都是洼，所以洼则盈。意识到洼就是盈，洼对盈永远保持开放性，一种通向无限的盈才是真的盈。而只有洼才能保持盈的无限性，任何现实的盈都是有限的盈，都会阻断盈的无限性。这里的洼又可引申为虚心。人只有虚心，才能接受新的事物，才能具有各种可能性，才有进一步发展的空间。

敝则新。这句是讲新和旧的关系。在旧和新中，人都是肯定新，否定旧。好多词都能反映出来：旧思想、旧道德、旧社会、旧貌换新颜、旧的不去新的不来，都是讲新好旧不好。但是在新旧关系里，老子发现了旧的价值。旧的价值是什么？旧有一种刷新的可能性，只有旧的东西，才能随心所欲翻新，旧是新的可能性。如果一个东西绝对是新的，就再也不能新了。

从这几句话里面我们会发现老子思想的一个特点，就是强调可能性。可能性是现实性通向理想性的桥梁，现实性和理想性在可能性中交汇。理想性远在天边，又近在眼前，就在可能性里。但人们平常更关注可能性的结果，也即理想的现实。特别在意全、直、盈、新，在意最终的结果。但老子更看重可能性本身，看重事物的过程。如果关注结果的话，结果其实是一样的，条条大路通罗马，罗马就是那个罗马。关键是从哪条大路去罗马，这会带来不同的体验、不同的经历、不同的人生。更何况，许多事情是没有结果的。如果一定要追问结果，结果就是事情的终结。所以对于全、直、新、盈的追求，就是对毁灭的追求。这些词表面上很理想，仔细体味，却是在寻求毁灭。这里面有种很幽暗的东西，这就是世界的复杂性。明明是追求光明的东西，实际上却是在追求终结。过程是活的，而结果是死的。

老子关注可能性，在可能性里发现人生的意义，是对人性的一种深刻洞见。人最大的希望是拥有可能性，不论你现在拥有什么，拥有多少，只要不再拥有可能性，就会感到绝望。

少则得，多则惑。这两句话是对上面的四句话的总结。"少则得"，这个少，指的是拥有的东西少，拥有曲、枉、洼、敝，就是拥有少的意思。拥有少有什么好处呢？"少"反而有所得。"少"应该有所失，怎么能有所得呢？得到的是什么呢？得到的是可能性。拥有得少，可能性就越多。拥有的东西多，反而很迷惑。迷惑什么呢？迷惑失去了可能性。

"少则得，多则惑"的第一层含义就是"少"，反而得到可能性"多"。刚才讲了，可能性决定了生活的意义。当人拥有可能性的时候，才感觉到生活有意义。回忆一下人生的经历，就会发现在我们一无所有的时候，可能性是最多的。当我们拥有很多的时候可能性变得越来越小。大家看是不是这个样子，上大学了，可能性变小了，只能上这个大学，其他大学都无缘了。读了研究生，高了一个层次，可能性又变小了，学这个专业，其他专业都无缘了。没有工作的时候，找工作有无限可能性，找了工作，其他工作又无缘了。没有对象前，找对象有无限的可能性，找了对象，其他的异性又无缘了。人生的路是越走越窄啊！

“少则得，多则惑”的第二层含义是什么呢？拥有的东西越多，得到的感觉会越少；拥有的东西越少，得到的感觉会越多。人为什么很困惑？人以为拥有的越多，感觉就越好。实际情况却是拥有的越多，感觉越麻木。不断去感觉，导致感觉迟钝，以至于没有感觉。过去节日少，盼着节日到来，现在节日一个接着一个，都懒得问候了。吃得越来越好是好事情，也是坏事情，让人失去对食物的感觉了。人拥有一个事物，本质上是为了拥有对事物的感觉，人不想拥有没有感觉的事物。奥运会四年一次，闭幕的时候都依依不舍。如果一年开一次呢，那就没人看了，更没有留恋了。这是少与多的辩证法，也是感觉的辩证法。

是以圣人执一为天下式。前面讲的是事物的道理，接下来就要按照这个道理去做事了。“圣人执一为天下式”，这个“一”该怎么理解？通常把它理解为道。道是无，圣人以无来统治天下。这个解释不是很贴切。因为前面讲的曲也好、洼也好、敝也好、少也好，其实都有个东西，尽管它少，但毕竟还是存在。王弼对“一”有个解释，说这个“一”是“少之极也”，就是少到了极点。少到极点接近于无了，但还不完全是无。这个“一”就是可能性。圣人用什么样的方式治理天下呢？用可能性的方式治理天下。他必须使自己有可能性，他不能把全、直、盈、新当作必须要实行的目标。以理想的方式推行目标的实现，会酿成治理的失败，导致天下大乱。他应该从曲、枉、洼、敝出发，意识到曲里有全，枉里有直，洼才能盈，敝才能新，保持曲、枉、洼、敝的各种可能性，实现治理的理性化、多样化。圣人没有固定的治理方式，他根据现实的情况不断调整治理的方式。如果圣人有一个特定的治理方式，就会用自己的治理方式去干扰百姓的生存方式。圣人以可能性的方式去治理天下，看起来是很奇怪的治理方式，但又是最有效果的治理方式。他以可能性治理天下，也让百姓实现了自己的可能性。

不自见，故明；不自是，故彰；不自伐，故有功；不自矜，故能长。这几句话意思差不多，我们放在一起讲。圣人以可能性的方式治理天下，圣人就是“明”，就是“彰”，就是“有功”，就能“长”。但圣人这样的治理效果不是自然得来的，是圣人刻苦修为得来的，是战胜自我、克服自我得来的。人有“自见”“自是”“自伐”“自矜”的本性，这种本性让人天然的自我肯定，并以自我的方式去对待他人。统治者更是乐于以自我的方式治理天下，自以为是，强行实现全、直、盈、新的治理理想。百姓稀里糊涂都变成了理想的实验品和牺牲品。所以，自我是治理天下的大忌。圣人的伟大在于他能彻底否定自我，“不自见”“不自伐”“不自矜”。通过自我否定，圣人回到了曲、枉、洼、敝的状态，回到了可能性的状态。圣人经由自我否定的功夫，取得了很好的治理效果：“明”“彰”“有功”“长”。但圣人是如何做到自我否定的，就不得而知了。正因为他做到了才称之为圣人，但圣人毕竟太少，对于那些不肯做圣人的人该怎么办呢？这是一个问题。

夫唯不争，故天下莫能与之争。自我否定的状态，也就是不争的状态。因为自我否定，使自己处在一种不争的状态。人们通常都会认为，不争会一无所获。但老子认为，“夫唯不争，故天下莫能与之争”。因为不争，所以天下也就没有人跟他争。字面意思很好理解，你不跟他争，他怎么跟你争？争是双方的事，一方放弃，另一方还争什么呢？

这里要注意，所谓不争，不是没有能力争，而是不想争、不愿争、主动放弃争。老子是针对统治者讲不争的，告诫统治者不要与百姓争。不争的好处是什么呢？“天下莫能与之争”。天下不是争来的，得民心者得天下。不与百姓争利，赢得百姓的心，天下谁敢来争？

古之所谓“曲则全”者，岂虚言哉？古人讲“曲则全”，有道理，很深刻。“古之所谓”说明“曲则全”不是老子的发明，在老子之前就已经存在了。这表明老子的思想是有来源的，不都是他个人的独创。孔子的思想也一样，不都是孔子的独创。

“古之所谓”还表明这句话是经过历史检验的，是无数人生经验、社会经验的总结。不要觉得到了现代社会，那些古人言都过时了。“岂虚言哉”，古人言不是乱说的，说的都是至理名言。

诚全而归之。没有追求全，全反而归之。在曲上下功夫，居然获得了全，直接冲着全去，反而得不到全，这是人生很奇妙的一个体验。这里曲与全的关系是上面所有关系的代表，并不限于曲与全的关系，还包括枉与直的关系、洼与盈的关系、敝与新的关系、少与多的关系、不争与莫能争的关系。道理都是一样的。

二 十 三 章

希言自然。

故飘风不终朝，骤雨不終日。孰为此者？天地。

天地尚不能久，而况于人乎？

故从事于道者，同于道；德者，同于德；失者，同于失。

同于德者，道亦德之；同于失者，道亦失之。

信不足焉，有不信焉。

希言自然。“希言”就是少讲话的意思，“希言”跟前面讲过的贵言差不多，都是要求说话要少。“希言”表示人对言的一种尊重，把言当作一回事，看得特别重要。通常的观点是，越是重要的越是要强调，只有不停地说，才让人感觉到重要。但老子的观点相反，他认为越是重要的越是要少说，说多了反而不重要。轻易不说，但一说就能说到点子上。作者写书时都有假定的读者，老子的书是写给统治者看的，这个非常重要。老子强调希言，就是要求统治者少说话，也就是少发布政令，甚至不发政令。因为政令是一刀切的，而世界太丰富又太复杂，政令不适合多样化的世界。

“希言”是针对统治者的，但也适用于所有人。每个人都可能碰到类似的境遇，当我们喋喋不休教训人的时候，就进入了统治者的情境当中。父母是家里的统治者，是不是也应该希言，所以希言适用于每一个人。

“自然”，就是自己如此，就是统治者少发布政令，让老百姓成为他自己。推而广之，生活中每个人都应该减少对他人的干扰，使他人成为自己。这个观念很好理解，但做起来特别难。让统治者希言尤其难。只要统治者的权力得不到限制，希言就是不可能的。希言的本质不在言，在于权力。权力大了，言自然就多起来，重要起来。百姓不言，不是百姓不想言，而是不敢言。在中国文化里，限制权力是不可想象的，因为天下事都是家事。“希言自然”容易受到误解，以为“希言自然”，就是放任不管，放任自流。“希言自然”不是不去管理，而是顺其自然地管理，是更好地管理。通常所谓的管理，就是把自己的观念强加给对方，实现自己的意志。“希言自然”不是统治者自我实现，而是让百姓都能自我实现。或者说，统治者把百姓的自我实现当作他的自我实现，统治者没有特殊的自我实现。

“希言自然”在社会层面，也得不到理解。有一个很现实的问题，让小孩干喜欢的事，考不上大学怎么办？比如她喜欢小动物，跟考试有啥关系？如果顺其自然，可能会耽误个人前途，这是个现实问题，但不表明现实就是合理的。

所以，“希言自然”首先要有宏观的制度设计，然后有思想的共识。只有这样，个人的爱好才能与个人的前途统一起来，个人的爱好成就个人的前途。所以，“希言自然”不仅涉及微观的问题，还涉及宏观政策的问题。只有价值多元化，才能做到“希言自然”。如果是一元价值观，“希言自然”几乎就是空想。

故飘风不终朝，骤雨不终日。暴风刮不了一个早晨，骤雨下不了一整天。为什么暴风骤雨持续的时间这么短？老子没有回答为什么，但我们可以尝试着回答一下这个问题。从物理学的观点看，是不是有点像能量守恒？能量是守恒的，一次释放能量太多，延续的时间就会很短。所以辉煌总是短暂的，而平凡注定是永久的。君子之交只能淡如水，而不能浓于酒。

孰为此者？天地。是谁让暴风骤雨如此短暂呢？谁导致的呢？我们都见过暴风骤雨短暂，但没有问过为什么短暂，也不觉得这是个问题。谁让它们这么短呢？天地啊。在我们的眼里，天地何等崇高，何等伟大？人都很谦卑地把自己放在天地之后，这么伟大的天地，按理来讲可以为所欲为。但结果呢？

天地尚不能久，而况于人乎？“天地尚不能久”，字面的解释是天地尚且不能长久。这样翻译对不对呢？老子在第七章明确说“天长地久”，这里又说“天地尚不能久”，两者表述相矛盾。所以，“天地尚不能久”，不是说天地不能长久，而是说，天地这么伟大，都不能使暴风骤雨长久。这样理解就对了。暴风骤雨不能长久是必然的，是它的宿命，谁都无法改变，天地也改变不了它。何况人呢？人哪有那么大的力量，让暴风骤雨长久呢？这里是一个类比，把自然界的暴风骤雨类比作人间的暴政，正如天地不能让暴风骤雨长久，统治者也不能让暴政长久。唯一的办法就是“希言自然”。

故从事于道者，同于道。“从事于道者”，就是把求道当作职业的人，也就是热爱道的人。这样的人怎么样呢？“同于道”。“同于道”不能理解为和道相同，人不可能和道相同，人怎么追求道也不能和道相同，人和道总有一段距离。所以，“同于道”是与道同在，成为有道的人。这句话的意思就是一个把求道当成职业的人，就能够与道同在。也就是说，一个人做什么就能成为什么，人不倦地求道，就能成为有道的人。人的所为构成了人的生命，人是什么人，就看他在做什么事。

德者，同于德。这句话从上省略。完整的句子应该是“从事于德者，同于德”。德跟道相比，低了一个层次。道是客观的，德是对道的主观把握。道是整体，德是被人得到的那部分道。德的境界明显低于道。人一辈子追求德，就会与德同在，成为有德的人。

失者，同于失。这也是从上省略。完整的句子应该是“从事于失者，同于失”。“从事于失者”就是背离了道和德的人。他们天天做坏事，与失为伍，与失同在，变成了没有道德的人。这里有一个问题，为什么有人从事于道，有人从事于德，而有人从事于失？这个说法意味着人有多种可能性。人性不只是善，也不只是恶，人性是人的所有可能性，这样理解人性可能更好。因为人有各种可能性，选择才变得异常重要。如果作了错误的选择，就走向了危险的道路。只知道人性善的话，反而对危险不会有什么警惕了。认为人性有各种可能性，人才会提高警惕，避免坏的可能性，走向好的可能性。

同于德者，道亦德之；同于失者，道亦失之。这几句话是帛书本里的文字。王弼本写作“同于道者，道亦乐得之；同于德者，德亦乐得之；同于失者，失亦乐得之”。陈鼓应以帛书本校订通行本。但我感觉，通行本的文字清楚明白，而且跟上文一一对应。上面“同于道”，这里也是“同于道”；上面“同于德”，这里也是“同于德”；上面“同于失”，这里也是“同于失”。所以，这几句按照通行本来解释。“同于道者”，和道同在的人不是毫无收获的，是会受到道保护的，道也乐于去保护。如果只是人单方面去追求道，而道对人无所谓，不把人放在眼里，那追求道有什么意义呢？“同于德者”，追求德的人，与德同在，会受到德的保护，德也乐于去保护。道德如何能保护人呢？我们用孔子的话来说明。孔子说，“此谓唯仁人为能爱人，能恶人”。爱和恨是本能的情感，每个人都会爱都会恨。孔子为什么说只有仁人才能够去爱，才能够去恨呢？仁人不以私心爱人，该爱时爱，爱有分寸，有节制，让所爱之人自立。仁人不以私心恨人，该恨时恨，按道理去恨，所恨之人不会去记恨。人可以恨人，但不能恨道理啊！道理保护爱不会变质，也保护恨不会变质，这就是道德对人的保护。“同于失者”，与失同在的人，违背道理，容易走极端，爱时溺爱，恨时被人记恨，最终走上不归之路。

信不足焉，有不信焉。帛书本没有这两句话。好多人以为这两句话是十七章错简重出，与上下文不相应，这个说法实为臆断。这里第一个“信”是信心，第二个“信”是信任。对人性信心不足，就会不相信任何人。人为什么不能“希言自然”呢？就是因为对人性没有信心，不相信人能够自我治理。总觉得不去治理，人就会走到邪路上去。儒家喜欢叮嘱，父母喜欢叮嘱。看儒家的书，就会想起父母的叮嘱。听父母的叮嘱，就会想儒家的叮嘱。叮嘱没错，但总是叮嘱就有问题了，就是对人不放心了，说穿了就是对人性没有信心。

老子对人性充满信心，他认为每个人都有理性，都会管理好自己。人不能够傻到连自己想要什么都不知道。孩子饿了，本能地就想吃饭。父母一定要追着喂小孩，主观上是要表达爱，但客观上，是对孩子吃饭的本能失去信心了。饿了不知道吃，那还叫小孩吗？那不是有问题了吗？因为对人性信心不足，就老想着去教育别人，就会多言，“多言数穷”。道家也强调教育，但道家的教育是教人如何实现自我管理，因为道家对人性有信心。

二　十　四　章

企者不立；跨者不行；自见者不明；自是者不彰；自伐者无功；
自矜者不长。
其在道也，曰：余食赘形。物或恶之，故有道者不处。

企者不立。“企”是抬起脚后跟用脚尖站立的意思。“不立”就是站不住，站得不长久。“企者不立”就是用脚尖站立不能长久。生活中，我们都有过这样的体会。这种站立方式是反常的、反自然的。也就是说以一种反常的方式做事是很难长久的。

那么一个人正常地站着，站得很稳，也很久。为什么要突然改变自然的站立方式，用脚尖站立呢？人什么时候要踮着脚尖呢？人想要够上某个东西又够不着的时候就会踮起脚尖。还有想看得更远又看不到的时候，要踮起脚尖。过去农村看电影，前面有高个子挡着，就要不时踮起脚尖。所以踮着脚尖不是毫无意义的奇思妙想，而是为了达到某个目的而采取的反常方式。行为是反常的，却又是出于人性的，每个人或多或少都采取过反常的方式。反常方式有合理的，也有不合理的。但无论是哪种反常，反常的方式注定不会长久。一定要采取自然的方式。所谓自然的方式，换句话讲，也就是回归理性，回归常识。按自然的方式站立，就会站得很久。这是多么简单的道理，但越是简单的越是难做。

跨者不行。这句话与“企者不立”意思是一样的。“跨”就是步伐很大，大踏步地向前。“不行”就是走不了多远，就要停下来。“跨者不行”就是跨步向前，不能长久。步伐越大，持续的时间就越短，短跑运动员步伐最大，持续的时间也最短。所以，步伐太大是跑不远的。当然站着不动也很痛苦。什么样的步伐最好呢？那就是散步。吃完饭散散步是最好的。美学家宗白华有一本书叫《美学散步》，美就像散步一样，反过来也可以说，散步就是美的。快走是痛苦的，站着不动也是痛苦的，因为它们都是反常的。反常会带来身体的不适，所以就成为对人的惩罚方式。老师惩罚学生，就让学生站着不动，或是去跑步，但没有老师会惩罚学生去散步，那是求之不得的。既然跨步让人很不适，也坚持不了多久，那么问题来了，人为什么要跨步呢？人受到错误观念的影响，以为步伐越大，前进得越快。所以，采用反常的方式，绝对是有所企图的。“跨者不行”表明，反自然的方式是达不到目的的。要回归自然，回归常识，正常的走路。孔子也表达了类似的思想，叫“欲速则不达”，想要跑得快，反而跑不快。

自见者不明；自是者不彰；自伐者无功；自矜者不长。这几句话与二十二章的几句话表达方式不一样，意思是完全一样的。二十二章是否定地说，这里是肯定地说。“自见者不明”，自见者有没有见地？自见者是有见地的，如果自见者无所见，就没有可能自见。但问题在于这个见地要由别人来判定，不能由自己来说。自见为什么不明呢？首先，自见原本要表现自己的聪明，但采取了反常的方式，反自然的方式，暴露了自己的聪明。这表明他并不聪明，只是有限的小聪明。真正聪明的人是不让别人知道他聪明的。其次，自见就是自满，自满就失去了进步的可能性。人是可能性的存在，人失去可能性，就是死亡。再次，从世俗的角度来讲，自见潜意识里就是以自己为中心，否定他人，这会引起他人的反感，会有自我孤立的危险。最后，也是最重要的，人自见的话，就是自己设立标准评价自己，自己证明自己好，这就会失去评价事物的客观标准。这在逻辑上说不通。

“自是者不彰；自伐者无功；自矜者不长”，都是以一种反常的方式自我肯定，最后没有达到预期的目的。值得注意的是，“明”“彰”“功”“长”都是客观评价，是不是“明”、是不是“彰”、是不是“功”、是不是“长”都有客观标准，不能主观说了算。如果涉及主观判断，涉及主观感受，涉及审美，那“自见”“自是”“自伐”“自矜”是允许的。要区分客观领域和主观领域的不同。在客观领域，“自见”“自是”“自伐”“自矜”是反常的，在主观领域则是正常的。在客观领域，肯定自我正常的方式就是自然的方式。但自然的方式不太讨人喜欢，因为自然的方式要求循序渐进，是见效缓慢的方式，短期看不到效益。所以，人就有点等不及，就想采取反常的方式。这时候，老子的警告就会发挥作用，人就会慢慢冷静下来，回归理性，回归常识。

其在道也，曰：余食赘形。从道这个观点来看，前面这种种做法都是“余食赘形”。余食就是剩饭，赘形就是形体上多出来的部分，余食也好，赘形也好，都是人不喜欢的。企者、跨者、自见者、自是者、自伐者、自矜者都是违背道的，都是道不喜欢的。但余食其实也是正餐剩下来的，和正餐本是一体；赘形也来自形体，是从形体里生长出来的。所以余食和赘形不是和人毫无关系，恰好和人关系密切。从道的角度来说，人有偏离道的特性，也可以讲在道里面会滋生出非道的东西，非道的东西不是外在强加的，是人本来就有的。

物或恶之，故有道者不处。这个“物”指的是人，普通的人。普通的人都会厌恶它，有道的人更是远离它。那么有道的人该怎样做呢？就是不自见，不自是，不自伐，不自矜。就是按照自然的方式去实现自己的目标。回归理性，回归常识。常识很难，但也很容易。就像财务，有出纳，也有会计，相互制约，否则就会犯错误，这是常识。老子的思想最简单，把复杂的问题简单化，但我们把它搞复杂了。自然的方式最简单，反自然的方式最复杂。

二 十 五 章

有物混成，先天地生。

寂兮寥兮，独立不改，周行而不殆，可以为天下母。

吾不知其名，强字之曰“道”，强为之名曰“大”。

大曰逝，逝曰远，远曰反。

故道大，天大，地大，人亦大。域中有四大，而人居其一焉。

人法地，地法天，天法道，道法自然。

有物混成，先天地生。有一个物，这个物有什么特点呢？“混成”，浑然一体，无法分辨，这是什么物呢？这个物其实就是道。道一直存在。道在没有命名为道之前，我们只能称它为物，只知道有那么一个物，说不清道不明，以模糊的状态存在着。严格地说，说有某物，就等于给了一个名字。物是类的名字，如果又出现一个物，此物和彼物就会混淆。所以称物只是权宜之计，不是长久之计，最终还要取一个个性化的名字。“有物混成”，是道还没有命名之前，人们对道的指称。这既是对道的称呼，也是对模糊事物共同的称呼。“先天地生”，这个物有一个特点，先于天地而生，在天地之前就有了。一般人都认为天地是最原始的存在了，说在天地之前还有一个物先天地而生，就把思想推进到天地之前了，就从日常思维进入到哲学思维了。先天地而生是什么意思？先天地而生的“先”字，不是指先有那个物存在，然后才有天地存在，不能这么理解。因为这样理解就会出现一个问题，会遇到一系列追问，谁又先于此物而存在？此物以什么方式存在？又是如何创造天地的？所以这个先不能理解为时间上在先，要理解为逻辑上在先，就是说从道理上讲应该在先。因为事物存在必有存在的道理，道理应该先于事物而存在。朱熹讲理在事先，也是这个意思。

寂兮寥兮。"寂"是没有声音，"寥"是辽阔无边。"寂兮寥兮"就是无声无形。无声意味着听不到，无形意味着看不到。也就是说这个物在感官范围之外，是超感官的存在。我们都相信感官，认为感官感觉到的东西才是存在的东西，不太相信感官之外的存在。有没有感官之外的存在呢？肯定是有的。因为我们感觉到的世界，是以感官的方式呈现出来的，感官的界限就是世界的界限，没有理由说，感官的世界就是世界的全部。既然如此，就得承认感官之外还有存在。当然，感官之外的存在又分两种情况。一种情况是从科学的角度看，可以证明是存在的。打电话需要信号，信号是感觉不到的。但发出信号就能通话，关掉信号就不能通话，证明信号是的确存在的。另一种情况是科学永远不能证明它存在，也永远不能证明它不存在，比如上帝、真主、佛，还有"寂兮寥兮"的道，它们是信则有，不信则无。

独立不改。此物独立，不依赖于其他事物而存在。现实生活中能不能找到一个物，绝对独立于它物呢？好像没有。所谓独立自主，只是一个相对的说法。无物绝对能独立，都要依赖他物而存在的。自然界中一棵树，看起来是独立的，但阳光、空气、水和土壤，缺了哪一样都不行。个人好像是独立的，可以从一地跑到另一地，独来独往，其实也是依赖他人而存在的，每天吃的、穿的、用的，都是他人提供的。在社会中找不到一个完全独立的人。可见这个独立物，不能在世界之中，只能在世界之外。"而不改"，就是不改变自己，永远保持独立。现实中的事物都有一个变化的过程，从开始，然后发展，到结束。过程有长有短，有的长到不知道什么时候开始，也不知道什么时候结束，如地球。但无论多久，都难逃生灭。所以，那个绝对不变的事物，只能在现实之外。

周行而不殆。“周”有两种意思，一个是循环的意思，一个是周遍的意思。“周行”就是到处周游，无处不在。水只能往低处流。空气也不是无处不在的，地势越高，空气越稀薄，到了一定高度，就是真空状态。“不殆”，就是不懈怠，不停止，就是永远的意思。此物无处不在，到处发挥作用，永远不会停止。

可以为天下母。帛书本作“可以为天地母”。“天地母”比“天下母”好。因为天地比天下大，天地把一切都包含进去了，天下只特指人类社会。“此物混成”，可以做天地的母亲。母亲有生育功能，此物也有生产万物的功能。这是一个类比，这个类比不是特别恰当。因为母只在生育功能上与混成物相似，母不具有上述诸多超感官的性质。这个类比，降低了混成物的水平和层次。但另一面，这个类比让人能更好地体会这个混成物。一般人看到“有物混成，先天地生。寂兮寥兮，独立而不改，周行而不殆”，会感到特别恍惚，特别神秘。用母类比，让人感到那个混成物就像母亲一样，能够生万物。

吾不知其名，强字之曰：道。以上从各个侧面描述那个混成物，但描述终究不能解决问题，必须进行命名。我不知道它叫什么名字，所以一开始就把它称之为有物。如果一个物长期没有名字，就会慢慢淡出我们的视野及思想。所以必须要给物命名。小孩生下来第一件事就是命名。没有名字，怎么称呼？只能远远地喊那个小孩儿。但小孩是通称，没有一个叫小孩的人，所以没有人会答应。可见，取名多重要。那么，给那个混成物取个什么名字呢？“强字之曰：道”。“强”，勉强，强行的意思。一般人翻译成勉强，但翻译成强行可能更好。命名具有强制性，强行意味命名活动已经干扰和侵犯了这个物，既然把那个混成物取名为道，那就只能称它为道了，就不能再叫别的名了。当然，严格来说，名既是人为的规定，也就可以改名，但改名的代价太大，还是用原名更好。至于为什么要命名为道，而不命名为别的什么，有没有什么特殊的考虑呢？可能是有的。就像给小孩取名为发财一样，就是希望他以后能发财，说明取名是有寓意的。把那个混成物命名为道，有什么寓意呢？道是道路，道路通达四方，人出门，必须行走在道路上。道意味着必然性、正确性。天下有道，就是太平盛世；天下无道，就是乱世。

强为之名曰：大。既然已经命名为道了，为什么又称之为“大”呢？道是大名，学名。“大”是小名。为什么要有个小名呢？小名通俗，亲切，具体。一般的物都小，这个混成物比它们都大，就叫它“大”吧！这个“大”也是无所不包的意思。接下来就讲“大”究竟体现在什么地方。这是换了一个角度，把混成物又说了一遍。前面是在不知混成物为何物的情况下，对混成物所作的描述。接下来是把混成物命名为道后，对道，或者说对大的重新描述。

大曰逝。这个“大”就是道，“曰”表示判断，“逝”是流动、运动的意思。“大曰逝”，意思就是，道是运动的。严格地讲，道是不动的，道使万物运动。在不严格意义上，也可以说道是运动的。但这是不够严谨的，是佛教的方便说。道使万物运动，表明万物充满生机，物不动了，就僵死了，就没有发展前途了。

逝曰远。道运动或者说道让万物运动是有规律的。道让万物由近向远运动。物离开原点，才有运动，物停在原地，就是静止。那么物由近向远运动，远到何处为止，是否一去不回了呢？不是的。

远曰反。远到一定的时候还要返回来。万物由近到远，再由远到近，最终回到原点。道让万物循环运动。循环运动意义重大，这样物才成为可知物，有规律可循。如若物做直线运动，一直向前，物就是不可知的。如果地球不是绕着太阳转，而是一直朝着太阳运动，或背离太阳运动，后果都是灾难性的。

故道大，天大，地大，人亦大。最后一句“人亦大”，不同的版本写法不一样。大部分的本子都写成“王亦大”，陈鼓应斟酌再三，改成“人亦大”，改成“人亦大”是对的。首先，这一章是在纯粹的意义上表述道，尽管也有现实指导意义，但这是抽象层次上的指导意义，不是直接针对王的。其次，古人讲天地的时候，往往是跟人连在一起，都是讲天地人，很少讲天地王。这是古人的习惯说法。再次，用“人”字，可以包括“王”，说“王”字，不包括“人”，意思就狭窄化了。最后，下面讲“人法地，地法天，天法道，道法自然”，每一个版本写的都是“人法地”，没有一个版本写的是“王法地”。改成“人”字，前后比较统一。

儒家讲三大，天地人。老子讲四大，在天地人以外，还有道。四大排列在一起，一个方面，很形象地表明了道的地位，道比天地人都高。另一方面，尽管四大中，道排在最前面，但和天地人并列，还是降低了道的品格和地位。所以，这个表述看起来把道的位置摆得很高，但无意当中贬低了道的地位。这种表述是有问题的。

域中有四大，而人居其一焉。“域中”，这个域是什么？它肯定不能是地域。地域是平面的，而域中有天，所以“域”应该是一个空间概念，指的是空间，也可以理解为宇宙。域中就是宇宙空间中。帛书本把“域”字写成“国”字，这肯定是有问题的。国中怎么会有四大呢？国在四大中，四大不可能在国中。“域中有四大”，就是宇宙中有四样重大的东西。把四大置于域中，给四大增加了宇宙的背景。这是道家和儒家的根本差别。儒家的三大是没有背景的，三大就成了绝对的大。老子加了“道大”，且置“道大”于其他三大之首，这就限制了三大。且四大又在域中，域中又对四大进行限制，境界辽阔无限。这个表述的问题在于，域与道是什么关系，是域在道中，还是道在域中。从字面看，应该是道在域中，但从上面对道的表述看，域应该在道中。老子这里的表述，体现了语言的困境。老子把混成物命名为道后，道就在命名的刹那间变成物，且又是特殊的物，表述为道大、天大、地大、人亦大是不得已的事，也是顺理成章的事。既然有四大，四大总得在某个地方，域中就是四大最好的居所。所以老子这里的表述是方便说，而不是究竟义。“而人居其一”，既表明人很伟大，也可以讲人很渺小。能与道天地并列，当然伟大，但在四大中居尾，与另三大相比又很渺小。老子是强调人的地位呢，还是限制人的地位呢？从儒家的观点来讲，人顶天立地，肯定很伟大。但老子这里，理解成人的有限，应该更好一点。人只居其一，上面还有地，还有天，还有道。

人法地。什么叫“人法地”？“法”就是效法、取法。人要效法大地，取法于地，遵循大地的那些原则。人为什么先要法地呢？因为人离地最近。人生在大地上，与大地的关系最直接、最亲密。人要按照大地的原则安排生活。有一门学科叫地理，专门讲地之理。人学习地之理，按地之理生活，按地之理做事。这就要因地制宜。有的地只能干这个，有的地只能干那个，不能人家干这个，你也干这个。“法地”就是地让干什么就干什么，不好高骛远，不好大喜功。高原上只能种青稞，就不要想着去种水稻。山地适宜栽果树，就不要推平了种小麦。

地法天。地为什么要法天？这不是地自己要这样的，而是天让它这样的。大地的一切都是天赐的。地上的绿色和天有关，如果天上没有太阳，没有光合作用，绿色从哪里来？庄稼哪里来？没有天上的雨水，生命哪里来？青海这个地方缺水，要是多一点雨水，不跟江南是一样的吗。人们每天看天气预报，根据天气预报决定每天干什么。天气预报说要下雨，大家出门就带伞；天气预报说要降温，大家就要加衣服。这说明大地上人的行为都是由天来定的，天上有一个太阳，天上的太阳和地球关系的变化，造成了大地上的四季，造成了日夜，所以大地的原则遵循着天空的原则。

天法道。天为什么要法道呢？也不是天自己决定的，是由道来决定的。"天法道"比"人法地""地法天"要难理解。因为人、地、天是可感的，而道是无形的。"天法道"从有形的世界进入到无形的世界，思想进入到神秘领域，是思想的深化。天如何法道呢？人是不清楚的，否则的话，人就以某种方式把握住道了，人就成了天、地、道之上的存在了，那是不可能的。"人法地"，人可以说一点点，"地法天"，人也可以说一点点。但"天法道"呢？就说不清了。说不清就对了，说清就错了。说不清的时候，人就进入了信念的领域。"天法道"没有任何经验的根据，反而成为各种经验的依据。只有天法道、人法地、地法天才是可以理解的。

道法自然。这句话特别有名。从字面上看，"道法自然"就是道取法于自然，给人感觉道之上还有自然，比道还高。如果这样理解，"域中有四大"就变成域中有五大了，前后明显有矛盾。显而易见，这里的自然不是一个名词，不能理解成自然界，而是一个形容词或者副词，是自然而然，自己如此的意思。这个自然和大自然有没有关系呢？应该是有关系的。大自然就是自己如此，自然而然的。老子“道法自然”的思想可能就来自大自然，是受到大自然的启发提炼出来的。

“自然”可以从两个方面理解。一个就是自己如此。大自然中的万物都是自己如此，这是毋庸置疑的。人需要关心的是，人的行为是否出于自己如此，完全没有外部强迫。这是着眼于行为的开端，这个开端是否出于个人的自愿。自己如此，就是自愿，被迫如此，就是非自愿。西方婚礼上都要问当事人愿意不愿意，以确保婚姻是自愿的。自愿是自由的结果，自由是自愿的前提，人没有自由，也就没有自愿。但对基于自由的自愿，人们却忧心忡忡，老是担心会出乱子，会走到邪路上去。顺其自然不是放任不管，不是不教育，而是按照意愿去教育，按照道去教育。“自然”的另一个含义是自然而然。这是着眼于行为的过程。在行为的过程中是否循序渐进，保持过程的连续性，使物在物性内发展变化，避免人为地干扰。如果说行为的动机是主观自愿的，那行为的过程却是必然的，并不能随心所欲。比如吃饭，想吃什么是自由自愿的，但如何吃是有限制的。当然，为了减肥不吃饭，也是不自然的。自然而然的状态是最好的发展状态。不要拔苗助长，也不要去阻拦发展，要以自然的方式去发展。比如学习，想要发奋了，从早到晚，从晚上到天亮，都在读书，这就违背自然了。该睡的时候睡，该学的时候学，才是自然的。个人发展要自然而然，社会发展也要自然而然。自己如此也好，自然而然也好，都是内在的，很难提供一个外在的标准，最终只能借助人的感觉。只要尊重感觉，就能知道自己是否处在自然状态当中。但人的感觉并不一样，常常会为什么是自然状态争论不休。魏晋名士中，有人要越名教而任自然，有人认为名教就是自然。庄子《马蹄篇》讲，给马打掌是不自然的，那是马的身外之物。也有人说那是顺着马性的，是应该有的。看来只说道法自然是远远不够的，还要有一个更深入的判断机制。

还有一点要注意，“人法地，地法天，天法道”，不是说人只法地，地只法天，天只法道，不能把它们分开来讲。人在法地的同时，也在法天，也在法道，也在法自然，不能只按照字面意思理解。

二 十 六 章

重为轻根，静为躁君。

是以君子终日行不离辎重。虽有荣观，燕处超然。

奈何万乘之主，而以身轻天下？

轻则失根，躁则失君。

重为轻根。这是讲重和轻的关系。轻重关系是有条件的，不是说任何两个事物之间天然就有一个轻重关系，轻重关系来自人的选择。比如说桌子和凳子，谁轻谁重呢？单就桌子和凳子来讲，不构成轻重关系。只有在人对桌子和凳子进行选择的时候，它们才构成轻重关系。缺凳子的情况下，凳子更重要；缺桌子的情况下，桌子更重要。可见，是人的选择导致事物间的轻重关系。所以轻重关系不是事物之间的自然关系，是人对物的选择造成的关系，在不同条件下，事物的轻重在不断发生变化。

但无论发生什么变化，人永远选择那个最重要的。老子这个观念应该是对大树的体验。大树最重的部分就是它的根部，根部深埋在地下，而树干、树枝、树叶依赖于地下的树根。树根在，树干、树枝、树叶就在，树根死了，树就死了。另外，树的自然存在方式就是重在下，轻在上，保证了树的稳定性。然后老子把“重为轻根”的思想引申到社会领域、人生领域。相应地，重由重量引申为重要了，轻由轻飘引申为次要了。所以“重为轻根”可以翻译为，重要的东西是次要东西的根本。

“重为轻根”这句话并不难理解，无宁说这是一个常识。但什么是重要的，却很难达成共识。例如大树，人们欣赏树的时候，总是感叹树干高大，树枝繁多，树叶浓密。但没人在意埋在地下的树根。事物最重要的一面往往不在眼前，而是隐藏在事物的里面。事物的重要性依赖于人的判断，是判断的产物。而人的判断又受到诸多条件的制约，每个人的判断都不一样，即便同一个人在不同的时间里，判断也是不一样的。所以“重为轻根”说起来容易，但在判别孰重孰轻的时候，会遇到很多的问题。孔子有一个判断的范例。子贡问孔子，治国最重要的是什么？孔子讲，最重要的有三条，足食、足兵、民信。子贡要求用排除法去掉一个不重要的，先去掉谁？孔子讲，先去掉兵。子贡穷追不舍，说在剩下的两个中，如果再去掉一个，去掉谁？孔子说，去掉粮食。最后留下来的就是民信。孔子认为，民信是最重要的，民信了，兵食都会有的。但是有兵有食没有信，兵就会变成散兵，食也吃不到自己的嘴里。孔子的这个判断是否人人都认同呢？不会的。老子就不认同，韩非子也不认同。判断重要性与价值立场有关，与生活处境有关。念书的人都有这个体验，上班了突然发现，当年没有好好念书，但上学的时候并不认为读书有多重要。所以重为轻根，这个观念接受起来并不难，难的是找到这个重。

静为躁君。这是讲静和动的关系。从现象看，动和静是一种对立的关系，上课是静，下课是动，白天是动，夜晚是静。但往深里思考，动静关系中，动中其实有静，静中其实也有动。人跑步是动。但跑步的时候，五官保持相对静止，这是动中还有静。睡觉的时候是静，但心脏在跳动，大脑还在做梦，这是静中有动。动中有静，静中有动，也就是动而无动，静而无静。老子对这种复杂的动静关系并不感兴趣，他更关注现象中的动静关系。老子说，“静为躁君”，在动和静的关系中，静是动的主宰。就动静关系的事实看，很难得出静主宰动的结论，动静关系中，没有谁主宰谁的问题。所以，“静为躁君”不是一个事实判断而是价值判断。为什么不说动为静君呢？因为日常生活当中，动已成了生活的常态。生活中总要有所追求，不管追求什么都是在动。大家不停地上学，大学毕业了还要读研，就是在动，并在动中有所收获。统治者更是好动，总想利用权力成就辉煌的事业。不可避免地就会肆意妄为。于是，老子就讲“静为躁君”。“静为躁君”是针对“躁为静君”而言的，一定要体会“静为躁君”的思想背景，孤立地看“静为躁君”是有问题的。当然，仅仅讲明“静为躁君”的思想背景，还是体现不了“静为躁君”的思想价值，必须使“静为躁君”成为一条原理，才能有说服力。这个原理必须包含一种人生的体验，这个体验就是静比动更根本。动最终要回到静，静是终极的结果。人的生命最终要走向静，死亡让人彻底安静下来。个体也好，人类群体也好，不管如何奋斗，如何改天换地，最终都要走向静。

是以君子终日行不离辎重。“辎重”就是粮草。粮草是生命的基本需求，是生命的保障。老子认为，生活中最重要的是粮草，这是维持生命的东西，这也就意味着身体才是最重要的。这跟寻常的观念就不太一样。人们在特殊的时候才意识到身体的重要性，比如在生病的时候才想到身体，在病很严重的时候才可能回到身体。在通常情况下，身体都不在意识当中，总以为人该有更高的追求，追求名利，把名利看得太重。

虽有荣观，燕处超然。“荣观”是指那些好看的亭台楼阁，可以理解为外在的诱惑。面对诱惑，一般人难以抗拒。但君子燕处超然，很安静地待在那里，不为诱惑所动。君子深知“重为轻根，静为躁君”，因为通达事理，所以才不受诱惑。君子认为，生活的本质就是身体。身体的需要很简单，有吃有穿有住足矣，而荣观只是身外之物。当然，这并不是说君子要否定荣观，要抛弃荣观。他可以身处荣观之中，但不在意荣观。这是君子的做法，那么统治者是怎么一个表现呢？

奈何万乘之主，而以身轻天下？老子的思想不是针对百姓讲的，是针对万乘之主讲的。在万乘之主那里，重和轻的关系，静和躁的关系全部颠倒了。为什么他敢于颠倒呢？就是因为他有权，觉得自己能够做一番大事业，所以才“以身轻天下”。什么叫“以身轻天下”？就是轻以身为天下的意思，轻易动用自己的身体去扰乱天下。身体与治天下是有关系的，劳顿身体，必然会扰乱天下，反过来，扰乱天下也必然会劳顿身体。只有身体安静，天下才能安静。十三章里讲，“贵以身为天下”“爱以身为天下”就是讲爱惜身体，使身体安静，天下自然就会安静。“轻以身为天下”，把天下交给他，就会天下大乱。但万乘之主，位高权重，谁的话都可以不听，老子也只能徒唤奈何。

需要注意是，珍爱身体让身体保持安静，不是绝对不动，因为动而无动，动中也有静。如果是符合理的动，是自然而然的动，看起来是动，实际上却是静。正如郭象所言，圣人“虽终日挥形而神气无变，俯仰万物而淡然自若”，把对身体的态度与治国联系在一起，这个思想还是别具一格的，在儒家思想里是绝对看不到的。

轻则失根，躁则失君。“以身轻天下”，必定会造成一种恶果。“轻则失根”，陈鼓应把“轻”翻译成轻率，这是不准确的。这个轻，是不重要，抓不住重点。比如说治天下，本应该无为而治，但统治者都喜欢有为而治，结果是天下大乱，所以，“轻则失根”就是抓住了次要的东西，失去了主要的东西。这样翻译更好。“躁则失君”，人躁动就会失去主宰，失去制约。没有了静的制约，动就会肆无忌惮，就会导致天下大乱。

二 十 七 章

善行无辙迹；善言无瑕谪；善数不用筹策；善闭无关楗而不可开；善结无绳约而不可解。

是以圣人常善救人，故无弃人；常善救物，故无弃物。是谓袭明。

故善人者，不善人之师；不善人者，善人之资。

不贵其师，不爱其资，虽智大迷，是谓要妙。

善行无辙迹。“善行”，善于行走的意思，“无辙迹”，不留下痕迹。“善行无辙迹”，说的是一个善于行走的人，不会留下行走的痕迹。有人说，善行就是不行的意思，不去行走，因此就不留下痕迹，显然这不符合老子的思想。老子讲无为，无为不是叫人什么都不为，而是让人以合道的方式去为。所以老子不可能说，人不去行走，就不会留下行走的痕迹。不行固然不留下痕迹，但不去行走，显然是不可能的。另外，善行也不应该是指有技巧的行，不管用什么样的技巧去走路，都会留下痕迹的。跑步也好，散步也好，都会留下痕迹。那么“善行无辙迹”是什么意思呢？这个善行，指的应该是行大道。在大道上行走，为什么就没有痕迹呢？行走在人人行走的大路上，你的足迹和别人的足迹混在一起，所以找不到你的足迹。你不走大路，走到邪路上，就会留下痕迹。小偷翻墙，钻窗子，就会留下痕迹。大路可以引申为人间大道、人间正道，也就是说走人间正道，就不会留下人生的污点。“善行无辙迹”，从字面上来看，就是顺着大道走，所有的痕迹叠加在一起，就没有你的痕迹了。引申的含义是走人间正道，一生不会留下污点。

善言无瑕谪。“善言”就是最好的言说方式，“无瑕谪”就是没有缺点让人指责。“善言无瑕谪”就是最好的说话方式，不会留下缺点让人指责。这个善言是什么？有人说善言就是不言，以不言的方式言，所以不会留下把柄。这个说法看起来很有哲理，但人显然不能不说。也有人说，善言指的是身教，不言之教，但身教并非都是恰当的。还有人说，善言是一种说话的技巧，叫巧言。《庄子·人间世》里记载，颜回要去说服卫君，卫君是个暴君，孔子担心颜回性命不保。颜回说他有说服的技巧，叫“成而上比”。就是借助于历史上的名人名言去批评，既达到了批评的效果，又让卫君不感到是他在批评。这个技巧有没有问题呢？有啊，你为什么要引用这些人的这些言呢，这不是你有意选出来的吗？在老子这里，善言指的是真言、真话、老实话，是什么就说什么。当然，是什么就说什么也会遇到危险。但却是所有危险中最不危险的，是危险最小的也可以说是最安全的。因为说的是事实，他可以不满你这样说，但不能否认你说的是事实。只要他承认这是事实，他就很难指责你所说的真话。尽管他表面上会不高兴，但内心里知道，他是不能指责你的。所以，说真话是最安全的。巧言会带来风险。因为，最巧就是巧夺天工，巧得跟自然一样，这是巧的最高境界。但人的巧达不到天工，总会有漏洞，总会有把柄。儿童是以说真话出名的，儿童说了很多真话，让大人很尴尬，但大人不责怪小孩。为什么呢？因为小孩讲的是真话，大人没办法，只好自我下台阶，说童言无忌。孔子教育子路说：“知之为知之，不知为不知，是知也”，知道就说知道，不知道就说不知道，就是要求说真话。人说真话，才不受指责。通常说假话只是避免了当场受指责，但免不了最终被追责的。所以还是说真话好，真言无瑕谪。

善数不用筹策。“善数”就是善于计算，“不用筹策”就是不用计算的工具。善于计算的人，不用计算的工具。这跟常识很不一样。常识告诉我们，不借助于工具，超过一百的加减都算不出来。数越大越是要借助于计数工具，社会进步与计数工具的发展密切相关。老子说善于计算的人不需要计算工具，这明显背离了常识。

老子这句话要从哲学的角度去理解。善于计算的人，对于数字有一种哲学的体验。数是无穷的。在表达无穷尽的数时，一般用 $n+1$，n 再多，都可以再加一。计算工具不论多先进，对于无穷多的数字来说，计算能力都极为有限，都是九牛一毛。所以用计算的方式去把握世界，永远也把握不了世界。人们以为通过计算机能把握住宇宙的奥秘，其实距离宇宙的奥秘还差得远，而且几乎可以肯定，用数的方法是永远穷尽不了数的。科学的尽头是哲学。老子认为，要彻底认识世界，不能靠数学，而要靠哲学，要靠思辨。认识世界，只要知道一就可以了。我们经常讲这个很简单，简单得像一一样。但也可以说这个一最复杂、最丰富、最伟大。一是谁，就是自己，自己是一个独立的个体，是一个一。仅仅知道自己是一行不行呢？还不够。人还生活在社会当中，生活在自然当中。自己和他人，和自然是什么关系？每个他人都是一，每一个事物都是一。自己和每个他人都是一和一的关系，自己和每个事物也是一和一的关系，世界万物就是一和一的关系。所有的一合起来构成了一个整体，不还是一吗？这样，所有的关系其实就是一和一的关系，世界的本质就是一和一的关系。所以你看，哲学思维干净利索。

善闭无关楗而不可开。“善闭”，善于闭合，善于关门的意思。“关楗”是门里面的门栓，或者说外面的锁。门栓也好，锁也好，都是不让外面的人进入。我们通常都是这样做的。老子说善于关门的人，不用门栓，也不用上锁，但是你却打不开这个门，这就有点玄乎了。不用锁是什么意思，就是以自然的方式锁，别人怎么锁，你就怎么锁。特别加锁，搞得与群不同，反而会引起他人的关注，遭致危险。任何门都是能打开的，都是防君子，不防小人的。所以，门不可开，准确地说是不想开，不愿开。也就是人们常说的路不拾遗，夜不闭户。要做到这一点，必须让世界上再没有小偷，要把小偷都抓起来。这显然是不可能的，因为不知道哪些人是小偷，更重要的是，即便把现有的小偷都抓起来，还会产生新的小偷。只要有小偷，门就能被打开。那么，门无关键而不可开，就一定是说小偷都不想偷，不愿偷。家家敞开大门，也没有人想着进去偷。小偷为什么不偷了呢？一定是小偷的生活都很好了，小偷都成了君子了。所以善闭的人不能只让自己富有，而要让人人都富有。这锁还可引申为心锁。如果心锁不住，外在的东西就源源不断进到心里来。即便把自己关在铁屋子里，物欲仍然可以破门而入。所以，关键看悟道的深浅，悟道浅了，抵御不了物欲的诱惑，闭门修行也不管用。悟道深了，完全可以打开大门。小隐隐于野，大隐隐于市，就是这个道理。因为心锁不牢固，小隐需要山林保护。心锁牢固的话，大隐在闹市中敞开大门，外面的诱惑也进不来。陶渊明有一句诗“心远地自偏”。心远了，地自然就偏了。

善结无绳约而不可解。“善结”，善于捆绑的意思。善于捆绑的人不用绳索，却使它们分不开。生活经验表明，让两个不相干的东西不分开的话，唯一的办法就是把它们捆在一起。但老子认为捆绑的方法不可靠。只要是捆绑，都有解开的可能，迟早都会解开。俗话说，捆绑不成夫妻，捆绑的方式是人为的，是强行的，捆绑在一起也是同床异梦。

“无绳约不可解”，对于万物而言，就是让万物以自然的方式、必然的方式合到一起。不费任何人力，没有任何强制。水流湿，火就燥，水往潮湿的地方流，火往干燥的地方烧。干柴烈火，一点就燃，水火不容，强制都放不到一起。对于人而言，就是以自由的方式走到一起。

所谓爱情，就是两个自由人组合在一起。而父母之命，媒妁之言，则是以绳约的方式成就婚姻。真正的爱“无绳约而不可解”。你可以把他们分开，但他们的心还是在一起。梁山伯祝英台分开了，化成蝴蝶还要在一起。林黛玉贾宝玉分开了，但他们到死都爱着对方。

所谓朋友，就是自由组合在一起的一群人或两个人。他们以道相合，“无绳约而不可解”。如果以利相合，利益不存在了，自然就分开了。以道相合，是自由的组合，永远不变。有一个词叫志同道合，志是相同的，道是相合的，是同志的关系。善行、善言、善数、善闭、善结说明，物最好的存在方式是自然，人最好的存在方式是自由。所以人对待物的最好方式是任物自然，人对待人的最好方式是给人以自由。

有一种关系很特别，就是血缘的关系。他们兼有自然的关系和自由的关系。他们既以自然的方式组合在一起，也以自由的方式组合在一起。凭着一种血缘关系，他们具有天然亲和性，打断骨头连着筋，想分都分不开。但仅依血缘进行自然的组合还是不够的，他们也有以自由的方式进行组合的权利，以确保自然关系不被僵化，沦为物的自然性。

是以圣人常善救人，故无弃人。圣人善于救人，所以也就没有弃人。一般人眼里，总觉得有人是成才的，有人是不成才的，要被放弃掉。为什么圣人那里没有弃人呢？关键是标准问题。说人是弃人的时候，就预设了评价人的标准。在这个标准之下，某一些人就变成了弃人。如果换一个标准，所谓的弃人，又是有用之人。只有一个标准，肯定有人会成为弃人，但在多个标准之下，许多人都会有用起来。如果让人以自由的方式实现自我，每个人都是自己的标准，那么还有谁是弃人呢？儒家也讲救人。儒家救人比道家还迫切，还热切。儒道两家，都有救人的情怀，但救人的出发点是不一样的。道家救人，认为人都是独特的，都有实现自我的自由，没有理由放弃任何一个人。儒家救人，把人分为君子和小人，要把小人改造成君子。道家顺着人的本性去救人，儒家要改造人的本性去救人。道家救人的方法可能更好，如果让投票的话，估计多数人都支持道家的方式。儒家的方式就是改造，说谁谁学习那么好，你为什么就不向他学习，变成他那样呢？道家顺着人的本性，按性之所长发展自己，学习可能差一点，别的方面不差啊，体育很好啊，唱歌很好啊。儒家让人在对比中失去自己，道家让人从对比中走出来，成为自己。

常善救物，故无弃物，这两句话的意思和前面一样，救人和救物是一样的。物也是各有其用。不要以为有一些物无用，那些无用之物也是有用的。以某一个特定的标准去衡量它，它是没有用的，换一个标准，可能又是有用的。那些无用的东西，只是暂时还没有发现它的用处，不是真的无用。这个世界上没有一个东西是绝对没用的，否则它不可能存在。存在就是有用。比如垃圾，人喜欢用垃圾骂人，表明垃圾是无用的。但垃圾是可以肥田的。生活中那些负面的东西，其实都是有用的。连空气中的细菌都是有用的，太干净了，太洁癖了，反而容易生病。所以万物都是值得珍惜的，没有一样东西是该抛弃的。

是谓袭明。“袭”就是因袭，“明”是智慧。这是应该有的智慧，就是说，人无弃人，物无弃物，是人应该有的智慧。

故善人者，不善人之师。这是通行本的文字，帛书本把“不”字去掉了，写作“善人者，善人之师”。好多人采用这个说法，我认为还是通行本的说法更好。善人是不善人的老师，讲的是善人和不善人的关系。什么是善人、不善人呢？这里的善人、不善人很容易做儒家化的理解，理解为有善心的人和没有善心的人。在老子的思想语境里，善人是有道的人。在生活中，见不到圣人，见到善人就很不错了。不善的人不是坏人，而是广大的普通人。他们在道中，却不知有道，百姓日用而不知嘛。人意识不到道就容易偏离道。他们需要靠近有道的人，使自己最终也成为有道之人。

不善人者，善人之资。“不善人者”，就是广大普通人。他们对善人有什么作用呢？老子认为，不善的人是善人的财富。这个观点相当了不得。那些不善的人，是善人的一面镜子，能让善人自我反思。不善人也是有善性（道性）的，但为什么不能成为善人呢？人是自由的，人可以成为善人，也可以成为不善人。如何保持自己成为善人呢？这是善人要特别思考的。孔子也有类似的思想，他说，“三人行，必有我师焉，择其善者而从之”，这不就是“善人者，不善人之师”吗？“其不善者而改之”，这不就是“不善人者，善人之资”吗？好的方面要学，不好的方面也要学，成功的方面要学，失败的方面也要学。学习失败比学习成功更有启发性，因为成功是不能模仿的，失败却是可以借鉴的。

不贵其师，不爱其资，虽智大迷，是谓要妙。“不贵其师”，就是自我放弃。有老师在这个地方，不向老师学习，不以老师为榜样来提升自己，这不是自我放弃吗？人最怕自我放弃，只要你自己不放弃，总有成功的时候。“不爱其资”，不自我警醒，以为自己是一个善人就不需要再去学习了，稍不留意，就有可能从善人变成不善之人。“不贵其师，不爱其资”，看起来很聪明，其实很愚蠢。“是谓要妙”，这就是关键，千万要记住。

二 十 八 章

知其雄，守其雌，为天下溪。为天下溪，常德不离，复归于婴儿。
知其白，[守其黑，为天下式。为天下式，常德不忒，复归于无极。
知其荣，] 守其辱，为天下谷。为天下谷，常德乃足，复归于朴。
朴散则为器，圣人用之，则为官长，故大制不割。

我们先把二十八章的文本梳理一下。我们用的是陈鼓应的本子，陈鼓应把从“守其黑”到“知其荣”的文字加了中括号。他认为这六句话，二十三个字是后人蹿入的，主张删掉。因为删掉的文字比较多，必须很谨慎。他引用了许多学者的考证，考证本身有一些道理，所以删掉也是有理由的。但我认为还是保留为好。理由有三：一是尽管有好多人考证这几句话是后来加的，但是也有一些学者认为，这个就是《老子》的原文。二是即便是后人加入的，加入的时间已经有两千年，某种意义上讲，也已成为《老子》文本的构成部分了，并且产生了实际的影响；三是增加的部分丰富了《老子》文本的内容，也增加了对《老子》的解释空间。

知其雄，守其雌。雄是进取、强大的意思。雌是弱小的意思。雄雌就是强弱。对于强弱关系的态度有四种。比如说，知雄守雄，也就是一味地强大，拒绝弱小。一味强大是很危险的，子路就因一味强大而死于非命。还有知雌守雌，一直保持弱小，停留在弱小中。这好不好呢？这样就没有实现生命的本能。还有“知其雌，守其雄”，落脚点还在雄字上，雌只是个摆设。老子的态度是“知其雄，守其雌”。老子的这个态度，是在四种态度中选择出来的，选择的过程就是老子思想的过程，思想的结果固然重要，但思想的过程更有意义。

为什么要“知其雄，守其雌”呢？什么叫“知其雄”？就是知道、意识到人应该强大，应该朝强大的方向发展。为什么人要朝着强大的方向发展？人的存在方式和物不一样，物是现成的，人是未完成的可能性的存在。人必须要通过自己的活动去实现自己的可能性来完善自己。“知其雄”，就是人意识到自己的使命，并努力去完成自己的使命，使自己变得更加强大。但是，人的知不能只停留在这样的阶段，还要进一步去知。知什么呢？知道人所追求的强大只是一个有限的强大。强大的每一步都会遇到阻力，强大到极限时，阻力也会达到极限，而且，强大到极限会由强转弱。所以知雄，也就是知强，有两层含义：一是知道应该去强大，二是知道强大是有限的。当你追求无限强大的时候，反而会变得弱小。

因为“知其雄”，人们开始返回来“守其雌”。“守其雌”就是守弱，就是以平常心去追求强大，不把强大当作强大，不把强当作一回事。因此强里面就有了一种柔性的东西，强就具有了某种亲和力。守弱消解了求强，避免了强的危害性。求强的过程中要时时保持警惕，不使强成为他人的威胁，而是成为他人的保护。这样就能保持自己的强大。以弱的态度追求强大，还意味着在求强的过程中要把握好节奏，要自然而然的强大，顺乎自然的强大，而不是强行追求强大。

为天下溪。“为天下溪”就是成为天下的溪水。天下的溪水汇入到江河，汇入到大海里。天下之溪指的就是天下人的必然之路，天下人的行为准则。也就是说，“知其雄，守其雌”应该是天下人的行为标准。

为天下溪，常德不离，复归于婴儿。成为了天下人的准则，天下人按照这个准则去做，就拥有了一种德。一直保持这种德不离开，就能回到婴儿状态。婴儿成了修养的典范。婴儿有什么特点呢？一方面婴儿是最弱小的；另一方面婴儿又是最强大的。婴儿的弱小有目共睹。婴儿的强大指什么呢？婴儿有一种生长力，有生长力的强大才是真的强大，因为它能保持不断强大。另外，婴儿能借力，能以弱小借来强大，他能把别人的强大变成自己的强大。孤立的强大，再强大也会变弱小。所以回到婴儿状态最强大。人的身体不能回到婴儿状态，但人的意识是可以回到婴儿状态的，可以在意识中把婴儿当作学习的榜样。

这就显示出儒道的差别了，儒家讲小孩要向大人学，学习做君子和圣人。老子却要求大人要向小孩学。老子的思想意味深长。

知其白，守其黑。白是洁白，纯洁的意思，可以理解为一个理想的世界。黑就是不够理想，有瑕疵的世界，是一个现实的世界。“知其白”就是知道有一个理想的世界，并去追求这个理想的世界。但同时还要知道，理想世界其实只是一个理念。人只能无限地接近这个理念，但绝不能达到这个理念。如果要把理想世界变成现实世界，那么理想世界就会蜕变为不理想的世界。追求理想的人就可能变成理想的牺牲品。理想世界其实并不理想。理想世界的观念其实是相互矛盾的，比如自由和平等，这两个词理想吗？都充满着理想。但这两个理想的词汇是有抵触的，自由的结果可能是不平等，平等又会伤害到自由。不要以为讲自由平等就万事大吉了。

儒家的理想是实现一个有仁义的社会。仁义有没有冲突？仁是爱，是情感；义是理，是理性。情和理有没有冲突？有啊，义不容情。可见，理想本身包含着内在的冲突和矛盾。鉴于这样一种情况，就要“守其黑”。“守其黑”就是立足于现实去追去理想，立足于现状去自我发展。没有纯粹的理想，理想就在现实中。《中庸》说，“素富贵，行乎富贵；素贫贱，行乎贫贱”，也是这个意思。也就是以一种自然的方式实现理想。而不是根据理想去改造现实，把现实变成人间地狱。

为天下式，常德不忒，复归于无极。知白守黑是治理天下的模式。按照这样的模式去治理天下，德就不会出现差错，就会回到无极状态。“极”是极点，边界。“无极”就是没有边界，事物混在一起，是非好坏都混在一起。“无极而太极”，太极把多样化的原始存在简化为黑白两个要素。太极图由黑白两个部分构成，黑和白缠绕在一起，构成一个真实的世界。真实的世界里，黑白是混在一起的，是分不开的。但追求理想的人总想把太极里黑的部分剔除掉，仅仅保留白的部分，认为这样更理想。但从太极的观念来看，这两者是不能分离的。“复归于无极”不仅回到黑白相依的状态，还要进一步回到黑白相依之前的原始状态，那里更丰富多样。有了这样的观念，在追求理想的过程中就不会追求理想的纯粹性、纯洁性，就能包容那些不纯粹的、不理想的东西，而不是消灭它。把它消灭掉了，看起来很理想，反而脱离了现实。

知其荣，守其辱。荣是荣耀，指地位高、财富多。“知其荣”，知道应该去追求荣耀。追求荣耀是人的本性，是人自我实现的一种方式。但另一方面，荣耀不是天上掉下来的，而是在无数辱里争取到的。荣是从辱里来的。这个辱就是一种困境。人生到处有困境，人的困境是人的基本存在方式。人应该立足于困境，立足于辱，去追求荣。如果越过辱去追求荣，必将自取其辱。孔子的几句话很能说明知荣守辱的思想。孔子讲“富与贵，是人之所欲也”“富而可求也，虽执鞭之士，吾亦为之”，这是知其荣。孔子又说“不以其道得之，不处也”“不义而富且贵，于我如浮云”“如不可求，从吾所好”，这是“守其辱”。知道“守其辱”，追求荣就有了节制，就会以一种自然的方式去追求荣。

“守其辱”就是把人生困境看作人的生存状态来接受它，然后去改变它，而不是去抱怨。孔子周游列国，在陈绝粮。子路受不了了，质问孔子，君子就该这样贫困潦倒吗？孔子回答，“君子固穷”，君子固然有困境，但能坚守困境，然后在困境中摆脱困境，“小人穷斯滥矣”，小人受不了这个困境，就有可能惹是生非。子路知荣，孔子知荣又守辱。

为天下谷，常德乃足，复归于朴。这个谷，就是山谷。“天下谷”就是容纳天下，成为天下人的行为准则。天下人按照这个准则去做事，德就特别充足，就会回到朴的状态。朴是原初的状态。原初的状态一无所有。人本来一无所有，赤条条来，赤条条去。荣华富贵是从人滋生出来的，皮之不存，毛将焉附？原初状态具有消解作用。回到原初，就是回到出发点，在那里积蓄力量，重新开始。

知雄守雌、知白守黑、知荣守辱，有一个共同的思维方式，用禅宗的话来讲，就是以出世之心入世。出世之心是本，有了本，入世的态度会发生变化。成功固然很好，失败了从头再来。知本还有一个好处，就是在知雄、知白、知荣时保持一种警惕，保持一种反思，控制进取的节奏。

朴散则为器。“朴”是原初的状态。人要回到原初状态，但又不能一直待在原初状态。朴最终要散为器，散为万物。这是一个理性的态度。人们通常认为，既然朴好，就留在朴的状态里。行不行呢？老子非常清醒，人不可能一直处在朴的状态里，一定要从朴的状态里走出来。那个原始的木料一定要制成万物，制成桌子、凳子。有了万物，怎么去对待万物呢？

圣人用之，则为官长，故大制不割。圣人不是一般的人，圣人是那些知雄守雌、知白守黑、知荣守辱的人。“圣人用之”，用什么？用

“为天下溪”“为天下式”“为天下谷”这些原理。用这些原理干什么?来设立职官，治理天下。“大制”就是最好的制度、最好的统治方式，它的治理效果是不割。“割”是分割的意思，把一个东西割开，十分痛苦的感觉。“不割”，不去割裂万物，伤害万物。圣人顺着万物的本性去治理万物，取得最好的治理效果，这就叫“大制不割”。前面讲原理，这里讲原理的运用。面对这么多的器，该怎么去治理它，圣人用前面的原理去治理，所以“大制不割”。

二 十 九 章

将欲取天下而为之，吾见其不得已。

天下神器，不可为也，［不可执也。］为者败之，执者失之。

故物或行或随；或嘘或吹；或强或羸；或培或堕。

是以圣人去甚，去奢，去泰。

将欲取天下而为之，吾见其不得已。“将欲取天下而为之”这句话里，有两个字要特别注意一下，它影响到我们对这句话的理解。第一个字是“取”字，这个“取”不是获取，是治理的意思，治理天下的意思。第二个字是“为”字，是有所作为的意思。通常认为，治理天下应该有所作为，如果不作为的话，还会受到人们的批评。但在道家思想里，为是强行而为的意思。强行而为就是违背道而为，违背物性而为。这句话的意思就是，如果统治者以主观意志治理天下，是达不到治理目的的。老子的判断有没有根据呢？老子是史官，是历史学家，他肯定会看到历史上许许多多的兴衰成败，也会亲眼见到现实中的兴衰成败。老子发现，统治者用主观意志去治理天下的，无一例外，都以失败而告终。

天下神器。治理天下为什么不能有主观意志呢？因为天下是个神器。对于一般的器物，可以施加主观意志。比如这张桌子，可以按主观意志搬进搬出，怎么搬都可以，任人摆布。但天下是神器，是不能任人摆布的。神器是什么意思？可以理解为很神圣的器物，也可以理解为神奇的器物，还可理解为神秘的器物。天下神圣、神奇、神秘、与众不同、深不可测，是这么一种器物。

天下这个神器具体神在什么地方？所谓天下，就是无所不包的意思。无所不包的对象必定是异质性的，有差异的。就气候而言，有的地方炎热，有的地方寒冷，有的地方湿润，有的地方干燥。气候的差异又导致物种的差异，等等。最大的差异还是人的差异。每个人都是独特的，天下就是由这些独特的人构成的。这些独特的人都有自由意志，每个人的自由意志都不一样。不同的自由意志之间还会发生冲突。我们通常用一些词去掩盖冲突。比如说人民这个词，让人以为人民的利益都是一致的。其实，人民是由不同的人构成的，没有抽象的人民的利益，只有每个个体不同的利益。如何把这些利益追求不同的自由人组合在一起，构成一个天下，这就是一个难题。

不可为也。天下是差异性存在。“为”就是以个人的统一性来代替众人的差异性，就是抹杀众人的差异性，也就是抹杀人的自由，把人变成机器。“不可为”就是克服主观性，把我化为无我，保持众人的差异性，使人成为他自己。

不可执也。执是紧紧握住不放手。为什么把持天下不放手呢？那是因为他认为天下是他的天下。把天下当成自己的，自然就不愿放手。但是天下不是哪一个人的，天下是所有人共有的。尧舜禹时代，实行叫禅让制。禅让制里包含了一种思想，天下不是自己的，所以要把天下交给另外一个人，而且交接还要遵循一定的程序。按照孟子的说法，先要征得神的同意，然后征得天的同意，最后要征得民的同意。为什么要征得民的同意呢？因为天下是每个人的，是天下人的天下，所以要征得天下每一个人的同意。天下万物可以有归属，属于某个国家，某个集体，某个个人。但天下不属任何集体，也不属于任何个人，它属于天下每一个人。所以统治天下，就意味着要照顾到每个人的独特性，每个人的差异性。要达到这样的统治效果，统治者就必须放弃主观意志，实行无为而治。大舜就是无为而治，“恭己正南面而已矣”，恭恭敬敬地坐在那里，啥事没干，天下就治理好了。这正是天下神器的表现，越是有为，越是治理不好；越是无为，越是治理得好。为什么呢？因为每个人最清楚自己的需要，会根据自己的需要，去决定自己做什么。这是最稳当、最可靠的。当年农村改革，就是地里种什么，农民自己说了算。结果过去没饭吃，现在吃不完。这说明什么？天下神器，治理天下必须保持天下人的个体差异性，顺从人的差异性，发挥个体的积极性、能动性。

为者败之，执者失之。如果统治者不顾天下神器的特性，一定要去为，要去执的话，结果肯定会失败。这里有一个问题，如果为和执一定要失败的话，那么统治者为什么还要为，还要执呢？首先是权力在发挥作用。权力具有巨大的能量，在一定的范围之内，权力真的能左右局面，这就会产生权力的自信，或者说是权力的傲慢。他认为什么都能做，什么都能做成，不顾成本也要做成。他并不认同“不可为”“不可执”。另外，“为者败之，执者失之”是一个宏观的趋势，最终一定失败，但在一定的时间段内未必就会失败，甚至到死都见不到失败。失败是下一代的事，甚至是再下一代的事。因为他们没有失败的体验，也就不认同所谓的失败。“为者败之，执者失之”不是某一代人的经验，它是数代人的经验。秦始皇是不会认同“为者败之，执者失之”的，但秦二世是绝对认同的，可是太晚了！

故物或行或随；或嘘或吹；或强或羸；或培或堕。老子把差异性的思想进一步推广到万物，万物都有自己的物性。“或行或随”，行是走在前面的，随是跟在后面的。花是一物，果是一物，先开花，后结果。同是花，桃花春天开，荷花夏天开，菊花秋天开，梅花冬天开。

同是树木，春天到了，有的先发芽，有的后发芽。同是树叶，冬天到了，有的先黄，有的后黄，有的不黄。这些都是物性决定的，不可改变。“或嘘或吹”，吹是出气急促，说话速度快，表明性子急。嘘是出气舒缓，说话速度慢，表明性子慢。人性急性缓，也非人力所为，是天性使然。既是天性，就难以改变。“或强或羸”，有的强大，有的羸弱。狼很凶狠，羊很柔弱，狼要吃羊，这不是谁的安排，是自然天成。看起来很残忍，但又无法改变。“或培或堕”，有的需要去培植，有的需要去毁坏。比如草，在城市里净化空气，美化环境，还有专人护养。但小草在庄稼里，就要被铲除，人工铲除不掉，还要用除草剂。同样的草，不同的命运，令人感慨，但又无可奈何。王阳明与弟子专门讨论过草的命运，人为了花而除草，如果不为花，草自有它的价值。

这几句话是讲万物都有自己的本性，性是事物的界限，必须顺着本性去做。天下神器，天下也有自己的性，治理天下，也要顺着天下的本性。天下的本性就是事物的差异性，就是人的差异性。儒家强调见贤思齐，去改造人的本性，改造得很艰难。被改造的人痛苦，改造的人其实也痛苦。其实在没有人的时候，万物都是按照自性去发展的。自从有了人，人就有可能不让事物按照自性去发展，这里涉及人怎么对待万物的问题，也涉及人怎么去对待他人的问题。

是以圣人去甚，去奢，去泰。甚、奢、泰都是过分的意思。圣人要去掉这些过分的东西。所谓过分的东西，就是个性化的东西，个人的主观意志，要把它们去掉。这里很有意思，一般人要按照自己的个性去发展，但圣人呢，却不能按照自己的个性去发展。圣人应该是一个没有个性的人。一个没有个性的人才能管理好一大批有个性的人。如果圣人也有自己的个性，那我们的个性就保不住了，圣人就要和我们发生摩擦了。所以圣人要“去甚、去奢、去泰”，去掉自己的个性，去掉自己的主观意志，把我化为无我。这就保证了万物的差异性，保证了人的差异性。如果统治者太有个性，就会用自己的个性去改造万物、改造大众，搞得世界不宁。但统治者也是人，也有个性，怎么让他没有个性呢？用德行。德行可以约束个性，但要是没有德行呢？怎么办？老子把问题提出来了，但他没有解决问题。

三 十 章

以道佐人主者，不以兵强天下。其事好还。

师之所处，荆棘生焉。[大军之后，必有凶年。]

善有果而已，不敢以取强。

果而勿矜，果而勿伐，果而勿骄，果而不得已，果而勿强。

物壮则老，是谓不道，不道早已。

以道佐人主者，不以兵强天下。这里有两个字先解释一下：一个是道字，道是儒家和道家共用的概念，但对道的理解完全不同。在道家，道是无为的意思。在儒家，道是仁义道德的意思。第二个是兵字，兵本来指兵器，这里是用兵，使用武力的意思。这句话的意思就是，用无为之道辅佐国君治理天下的人不采用武力去征服天下。

老子认为，实行无为而治，天下就会统一。儒家也反对用武力来统一天下。孟子提出统一天下有王道和霸道的区别。“以道佐人君”，相当于王道，“以兵强天下”，相当于霸道。但统治者更喜欢用霸道去统一天下，这是老子坚决反对的方式。

儒家要用仁义统一天下，在道家看来也是有问题的。仁义必定要有所作为，否则怎么表现出仁义呢？但人在作为的过程中就会打着仁义的旗号，利用仁义谋私利。仁义很容易沦为一个工具，一个借口。兴兵者，谁不说自己是仁义之师？即便是真的仁义，仁义不是抽象的，一定有具体的规定。这种有规定性的仁义会不会形成一种新的强制性呢？会不会好心办坏事呢？老子的道是无为，无为干净彻底，让人找不到任何武力的借口，杜绝了战争。这里提到了战争，好多人便认为《老子》是一部兵书，这显然是误解。《老子》是一部政治哲学著作，尽管其中也谈到了战争，谈到了用兵的问题，但篇幅不是很多。更重要的是谈兵的目的不是教人用兵技巧，而是通过用兵来表达道家的无为思想。

其事好还。“其事”指用武力。使用武力会有什么后果呢？“好还”。“好还”就是遭到报复。这句话是讲，用武力征服别人会引起别人的报复。为什么会引起报复呢？这是由战争的性质决定的。人发动战争，从动机上来讲是为了获得利益。增加自己的利益必定就要减少对方的利益，那么对方必定会誓死捍卫自己的利益。一场惨烈的撕杀不可避免，你杀别人，别人肯定也要杀你。即便用武力征服了对方，但口服心不服，怨恨在心底涌动，新的反抗随时会爆发。

师之所处，荆棘生焉。这是战争结束后的景象。大军驻扎过的地方，战争发生的地方，长满了荆棘。为什么是荆棘，而不是杂草？杂草在短时间里就能长出来，但要长出荆棘，则要很多年以后了。很多年以后，这个地方还是荒无人烟，可见战争的惨烈。战争不仅毁了田地，更重要的是毁灭了人。毁了田地，第二年还能去种。毁了人，土地就会永远荒芜下去，只能长荆棘了。

大军之后，必有凶年。好多人认为这两句话是衍文，是注文混入到正文里来了。陈鼓应加了个中括号，主张删掉。但是，我们从考据学的角度来讲，删掉有道理，但从几千年的影响来看，不妨保留下来。

一场大战过后，必然会是一个荒年，但荒年是老百姓的荒年，并不是统治者的荒年。对百姓来讲是饥寒交迫。对统治者来讲依然可以花天酒地，统治者和老百姓对荒年的体会是不一样的。在百姓这里，荒年是切身的；在统治者那里，荒年只是一个概念。正因为如此，统治者才会轻易地发动战争。

善有果而已，不敢以取强。善于用兵的人打了胜仗就行了，不管是谁胜了，都不要有进一步的举动。“果”是什么意思？王弼说是救济危难，司马光说是禁暴除乱。陈鼓应赞同他们的解释，把这句话翻译成：善用兵的人，只求达到救济危难的目的就是了。这些解释都假设了一个前提，战争胜利的那一方是正义的。但战争正义的一方是不是必胜呢？如果坚持正义的一方必胜，那胜利的一方就会自称是正义的，这会导致一个错误的观念：成者为王，败者为寇。其实，胜利者并非总是正义的，正义的并非总是胜利者。更何况春秋无义战。这样看来，王弼、司马光、陈鼓应的解释就有问题了。“果”是不确定的，如果非正义的一方胜利了呢？老子这句话没有主语，他没有说谁胜利了，就是说，不管谁胜利了都“不敢以取强”。这是一个普遍原理，对战争的双方都有效。这就有了思想的深度、思想的高度。

果而勿矜，果而勿伐，果而勿骄，果而不得已，果而勿强。战争胜利以后，很多人并不就此罢休，还要有进一步的动作。这个进一步的动作就是“矜”，就是“伐”，就是“骄”。胜利者不满足于战场上的胜利，要对那些失败者进行报复清算。要开庆功大会，总结经验，再接再厉，从胜利走向胜利。这些都是“取强”，都是在“果”以外又不断滋事。老子警告胜利者不要矜持、不要夸耀、不要骄傲。因为夸耀胜利会让失败者蒙羞，会刺激失败者去雪耻。“果而不得已”，一定要把胜利看作不得已，不是想要胜利，实在是没办法了。这是对失败者的尊重，同时也让胜利者有所收敛。因为不得已发动战争，所以不要轻易发动战争。最后一句，“果而无强”，竹简本写作，“是谓果而勿强”。加上“是谓”这两个字更好，是对“果而勿矜，果而勿伐，果而勿骄，果而不得已”的总结。有了结果，不要强取，不要得理不让人，何况还不得理呢？

物壮则老，是谓不道，不道早已。这几句话是对上面观点的总结。这几句话的字面意思是，事物壮大了就会老去，这不符合道，不符合道的事物，必定会早早的灭亡。物壮大则老，是自然现象，这就是道。怎么能说不道呢？关键在于怎么理解“物壮”，如果物是自然的壮大，那是合乎道的。如果以一种人为的方式去促进事物壮大，这就是不道，这会加速事物的衰老，导致事物提前死亡。所以这句话应该这样翻译：以人为的方式促使事物壮大，会让事物过早地衰老死亡，这就叫作不道。这种不道的做法生活中随处可见。拔苗助长的故事，最能体现物壮则老的思想。苗有一个自然生长的过程，但人嫌自然生长的过程太慢，要加快它的生长，导致苗的死亡。

三十一章

夫兵者，不祥之器，物或恶之，故有道者不处。

君子居则贵左，用兵则贵右。

兵者不祥之器，非君子之器，不得已而用之，恬淡为上。

胜而不美，而美之者，是乐杀人。夫乐杀人者，则不可得志于天下矣。

吉事尚左，凶事尚右。偏将军居左，上将军居右。言以丧礼处之。

杀人之众，以悲哀泣之，战胜以丧礼处之。

夫兵者，不祥之器。这章仍然是在讲战争的问题，但是换了一个角度，从兵器入手来谈论战争。兵器是不祥之器，不祥两个字给人一种强烈的心里震撼。兵器是什么？不就是杀人的工具吗？家里放着杀人的工具，时刻准备着要去杀人，这能吉祥吗？老子的时代，还是冷兵器的时代，相对来说武器还很落后。尽管兵器能置人于死地，但是兵器的伤害能力还是比较有限的。真要置人于死地，不是很容易的事，取决于兵器的质量，也取决于使用兵器的这个人，他的力气，他的技术等。在冷兵器的时代，老子已经意识到兵器是不祥之器。老子的思想在现代完全得到印证。随着兵器的发展，战争的规模越来越大，战争的场面越来越惨烈，战争的后果越来越严重。过去的刀，一次只能杀一个人，现在的核武器，能把地球上的人都毁灭。武器越先进，人类面临的危险也就越大。所以，看到兵器的发展不能欢欣鼓舞，要像老子一样去反思，这是不祥之器。只有大家都意识到兵器是不祥之器，我们才能安全地活着。

物或恶之。这个“物”是人的意思。“物或恶之”，就是人人都厌恶兵器。武器是杀人的，杀的是什么人呢？平民百姓。战争中死亡的都是百姓，一将功成万骨枯，有几个将军被杀掉的？所以人人都厌恶兵器，这个人人更准确地讲是老百姓，百姓都厌恶它。这样翻译可能更准确。老子看到了战争的本质，战争的本质就是一批无辜的百姓相互残杀，最终让少数人获得利益，所以百姓对兵器的厌恶是一种切身的厌恶。

故有道者不处。所以有道的人是不使用兵器的。有道者无为而治，让百姓自为。自为的百姓，哪个愿意拿着武器去杀人呢？所以有道者绝对不会崇尚武力，也绝对不会赞美武器。老百姓厌恶不祥之器，有道者也不使用不祥之器，但这些不祥之器照样在产生，照样在使用。谁在使用它们呢？少数统治者。少数统治者借口国家利益发动战争。国家利益和个人利益是一致的吗？不一致的话，为了国家利益可以损害个人利益吗？如果可以的话，那所谓的国家利益其实只是少数人的个人利益。二战中，日本战败。但天皇制度还在，天皇还是天皇，死掉的全是百姓，一切又重新开始。

君子居则贵左，用兵则贵右。古代有一个看法，左代表阳气，代表了生生不息；右代表阴气，代表肃杀衰亡。君子在平常的时候以左为贵，用兵的时候以右为贵。平常万物充满生机，欣欣向荣，所以以左为贵。而用兵呢，则是残害生命，阴气很重的事情，所以以右为贵。这是以民俗礼仪来说明兵器是不祥之器。

兵者不祥之器，非君子之器，不得已而用之，恬淡为上。兵器是不祥之器，不是君子之器，君子不应该去使用兵器。尽管它是不祥之器。但在不得已的情况下还要使用兵器。这说明，老子对战争的必然性有着清醒的认识，他并不认为人类会永远和平。那么当战争发生的时候，对战争应该抱有什么样的态度呢？“恬淡为上”。不要把战争看作正义的事情，看作神圣的事情，应当看作不得已的事情，是不得不做的坏事，这是对战争应该有的一种态度。

胜而不美，而美之者，是乐杀人。这是具体讲对战争的态度，也有人说是对兵器的态度。“胜而不美”，打了胜仗，不要去美化胜仗，美化打胜仗，不就是美化杀人吗？不就是以杀人为乐吗？这里要注意，老子用的一个词叫“乐杀人”，这里有两个问题：一是杀人和杀敌的区别，二是乐杀人和杀人的区别。先看杀人和杀敌的区别。在战争中都讲英勇杀敌，在潜意识里认为我方是正义的，我方的将士都是人，对方是非正义的，对方的将士是敌人。敌人就是坏人，去消灭坏人，自然是理直气壮。所以杀敌越多就越有自豪感，而英雄就是杀敌最多的人。在消灭敌人的观念下杀人成了一件正义的事情，一件值得自豪的事情。

老子把杀敌表述为杀人，意思就全变了。在老子眼里，敌人也是人，杀敌人就是杀人。什么叫敌人？敌人就是敌对之人，对方是我方的敌人，我方也是对方的敌人。你把对方当作恶的化身，对方也把你当作恶的化身，结果相互残杀。如果把敌人还原成人呢，那就不一样了。说杀人，就会想到这是个具体的人，有血有肉的人。这个人有家庭，有父母和儿女。这时候去杀人，还能理直气壮吗？这时候，你会觉得自己是一个罪人，一个需要忏悔的人。而英雄杀人最多，是罪孽最深重，最需要自我忏悔的。这样才能找回失去的人性，恢复到正常人。其次，杀人与乐杀人的区别，进入战场，在特定的环境下，你不杀他，他就要杀你。在那样的环境下，谁杀了谁，其实都是不得已的事。但胜利者切不可以此为骄傲，否则就是乐杀人。以杀人为乐就不是人了。老子反对乐杀人，把敌人当作人，真正有利于和平，体现了人道主义精神。老子对战争的反思非常深刻，好多描写战争的作品都没有达到老子的深度，这些作品只写杀敌人，远没有触及杀人的问题。

夫乐杀人者，则不可得志于天下矣。乐杀人的人，原本是要得志于天下，但老子认为，用杀人的方式是不可能征服天下的。靠杀人赢得天下，也会很快失去天下。秦始皇就是一个很好的例子。他以杀人的方式统一了天下，但也因为杀人，很快地就失去了天下。所以赢得天下的人，一定是那些不杀人的人。孟子也有相似的思想。孟子和梁襄王有一个对话，梁襄王问，天下怎样才能安定。孟子回答，统一了才能安定。梁襄王又问，谁能统一天下呢？孟子回答，“不嗜杀人者，能一之”，不喜欢杀人的人，能够统一天下。这里儒道是一致的，都不主张杀人。

吉事尚左，凶事尚右。这两句话和上面的“居则贵左，用兵贵右”是一个意思。上面两句话是具体的例证，这两句话是上面两句话的抽象。居在这里抽象为吉事，用兵在这里抽象为凶事。这样，尚左和尚右就具有了普遍意义。

偏将军居左，上将军居右。“偏将军居左”，就是副将居左，“上将军居右”，就是主将居右。战争是凶事，谁发号施令，谁就是战争的主谋，就要承担战争的责任，所以居右就是承担罪责的意思。古人排兵布阵，让偏将军在左，让上将军在右，表明古人对战争有很深刻的认识。在主将和副将位置的安排上，体现了古人对战争的态度，那就是战争难免，但是战争绝对是坏事情。

言以丧礼处之。把出兵打仗当作办丧事。这是让人震撼的思想，极言战争的悲痛。老子在这里省掉了主语，他也没讲战争的哪一方应该“以丧礼处之”。正义的一方，还是非正义的一方？他超越了正义和非正义，从更高的层面看，使其思想更有普遍意义。

杀人之众，以悲哀泣之，战胜以丧礼处之。战争中死了那么多人，不管是自己人，还是敌人，都应该感到悲痛。胜利者要以丧礼的方式对待胜利，绝对不能开庆功会，绝对不能总结经验，再接再厉，而是要见好就收。那么，仗已经打完了，人也杀了，事后的态度真的那么重要吗？

老子认为，胜利者对待胜利的态度特别重要。胜利者不能开庆功会，而要开追悼会。庆功会是胜利者的狂欢，不会在意那些死掉的人。不管死了多少人，只要胜利了，都可以开庆功会，一个人也可以开庆功会。而追悼会是对死者的追忆，这些死者不只是自己人，也应该包括敌人。他们都是鲜活的生命，但却永远离开了。面对死者，幸存者应该感到痛心、悲伤，应该反思胜利的意义。另外，庆功会神化胜利者，胜利者要从胜利走向胜利，还要制造新的战争，还会有新的死亡。而追悼会能让人记住战争的残酷、残忍，让人永远远离战争，结束战争。

三 十 二 章

道常无名、朴。虽小，天下莫能臣。侯王若能守之，万物将自宾。

天地相合，以降甘露，民莫之令而自均。

始制有名，名亦既有，夫亦将知止，知止可以不殆。

譬道之在天下，犹川谷之于江海。

道常无名。“无名”就是没有名字。名是身份的意思，“无名”表示地位低，身份低。所以有无名小辈、无名鼠辈的说法。古代男性地位高，有一个名，还不满足，还要有字和号。女性大多没有名字，把丈夫的姓放在她的姓前，表明她的身份。鲁迅小说里有好多人都没有名字，阿Q没有名字，祥林嫂也没有名字。连名字都没有，自然也就无法出名，所以无名是个贬义词。但在老子这里，无名是褒义的，有名反而是贬义的，无名要高于有名。老子这里的无名不是说有一个对象，为了贬低它故意不给它一个名字，而是本来无法命名。这和不给它名字是不一样的。道无法命名，不能够命名。命名反而降低了道的地位，把它变成一个具体存在物了。只要是一个存在物，作用就是有限的。“道常无名”意味着道的作用是无限的。所以无名有两种完全不同的意思。对一般对象而言，无名是一种贬低，但对于道而言，无名意味着道的至高无上。

“道常无名”是个很奇怪的表述。既然讲那个东西无名，就不应该说它是道，甚至都不应该去说它。它没有名字，怎么去说呢？这里要思考一个问题，那个没有名字又不能说的东西，如果真的不去说它的话，大家都不知道有这个东西，久而久之它就不会存在了。所以那个不可说的东西，要让人意识到它的存在，就需要说。在说它之前，先要给它一个名字，否则就没法说。不得已给了它一个名字叫道，但给了这个名字后，又担心人们执着于这个名字。老子才说“道常无名”，道其实是无名的。

朴。“朴”是未被加工过的木料。所以朴也就是最原始的一种存在。常人只看到器物，惊叹各种器物的精美，但不在意器物的来源。“朴散则为器”，朴不是器，但它能制成各种各样的器。朴具有无限可能性，而器只具有某种现实性。朴在常人眼里，它是贬义的。生活中说一个人很朴实，很朴素，在讲这个话的时候，其实内心里评价是不高的。表面上是表扬，内心里是批评。在老子这里，朴是什么？朴是最高的价值，是各种器的源头。

虽小。“虽小”就是又小。小是弱小的意思，弱小是道的一个特征。弱小的东西往往体积也小，可以小到什么程度呢？小到看不见。道既弱小又微小。因为道的小，人们就不在意道，不把道当回事。但在老子这里，小是强大的标志。任何大都是由小构成的，都可以分解成小。也就是说，任何大的东西都是可以毁坏的，但构成大的那个最小东西是不能毁坏的，就这个意义上来说，小是最强大的。

天下莫能臣。因为道“无名”“朴”“小”，在常人眼里，它不值一提。但在老子的眼里道“无名”“朴”“小”，恰好表明道的力量。道无名是因为道无形，因为道无形，天下都是道中，天下人如何能臣服道？天下人只看到道朴，没看到朴是万物的根源。天下人只看到道小，没有看到所有的大都根源于小。所以，对于道，“天下莫能臣”，人不能主宰道，而是反过来，道在主宰着人。这句话表面上看，针对天下所有人，但实际上主要是针对统治者的。统治者掌握了最高权力，试图用权力去对抗道。在老子看来，权力也是要服从道的。

侯王若能守之，万物将自宾。侯王应该如何对待道呢？侯王应该去守道。“守”，有遵守、守护的意思，侯王不仅要遵守道，还要用手中的权力去守护道。权力是干什么的？在老子看来，就是要守护道的。尽管道“天下莫能臣”，但道无形的力量，必须通过人的转化才能成为有形的力量，发挥现实的作用。

守道的结果是什么呢？“万物将自宾”。万物当然也包含人，且主要是指人。“自宾”是主动服从，服从于谁呢？表面上看是服从于权力，服从于侯王，实际上是服从于道。万物主动服从于道，这是一种理想的社会秩序。秩序有两种：一种是强制的秩序；一种是自然的秩序，也可以叫自由的秩序。通常人们更强调强制的秩序，而忽略自由的秩序。自由也能构成一种秩序，自由的秩序最理想，也最合乎人性。儒家倾向强制的秩序，道家更强调自然的秩序。

天地相合，以降甘露。天地在这里指阴阳之气。阴阳之气相合，降下了甘露，滋润万物，令万物生长。“天地相合，以降甘露”是怎么发生的呢？是天地有意去滋润万物吗？显然不是。天降甘露并非有意要滋润万物，但却产生了这样的效果。这表明万物在自然状态下会产生一种自然的秩序。

民莫之令而自均。这里开始讲人了，人其实也是这样。“莫之令”是不需要主观安排。“自均”是自然而然达到均衡。老百姓不需要统治者去安排，自然就会达到均衡。用今天的话来讲，好的管理出自自然，而不是人为的安排。即便在形式上有人为的安排，但这种安排本身是出自自然。“民莫之令而自均”，在某种意义上讲，架空了侯王的权力。不需要侯王去操心，老百姓会管理好自己的，要相信百姓。可见老子是真正的性善论者。孟子讲性善，其实他并不相信性善，所以才不断强调外部教化。儒家讲宾，也讲均，但这些宾，这些均，依赖于外在的强制。而“自宾”“自均”突出了自字，自然而然能够达到宾和均。那么统治者要做什么呢？“莫之令”，什么也不要去做。这不就是无为而治吗？

始制有名。道无名，但万物必须有名，万物有了名，人才能和万物打交道。给万物命名，这样万物之间的关系，就成了名和名之间的关系。人通过名，摆脱了动物的状态，进入到人的状态。有了名以后，人才有了文化，才有了历史，人的一切活动都离不开名，人生活在一个名的世界里。

名亦既有，夫亦将知止。我们需要名，但同时还要意识到，名是有局限的。名是约定俗成的，是被约定出来的。我们约定把这个东西叫桌子，把那个东西叫椅子，慢慢形成了习惯，认为这个就该叫桌子，那个就该叫椅子，其实当初完全可以把桌子叫椅子，把椅子叫桌子。所以，从根源上来讲，人不要执着于名。要知道名的局限性，意识到名是约定的，就会用开放的眼光去看待名。尽管把桌子叫桌子，但又知道桌子原本是可以不叫桌子的，叫它什么都可以，桌子这个东西重要，而名不重要。如果执着于名，以为桌子必须要叫桌子，必然要叫桌子，反而把桌子本身给遗忘掉了。

知止可以不殆。知道名的局限性就不会有危险了，就不会那么固执了，就可以越过名直达名背后的东西，就容易达成一种共识，减少分歧。当然这不是说要把名去掉，这个没有必要，也没有可能。只要内心知道，名是约定俗成，不执着于名就可以了。

执着于名为什么危险呢？最初命名的时候，名和实是一一对应的关系。但命名活动一结束，名就可以脱离实而独立。名和名之间任意组合，组合成一个意想不到的对象。比如说，用铁和树合成一个词叫铁树。铁是真的有，树也是真的有，但铁树却没有。这就出问题了，铁树是什么东西呢？这就意味着，人可能利用词的自由组合去虚构一个不存在的对象。说严重点，名的组合可以虚构事实、夸大事实、歪曲事实、欺骗撒谎，导致名实严重不符。所以要对名保持警惕。要知道无名是事物的本来状态，要经常从有名回归到无名的状态。

譬道之在天下，犹川谷之于江海。这句话的语序要作一点调整，调整为“譬道之在天下，犹江海之于川谷”，道之于天下，就像江海之于川谷。老子用一个例子来说明人要从天下的状态返回到道的状态，因为道是天下之本。

三十三章

知人者智，自知者明。

胜人者有力，自胜者强。

知足者富。

强行者有志。

不失其所者久。

死而不亡者寿。

知人者智。“知人”就是了解别人，认识别人。“知人”是一种智慧。为什么这样说呢？因为知人太难。知人为什么难呢？这与人的存在方式有关。人和万物的存在不一样，人是一种可能性的存在，只要人还活着，人就具有各种可能性。人很难知道下一步会往哪一个可能性去发展。人可以晚节不保，也可以放下屠刀，立地成佛。所以，只能盖棺定论。再往深里说，人的可能性源于人的自由意志。人为什么有自由意志呢？康德说自由意志是物自体，在人的认识能力范围之外，不能再追问了。这意味着，人是永远解不开的谜。当然，这是从究极的意义上说的，不是说人在任何层面都是不能认识的，否则就没有“知人者智”的说法了。孔孟都是知人的智者，孔子想了很多知人的方法，如“视其所以，观其所由，察其所安”，如“观过，斯知仁矣”。孟子发现了“观其眸子”的方法。知人的方法如此之多，恰恰表明知人之难。

自知者明。知人难，自知就更难了。因为知人尽管很难，但知人是人的本能，人生活在群体中，不得不去知人。自知就不一样了，自知是超越本能的反思。在知人以前，先要自知。从某种意义上讲，自知是知人的前提，不了解自己，也就无法了解他人。这就把知人的思想又往前推进了一步。这是思维方式的转向，由认识对象转移到认识自我。只有认识了自我，才能更好地去认识对象。自我类似于一把尺子、一面镜子，如果尺子不直，怎么去量物？如果镜子不干净，怎么去照万物？如果连自我都不清楚，怎么去知人？人类思想的发展也是这样，早期关注对象，后来才认识自我。康德思想的革命性在于，康德之前，哲学在认识对象，到了康德，问题变了，哲学开始认识自我。康德追问，在认识对象之前，要不要先认识一下认识的能力。如果没有认识的能力，怎么去认识对象？康德的问题就是自知的问题。康德发现，就人的认识能力而言，有些是可以认识的，有些是不能认识的，试图去认识不能认识的东西，无异于缘木求鱼。苏格拉底说的认识你自己，跟老子说的自知意思也是一样的。

胜人者有力。能够战胜别人，那一定是很有力量的。这是讲自己和他人的关系。把自己和他人看作竞争性的关系，不断去超越他人，在老子看来，这只能证明你有力，仅此而已。把他人当作目标，把胜人当作目的，把自我变成了达到目的的手段，这样做的后果是什么呢？如果战胜了他人，就会自大自傲；如果输给了他人，就会自暴自弃。所以，一个以胜人为目的的人，除了证明自己有力之外，其实什么都没有。以胜过他人为目的，被他人牵着鼻子走，这种人貌似强大，内心深处其实很脆弱。否则有什么必要去超过他人？只有没有自我的人才想去超越别人。

自胜者强。自己胜过自己的人，才是真正的强大。自胜把自我当作目标，当作目的，自我丰富，自我完善。自胜拿自己和自己比，而不是拿自己和他人比。孔子曾说管仲气量小，别人都不太理解，管仲怎么会气量小呢？管仲房子多，下属职官多，凡国君家里有的，他家里也都有。这种人多厉害啊？但孔子讲，他气量太小。因为他没有自我，事事以别人为目标。对气量大的人来说，别人有的我可以没有。干嘛要跟他人一样呢？对气量小的人来说，别人有的我必须要有。我为什么不能有呢？对外部世界依赖越少越强大，对外部世界依赖越多越弱小。在常人的眼里，陶渊明很弱小，在老子眼里，陶渊明才最强大。每个人都是独特的，真正强大的人，不会想着如何超越他人，只想如何成就自己。

知足者富。什么叫富？有相对意义上的富，财富超过了别人，就可以说富。但是相对意义上的富是不太可靠的，财富是随时都可能被人超越的。相对的富仍使人处于不安全的状态，所以要去追求绝对的富。但是追求绝对的富又会出现新的问题。绝对的富是无限的，和无限的富相比，再富的人也处于贫困状态。无论是相对的富还是绝对的富，都是把外在的富作为标准，这样人就会永远在追逐财富，又永远处于贫穷当中。

知足的人富有。这个足是相对于自己而言的，和他人无关。富不是与他人比较得出来的，而是根据自己的需要自我设定的，是适合于自己本性的。这样的富就不是数量问题，不是拥有多少的问题了，而是自己的需要问题。人的需要其实是很有限的，吃是有限的，穿是有限的，住也是有限的。人们通常讲的富，都是比较中的富，并非来自需要的富。关于足，有两点需要说明：首先，足与需要有关。那么需要多少才是足呢？人不同，需要也不同，所以知足的标准也不同。人如何设定知足的标准呢？可以给出知足的范围。知足的下限可以自由设定，知足的上限应该就是现有的富，以抑制进一步求富的冲动。其次，知足并不意味着生活水平不提高。孔子赞赏卫公子荆善理家，“始有”他说“苟合矣”，“少有”他说“苟完矣”，“富有”他说“苟美矣”。这里知足的标准都低于现有的财富。另外，“始有”“少有”“富有”表明富的标准也在不断提高。当人从富的比较状态当中回到自足，回到自我设定，人就可以从事自己喜欢的事，去丰富自己，完善自己。“自足者富”不是把富变成目标，而是把富变成手段，去实现自己的人生，除非目标要通过富的手段才能实现，否则，求富是没有意义的。比如说要去做慈善，做慈善要有钱，要先挣大量的钱，然后才能做慈善。生活中好多事情其实都与富无关。追求富，反而妨害了人们对其他事物的追求。

强行者有志。这句话乍一看有一点儒家的意味，所以在解释的时候要尽量避免儒家化，以保持思想基调相一致。“强行”不是强迫，而是勤行的意思。勤行是保持的意思，保持什么呢？在儒家和道家里，要去保持的东西是不一样的。儒家要保持孝悌仁义，道家要保持清静无为。在这里，“强行者有志”就是保持以无为的方式去做事。保持无为，为什么叫有志呢？无为实在不容易，人有为的冲动，并把为看作自己的责任，无为会让人产生失职的内疚感。当然，这是误解了无为，但普遍的误解也足以说明无为很难，保持无为更难，所以才说有志。

不失其所者久。所是住所，是人居住的地方，安身立命的地方。人最怕流离失所。人可以暂时离开住所，但最终还要回到住所。住所就是家，无论在外面待多久，最终还要回到家。这里，住所就是道。“不失其所者久”，意思就是以道的方式去做事，才能长久。道的方式就是无为的方式，无为不是不为，而是为其所当为。做应该做的，就是得其所。应该做的没做，就叫失其所。需要注意的是，这里的应该不是强制的应该，而是自然状态的应该。该吃饭的时候吃饭，该睡觉的时候睡觉，该休息的时候休息，该做事的时候做事，这是得其所，一定长久。该吃的时候不吃，该睡的时候不睡，这是失其所。长期失所，必然影响健康、危及生命。

死而不亡者寿。什么叫寿？王弼说“身没而道犹存”就叫长寿。给人的感觉是道在人的身体里，人死了，身体没有了，道还在，这就叫长寿。这个说法很费解。因为道一直就在，这岂不是说人人都长寿？还有人说，“死而不亡”应该是死而不忘，人死了没有被人忘记。也就是人死了，精神永存，这就叫长寿。这个解释过于儒家化。老子关注身体死亡，并不在意精神的问题。身体死了，精神还在，也不符合老子的思想。

什么样的人叫长寿呢？很难给一个标准。如果年龄大就叫长寿，这个三岁小孩都知道，所以老子这里讲的长寿肯定和年龄没关系。那怎么理解“死而不亡”呢？这里“死而不亡”应该是“不亡而死”，这个“亡”是妄，妄是轻举妄动的意思。“不妄而死者寿”，没有死于非命的人都叫作长寿。换一句话讲，什么叫长寿？自然而然地活到老，寿终正寝，这就是长寿了。寿终正寝的寿跟年龄无关。人小去世叫作夭折，不叫寿，但按照老子的说法也叫寿。因为身体天生虚弱，对他来讲，已经达到寿命的最高点了。所以寿和年龄无关，与死亡方式有关。自然状态下的死亡，都叫寿。人为造成的死亡，都叫不寿。年龄活得很小的人，也可以叫寿；年龄活得很大的人，也可以叫不寿。

三　十　四　章

大道氾兮，其可左右。

万物恃之以生而不辞，功成而不有。衣养万物而不为主。

[常无欲，] 可名于小；万物归焉而不为主，可名为大。

以其终不自为大，故能成其大。

大道氾兮，其可左右。“氾”是广泛、泛滥、到处都有的意思。大道到处都有。为什么讲大道到处都有呢？如果世界上有一个地方还没有道，就表明道是有限的，就不能称之为大道。既然称之为大道，就意味着道无处不在。一般人认为，道有的地方有，有的地方没有，高贵的地方有，卑贱的地方没有。为了说明道无处不有，庄子特别指出，那些最为人所不齿的地方都有道，瓦砾、稊稗里都有道。

“其可左右”，大道在我们的左右，在我们的身边。既然已经说了大道到处都有，肯定就包括身边了，为什么还要强调就在我们的身边？这和人性有关系，人性都想去求道，又认为道在很遥远的地方，不远千里去山里求道，以为道在那个地方。所以，老子特别强调道在身边，人可以从身边事去体验道，而不必舍近求远去求道。

万物恃之以生而不辞。“不辞”是指道不推辞。万物依靠道而生，道毫不推辞。也就是万物需要道的帮助，道不拒绝去帮助万物。万物依靠道而生，这是万物最致命的地方，离开道就生不了。道原本可以不让万物生的，但是道并不觉得自己特别了不起，并不认为掌握了万物的命门就借机来控制万物。相反，道有求必应。这就是道的品格。

这里有一个问题。万物是怎么依靠道而生的？万物依道而生，实际上就是道让万物自己生。这里要注意，道让万物自生，和万物自生，有什么不同？说万物自生会有什么感觉？树也自生，草也自生，人也自生，万物都自生，好像万物之间一点关系都没有。

而且物怎么会自生呢？物为什么这样生，不那样生？这就会陷入到一种神秘当中。讲道让万物自生，感觉就不太一样了。感觉那些自生的万物有了共同的来源，万物之间也就有了亲缘关系。讲“万物恃之以生”是为万物自生寻找一个根据，让万物不再孤单。其实说万物自生，可以不可以？也是可以的。只不过这样说的时候，这个世界开始变得不可理解了。而说“万物恃之以生”是为了我们去理解这个世界，也就是为了更好地理解我们自己，为了更好地去生活。就如人怎么来的，可以讲人是猴子变来的，也可以讲人是上帝创造的。哪种说法更好呢？说人是猴子变来的，这个说法就不太好。那样的话，人的很多德行，很多品质，就找不到来源了。说人是上帝创造的，那就好办了，人的德行是上帝赋予的。而且，因为人是上帝创造的，人就可以去依靠上帝，这样心里就感到特别踏实。所以说“万物恃之以生”比说万物自生要好。

功成而不有。万物由道而生，道是万物的创造者。那么创造者如何对待它的创造物呢？“不有”，不据为己有。不有和前面的不辞相比，思想更进了一步，更深化了。既然已经不辞了，为什么还要说不有呢？不辞是不推辞帮助，乐意去帮助，不辞还是比较容易的。但是，道生万物以后，面对着这么巨大的成就，不有就很难了。人是会动心的。道会不会动心呢？既然关键的时候帮助了万物，可不可以在成果中分得一杯羹？这是一个后起的问题，是当初没有意识到的一个问题。前面的不辞并不一定就会导致后面的不有，通常是前面可以不辞，但后面未必不有。可是，面对巨大的诱惑，道根本不放在眼里，不把这个当一回事。在道看来，这是它的本分事，如果不让万物生，倒是它的失职。它不认为自己有功于万物。如果认为有功，就不能不有，就无法抗拒自己不有。人认为道有功，道不认为自己有功，这是道的品质、道的魅力。

衣养万物而不为主。“衣养”就是护养的意思。道养护万物，但不为万物之主。道让万物生，但道的任务还没有完成，接着还要养护万物。道高于万物，才能护养万物，就像大人养护孩子。高于他，强于他，才能护养他。弱于他，等于他，都谈不上护养。所以护养万物，意味着道已经是万物之主了，否则它怎么能去护养万物呢？但道是怎么看的呢？“不为主”。道不把自己看作万物之主。把自己看作万物之主和不把自己看作万物之主有什么不同呢？把自己看作万物之主，就会干扰护养的对象，就会在护养中加入自己的主观意志，就会滋生出一个我。如果父母认为自己是孩子的主人，在养护孩子的过程中就会把自己的意志强加到孩子身上，丝毫不顾及孩子的特点和特性。而“不为主”就是不把自己的意志强加到护养的对象身上，让对象顺着自性去发展自己。“不为主”就是弱化自己的作用，把护养对象当作独立的个体去对待，当作有自性的对象去对待。所以道衣养万物，就是让万物自养。

常无欲，可名于小。陈鼓应给“常无欲”加了一个中括号，是要删掉的意思。但他删掉的理由并不充分，只是出于句子形式的要求，认为删掉后上下文更加对称。通行本、帛书本都有这三个字，可见这三个字不是可有可无的，有鉴于此，这三个字还是不删为好。“常无欲，可名于小”是对上面两句话的总结。

道有什么特点？刚才我们讲了“不辞”“不有”“不为主”，这不就是无欲吗？无欲，就是无我，道无我无欲，不与万物相争，人甚至感觉不到它的存在。这样，在人的眼里“道可名于小”，这里的小不是体积的小，而是指作用小，无足轻重。因此，就不在意它，小看它。因为道“不辞”“不有”“不为主”，人们意识不到它的存在，就说道的作用小。这种说法是不对的，但对常人而言也是可以理解的。

万物归焉而不为主，可名为大。上面讲道是小，这里讲道是大。怎么体会道之大呢？“万物归焉而不为主”，要体会这个“归”字。归是什么意思？不是强迫来的，是主动回来的。归突出万物的主动性，万物主动归顺于道。就像春节回家一样，归心似箭。万物为什么要归顺于道呢？道对万物“不辞”“不有”“不为主”，万物因道而生，因道而长。万物在道里自由生长，如同在家里。万物归道，就是万物回家。道是万物最终的归宿。尽管道事实上已经是万物之主了，但它坚决不当主，不认为自己是主。这才是道的伟大。道既小又大。不了解道的时候，道小；了解道的时候，道大。

以其终不自为大，故能成其大。这句话好多版本写为“圣人以其终不自为大，故能成其大”，前面加了圣人两个字。还是没有圣人两个字好。这句话的主语不是圣人，而是道。道不自大，最终成其大。道从来不认为自己大，道“不辞”“不有”“不为主”，都说明它“不自为大”。“不自为大”意味着目前还不够大，还要继续往大里发展。什么叫真正的大？真正的大具有无限可能性。如果自以为大，大也就到此为止了。这个大就有了一个边界，就成了一个有限的大。人自以为大的时候，反而会变小。因为再也没有发展的可能了，所以就变小了。“不自为大”也就是自认为小的时候，才有大的可能，反而变大了。

三 十 五 章

执大象，天下往。往而不害，安平太。

乐与饵，过客止。

道之出口，淡乎其无味，视之不足见，听之不足闻，用之不足既。

执大象，天下往。一般的象是看得见的，最大的象是看不见的。大象无形。大象是没有形状的，要有形状的话，这个形状无论多大都是一个有限的象，也就称不上叫大象，所以大象必定是无形的。这个大象显然就是道了，用道去统治天下，就会天下往，天下的人都会欣然归往。

为什么呢？这与道的特性有关。道是无，是无限的空间，能容纳天下的人。如果道是有形的，是个有限的空间，就容纳不了天下人。天下人果真来了，就会发生碰撞、摩擦。统治者用道去治理天下，用无去统治，就给天下人一个自由生存的空间，天下人何乐而不来。天下往还和天下人的本性有关，天下人的本性是什么？就是爱自由。人和动物的区别，就是人爱自由，有一种自由的意识，人想自由地成为自己。人犯罪了，最大的惩罚就是让人失去自由。坐牢不就是失去自由吗？这从反面说明自由的宝贵。人爱自由，哪里有自由，人就往哪里去。道无为，让人自为。以道的方式去治理天下，就等于给天下人一个自由活动的空间，让天下人在各自的空间里去发展自己，这不就是自由吗？所以，用道治理天下，就是用自由治理天下。这样美好的社会，天下人谁不心向往之呢？“执大象”的人，不仅给人行动空间，也给人思想的空间。孔子就是一个“执大象”的人。孔子有三千弟子，三千弟子凭什么要到孔子的门下呢？三千弟子五花八门，性格各异，有的开朗、有的怪癖、有的谨慎、有的鲁莽。思想也各异，子路、宰我公开顶撞孔子。但相处在孔子的门下都感到自由自在。孔子也骂他们，但他也承认，他批评子路、宰我，都激发了他的思想创造。可见，没有自由就没有三千弟子，也没有孔子。

往而不害，安平太。“往而不害”，在自由的状态下，没有任何的伤害。人在空间里活动，空间不会伤害人，人也不会去伤害空间。但空间里人和人会不会构成一种伤害呢？从字面上看自由意味着可以做任何事，自由里包含着伤害他人的可能性。但自由的原则是人人都有自由的权利，这也就意味着人人都有不被人伤害的权利。伤害别人的自由就违背了自由的原则，就是不自由了。所以在自由的社会里，反而不会彼此伤害。他们会制定一些规则去保护每个人的自由，防止侵害人的自由。一般来说，统治者最容易侵害他人的自由。为什么呢？因为他权力大，可以扩张自己的权力，扩张自己的自由度，使别人不自由。这样的统治者，老百姓避之唯恐不及。“执大象”的统治者就不一样了，他限制自己的自由，腾出更多的空间让百姓自由。所以，“执大象”才能“天下往”。不过“执大象”很难，统治者约束自己的权力，约束自己的自由度，肯定很难。怎么办呢？就要制定一个法，用这个法去限制权力，限制统治者的自由，以确保老百姓的自由。这样社会就“安平太”了。有人说“安平太”是并列的三个词，这样理解也可以。但按照古汉语，安是乃，于是的意思，安平太就是乃平太，于是就舒适、平安的意思。

儒家也有自由的理想。齐宣王的后花园方圆四十里，远没有周文王的后花园大，但老百姓不认为周文王的后花园大，却认为齐宣王的后花园太大。为什么呢？孟子解释说，文王的后花园是一个自由场所，所有人都能进去一起娱乐，自然不嫌大。齐宣王的后花园是私人娱乐场，不让别人进出，限制了人的自由，自然嫌大。这是儒家的自由理想。

乐与饵，过客止。乐是音乐，饵是美食。有美妙的音乐，有美味的食物，路过的人都想停下来，去听一下这美妙的音乐，去尝一下这美味食物。过客只是路过，本无意于乐与饵，却被乐和饵吸引，足见乐和饵的吸引力有多大。

道之出口，淡乎其无味。道的味道怎么样呢？按理说，道的味道应该最好，但令人失望的是，道“淡乎其无味”，平淡无味。在生活中，人们喜欢各种味道，甜、咸、辣、酸、苦，都有人喜欢，但没有人喜欢无味。道无味，所以人喜欢美食，不喜欢道。道的吸引力远没有美食大，但道的重要性远比美食大。五味是怎么来的？五味来自无味，没有无味，哪有五味呢？没有无味的话，甜就永远甜，咸就永远咸，辣就永远辣，因为无味，才能调出五味。无味是五味的基础，无味高于五味。人喜欢五味不奇怪，那是人的本能，但人还要意识到五味根源于什么。人要学会品尝无味，要从五味中体味到无味，那是无味之味，味外之味。诗歌的最高境界是无味，味外之味。绚烂至极，归为平淡。说陶渊明是古今诗人第一，就因为他的作品是无味之味，而六朝诗风旖旎，辞藻华丽，反而评价不高。

视之不足见，听之不足闻。没有声音，没有色彩，对于视听感官而言，它是不存在的。对于一个不存在的东西，无所谓喜欢，也无所谓不喜欢。自然谈不上吸引力了。道在感官之外，就人的感觉来讲，人和乐与饵的关系更密切，人和道的关系反而很疏远。

用之不足既。这个“不足”好多版本写成“不可”，“不可”更好。

这句话的意思是，道的作用是无穷无尽的。由于道的特点是无味、不见、不闻，所以在通常人的眼里，道反而不如乐和饵吸引人。但这是错觉，其实道的作用是无穷无尽的。

道的作用为什么无穷无尽呢？道是自由的空间。自由的空间和乐与饵相比，谁更根本？先有自由的空间，然后才有空间里的万物。没有自由的空间，哪里会有乐和饵？平常我们关注到了空间中的万物，被它们的外表吸引，忘记了万物存在的前提。我们有乐和饵，要归功于道、空间、自由的存在。没有它们的存在，乐和饵就不可能存在。有自由的空间，才能有美食，才能去享受美食。没有自由的空间，乐和饵是没有意义的，关在牢房里，给你美食，恐怕也吃不出来那种感觉。

三 十 六 章

将欲歙之，必固张之；将欲弱之，必固强之；将欲废之，必固举之；将欲取之，必固与之，是谓微明。
柔弱胜刚强。鱼不可脱于渊，国之利器不可以示人。

将欲歙之，必固张之。“歙”是收缩的意思。看字形，歙的左边部分，上面一个合，下面一个羽，合起羽毛就叫歙，是鸟合起翅膀的意思。这句话的意思是将要收缩的事物，必定是已经张开了的事物。

事物要收缩的时候，肯定是已经张开了，否则它怎么收缩呢？只有张开的事物才可以收缩。事物从收缩到张开，再由张开到收缩，以这样的方式循环。但在这里老子没有表述循环的全过程，只表述了事物从张开到收缩的状态，而没有提到事物从收缩到张开的状态。

老子为什么特别关注事物从张开到收缩的状态呢？因为前一个状态，从歙到张的状态，是人出于本能都追求的状态，所以，也是需要反思的状态。老子只提事物由张到歙的状态，意在提醒事物的发展终有一个收缩的状态。为什么会收缩？因为事物在扩张中会失去节制，会过度扩张。出于一种价值上的考量，老子提醒，事物的扩张应该有一个度，否则会很快转向收缩。

将欲弱之，必固强之。将要衰弱的事物必定已经是非常强大的。言下之意就是，强大的事物最终会走向衰弱。不要以为强大的事物会永远强大，会变得更为强大。要意识到强大是有度的，超过了度就会加速衰落。这个提醒有什么好处呢？一方面，可以使我们接受事物终会衰弱的现实；另一方面如果知道强大终会转弱的话，就会对强大有一个正确的态度，就不会一味地求强大，一味地争强好胜，相对来讲，这样能更持久地保持强大。当然，这并不意味着事物就不会衰弱，只不过是说有了这样一种态度，事物由强到弱就会是一个自然的过程，而不会出现异变。

将欲废之，必固举之。废是废弃的意思，“举”，通行本写作“兴”，陈鼓应根据帛书改成了“举”，但这个字可以不改。因为废和兴正好构成一对反义词。这句话的意思是一个将要废弃的事物，必定是已经兴盛过的事物。如果不先兴盛的话，也就无所谓废弃了。这是说事物终会由兴到废，因此要对兴保持一种警惕，使兴保持在度的范围之内。因为事物的兴盛会激发人的一种欲望，一种幻想，人就想不断地促进兴，以至于兴过了头。

将欲取之，必固与之。要从对象那里有所获取的话，必定是已经给予了对象。如果没有给予的话，也就无法获取。这句话和前面三句意思有点区别。前面都是讲同一个事物极度发展，自身会走向衰弱，这里是讲一个事物和另一个事物的关系。一个是给予，一个是获得，在获得的时候，要知道获得的东西是随时可能被取走的。获取的越少，取走的也就越少；获取的越多，取走的就会越多。而且获得的多，会强化取走的欲望，会增加失去的危险。老子提醒，在获取东西的时候要把握度。对别人的给予要保持一种警惕。十三章讲到宠和辱，宠是别人给予的，别人可以随时收回宠。如果不得宠，也就不可能失宠。所以得了宠要更加谨慎，不要因得宠而洋洋得意。要如履薄冰，如临深渊，那才是对的。

是谓微明。这就叫作“微明”。微是微妙、微小、微弱，明是明亮、一清二楚。“微明”是讲前面八句话体现出的特点。一方面，这些原理是微，不好把握的，容易被人忽略的。另一方面，这个原理又是一目了然的。事物的原理往往都在微明的状态里。微是好像不存在，明是确确实实存在。对于得道的人来讲，这个原理就是明；对于没有得道的人来讲，就是微。

柔弱胜刚强。前面八句话以一种特殊的表达方式对张、强、兴、予提出了警告。人们在面对这四个字的时候，容易忘乎所以，以为张、强、兴、予会不断持续下去，这就使得这四者处在一个危险的状态。如果事物只是张、强、兴、予的话，那就是一个生硬的张、强、兴、予，一个失去活力的张、强、兴、予，一个不合道的张、强、兴、予。

那么，对张、强、兴、予正确的态度是什么？一般有两种态度：一种认为张、强、兴、予能够不断保持下去；另一种认为张、强、兴、予是不可持续的，是有可能衰落的。前者是刚强的态度，后者是柔弱的态度。哪一种态度更好呢？“柔弱胜刚强”柔弱的态度胜于刚强的态度。“柔弱胜刚强”，不是说柔弱战胜了刚强，而是说，面对刚强采取一种柔弱的状态，胜过一种刚强的状态。这是讲柔弱的好处。柔弱的态度为什么好呢？柔弱就是尽量减少主观性，以免干扰万物发展的客观进程，让万物以自己的方式，以自然的方式发展，这样万物就能得到长久的发展。另外，保持柔弱，就是自我限制、自我约束，以便腾出空间，接受他人批评。他人的批评有利于削弱人的自我，削弱人的刚强。当然要求人主动的自我削弱并不容易，人本能地抗拒削弱，渴望强大。这就需要有外部的制约，使其必须保持柔弱的状态。尽管柔弱的态度很重要，但并不能阻止事物从张、强、兴、予的状态转变为歙、弱、废、取的状态。柔弱不能保证事物不衰弱，而是让它顺其自然的衰弱。衰弱是必然的，只是哪一种衰弱更好，是自然的衰弱好，还是突然的衰弱好?

鱼不可脱于渊。这句话就是讲，要用弱的态度，不要用强的态度。鱼在水里游是它应该有的态度，鱼儿离不开水。鱼离开了水就会死掉。但水又成了鱼的限制，鱼想脱离水表现它的强大。它想像小动物一样在地上奔跑，像鸟一样在天上飞翔。这是鱼做不到的事，如果它一定要做，就是死路一条。

国之利器不可以示人。“国之利器”是什么?在国里面，一切可以显示强大的东西都是“国之利器”。那些统治国家的工具，军队、警察、监狱，都是“国之利器”。这些“国之利器”不可以轻易示人，不可以用来威胁百姓。治国要靠柔弱，治国要示弱。什么叫示弱呢?不借助强大的国家机器去推行自己的思想和观念，而是听取别人的意见，接受别人的批评。

还有一个问题需要讨论一下。本章是《老子》里被人诟病最多的一章。很多人认为老子是在宣扬阴谋论的思想。韩非子最早以阴谋论思想解释老子这一章。他列举了历史上很多例子。越王勾践卧薪尝胆，极尽示弱之能事，侍奉吴国，使吴王失去警惕，最后灭掉了吴国。晋献公想要袭击虞国，却故意给他送了很多礼物，要借道去攻打虢国，结果让自己的国家灭亡了。历史上的确有人利用老子这几句话搞阴谋诡计，致使很多人误解《老子》，以为这一章就是在讲阴谋诡计。对此必须要有一个明确的态度。

就《老子》的文本而言，整部《老子》里是没有讲阴谋诡计的，这不符合老子的思想。什么是阴谋?阴谋是没有原则的，如果说有一个原则的话，那就是自私自利。搞阴谋的人都是为了获取更多的利益。那么老子的思想，无为的思想里有没有教人自私自利呢?老子的无为思想是针对统治者的，要求统治者无为，对谁有好处?对统治者和老百姓都有好处。统治者无为了，就能长治久安，这有利于统治者。统治者无为了，老百姓可以按自己的方式去做自己想做的事，这对老百姓也是有利的。可见老子无为的思想，对所有人都有利，并不谋求某一方的私利，这和阴谋是完全不搭界的、毫无关系的。

但是，撇开老子的思想背景，老子这几句话的确存在误解的可能性。误读首先体现在翻译上。从客观原理的角度去翻译“将欲歙之，必固张之”，可以翻译为：将要收缩的事物，必定是已经扩张了的事物。但以主观意愿的方式去翻译，就可以翻译为：如果要使它衰弱的话，就必须先使它强大。故意去推动事物扩张为的是加速它的衰弱，这就是明显的阴谋论了。鲁迅讲到批评家对作家有两种不好的态度：一种是棒杀，说作品一文不值，没有任何意义，使作家受到打击，再也不想写了；还有一种是捧杀，捧杀就有阴谋的意思。作品本来不好，故意要说好，让人忘乎所以，以为自己真是一个大作家了。所以，老子这句话的确有误读的危险。我们的解读，指出强大很危险，要赶紧柔弱，这是善意的提醒。有人利用这个原理，恶意去推进强大，去加速它的死亡，这是居心不良。

老子这几句话被误读，责任不在老子，而在读老子的人。人的思想里有什么，他就能在作品里读出什么。他从作品拿出来的，正是他塞进作品里去的。韩非子的思想里有许多阴谋，他就喜欢用阴谋论解释老子。

三　十　七　章

道常无为而无不为。侯王若能守之，万物将自化。

化而欲作，吾将镇之以无名之朴。

无名之朴，夫亦将不欲。不欲以静，天下将自正。

道常无为而无不为。“道常无为”是道的特性，“无不为”是道的功用。前面已经讲过道的特性是虚，是无。作为虚无的道，本来就无所谓为或者是不为。换句话讲，道本来就不为，也就无所谓为。当说道无为的时候，给人的感觉好像道还是能为的，只不过这个道主动采取了一种无为的方式。为什么要说道无为呢？

道本来无为。但本来无为，就会意识不到它的存在，就容易忽略掉它的存在。以至于道是不是存在都是一个问题。所以呢，必须要借助于语言，把道的无为特性说出来，让人知道道是存在的。另外，说道无为还有一个好处，就是给统治者提供了一个可以操作的治国理论，统治者就知道自己该如何去做了。那么道无为有什么结果呢？就是“无不为”。道通过无为的方式达到了无不为的效果。什么是无不为？道通过万物自为达到无不为。无不为与无为密切相关，只有无为才能够无不为。如果道有为的话，它就会以自己的方式去为，那么万物只能按照道给予的方式去为，万物就不能以自己的方式去为。

任何有为都是有限的为，尽管有为的范围有大有小，但是再大的有为，范围也是有限的。只要是有为，就不能够什么都为，就只能是有局限的为。只有道无为，让万物自为，才能实现无不为。同时，道无为体现了道对万物的一种信心，一种信任，它相信万物能够自为。如果道不相信万物能够自为，它就不能无为，也不敢无为。它就想去为，去帮万物一把。所以道家有一个很核心的思想，就是对世界万物始终保持着一种信心。

侯王若能守之，万物将自化。既然道的特性是无为，人就要效仿道，也去无为。作为统治者来讲，就更应该守道无为。这里要注意一个问题，就是道无为和侯王守道无为，有没有什么区别？道是虚无，道本来就是无为的。侯王是人，有人的情感、意志、观念，必然就会有所为。所以侯王无为，指侯王根据无为的原则进行自我控制，自我约束。但是人只有在一种理想的状态下才能实现自我约束。通常情况下，人更倾向于扩展自我意志。所以人能不能守道，还很难说。或者说人守道只是人的一种可能性，人可以守，也可以不守。

有鉴于此，老子用了一个“若”字，“侯王若能守之”，这个若字就把侯王能不能守道归为侯王的个人修养。这就意味着侯王可能不守道，侯王守道可能是偶然性的行为。如何使侯王必须去守道呢，这就需要一种立法的精神，用法去限制他，使他不能不守道。守道了，他就是侯王；不守道了，他就不再是侯王。这样侯王守道就不是一个假定性、偶然性的行为，而成为一个必然的行为。

侯王守道有什么好处？“万物将自化”。为什么守道万物就会自化？守道是在约束谁？是在约束侯王的个人意志，限制他的个人权力，这就腾出来自由的空间，让万物自我生长。当然，侯王通向无为的路是漫长的、曲折的、艰难的，它既依赖于个人的修养，更依赖于一种立法的精神。尽管侯王的无为之路很艰难，但是只要达到了无为，效果是一样的。万物将自化与无不为意思是一样的。无不为体现为万物自化。让万物自化也体现为对万物的信任，这里对万物的信任，更多是指对人的信任，相信人能够自我成长。老子对人性充满了信心。尽管老子没有提出人性善，但老子似乎是一个更深刻的人性善论者。孟子也说人性善，但孟子对人性善还不是特别有信心，否则他就不会那么强调教化了。这也帮助我们理解孟子的人性善怎么转变成荀子的人性恶，因为教化思想的逻辑前提就是人性本身是有问题的。把有问题的这方面加以扩大，不就变成人性恶了吗？

化而欲作。化就是自我化育、自我生长的意思。自我化育、自我生长的过程是不是一帆风顺呢？老子很理性，他不认为自我生长、自我化育，就一劳永逸了。在自我化育的过程中会发生一些很奇妙的变化，就是"欲作"。人在化育的过程中欲望会不断膨胀，由自然欲望演变成过度欲望。为什么会"化而欲作"呢？因为人有自由，欲是自由的产物。自由具有二重性，既可以使自己在道的范围内活动，也可以偏离道活动。换句话讲，人偏离道去活动正是人的自由本性。也可以讲，只有人才能偏离道。人偏离道不是人的渺小，而是人有一种崇高的使命，他能够从偏离中回归道。怎么回归呢？

吾将镇之以无名之朴。"吾"是谁呢？看起来像是作者，这样理解也不错，但有点狭隘。这个"吾"应该代表那些守道的人。他们怎么去做呢？"镇之以无名之朴"。镇有威慑的意思，用"无名之朴"去威慑欲作的人。"无名之朴"指的就是道。为什么不说道呢？直接说道还简明扼要些。这是因为道尽管简单，但是呢，它很抽象，不好把握。"无名之朴"比道相对来说要好理解一点。朴是什么？原始的、未加工的木料。那些原始的木料还没有自己的名字，只好统称为朴，可以想见它的原始性。为什么要用"无名之朴"去震慑呢？因为人的欲望越来越多，越来越膨胀，实际上都是被器诱惑了。大千世界，器物琳琅满目，让人心驰神往，沉迷于器物，忘记了这些器物的来源。"朴散则为器”，器源于朴，终要回归到朴。器代表着欲望，从器回到朴，就等于从欲望的世界回到正常的世界。

无名之朴，夫亦将不欲。帛书本在“无名之朴”前面还有“镇之以”三个字，写作“镇之以无名之朴”，这就重复了前面的一句话。重复一下比较好，这样文意和思路很连贯，否则，“无名之朴，夫亦将不欲”给人感觉到文字不太流畅。这个“不欲”不是说要回到没有欲望的状态，不是这样的。“不欲”是指不要多欲，不要过度欲望。要摆脱过度的欲望，回到自然的欲望。

不欲以静，天下将自正。“不欲”是自然的欲望。在自然的欲望中，心就会很安静。安静是心的本来状态，也是美好的状态。如何得到美好的世界取决于人如何对待自己的欲望，控制了自己的欲望，就是一个美好的世界。膨胀自己的欲望，就进到一个不美好的世界。世界的美好与否，与人的欲望有关。

三十八章

上德不德，是以有德；下德不失德，是以无德。

上德无为而无以为；[下德无为而有以为]。

上仁为之而无以为；上义为之而有以为。

上礼为之而莫之应，则攘臂而扔之。

故失道而后德，失德而后仁，失仁而后义，失义而后礼。

夫礼者，忠信之薄，而乱之首。

前识者，道之华，而愚之始。

是以大丈夫处其厚，不居其薄；处其实，不居其华。

故去彼取此。

上德不德，是以有德。“上德”指的是最好的德，也可以讲是最高的德。“不德”，不表现为一种德。“上德不德”，最高的德不表现为一种德，看不出来有德。为什么会这样呢？因为上德接近于道，道是无形的，那么和道关系最密切的“上德”，也应该是无形的。因为它是无形的，所以就看不出来德究竟表现在什么地方。《周易》讲“天地之大德曰生”，这里的大德就是上德。天地让万物生，这就是上德。上德和平常讲的德完全不一样。上德类似于空气、阳光和水，它们对于人有大恩大德，但平常呢，我们会忘记它们的大恩大德。因为上德不表现为具体的德，看起来好像没有德。上德经常处在一种被遮蔽、被遗忘的状态。只有在反思的情况下才能够唤回被遗忘的上德。

上德没有表现出来德，所以说它有德。如何理解上德有德呢？上德提供事物存在的条件和平台，让人在这个条件下，在这个平台上去自我生长。对人提供帮助最大的应该是那个平台和条件，没有它们，后面的一切都无从谈起。但是我们很容易忘记这个平台、这个条件，只记住了在这个平台和条件之下别人提供的帮助。而没有意识到提供平台和条件是最大的帮助。是平台和条件最终成就了万物。

下德不失德，是以无德。下德是层次比较低的德，包括下面要讲的“上仁、上义、上礼”，它们都是下德范围内的德。仁、义、礼都是儒家的思想观念，可见老子把儒家的道德观念看作低层次的德。低层次的德毕竟也是德，所以说“不失德”。下德体现为具体的德，形式化的德，它们的作用是有限的、是相对的。生活中那些具体的德都只有相对的作用，只在特定的时空之下发挥作用，不具备永恒的价值。现代人经常批评宋明理学的“饿死事小，失节事大”两句话。节固然很重要，人不能没有节操。但问题在于如果把节操作为一个绝对原则，就会出现非常大的问题，就会漠视生命的价值。不是说这句话一点道理都没有，而是说这句话只有有限的道理，是需要反思的一个道理。如果抱守着这个道理不放，反而会成为一个无德之人，一个没有生命温度的人。下德是形式化的德，这个形式化的德远离了上德。但我们通常都把那些形式化的德当作一种真正的德来坚守，所以老子的这个思想有助于我们反思那些流行道德观念。

上德无为而无以为。因为上德不德，不表现为具体的德，这就决定了上德必须无为。反过来也成立，因为上德无为，不去行德，自然也就无德可表现。上德无为与上德不德相互规定。上德不德是上德的质的规定性，上德无为是上德的行为方式。上德也是无为的。上德无为和道无为应该有所区别。道本来无为，上德遵循道，然后无为的。这就有一个问题，上德是以无心的方式无为，还是以有心的方式无为？“无以为”就是以无心的方式无为，这样能确保无为的必然性。若以有心的方式去无为，无为就变得非常不确定。因为有心或多或少会干扰到无为。另外，有心具有强制性，能否持久也很难说。

下德无为而有以为。这句话不同版本差别很大。王弼本是“下德为之而有以为”，傅奕本是“下德为之而无以为”。如果按王弼的本子，就和下文“上义为之而有以为”完全重复了，如果依傅奕的本子，又和下面的“上仁为之而无以为”重复了。朱谦之的《老子校释》认为，这句话应该是“下德无为而有以为”。这样又出现一个新的问题，上文讲“下德不失德是以无德”，下文又讲“下德无为而有以为”，这两句话有点冲突。帛书本里没有这句话。一些学者建议当据帛书本把这句话删掉，删掉后的文意特别流畅。我们也赞同把这句话删掉。

上仁为之而无以为。刚才我们讲了上德的境界，这个境界类似于第十七章的“太上，下知有之”。那么这里的上仁，就类似于“亲而誉之”的境界。什么叫“为之而无以为”？上德和下德最重要的区别在于上德讲无为，下德讲为之。上德的大前提都是无为，下德的大前提都是为之。下德之间的区别是为之方式的不同。“上仁为之”的前提是为，它如何为呢？以无以为的方式去为，也就是以无为的方式去为。这是出于本心的为，自然而然的为，没有任何外在的目的性，也没有任何强制性。孔子说“仁者安仁”，这个仁就是上仁。安仁就是以仁为安，成为仁人就心安，就想成为一个仁人，没什么别的理由。就像不卖假货，为什么不卖假货？卖假货心里不安。《中庸》讲“自诚明”，孟子讲“尧舜性者也”，讲的都是上仁的境界。

上义为之而有以为。上义肯定是要为，但上义以什么方式去为？以有以为的方式去为。有以为已经开始背离自然的原则了。什么叫义？义就是宜的意思，应该的意思。所谓应该，就是感情上不愿意，但理性上必须做，行为不是出于自然，而是出于自我强制。孔子说“智者利仁”，利仁以仁为利，有外在目的。利仁不卖假货，是怕人发现，失去信誉，造成经济损失。《中庸》里说的“自明诚”，孟子说的“汤武反之也”，都是上义的境界，与利仁的境界相当。上义和上仁相比差一个层次。

上礼为之而莫之应，则攘臂而扔之。上礼肯定也是为，礼是人制作的嘛。上礼为之会怎样？“莫之应”。没有得到任何人的响应。情急之下“攘臂而扔之”，卷起袖子把人往礼这方面拉，就是通过礼来强制规范人的行为。礼的强制和义的强制有很大区别，义是内在自我强制，礼是外在强制。

故失道而后德。这是讲道和德的区别。道是无处不在、无时不在的。德是人所能把握到的道。即便是上德之人，也只能以一种有限的方式去实现道。“失道而后德”，从量上来讲，道是全体，德是局部。失去了全体，才得到了局部。从质上看，道是绝对的无，德是无形质的有，从道到德即是由无限性变为有限性。所以，无论从质上看还是从量上看，从道到德都是后退。当然，这是不得不有的后退。

失德而后仁。德有某种质的规定性，但德毕竟是无形的，它能够让事物以自己的方式去成长。仁让万物在爱的氛围中成长。爱有一个问题，爱必定是对于对象的爱，这样一种爱尽管是出于自然的，但必定是有倾向性的。这个倾向性是很难觉察到的，这里隐含着对对象的一种改造，带有一种强加的成分。爱里面隐藏着对他人干预的可能性。

失仁而后义。仁和义有什么区别？仁是一种自然情感。而义是什么？义是应该，是必须，是内在的约束力。感情上不想做，但理性认为必须要做，所以义是对情感的背离。

失义而后礼。礼和义有什么区别？礼是外在的强制，义是内在的强制，从义到礼，就是从内在强制转化为外在强制。这就意味着内在的强制没有达到预想的效果，人做不到内在强制，所以必须要用外在强制。礼对人进行外在强制，这是十七章里讲的畏的社会。

以上是老子给各种德进行价值排序。在各种价值里，最高的是道，其次是德，再次是仁，第四是义，最后是礼。从这个排序看，道家的两个核心概念排在最前面，而儒家的核心观念都排在后面。这个排序说明道家思想高于儒家思想，同时也间接肯定了儒家思想的价值。儒和道之间是互补的关系，谁补谁呢？应该是儒补道，道是核心。值得注意的是老子的观念价值排序，并不简单是价值的结构，还体现了道家的历史观。这种历史观认为，人类的历史是不断倒退的。人类历史从道的状态退化到德的状态，从德状态退化到仁的状态，从仁的状态退化到义的状态，从义的状态退化到礼的状态。老子的观念价值排序不是凭空想出来的，而是有现实历史根据的。

夫礼者，忠信之薄，而乱之首。这是讲礼的危害性。老子生在春秋末年，那是礼崩乐坏的时代。老子排序各种价值观念，落脚点还是要解决当时的社会问题。要解决社会问题，首先要找到问题出在什么地方。“夫礼者，忠信之薄，而乱之首”，老子认为是礼出了问题。老子对礼采取批判的态度。“忠信之薄”是什么意思？是讲礼的来源。礼是怎么来的？人彼此失去了信任感之后才产生了礼。言外之意是在一个礼的社会里，人们普遍失去了信任感，失去了信任感礼还能怎么样呢？

《庄子·庚桑楚》里面说“蹍市人之足”，市场上把不认识的人的脚踩了，你会有什么反应？“则辞以放骜”，马上对人说对不起，赶紧道歉。“兄则以妪”，如果是把哥哥的脚踩了呢？低头安慰一句就可以。“大亲则已矣”，大亲就是最亲的人，就是父母了，把父母的脚踩了呢，什么都不用说，说了反而见怪了。这说明，在一个彼此陌生、彼此不信任的世界里面，大家才讲究礼，在至亲的人那里反而不需要礼。可见，礼是“忠信之薄”的产物。礼为什么是“乱之首”呢？因为礼是外部的强制，没有人愿意生活在强制状态下，人都希望生活在自由的状态下。长期生活在强制状态下会激起人的反叛。很多违礼的行为就是对礼的反抗，也就是对社会秩序的反抗，最终导致天下大乱。

前识者，道之华，而愚之始。“前识”就是提前认识，什么样的人能够提前认识？就是那些所谓的智者。他们自以为很有智慧就背离人性，去制定各种各样的礼仪制度，去限制人的行为。但老子讲，礼是“道之华”，是道的细枝末节。他为制定如此完备的礼而自豪，但不知道这是“愚之始”。在老子看来，自然的社会才是最好的社会，而制定各种礼去限制人，是对人的压抑。儒家对周公制礼津津乐道，但在老子眼中却是坏社会的开始。

是以大丈夫处其厚，不居其薄；处其实，不居其华。故去彼取此。通常认为“大丈夫”是儒家的概念，是孟子发明的概念，一提到大丈夫，就想到孟子的人格。其实在孟子以前，老子就提出了大丈夫的概念。只不过老子的大丈夫是“处其厚”“处其实”，孟子的大丈夫是“居其薄”“居其华”。厚、实是指道和德，薄、华是指仁义礼。他们都讲大丈夫，但大丈夫的内涵正好相反。老子的大丈夫要回到道德上去，孟子的大丈夫要回到仁义礼上面去，同一个概念，表达完全不同的意思。

三十九章

昔之得一者：天得一以清；地得一以宁；神得一以灵；谷得一以盈；万物得一以生；侯王得一以为天下正。

其致之也，谓天无以清，将恐裂；地无以宁，将恐废；神无以灵，将恐歇；谷无以盈，将恐竭；万物无以生，将恐灭；侯王无以正，将恐蹶。

故贵以贱为本，高以下为基。是以侯王自称孤、寡、不谷。此非以贱为本邪？非乎？故至誉无誉。是故不欲琭琭如玉，珞珞如石。

昔之得一者。“昔”是过去的意思，联系下文，“昔之得一者”可以翻译为：自古以来，得一都是非常重要的事情。什么是一呢？一般人都把一解释成为道，说得一就是得道。从字面上看，意思说得通。但是这里面有两个问题：一个问题是，既然一就是道，为什么老子不用道，一定要用一呢？一跟道是不一样的，道是无，一毕竟是有。把一解释为道，从思想角度来讲不够细致。老子用一而不用道，表明这个一和道应该是不一样的，这个一应该有一个特定的解释。第二个问题，《老子》里有许多一，但是这些一和道都无关，都不能解释为道。十一章里的“三十辐共一毂”，二十五章里的“而王居其一焉”，六十七章的“一曰慈”，这些都是代表数字的，跟道无关。还有一些，比如第十章里的“载营魄抱一”，十四章的“故混而为一”，二十二章里的“圣人执一而天下式”，这些一都是一体，成为一体的意思，也不是道的意思，跟道无关。四十二章的“道生一，一生二”，这两个一显然也不能理解为道。《老子》书里几乎所有的一都与道无关，所以，这里的一也不应当理解为道。这个一相当于抱一，是成为一体的意思。物成为自己，就叫作得一。物一分为二，就不再是它自己，就变成另外的物了。所以这个一是成为一体，成为自己的意思。那么成为自己和道有没关系呢？换句话讲，是谁让物成为它自己的呢？不就是道吗？是道使物成为自己的，一和道是有关系的。物成为自己是物稳定性的标志。如果物随时都可能不是它自己，随时会变成别的物，这个世界也就没有任何稳定性了，人也就无法去认识世界了。可见，得一有多重要。因此“昔之得一者”，可以更准确地译成：自古以来，万物成为自己是最重要的。

天得一以清。天成为自己，天才能清。天本来就是它自己，但是人喜欢“与天斗”。与天斗就是用主观的方式去干预天，使天不再成为天，天混沌不清就有天崩的危险。所以老子警告不要与天斗，要顺着天，才能天清气爽。

地得一以宁。大地成为它自己的时候，大地才能安宁。大地原本是安宁的，但人要与地斗，要改天换地，让大地变成人喜欢的样子，结果把大地搞得面目全非。当大地不是它自己的时候，大地就不能生长庄稼，人也就很难成为自己。所以人改造山河的时候要特别小心，不要随心所欲，它会带来预想不到的后果。

神得一以灵。神成为它自己的时候神才有灵通。世上本没有神，但人要造神。人为什么要造神呢？人对自己不信任，自己管不住自己，所以要造出来一个神来管自己。神一旦造出来，神就必须是它自己。也就是说，神必须独立于人，而且还要高于人。这样人才会对神顶礼膜拜，神才能发挥神的作用。只有当神成为神的时候，神才能对人产生作用。如果不把神当作神，亵渎神，神就从神坛上跌落下来。

这时候人就变成了神，神还能灵通吗？所以，神呢，信则有，不信则无，信就会发生作用，不信就没有作用。什么是信神？就是把神当作神。什么是不信神？就是把神看作心造的幻影，这时候神还有什么作用呢？

谷得一以盈。山谷成为它自己，它才能够装水。山谷成为山谷，就是保持山谷的空性。山谷是空的，它才能装满水。如果山谷不是它自己了，山谷被人为地填平了，它就不能再盛水了。

万物得一以生。前面讲天地神谷，现在概括性地讲万物。万物成为它自己，才能够自我生长。万物成为自己，要顺乎万物的本性。这里的万物本性，包括万物生长的环境，比如说水土、天气等。把物种换一个地方去种，物种还是它自己，但气候土壤变了，它就不是它自己了。所以气候、土壤等，都是万物成为自己的构成要素。可见，万物得一比天地神谷得一要复杂很多。天地神谷是自然现象，没有外在条件的限制，而生命物的生长，外在条件要苛刻很多。

侯王得一以为天下正。老子的思路总是从自然到万物到人到侯王上面。侯王成为他自己，天下就安宁了。侯王成为他自己，就是做他应该做的事，这样天下就安宁。侯王要突破自己，做不该做的事，就会天下大乱。侯王成为他自己，和前面讲的天地神谷万物成为它们自己，还有点区别。天地神谷万物成为它们自己没有歧义，很容易明白其中的道理。但是侯王成为自己是被我们规定出来的。儒家那里，侯王成为自己和道家那里，侯王成为自己，意思是不一样的。对于儒家来讲，侯王成为自己，就是侯王对待百姓就像父母对小孩一样，要为他们做很多很多的事情。对道家来讲呢，侯王成为自己，意味着侯王应该无为。

其致之也。进一步引申什么是成为自己。以上讲的成为自己，核心是要排除外在干扰。那么，事物排除了外部干扰，是不是就成为自己了？恐怕还不一定。物成为自己，还要从内部进行规定。物的内部要具有一个合理的结构，否则统一体就会崩溃解体。接下来就是讲这个问题。

谓天无以清，将恐裂。这是通行本的写法。这句话的意思是，如果天不能清的话，天就会崩裂。这样理解也未尝不可，但会面临两个问题：从思想上看，“天得一以清”是正面表述得一的重要性，而“天无以清，将崩裂”则是从反面说明天不能得一以清将产生严重的后果。一体两面，思想并未得丰富和深化。从本章的整体结构而言，这样理解的话，“故贵以贱为本，高以下为基”以前的部分与以后的部分意思就很不连贯，好像是两个不同的段落，硬凑到一起来的。“故”以下的文字应该是上面文字的结论，但这个结论却让人莫名其妙。所以，这个地方我们采取帛书本的写法“天毋已清”。毋已是不停止、无休止、无节制的意思。这样意思就通了。天无休止地保持清，天将恐裂。这就是说，天有一种结构，天成为天，与天的内部结构有关。在天的内部结构里，我们通常只关注到清，天很晴朗，阳光灿烂，心情特别好。但老子讲，如果天无休止无节制地都是晴空万里的话，会出现什么结果？“将恐裂”。清是天的本性，乌云翻滚也是天的本性。所以不仅要关注到天的晴朗，还要关注到天的阴沉，天一味晴朗而不阴沉，天就会崩裂。天不再下雨，那还是天吗？

地无以宁，将恐废。“地无以宁”也按照帛书本改为“地毋已宁”。地无休止的安宁，也要出问题的。我们希望大地安宁，大地安宁了，才感觉到安全，才感觉到踏实。所以，我们最怕大地发生地震。但是，如果大地真的永远安宁，那么大地会废止，会成为僵死的板块。它不再有生机，不再有活力。沧海桑田，表明大地其实一直处在变动当中，大地上那些神奇的景致，都是大地变动的结果。大地是静的，也是动的，这是大地的二元结构。

神无以灵，将恐歇。“神无以灵”，按帛书本改为“神毋已灵”。如果神一直灵通，一直灵验的话，会出现什么问题？人就会从此失去自由。人的一切都在神的控制之下，人变成神的木偶，人将不再是人。只有打破神灵，才会找到他自己。一方面，神是它自己，它才灵验；另一方面，如果一味地灵验，人就成了神的奴仆，又走上另外一个极端了。所以，神的内部也有一个二元结构。神的内部结构是神人的结构关系。

谷无以盈，将恐竭。“谷无以盈”，按帛书本改为“谷毋已盈”。河流如果一直充盈会导致溃堤，河水就变成祸害了。每年雨季一到，河水涨满的时候就要去防洪。防洪最好的办法是泄洪，泄洪是主动让水变虚，防止溃堤。可见，河流也具有盈虚的二元结构。

万物无以生，将恐灭。帛书本无此句，仿帛书本改为“万物毋已生”。万物如果不停地生，只生不死，会出现什么结果？万物就会越来越多，空间会越来越小，万物就会为争夺生存的空间而自相残杀。所以，万物必须有生有死，这是万物的二元结构。

侯王无以正，将恐蹶。“侯王无以正”，按照帛书本改为“侯王毋已贵以高”。如果侯王总是把自己看的高贵的话，危险就降临了。侯王高高在上，就会看不起老百姓，就会欺压老百姓，就会胡作非为，最后被百姓推翻。所以侯王也有二元结构，君与民的结构关系。

故贵以贱为本，高以下为基。任何事物要保证统一体不分裂、不瓦解的话，就必须让统一体内部具有二元结构。有贵必须要有贱，有高必须要有下。另外，二元关系里面谁最重要？贵和贱谁重要？通常认为贵重要，老子认为贱更重要。贵是以贱为本的，没有贱，就没有贵。高和下谁重要？通常认为高重要，高高在上嘛！但老子说下最重要，因为高是以下为基的，地基不稳，高楼就会倒塌。

是以侯王自称孤、寡、不谷。“孤”就是孤家寡人，“寡”就是寡德，没有德行，“不谷”就是不善。侯王为什么用世界上最低等的名字称呼自己呢？因为在侯王的二元结构里，高的一元已经具有，缺的正是低的一元，称自己孤、寡、不谷，正好保持二元结构的平衡。二元结构平衡了，地基就打稳了，统一体就稳固了。

此非以贱为本邪？非乎？这不就是以贱为本吗？难道不是吗？

故至誉无誉。至高的荣誉没有荣誉，这句话听上去没有问题，但是放在这里，意思不够精准。此句王弼本写作，“致数舆无舆”，这个“舆”又通誉。也就是说，追求各种荣誉，反而会失去荣誉，这就和前面讲的各种二元结构意思贯通了。

是故不欲琭琭如玉，珞珞如石。任何事物都有二元结构，而且在这个二元结构里要保持良好的结构关系，才能使事物保持统一，保持成为它自己。人不要只想“琭琭如玉”，像玉一样很温润，还要“珞珞如石”，像石头一样硌人。玉和石构成了所有事物的二元结构，所有的事物里面都有一个类似于玉的东西，也有一个类似于石头的东西，缺少哪一个方面都是不完整的，事物都是要崩溃的。而且在玉和石之间，要摆正它们的关系，要以石为基础。这一章主要讲统一体的问题，要使自己成为自己，外部要排除干扰，内部要保持二元结构。在二元结构里面“贵以贱为本”。

四　十　章

反者道之动；弱者道之用。

天下万物生于有，有生于无。

反者道之动。什么叫“反”？这个“反”有两个含义：一个是相反的意思，事物朝着相反的方向发展。事物离开原点，向任何一个方向出发，对原点而言，都是相反。那么事物向相反方向发展，是否越来越远，一去不回呢？不是的。第二个含义是返回的意思。事物发展到一定的时候，会返回到它的出发点。所以严格地讲，反只有一个含义，就是返回的意思。返回这个词已经包含了相反。不先相反，怎么会有返回呢？所以反实际上就是事物经过一段时间的运动变化，最终返回到它的出发点。也就是说，事物的运动变化是周期循环的，事物发展既不是直线的，也不是螺旋式上升的。

老子没有说循环的周期是多长时间，这体现了老子的智慧。因为事物循环的周期有长有短，这就避免了把循环周期僵化。佛家也讲循环，比如佛教讲轮回，也就是老子讲的反。佛教的轮回有一个相对明确的周期。佛教认为，这个世界经历若干万年就要毁灭一次。一个周期称之为一劫。轮回的周期为什么要这么久呢？这是为了更好地解释善有善报、恶有恶报的问题。现实中常见的现象是，恶没有得到恶报，善也没有得到善报，于是开始怀疑善报恶报。佛教就讲，不一定是现世报，可以是来世报，而且时间很长。世界轮回一次要几万年呢！当然也因为报应的时间太长，许多人作恶也就不在乎，反正时间还长。

儒家也讲循环。孟子说五百年出一个圣人就是循环论的思想。北宋理学家邵雍也持循环论思想。他认为世界十二万九千六百年循环一次，每一次循环，事物都要经历发生、发展到毁灭。因为循环周期太长，人的生命又太短，所以，人注定感觉不到这样的大循环。

生活中，人感觉不到大循环，但能在经验中感觉许多小循环。天下大事，“分久必合，合久必分”；人的命运，“三十年河东，三十年河西”。生命也是循环，“沉舟侧畔千帆过，病树前头万木春”“离离原上草，一岁一枯荣”。自然中，昼夜循环，四季循环。“年年花相似”是循环，“岁岁人不同”也是循环。生活经验中，大量的循环现象诱发循环思想的产生。老子对循环有深切体验。

人们为什么这么重视循环呢？事物不断从起点开始，然后又回到起点，进行下一次的循环。循环意味着事物的发展变化具有一种重复的性质。因为重复就发现了规律，就能够认识事物了。如果事物从起点出发，以直线的方式往前发展。直线是无限的，那这个事物就是无法把握的。直线具有一种神秘性。但循环就不一样了，它能把握变化的规律，能够帮助我们去认识事物。在循环的过程中，任何一个阶段都是有意义的，任何一个阶段也都是无意义的。

万物为什么会周期性循环呢？循环的经验不能解释为什么会循环。老子提供了一个哲学的解释。万物之所以循环，是谁决定的呢？“道之动”。因为道在动，道让万物循环运动。道是怎么动的？是在事物的外部推动事物动吗？还是在事物的内部推动事物去动？老子的道不是第一因，也不是上帝，老子没有这样的意识，道不能在事物外推动事物循环运动。那么，道是在事物的内部推动事物循环运动吗？也不是。如果道能推动的话，那么道就是某种东西，这与道的属性无是相冲突的。所以“道之动”不是说道在动，道是不动的。道无为，什么都不做，让万物自己去循环运动。

道让万物运动，道是不是也在循环运动？宋明理学，尤其是朱熹的理学，把这个当成非常重要的问题在讨论。他讲的不是道，是理。道和理不同，但思维方式是一样的。那理动不动？道动不动？为什么会有这样一个问题呢？因为道也好，理也好，它也在动的话，就有一个问题，它是不是可靠？可靠的东西往往是不动的，动的东西往往让人感觉不可靠。生活中都要找靠山，但不能靠水，山不动水动。这说明，不动的东西才是可靠的东西，才是永恒性的东西。所以朱熹才要去讨论理的动静。道到底动不动呢？思路是这样的，我们看到事物循环运动的时候，要为循环运动找一个根据。我们把这个根据称之为道。万物循环运动，但万物运动的根据是不能动的。这样循环就不是一种偶然的现象，而是在根据的作用下产生的必然的结果。这样循环也就脱离了经验的层面，上升到形而上的层面。也就是说事物的周期循环不是偶然的，是在道的作用之下必然会发生的。

弱者道之用。这个问题就简单一点了。如果说“反者道之动”是一个客观原理的话，那么“弱者道之用”就是运用这个原理。既然万物周期循环是必然的，那就意味着我们要接受循环的事实。人所要做的就是确保事物以一种自然的方式循环变化，尽量少去干扰事物循环的进程。要人完全合乎道，这是很难的，圣人也做不到的。老子很理性，提出了“弱者道之用”。弱者，就是尽量把自己变弱，弱里毕竟还有为的意思。要人一点都不为，完全以无的方式去对待万物，那是做不到的。但使自己变弱，相对来说比较容易。就是说人不能完全无为，退而求其次，尽量把自己变弱。怎么把自己变弱呢？就是减少对事物循环的干扰。人变弱了，干扰就少，干扰少，事物就能够以一种自然的方式进行周期循环。但人喜欢争强好胜，表现自己的强势，于是就用强力去干扰事物的循环周期。结果反而加快了事物的循环周期，提前导致事物的灭亡，这就事与愿违了。

天下万物生于有。这句话和第一章的“有名万物之母”表达的意思是一样的。但思路正好是相反的。“有名天下之母”是讲有这个概念是怎么来的。先有天下万物，然后在天下万物里寻找一个共同性，这个共同性就叫作有。我们用万物去称呼千差万别的事物，但万物不是一个概念，万物里还有一个物字，还有明显的感性因素。万物千差万别，但都是存在，存在就是它们共同的特征。存在是有，不是无，所以，存在也称为有。所以才说“有名天下之母”。“天下万物生于有”是什么意思呢？这是演绎的方式，假定有的概念已经存在了，万物都从有里分化出来，万物都依赖于有。如果说“有名万物之母”是唯物主义的表达方式，那么，“天下万物生于有”就是唯心主义的表达方式。

有生于无。竹简本里写作，“生于无”，少了一个“有”字。这引起了许多讨论。这里有两种可能：一种是竹简本少抄了一个有字，还有一种呢，就是通行本、帛书本多增一个有字。到底哪一个正确呢？学界莫衷一是。采取哪一种好呢？我们还是采用通行本、帛书本的写法。为什么不用竹简本呢？因为有这个有和没有这个有，思想上有很大差别。因为涉及思想问题，考虑到通行本在历史上产生的实际影响，还是采用通行本的写法。“有生于无”是说有无的关系。老子对有无关系有两种表述：一种是“有无相生”，有无“同出而异名”，它客观描述了有无关系。有无同时产生，没有先后。另一种表述是“有生于无”，认为无具有一种优先性。但“有生于无”呢，很容易被误解。很多人认为“有生于无”就是无里生出有。这是个无法接受的观念，所以“有生于无”被当作唯心主义思想受到批评。“有生于无”应该是有在无中生，这个生不是出生，而是生存、活着的意思。

所以“有生于无”就是有在无中才能生存，才能活下来。如果没有无的话，有待在什么地方呢？这个教室，如果不是空的，人就进不来。没有无，万有就会凝结在一起，万有变成一个有，就不存在万有了。说鱼离不开水，人离不开空气，是说鱼只有在水里才能活下来，人只有在空气里才能活下来。不说水产生了鱼，空气生出了人。所以有生于无，可以表述为空间和空间万物的关系，空间里的万物只有借助于空间才能生存下来，才能活下来。

四　十　一　章

上士闻道，勤而行之；中士闻道，若存若亡；下士闻道，大笑之。不笑不足以为道。故建言有之：

明道若昧；

进道若退；

夷道若类；

上德若谷；

大白若辱；

广德若不足；

建德若偷；

质真若渝；

大方无隅；

大器晚成；

大音希声；

大象无形；

道隐无名。

夫唯道，善贷且成。

上士闻道，勤而行之。“上士”是悟道能力特别强的人，他对道有一种天然的敏感，闻道就能“勤而行之”。在上士这里，闻道和行道是统一的。就像慧能一样，听人念《金刚经》，马上就悟道了。这种人数量不会很多。接下来，老子又讲中士、下士，把人的悟道能力分为不同的层次。孔子也有类似的思想，他讲“唯上智与下愚不移”，上智和下愚是不会改变的，改变的只是中等层次的人。他还讲“中人以上，可以语上也；中人以下，不可以语上也”。中等水平以上的人才能给他讲高深的道理，中等水平以下的人不能给他讲高深的道理。这种能力划分，提前把某些人排除在闻道的范围之外，是不是一种歧视呢？

显然不能理解为歧视。因为这是特定领域内的分类，在不同领域中分类的标准也会不同。生活中毕竟是普通人多，不能悟道，甚至不信道，大有人在。但道无为，让人自为，并没有说哪些人能自为，也就是说人人都能自为。道平等看待所有人，绝不会歧视某些人。另外，人不能悟道，并不表明他能脱离道，百姓日用而不知。正如人可以不知道什么是氧气，也不信氧气，以为就是呼吸空气，这不表明人可以脱离氧气。

中士闻道，若存若亡。“中士”是悟道能力中等的人。中士听到道以后呢，“若存若亡”，就是半信半疑。他的心里有时候信道，有时候不信。信道的时候就去行点道，不信的时候就不去行道了。心里不信道，还行什么道呢？中士人数最多，他们和道若即若离。

下士闻道，大笑之。“下士”是悟道能力非常差的人。悟道能力差的人，不能等同于坏人，这是特别要注意的。“下士闻道”后有什么表现呢？“大笑之”。一般来说，人相信的时候表情会很严肃。不信的时候有很多表现方法。可以严肃地反驳，可以很冷漠，还有就是大笑之。这个大笑是嘲笑的意思，是极度的不相信。根本不相信世界上有所说的道，觉得这是子虚乌有，是天方夜谭。

比如说上帝创造人，对于相信的人来说，这是一个不容置疑的真理，对于不相信的人来讲，这就是一个奇谈怪论。佛也一样，相信就有，不相信就没有。如果给他讲上帝是存在的，佛是有的，他就觉得很好笑，进一步会去嘲笑。但理性地想一想，被嘲笑的上帝和佛，有千千万万的人在信，能说他们都是愚昧的？所以这里就有个信和不信的问题，信就和道有缘，不信呢，就和道无缘。就像不信上帝，不信佛，跟上帝和佛无缘是一样的道理。但与道无缘，与上帝无缘，与佛无缘，并不意味着他就是一个很坏的人，不能这么去理解。

不笑不足以为道。那些与道无缘的人去嘲笑道，正好说明道的存在。悟道能力很差的人，面对着道却不去嘲笑的话，反而表明这个道和悟性能力差还有某种关联。所以，对道进行嘲笑，正好体现了道的高深，不被与道无缘的人理解。所以对道嘲笑，一方面表明那些下士们悟道的能力差；另一方面也表明道的神秘、深奥，不易被人理解。

故建言有之。“建言”就是立言，也就是古人说的话。“建言”不是古代某一个人的言，是古人集体智慧的结晶，是至理名言。以下是建言对道进行不同角度的描述，每一种表述都表现了道的神秘、博大，说明道为什么不被一般人接受，不被一般人理解。

明道若昧。“明道”也就是光明的道。光明的道好像有些暗昧。也就是说，道一个方面是光明的，另一方面好像很黑暗。道体现出光明和黑暗的二元结构，黑暗也是道的结构要素。道是光明的，这个好理解。道是黑暗的，就很费解了。道为什么还有黑暗呢？这与通常的观念完全相反。在老子看来，黑暗也是道。拥有了光明，就希望黑夜降临，在黑夜又盼望着光明。光明和黑暗不仅是道的二元结构，而且光明和黑暗还周期循环。没有黑暗，光明是可怕的；没有光明，黑暗同样也是可怕的。在二元结构里，在周期的循环里，人们平常只关注光明的这一面，老子提醒也要注意黑暗的那一面。

进道若退。这句话的思路和上面是一样的，是讲道的进退二元结构。我们平常只知道进，要进步，要前进。进固然是道，但退也是道。

如果只进不退的话，就意味着人失去了自由。人只能这样，不能那样的时候，不就变成一台机器了吗？不就被必然性控制了吗？人拥有自由，人才进退自如。人失去自由，只能进，不能退。或者只能退，不能进。道的进退二元结构，保证了人的自由。

夷道若类。“类”是不平的意思，这句话是说道平而不平。平是顺利的意思，不平呢，是挫折的意思。道能让人顺利，也会让人挫折。道让人顺利，这是比较好理解的，也是人所期盼的。但道又让人挫折，就不太好理解了。人间正道是沧桑，道里面还有沧桑。一帆风顺多好啊，为什么要有沧桑呢？不相信上帝的人，也经常提出这样的问题。既然上帝创造了世界，为什么不把这个世界创造得更加完美？为什么还让人受苦受难？逻辑上说不通啊，怎么解释呢？唯一的解释就是上帝在创造世界的时候，有意让这些苦难伴随着人类，让人类去克服这些苦难，提升自己的灵魂。如果一点苦难都没有，一帆风顺，人必然会堕落。可见，适当的苦难对人来说是必须的。当然，这不是说人要追求苦难，而是有了苦难之后，要把苦难理解成上帝对人类的考验。“夷道若类”也是这个意思。道里面包含了挫折，包含了不平，这是道的组成部分。这有助于人正确对待逆境和挫折。

上德若谷。上德就是最高的德。一般来讲，最高的德应该是高高在上的，是纯粹的、纯洁的。但是上德的特点却是若谷。谷是什么？是山谷，是低洼的地方。低洼意味着包容、接纳。包容什么？纯洁的东西不存在包容的问题。所谓包容一定是包容那些不纯洁的东西，肮脏的东西。所以“上德若谷”，看起来像是同流合污。

大白若辱。这句话应该调整一下位置，放在“大方无隅”上面，这样文本的逻辑关系显得更加合理。通行本都是这样的排列方式，而且这种排列在内容上也没有大的妨碍，也就不必调整它的位置。

“大白若辱”是什么意思？一般人讲白就是纯白的意思。纯白是一种空洞的白，没有任何内容，缺少抗污染的能力，最容易被污染。你看这个白色墙，最容易被污染。大白是有内容的白，真正的白，高级的白。“大白若辱”，辱通黷，是黑垢的意思。“大白若辱”的意思就是真正的白是受过污染的白，是在污染中摆脱了污染，依然呈现出来的白。这有点像周敦颐的“出淤泥而不染”那句话，在染中还保持一种净，这是有抵抗力，有免疫力的白。

所以纯洁的最容易不纯洁，而不纯洁的可能是最纯洁的。“大白若辱”是一个很高的境界，一般人达不到，一般人最容易因为白被污染。古代的伯夷叔齐，特别在意自己的清白，在意到什么地步呢？“非其君不事”，不是他心目中理想的国君，不去侍奉。“非其民不使”，不是他心目中理想的老百姓，不去使唤。对做官要求很严格。以远离污染保持自己不被污染，这是追求白，但不是大白。以老子的观点看，境界还是有点低，尚不得道。还有两个圣人，伊尹和柳下惠，他们就不一样了。伊尹说“何事非君？何使非民？”什么样的国君不能侍奉？什么样的老百姓不能使唤？言下之意，什么样的国君都可以侍奉，什么样的老百姓都可以去使唤。也就是说什么样的官都可以去当，对当官好像没有原则。柳下惠说“尔为尔，我为我……尔焉能浼我哉？”你是你，我是我，你怎么能污染我呢？也是什么官都可以做。尽管两人做官的动机不同，伊尹要改造世界，柳下惠则是保持自我，但两人的共同点是，进入到污染里，但保持自己不被污染。在某种意义上讲，伊尹和柳下惠应该是大白。

广德若不足。广大的德看起来好像很不足。广德是无限之德，在无限之德看来，任何具体的德都是有限的。任何有限之德，要成为无限之德，只有不断自我超越。自我满足的德就不是广德了，追求广德的人永远觉得自己在德行上有所不足。孔子的学生说孔子是圣人，孔子拒不接受，正因为孔子说自己不是圣人，我们才说孔子是圣人，如果孔子说自己是圣人，那他已经不是圣人了。

建德若偷。“建德”就是刚健之德，一往无前的德。孔子是“知其不可而为之者”。《易经》说“天行健，君子以自强不息”。都是刚健之德。那么刚健之德就是永远的“自强不息”吗？永远的“知其不可而为”吗？如果只是这样的话，刚健之德就不可以持续。

《论语·侍坐章》特别有名。子路、曾皙、冉有、公西华侍坐，孔子问各人的志向。子路说要当军事家，冉有说要当政治家，公西华说要当外交家。曾皙的理想却是“暮春者，春服既成，冠者五六人，童子六七人，浴乎沂，风乎舞雩，咏而归”。春天里，几个志同道合的朋友，带着几个孩子，在沂水里游泳，然后在舞雩台上吹风，最后唱着歌回家。这叫什么理想？但孔子对曾皙的理想大加赞赏，显然曾皙所说的理想正是孔子内心的理想。这个理想看起来有点懈怠，有点享乐，但刚健之德里一定包含着曾皙的理想，否则刚健之德不可持久，也没有意义。

质真若渝。前面几句都是围绕着德来说的，这里出现一个“真”字，真字的字形在古文字里和德字很相似，刘师培认为这个真字就是德字，我认为可取。所以质真若渝就是质德若渝。质德是淳朴原始的德。在常人看来，质德最保守、最落后，但是呢，它又是最富于变化的、最有活力的。渝是变化的意思。种子是最原始最淳朴的，但种子里充满生机，一切变化都由种子而来。

大方无隅。最大的方形没有棱角。方的东西都有棱角，有棱角就会伤害人。我们见到的方形都是有限的方形。什么是最大的方形呢？最大的方形应该是趋于无限的方形，无限的方形是没有边的，也是无棱角的，所以不会伤人。这里的大方还可理解为品质的方正。“大方无隅”就是最正直的人不伤人。

举一个已经举过的例子。《论语》里记载，有个叫叶公的人说，“吾党有直躬者”，我们这里有个特别正直的人。“其父攘羊，而子证之”，父亲偷了羊，儿子马上去作证。这正直不正直？当然正直。但这个正直伤害到了父子的感情。孔子说“吾党之直者异于是”，我们这个地方的正直不一样。“父为子隐，子为父隐，直在其中矣”，这个地方的直就是大方。大方维护父子相亲。当然这里面也有一个问题，父亲偷羊还要不要受惩罚？一定要受罚，但应该由社会去惩罚他。当然，儿子还可以采用别的方式，比如偷偷把羊给放了，这也不伤害父亲。所以最正直的人，并不是直来直去，而是很讲究方式方法。

大器晚成。帛书本写作，“大器免成”。免成就是不成。帛书本比通行本写得好，但通行本的影响力太大，大器晚成已经成为一个成语了。如果是大器晚成，这句话与本章的意思不一致。按照帛书本，应该是大器免成，免成就是不成，只有不成才能叫大器。晚成的器也是大器，但那是跟小器比较而言的。时间短成的是小器，时间长成的是大器。大器晚成拘泥于具体的器，太实在，只是经验之谈，没有哲学意味。大器晚成里的大器是相对的大，而大器免成里的大器是绝对的大。相对的大器，再大也是有限的大。所以大器应该是免成，大器免成比大器晚成有意味。

大音希声。最大的声音是听不见的。听得见的声音都是有限的声音，而有限的声音都不可能成为大音，所以大音必定是无声的。地球在宇宙中既自转，又围绕太阳公转，转动时声音之大可想而知，但人什么都听不见。月出惊山鸟，鸟听到了月出的声音，但也没有听到地球转动的声音。

大象无形。大象是没有形的。象有形的话，不论象有多大，都是有限的大，所以大象必定是无形的。本章里有许多“大”字，“大方”“大器”“大音”“大象”“大白”，经过大的限定修饰，“方”“器”“音”“象”“白”都改变了它们的本义，都由有限到达无限，由具体到抽象，思想得到进一步深化。

道隐无名。道隐藏在事物里面，是看不见的。“大方”“大器”“大音”“大象”“大白”都是看不见的，因为看不见，也就无法给它一个名称。因为无名，所以无我；因为无我，所以能让万物自由发展。

夫唯道，善贷且成。道无名，但作用无限，它“善贷且成”。贷是借贷，是帮助人的意思。道为什么善于帮助人呢？道给人一个平台，一个空间，让人在这个平台和空间自由发展。一般的帮助是具体的帮助，需要什么，就给你什么。那是次一级的帮助。道的帮助不是这样，它不给你什么，只是让你成为自己，做自己喜欢的事，所以道最会帮助人成功。

四 十 二 章

道生一，一生二，二生三，三生万物。万物负阴而抱阳，冲气以为和。

[人之所恶，唯孤、寡、不谷，而王公以为称。

故物或损之而益，或益之而损。人之所教，我亦教之。

强梁者不得其死，吾将以为教父。]

道生一。这个“生”字不是产生的意思，不是说道怎么产生了一，生出来一个一。这个生，是生存的意思，活着的意思。这个一是什么呢，是一个纯粹的有，也可以叫纯有，因为原始的纯有只有一个，所以老子就用数字一来表示这个原始的纯有。“道生一”的意思就是，道使原始的纯有能够生存，能够活着。

因为道是无，所以“道生一”也可以说成是无生有，也就是四十章里的“有生于无”。“有生于无”就是无让有得以生存。通常我们认为，有是自有，是自己本来就有。老子“有生于无”的思想是在提醒没有无，有是不能生存的，那个有，也没有地方生存。所以无相对于有具有一种逻辑上的优先性。“道生一”“有生于无”，没有任何唯心主义的意思。因为在老子看来，无里面生存着原始的纯有，至于这个纯有是怎么来的，老子并没有说。“道生一”，简单来讲，就是道让原始的纯有能够生存下来，不是道生出纯有。

这里有一个问题，既然道是无，那么“道生一”也可以表述为“无生一”，老子为什么不说“无生一”，而要说“道生一”呢？尽管道可以解释为无，但无是绝对的否定性，说“无生一”的时候，总有一种很苍凉、很寒冷的感觉。而道具有肯定性，说“道生一”的时候，内心里就会产生一种很温暖、很踏实的感觉。

一生二。这个“生”是分裂的意思。一生二就是一分裂成二，纯有发生了分裂，变成了两个有。一为什么会分裂为二呢？这说明在一里面，也就是纯有里面肯定存在结构性的对立要素。这个对立要素处在一种平衡状态时，那个一就保持为一，那个纯有就保持为纯有。当那个对立的要素发生了变化，处于一种失衡状态的时候，这个一就分裂为二。这里要特别注意的是，纯有不是由同质性的东西构成的，它的内部包含了许多异质性的要素。这些要素不是僵死的，而是处于一种动态当中。这个原始的纯有表面看来是静止不动的，但它的内部其实是运动着的，这就是为什么一能生二了。

二生三。分裂出来的两个有不是各自孤立的，它们本源于那个原始的纯有，所以在内在本性上还具有一种相互的联系，或者讲内在的吸引力。它们相互作用，就产生了第三个有。这就是二生三。

三生万物。这三个有都本源于那一个纯有，这就决定了这三个有之间会继续发生相互作用，这就产生了万有。产生万有的漫长过程就省略了。老子在这里是要解释万物的来源。换句话说，老子是要在差异性里寻找到统一性，让万物有一个共同的来源，让万物有一种亲属的关系。这种万物一家的感觉，消除了我们在万物面前的陌生感、恐惧感。老子用“一生二,二生三,三生万物”来表示世界产生的过程。这个过程是有序的，它由少到多，由简单到复杂，这个很重要。这表明世界是有秩序的，不是混乱的，这种秩序感带来了心理上的稳定感、安全感。

这里还有两个问题：第一个问题是万有是否真的按照老子所描述的发展模式产生出来的？万有有没有可能一开始就是万有，不是纯有按照一种秩序产生出来的。也有可能是，这个纯有以一种大爆炸式的方式瞬间就产生了万有。科学上就有一种宇宙大爆炸的理论。这也就意味着老子所描述的万有发生的方式不是唯一的方式。那么老子的描述方式有什么特色呢？他对万有产生进行了理性的解释，合乎人的价值需求。他给生存提供了一种原始的意义，让人有了一个稳定的依靠。如果万有是宇宙大爆炸的产物，那意味着什么？意味着存在的源头是混乱的、是偶然的、是没有秩序的。那社会存在的意义，每个人的生存意义，就变得飘忽不定。源头就是这么偶然的，怎么能有一个确实可靠的意义呢？人必然会感觉到存在的荒诞性、虚无性。

第二个问题，“一、二、三”这些数字该怎么理解。许多研究者都试图给“一、二、三”赋予一个具体的含义。比如，好多人说一是元气，二是阴气阳气，三是和气。这种解释为什么不好呢？气这个概念是汉代以后才有的，用后来产生的概念去解释前人的思想，不是说完全不可以，但这里就会有一些臆想的成分。更重要的是把“一、二、三”解释为气，这是错认了老子的身份，把老子当成了一位科学家。老子是一位哲学家，他用哲学反思的方法，设计出万有产生的模式。至于万有具体是怎么来的，老子是不关心的，那是科学的任务。到今天，科学也还没有说清楚。以一种回溯的方式去寻找源头比较容易，但反过来，从源头出发去解释万物的具体产生，这就太难了。例如，从每个人的存在出发，去寻找自己的祖先，这个比较容易。有你就有父母、就有爷爷奶奶，一直往上溯源，你肯定有一个最早的祖先。但能不能从那个最早祖先把你推出来呢？这个是不可能的。这个过程当中，差错一步，可能就没有你了。

万物负阴而抱阳。这句话讲万物的结构。万物的结构和万物的产生是有关联的。在讲万物产生的时候，说到一分裂为二，是因为一里具有某种对立的结构。事实上，这个对立的结构不仅在一里，也在二里、三里、万物里。万物内部都有对立的结构。万物是由阴阳两极构成的，而且两极不是固定不变的，是运动变化着的，阴阳消长。这意味着万物都是活的，有生命的。不仅万物的内部由对立的两极构成，物和物之间也构成对立的两极。古人讲“物一无文”，物只有一种颜色的话，没有文采，就不好看；“声一无听”，声音只有一种调式的话，不好听。还讲“兼听则明，偏听则暗”。这都表明阴阳两极，是万物的构成因素，一阴一阳之谓道。

冲气以为和。说文里把“冲”解释为涌摇，涌摇是阴阳两气相互作用的一个状态。阴阳对立的两极保持什么样的状态最好呢？老子认为，阴阳二气相互作用，达到和的状态最好。

什么是和的状态？就是阴阳两极在相互作用中，保持各自独立的状态，保持成为它自己。如果阴阳对立中，阳绝对战胜了阴，或者阴绝对战胜了阳，都不叫和。和的状态也就是万物平等的状态。道家没有直接谈到男女的问题，但道教里谈的就特别多。道教在阴阳两极之间特别强调了平等。在道教的一些神仙传里面，女仙、女神特别多。儒家尽管也讲两极，但在两极里区分了尊卑，男尊女卑。《周易》也强调天地，强调男女，强调两极，但两极里也是不平等的。所以“冲气以为和”是阴阳相互作用的状态，是保持各自独立性的状态。不是一个要消灭另一个。

人之所恶，唯孤、寡、不谷，而王公以为称。许多老子专家认为这句话以下的部分和上面的话意思不连贯，怀疑是错简。这个说法有问题，他们没有理解上面这段话和下面这段话内在的逻辑联系，上面这段话的核心是什么？是由万物的产生推出万物的结构，万物都是阴阳对立的结构。接下来就把这个理论运用到社会生活当中。这里是举例说明。

“孤、寡、不谷”都是不好的称呼，孤是孤立，寡是寡德，不谷是不善，都是贬义的词。没有人想把这样的词跟自己连在一起，但那些王公偏要把这几个贬义词找出来作为自己的称呼。为什么呢？就是要维护事物构成的两极。当事物具有对立两极的时候才能保持成为它自己，才能长久不衰。如果王公以王公自称的话，就失去了对立的另外一极，就会片面地膨胀自己，导致自我灭亡。说自己是“孤、寡、不谷”，就是提醒自己，地位虽然很高，但却是孤家寡人，臣民的地位虽低，但却人多势众。意识到这一点，不就保持了阴阳两极的对立了吗？王公把“孤、寡、不谷”作为自己的称呼，正是要寻找缺少的那一极。当然称呼只是形式上的，称呼的时间久了，只是习惯而已，未必真的就认为自己是“孤、寡、不谷”。但是形式本身也能说明问题，至少在开始的时候，王公是具有阴阳两极对立思维的。

故物或损之而益，或益之而损。这里由王公推到万物，万物里发生了许多违背常识的事情。什么事情呢？“损之而益”。损害物，对物反而有好处。常识认为，损害物，肯定对物有坏处，怎么能有好处呢？如果物的内部，阴阳两极处于失衡状态，阳气压倒了阴气，那么损阳气就使阴阳重新达到平衡的状态。“或益之而损”。这也是违背常识的，常识认为增加会带来好处，而现在呢，增加反而有坏处。为什么呢？如果事物阴阳两极正处在平衡的状态，人为去突出其中的某一极，导致阴阳失衡，反而损害了这个事物。

人之所教，我亦教之。老子阴阳两极对立的思想是怎么来的呢？是不是他独创呢？不是的。他是从老师那里学来的。从这里可以看出，道家的思想源远流长，在老子创立道家学派之前，这种思想其实早已存在。只是到了他这里，道家思想才成为一个体系。

强梁者不得其死，吾将以为教父。强梁者就是强悍的人。他们都不得其死，活不到天年。为什么呢？强梁者在阴阳两极结构里缺少了一极。他只有强，没有弱；只有阳，没有阴；只知前进，不知后退。有意思的是孔子说他的学生子路性格刚强，不得其死，果然，子路就死于卫国内乱。这说明，阴阳两极的对立如果失去了一极，失去了制约，必然会走向极端，直到死亡。所以老子说“吾将以为教父”，要把这个当作教学的主旨，当作教学中的重中之重。

四 十 三 章

天下之至柔，驰骋天下之至坚。无有入无间，吾是以知无为之有益。不言之教，无为之益，天下希及之。

天下之至柔，驰骋天下之至坚。“至柔”就是最柔软的东西，“至坚”就是最坚硬的东西。那么“天下之至柔”的东西是什么呢？通常认为水是至柔。水的至柔体现为无形，水无特定的形状，把它放在什么样的器皿里面，它就成为什么样的形状。水随物赋形，不断改变自己去适应环境。至柔的另外一个代表就是气。气比水还要柔，水尽管善变，它还有形质。气不但善变，连形质也没有。通常情况下，气到底是否存在，我们都不知道。只有气流动，变成风的时候，才能感觉到气的存在。气的流动，形成风气，风气构成一种存在氛围。人置身于这个氛围之中，反而感觉不到它的存在。气跟人的关系比水跟人的关系还要亲密。人可以到特定的地方去找水，但不能到特定的地方去呼吸气。最早的时候，人们认为水是生命的源头，是万物的源头。但是后来呢，水被气代替了，气成了哲学思考的重要对象，张载是研究气的，王夫之也研究气。

“至坚”是什么呢？一般认为石头是至坚。“天下之至柔”驰骋“天下之至坚”。什么叫驰骋？驰骋是自由地奔跑。这句话的意思是只有天下最柔软的东西，才能够在天下最坚硬的东西之间自由奔跑。这个驰骋表现在什么地方呢？表现在至柔的东西遭遇到最坚硬的东西的时候，它会改变自己奔跑的方向，绕过最坚硬的对象，继续往前跑。不管东西有多坚硬、形状有多复杂，它都可以绕过，去自由地奔跑。如果是至坚的东西呢？它在运动过程中遇到至坚东西就会发生碰撞，就会鱼死网破。我们要体会驰骋的自由状态，驰骋的自由揭示了至柔和至坚之间的关系。至柔的事物在表现自己自由的时候，并没有伤及至坚的自由。因为至柔有一种包容性，有一种自我限制，才保持了至坚的独立性。我们都有一个观念，就是自由可能会伤及他人的自由，通常的情况下，似乎如此。但若以至柔的方式去自由时，是不会伤害他人的。因为至柔包含了一种让，包含了一种退。它不是以碰撞的方式展示自己的自由，让别人让路，为自己开路，而是各走各的路。至坚也在至柔里面找到了它自己，至柔容纳了至坚。

无有入无间。“无有”就是什么都没有，它比水比空气更近了一步。水呢，还能看到；空气呢，还能感觉得到；而无有呢，看不见，摸不着。这个无有其实就是道，不说道而说无有，增加了道的感受性质，说无有马上就能有一个形象感。“无间”是什么？无间就是没有间隙。无间就是一个独立的个体，没有被分裂，没有被分割。如果有间了，就分裂成不同的事物了。“以无有入无间”就是以无有的方式进入到无间，即以无有的方式进入到事物里面。这是什么意思？这不就是保持这个事物的独立性吗，不去分裂肢解这个事物吗？以无有的方式进入，其实就是不进入到对象里面。这是老子独特表达方式。相反的表达会容易理解些。如果以有的方式去进入事物的话，会怎么样？会破坏那个事物。比如让一根钉子进入到事物里面去，不就把这个事物破坏了吗？至少损害了它的完整性。如果拿的是一把斧子，进入到一个事物里面去呢？不就让这个事物四分五裂了吗？老子以一种独特的表达方式告诉我们，物与物之间理想的关系是自由的关系。一定要以无有的方式进入他物。以无有的方式进入他物，就是不进入他物的意思，就是保持他物的独立性，与他物自由相处的意思。

吾是以知无为之有益。前面是讲道理，这里是运用道理。把无有入无间的道理运用到社会生活中来。那统治者应该干什么？就是要无为，也就是要使自己成为无有，成为那个空间，以空间和万物的关系去治理国家。空间和万物是什么关系？空间容纳万物，让万物成为他自己。空间（无有）不伤害万物，所以空间和万物之间永远不会发生冲突。“以无有入无间”就是空间以无有的方式让万物存在。在政治生活中，统治者应以无为的方式去治理国家。老子讲了很多自然的大道理，最终都是要落实到治国安邦上来。这个无为也就是无有，要以至柔的方式、以无为的方式去治国。

不言之教，无为之益。“不言之教”是什么意思？不言不是不说话，人怎么能够不说话呢？海德格尔讲，语言是存在的家园。人通过语言建立自己的家，丧失了语言就丧失了自己的家。不能想象人类没有语言，没有语言人就会退化成原始人，退化成动物，所以不言不是不说话。庄子有两句话很有意思。一个叫“无言言”，“无言言”是什么意思？人没有说话，其实已经说了。就像身教，看起来没有言，但以不言在言，告诉人应该干什么。另一个叫“言无言”，说了等于没说。人可以去说，但是呢，要以无言的方式去说。无言的方式就是自然的方式，适合于对象的方式，而不是主观方式。

天下希及之。这个天下，可以特指天下之君，统治天下的人，也可以泛指所有的人。每一个人其实都是一个统治者，只是统治的范围领域不一样。但这个地方特指统治者更好一点。“天下希及之”，天下很少人能做到这一点。既然人们都明白“不言之教，无为之益”，为什么很少有人按照这个道理去做呢？这是很值得思考的问题。道理都讲通了，为什么不做呢？这与人性有关，人是自由的，他可以去为，也可以去言，这也是合乎人性的。

四　十　四　章

名与身孰亲？身与货孰多？得与亡孰病？

甚爱必大费；多藏必厚亡。

故知足不辱，知止不殆，可以长久。

名与身孰亲？人的名声和人的身体对人来说哪一个更亲？如果对所有人提出这样一个问题的话，答案估计是一致的，那就是身体比名声更亲。这似乎是一个必然的答案。但如果真的是一个必然的答案，那么“名与身孰亲”就不是一个问题了，老子就没有必要郑重其事地提出这个问题。既然提出来了，就说明这真的是一个问题。在现实生活里，结论常常是相反的，把名看得比身还要亲。为什么呢？首先，求名是合理的。身体是有限的，所以人特别想追求不朽，延长人的寿命。可以讲追求不朽是人的生命冲动。儒家讲三不朽：立德、立功、立言，通过这三种方式让自己不朽。求不朽就是求名，求名是一种很崇高的追求。人很容易就陷入到对不朽的追求中。

其次，人的身体最容易被遗忘。尽管身体事实上是一切事情的根源，但通常人会忘掉这个根源。人每天被大量的事情包围着，意识里出现的更多是事物，而不是身体。只有在身体处于不健康的状态时才回到身体。这是一个悖论，身体越是健康，越是会忘记身体，身体不健康的时候才能想起身体。所以身体既是最重要的，同时又是最不重要的。“名与身孰亲”，经老子一问真成了个问题。

身与货孰多？身体和物质利益哪一个更重要。通常情况下，答案也是不用质疑的，身体肯定最重要。财物是服务身体的，跟身体相比，它是次要的。《中庸》认为人与财有两种关系：一是以财发身，二是以身发财。以财发身是以财富来滋养身体，这是正确的。以身发财用身体作为手段追求物质利益，这显然是错误的，它颠倒了目的和手段的关系。身体永远是目的，财产永远是手段。但在追求财富的过程中，身体是作为目的还是作为手段，并不是很好区分。这里没有外在的标准，只有个人内在感觉标准。身体健康的时候，身体很容易被当作手段，只有身体生病时，身体才会被当作目的。

得与亡孰病？得到名利和失去身体相比，哪一个有害？答案也是不言而喻的。身体呢，高于一切，高于名利。老子在这里是要建立以身体为中心的价值观。身体是个别的、有限的，身体的有限性意味着它的需求也是有限的，这就避免了人们对名利的过度追求。十三章对身体的问题说了很多，大家参考一下。

甚爱必大费。老子不反对人爱名声，但反对过分爱名声。过度爱名有什么不好呢？如果名不是来自自然的结果，而是出于刻意的追求，就必然会耗费许多精和神。精和神是身体的构成要素，是身体的灵魂。精和神没有了，尽管身体还存在，但已经是行尸走肉。

多藏必厚亡。“多藏”，过度追求物质利益。“厚亡”，陈鼓应译为，遭致惨重的损失。这个惨重的损失，给人的感觉应该是物质上的损失，人获得的财富越多，丢掉的财富就越多。从字面上看这种解释也是对的。身上只有一元钱，最多只能丢掉一元钱。身上若有一百元钱呢，有可能会丢失一百元钱。但从这一章的文意来看，把厚亡解释为物质上的重大损失，显然不妥当。厚亡也应该与身体相关。厚亡的意思是加快了身体的死亡。因为财富不是从天上掉下来的，要经过艰苦的努力。而多藏意味着努力已经超出身体的承受力。老子不反对名利，但告诫不要过度地追求名利。名利应该是行为的一种自然结果，绝不能把它变成行为的动机，好像活着就是为了追求名利。

故知足不辱。知道满足就不会受辱。这是正面的陈述，意思不太好理解。反面的说法更好理解，不知足的话，就会受辱。为什么呢？不知足就是想要得到所有的东西，得到他不能得到的东西。也就是试图无限超越自己，当实在无法超越的时候，就会有挫败感，感觉到自己无能，这就是受辱。这个辱不是他人带来的，不是他辱，这个辱是自己带来的，是自辱，是不该有的辱。

知足就是不和他人相比，只和自己的能力相比，和自己的需要相比。人的能力是有限的，有多大能力就做多大事。身体的需要是有限的，吃是有限的，穿是有限的，住也是有限的。可见，只有建立以身体为中心的价值观，人才能知足。

知止不殆。知止是把知足的思想落实到行动上来。人意识到应该知足，但是呢，由于欲望的驱使，由于一种习惯，始终不能停止爱名爱利。“知止不殆”就是下决心要停下来，知道不该这么做，就要真的不去做。知而不行，是有危险的。

可以长久。长久不是永生不死，而是让生命尽其天年。人追求名利，本意也是为了使生命长久，但是呢，那种过分追求的方式反而伤害了生命，导致了生命提前终止，这是一个悖论。

四 十 五 章

大成若缺，其用不弊。

大盈若冲，其用不穷。

大直若屈，大巧若拙，大辩若讷。

躁胜寒，静胜热。清静为天下正。

大成若缺，其用不弊。成是做成、完成，也就是圆满的意思。人成就一事一物感到很满意，但是大成呢，却让人感到有所欠缺，有所不满。

从字面上来看，“大成若缺”是说最大的成就好像还缺少了一点什么，也可以说大成不成。为什么这么说呢？不管我们成就了一件什么样的事、什么样的物，只要它是一件事、是一个物，不管这个事或者这个物有多大，它们都是一种有限的大。那么大成呢？它是要突破这种有限性去成就一个一个的物，成就一件一件的事，永无止境。也就是说，大成始终保持着事物发展的可能性，它是开放的，不是封闭的。开放意味着缺少，而缺少又要求保持开放。大成始终保持开放、保持可能性，所以大成是有所缺少的。

例如，后人称孔子是大成至圣先师。为什么称孔子为大成呢？孔子在世的时候，他的学生就开始尊他为圣人。如果他认可了自己是一个圣人，那么他就只能是小成，而绝对不能是大成。孔子否定他是圣人，说力争要做一个圣人。孔子对自己保持一种开放性，保持一种未完成状态。这种开放性、未完成状态，使他永无止境的追求，不断自我完善。他的思想给后人提供了广阔的解释空间。从某种意义上讲，我们今天仍在完成他未竟思想，正是在这个意义上，孔子才是大成。

所以大成是一种可能性、开放性。这个大不是具体的大，具体的大再大也是小，跟无限性相比，成就再大，也只是小成而已。

大成不是成就某个具体的事、具体的物。它要成就万事万物。更进一步说，大成不是要成个什么，它是关于成的态度，它不满足于具体的成，而是追求不断地成。

大盈若冲，其用不穷。最大的满却好像是不满。为什么这样说呢？一般的盈都是有限的。比如说，一碗水、一桶水、一江水，都是一种有限的盈。那么大盈呢？就是可以不断地去盈，这意味着容器要不断地增大，任何有形的容器，无论有多大，总有装满的这一天。大盈的容器必须是最大的，最大的容器必须是无形的，只有无形的容器才能永远装不满。

这个无形的容器就是无限的空间，这个空间是永远装不满的，无论怎么装，都还存在着虚空，正是由于虚空的存在，才能不断地往里面装。所以大盈是一个无限的过程，是一种无限可能性，因为大盈，才能容纳万物，才有后面万物之间无穷的关系。

大直若屈。大成、大盈说的是自然现象，从大直开始往下，转移到人的生活领域中来了。

“大直若屈”的意思是，真正正直的人是能够忍受委屈的。通常，正直的人是不愿意受到委屈的。因为正直和委屈是不相干的，正直的人总是直接地说出自己的想法，而受委屈是不能说出自己的想法。大直有点像孟子说的大丈夫能屈能伸，让人感觉不像丈夫的样子。还得举孔子亲亲相隐，直在其中的例子。

现代人还在探讨孔子的“直”是什么意思？亲亲相隐，为什么是直？让人很费解。显然，“直在其中”的直应该是大直。在这里，直是社会公正，大直是父子亲情。父子亲情大于社会公正。孔子认为亲情破坏了，世界的基础就破坏了。这是不是妨碍了社会公正呢？这里有一个问题，儿子不去告发，是不是偷羊的行为不会受到惩罚？不会。它照样会受到惩罚，但不能由他儿子来惩罚，而是让其他人去惩罚。为什么亲情是大直，因为亲情保持了开放性和可能性，亲情并不妨碍社会公正，但由儿子去实现社会公正却会伤害亲情。

大巧若拙。最高的技巧好像很笨拙。笨拙就是不巧、没有巧。所以“大巧若拙”也可以说成，最大的技巧就是没有技巧。什么是大巧？大巧是自然天成，没有任何人工的痕迹。清水出芙蓉，天然去雕饰，就是大巧。有一个词叫巧夺天工，说人工之巧能够跟天工相比，可见，天工是人工的标准。天工是最高的巧，但又无巧可言。王安石有一句诗“春风又绿江南岸”。好多人说这句诗里“绿”字用得好。好在哪里呢？其实这是一个最天然，也是最笨拙的表达。春天来了，一片绿色，这个绿色不是人人都能看到的吗？诗人只不过是把看到的东西说出了而已。还有一句诗“僧敲月下门”。都说“敲”字用得好，衬托出了山中月夜的寂静。诗人是怎么想出这个敲字的呢？显然，这个敲不是来源于想，而是来自看。看见门关了，想要进门，怎么办？肯定要敲门。这是人的本能啊！要是僧推月下门，这个僧人就太鲁莽了。所以敲门不是诗人精心的安排，而是生活本来如此。所以大巧是什么？天然、自然。绿也好，敲也好，都是生活中的场景，没什么技巧可言，看起来好像很笨拙。

大巧有不可思议的创造力。《列子》上有一个故事，说有一个宋国人，要在一块玉上雕出一片树叶，精雕细刻了三年，成功了。因为艺术水平特别高，受到国君嘉奖，还在宋国谋到了一个职位，终生衣食无忧。列子听到后很感慨，“使天地之生物，三年而成一叶”，如果天地生物三年才长出来一片树叶的话，会是什么结果？“则物之有叶者，寡矣”。树上有叶子就很罕见了。“圣人恃道化而不恃智巧”，圣人依道来化万物，不能用技巧去生物。这个故事发人深省。大巧是什么？是造化，是自然。造化让树叶同时变绿，又让树叶同时变黄。相对于自然造化，人类的那一点点创造，显得微不足道，显得很可怜。

大辩若讷。善辩者通常都考虑怎么样去辩论，提高自己的辩论技巧。但最会辩论的人却好像有点木讷，好像不会辩论。为什么这样说呢？辩论的最终目的是什么？是要找到事情的真相，辩论只是一个手段。

那么事物的真相，是辩论出来的，还是本来就存在呢？事实胜于雄辩，辩只是找到真相的一种方式。辩论的双方各执一端，都只能说出部分真相，辩论越激烈，离真相就越远。辩论性善性恶，无论哪一方赢了，赢的只是辩论本身，与性的真相毫无关系。真相是直接呈现出来的。大辩就是最高的辩论，最高的辩论是不辩论的，事实就在，一看就明白了。还辩什么呢？

躁胜寒，静胜热。躁动能抵御寒冷，安静能够消除炎热。字面的意思很好理解，关键是这两句话和前面有什么关联？这两句话和上面的内容关联度不是很强。“躁胜寒，静胜热”，表明躁动和清静之间一种相反关系，会带来完全相反的效果。在这句话的下面应该补上一句话。模仿上面的句型，应该是“大躁若静”。这样上下文的意思就顺畅了。躁和静意思是相反的，但是大躁呢？就类似于一种清静，或者说最大的躁动，类似于清静。

清静为天下正。“正”是准则的意思。“清静为天下正”，就是清静应该成为治理天下的准则。这里，清静的主语应该是统治者。统治者为什么要保持清静？统治者一旦要躁动起来，老百姓就会跟着他一起躁动，以同一个节奏去动，以同一种方式去动。看起来大家都在动，实际上却是一种单调的动、片面的动，愈动愈乱。清静就是统治者不动，让老百姓以自己的方式去动，这是什么样的动？这是多姿多彩的动。

四　十　六　章

天下有道，却走马以粪。天下无道，戎马生于郊。

咎莫大于欲得；祸莫大于不知足。故知足之足，常足矣。

天下有道，却走马以粪。有道就是有路。每个人可以走自己的路，在一种自然的秩序下，过着自由自在的生活，这个叫天下有道。儒家也讲天下有道，但内涵不太一样。道家的有道侧重于自然的秩序，也可以说自由的秩序。儒家的有道侧重于社会伦理秩序。所以，道家的有道，要求个人走自己的道；儒家的有道，要求走圣人指定的道。走自己的道不会有错，走别人安排的道，可能会出错。

天下有道有什么标志呢？“却走马以粪”。让那些奔跑的马停下来去农耕。为什么马用于农耕就是天下有道呢？马在古代主要用于军事目的，马是战争的武器。所以古人就用战马的数量来衡量国家实力的强弱。万乘是大国，千乘是中等国家，百乘是小国。马用于农耕，意味着战争结束了，人们进入到一个和平的年代。看到战马用来耕地的场景，就有一种天下太平、人民安居乐业的感觉。

天下无道，戎马生于郊。天下无道就是天下无路可走，天下所有的路都被堵死了。也可以说天下人都不按规矩走路，不走自己的路，去挤占别人的路。天下无道意味着人失去了自由的生活。天下无道突出的表现是什么？“戎马生于郊”。那些怀孕的母马被征用到战场上。母马在战场上生下小马驹这个场景，具有强烈的视觉刺激效果，震撼人的心灵。通常怀孕的母马和生下来的小马都是重点保护的对象，但是现在呢，却处在这样一个危险的境地。这表明战争不但是惨无人道，也是惨无兽道。战争的惨烈逼着人们思考一个问题：人为什么要战争呢？

咎莫大于欲得。人为什么要战争呢？一般人在分析战争根源的时候，都侧重于寻找战争起源的具体原因。比如说贸易上的纠纷、领土上的纠纷，还可能来自偶然的、突发的事件。但是呢？老子在反思战争根源的时候更深入了一步。他撇开了战争产生的具体原因，去寻找战争发生的根本原因，这就是“欲得”。欲和得是连在一起，欲必然要得。欲不是抽象的，也不是纯粹内在的，它源于内在，但不满足于内在，它直接面向一个对象。欲是与生俱来的、无法消除的。生命就是由欲望构成的，没有了欲望，也就没有了生命。所以，保持生命就要保持欲望。可见欲得就是人性，既然是人性，也就没办法消除人的欲望。

欲是生命的表现，欲也可能会祸害到生命。过度的欲，会伤害到生命。战争是过度欲望的典型表现，战争的直接目的就是杀人，所以不加节制的欲望是很残忍的。必须要反思欲。

祸莫大于不知足。欲望有一个特点，就是不知足。欲望是无限的，不是满足了欲望，就会停止欲望。满足了一个欲望，会产生一个更大的欲望，不断扩大的欲望就会带来大祸。

可以从几个方面来看不知足的祸害。首先，身体上的祸。不知足就会无休止地追求五色、五音、五味，导致的结果就是目盲、耳聋、口爽。这个问题前面讲过，不再重复了。其次，精神上的祸。欲望一个对象，就是被这个对象所吸引，欲望的对象越多，受到的吸引也就越多，被对象控制也就越多，失去的自由也就越多。人追求自我、追求自由，就必须要拒绝外部的诱惑，否则就不可能自由。最后，统治者的大祸。这里讲的欲得和不知足，既可以特指统治者，也可以泛指普通人。普通人也是一个潜在的统治者，只要有合适的机会，也会跟统治者一样欲得和不知足。对于统治者来讲问题更为严重。统治者的欲得和不知足关系到全体百姓，他的过度欲望会祸害到千家万户。因为欲得，因为不知足，他就会发动战争。有什么解决的方法呢？

故知足之足，常足矣。老子的解决方案就是两个字“知足”。知足就是最大的足。因为战争起源于不知足，所以知足就避免战争。什么叫知足呢？顾名思义，知足就是知道自己已经足够了，人怎么知道自己已经足够了？有没有一个确定性的标准呢？由于知足的主体是自己，这等于是自己给自己一个标准。每个人都不一样，每个人知足的标准也就不一样，这样知足就不可能有一个确定性的标准。那是否可以提供一个不确定的标准，让每个人在思考知足的时候，有一个大概的依据呢？当然是可以的。

对应不知足的三条危害，可以提出知足的三个不确定的标准。首先，每个人的身体不一样，所以欲望大小、强烈程度也不一样。但有一点应该是一样的，那就是一个好的欲望，要确保下一次的欲望能够自然地产生。相反的，如果欲望导致欲望终止，就是过度欲望。就像吃饭，每个人饭量不一样大，但吃好的标准是一样的，就是到下一顿吃饭的时候，自然地想吃饭。如果下一顿不想吃了，就意味着上一顿吃得太多。所以欲望能够引起不断的欲望，那就是一个好的欲望，欲望中断了欲望，那就是个过度的欲望。

其次，精神上的知足。就是在能力范围之内去欲望对象，使人和欲望的对象保持一种自由的关系，人在欲望对象的同时，又能保持自己的自由和独立。这个标准也是内在的，需要自己去判断。

最后让统治者知足。这是一个很难解决的问题，单纯的依赖知足是不行的，因为统治者的权力天然的就会让他不知足。必须要有制度上的安排，用制度去制约他，让他知足。老子没有解决这个问题，这是老子留给后人的问题。

四 十 七 章

不出户，知天下；不窥牖，见天道。其出弥远，其知弥少。
是以圣人不行而知，不见而明，不为而成。

不出户，知天下。不出自家的院子就能够知道天下之事。这句话的字面意思非常好理解，但所要表达的思想不太好理解。

知天下，不是知道天下具体的事情，不是知道某个地方某个人，在他身上会发生某件事，这是谁也不能知道的。这个只能凭经验知道。知天下是说，知天下之事理。天下的事纷繁复杂，但并不是杂乱无章的，每件事也好，事和事之间也好，都具有某种必然性，这就是事理。那么不出户怎么能够知天下之事理呢？如何理解不出户？首先，这个不出户是一种设喻，不能太当真，理解不能太僵化，以为就是真的不出户。很多人就依据这个不出户，判定老子是一个唯心主义的思想家，质疑没有经验，怎么知道经验中的事理。老子不出户的思想有一个背景。通常，人都是沉迷于经验，在经验当中发现事物的原理。老子对这种认识方法表示不满，表示怀疑。用一种看起来很极端的语言来警醒我们，不要一味地沉迷于经验。所以，不出户不是真的不出户，而是尽量减少出户，尽量减少对经验的依赖，而不是完全不要经验。户内也有经验。户内经验与户外经验，本质上是一样的，有了户内经验，就不必去户外经验了。

另外还与哲学家这种职业性质有关。哲学家擅长思考，在书斋里过着一种沉思的生活，他们的任务就是要在多样性的世界里寻找统一性。对于哲学家来讲，他也需要经验，但只需要有限的经验，就足够用于他的思考。康德一辈子住在他的小镇上，据说从来没有去过距小镇二十里以外的地方，可见，康德的经验应该是很有限的，但这个有限的经验已经足够他思考了。康德在哲学界掀起了哥白尼式革命，颠倒了客体与主体之间的关系，认为客体不是自在的，是被主体建构起来的。而康德用来建构客体的时空观念和知性范畴是他不出户就知道的。所以，从哲学家职业特点来看，真的可以做到不出户。老子是一个守藏史，用今天的话讲，就是图书馆的馆长，他不出图书馆，能不能知道馆外的事情？当然能知道。图书馆里有那么多的藏书，早已让他思接千里，他的史官身份让他在书籍中早已经验到人世兴衰成败。这也帮助我们理解了不出户为什么会知天下。老子“不出户，知天下”的观念是一次思想的革命，改变了我们认识世界的方式。以前我们认识世界只靠经验，而老子认为认识世界要靠理性，在理性和经验当中，理性处于一个主导的地位。天下之事理来自经验，又超越于经验。没有经验，无所谓天下之事理。但有了经验，是不是就知道天下之事理了呢？

不窥牖，见天道。不看窗外，就能看见天道。这也是一个设喻，人不能不看窗外，不看窗外，要窗子干什么？窗子就是让人看窗外的，说不看窗外，也是用一种极端的表述来改变我们通常的思维方式。天道指自然之道，也是自然之理。前面讲知天下，是知天下之理，这里又提出了自然之理。这个自然之理和前面的天下之理有什么关系？可以说，自然之理更为基础，它隐藏在天下之理背后，制约着天下之理，天下之理是从自然之理延伸出来的。所以，人不仅要知道天下之理，还要知道天下之理背后的自然之理。可以这么讲，“不出户，知天下”，儒道可以共用，儒家也可以这么讲。而“不窥牖，见天道”才真正体现了道家特色，老子的特色。

儒家讲天下，但很少讲天道。天道在儒家思想里最多只是一个背景，儒家讲天地君亲师，也把天地摆在前面。但这个天地其实被虚化了，没有实际的含义，重点还在君亲师上。讲天道是道家特色，道家把儒家的背景变成了舞台的主角。那么天道和道有什么区别？道是绝对抽象的东西，没有任何具体规定性，视之而不见，听之而不闻，所以人们把它说成是虚无。但天道就不一样了，天道是道的一种表现方式。天道具有一定的经验成分，它是能够见得到的，所以叫“见天道”。日夜交替，四季变化，月盈则亏，都是天道的表现，都是见得到的。这些都是窗外的天道，在窗内有没有天道呢，也有啊！生活中就有很多天道，饿了要吃饭，困了要睡觉，天冷了要加衣，天热了要减衣，这都是天道。人每天都见到这些天道，都按照这些天道去做事。但是，人不以为这就是天道，以为这就是一个生活常识。所以，“不窥牖，见天道”既是一个设喻，同时也是一个事实。

其出弥远，其知弥少。往外走得越远，知道的就越少。这是什么意思呢？这又违反了生活常识。通常，我们都认为要读万卷书，行万里路，走得越远，知道的就越多。那老子为什么说“其出弥远，其知弥少”呢？显然，这个“知”的对象不是知识，知识应该是越来越多了，这个“知”的对象应该是道。越是出门寻找，离道就越远。道到处都有，每个地方都有道，每个人的身边都有道，每个人身上就携带着道。人生活在道之中，每天与道打交道，却偏偏跑到很遥远的地方去寻找道。遥远的地方固然也有道，但身边就有道，为什么要舍近求远呢？尽管跑了很多冤枉路，但找的毕竟也是道啊！怎么能说走得越远，离道越远呢？

这里的问题是什么？人跑到遥远的地方去求道，这个行为本身说明他的思维方式出了问题。他错误地理解了道，认为道只能存在于某个特定的地方，这是把道看作一个实有的、可以拥有的东西。这种错误的思维方式导致了他走到哪里都不可能见到道。他根本就不知道什么是道，他在远方所得到的所谓道根本就不是道。而那不出户、不窥牖的人才是真正领悟了大道。

还有一点也很重要。人走得越远，经验越多，就越容易被经验困扰，迷失自我。读书也是这样。所以，一定要读几本经典，这个特别重要。

是以圣人不行而知。常人都是经验过后才知道结果，圣人就不一样了，不经验就知道结果。我们用列子的故事说明一下。列子是道家的圣人，列子能不行而知。列子在郑国的时候非常贫穷。郑国有人跟宰相子阳说，郑国有一个很了不起的人，叫列子，现在饿得面黄肌瘦。子阳听后马上派人给列子送粮食。但列子拒绝接受，列子的妻子非常不解，说已经饿成这样了，人家好心好意送来粮食，为什么要拒绝呢？列子解释说，他是听人说我好，很饥饿，送来了粮食，哪一天他也可以听人说我不好，便怪罪我。列子持一个道理，一个人听人说就去做好事，也可以听人说就去做坏事，这样的人不可靠。后来子阳被杀。如果当初接受馈赠的话，说不定就牵连到列子。圣人按照事物的道理去做事。不需要收下粮食，去试试有什么结果。那个结果未必会有，但有的道理存在，危险就始终存在。

不见而明。没有看见就明白。同样是不需要经验。“不行而知”指自己的事情，“不见而明”指他人的事。

我们也举一个例子来说明。孟子是儒家的圣人，他也能用万物之理去预测人的命运。有一个叫盆成括的人，在齐国刚做官，孟子听到后说了一句话，让人毛骨悚然。他说盆成括要死了。这话说完不久，盆成括真的被杀了。学生觉得老师太厉害了。孟子讲了几句话，很有意思。他说“其为人也小有才。未闻君子之大道也，则足以杀其躯而已矣”。盆成括为什么会死呢？第一个死因，“小有才”。如果人没有才，就不会想到和现状对抗。他会平庸地过一辈子，什么错都不会犯。如果大有才的话，就有能力去改变现状。“小有才”就麻烦了，他想去改变现状，但又改变不了现状，这就具有了悲剧潜质。第二个死因，“未闻君子之大道”。小有才的人是不是一定会死？不一定。这个世界上，大有才的人少，完全没有才的人也少，大部分人都是小有才，但是呢，都活得好好的。为什么呢？因为闻道了，知道自己能做什么，不会轻举妄动。如果小有才的人，“未闻君子之大道”，就会高估自己的才去改变现状，把改变现状的潜能变成改变现状的现实。第三个死因，做官了。盆成括没做官以前，孟子没说他要死，做了官以后，孟子说他会死。做官又给了一个机会，让他去实现愿望。这样，盆成括有改变现状的潜能，又有改变现状的愿望，还有改变现状的平台。三个条件凑齐了，必然要死。这就是“不见而明”，不要去看，肯定是这个结果。即便盆成括一生不死，他也是在死亡线上挣扎，因为他已经具备了必死之理。

不为而成。“不为而成”也就是无为而成。“无为而成”跟下一章要讲的“无为而无不为”意思相近，这里就不说了。

四 十 八 章

为学日益，为道日损。损之又损，以至于无为。无为而无不为。取天下常以无事，及其有事，不足以取天下。

为学日益。“为学”在古代主要是学政教礼乐，古人为学的范围比现在小。今天我们把对一切知识的学习都叫为学，这是广义的为学。“日益”，就是日益增多，它既是为学的方法，也是为学的目标。作为方法，为学重视日积月累，每天进步一点点。作为目标，为学追求知识越来越多。

人刚生下来的时候脑子里一片空白，一无所有。但生下来过后，马上就进入到一个为学的状态。只不过这个时候的学是被动地学，无意识地学，所以很多人就不把它看作学。两岁的孩子，就可以与大人对话了。如果他不学，怎么会说话呢？后来开始主动地学，在学的过程中，接受了各种各样的知识，各种各样的观念，知道了人该做什么不该做什么。这就形成了自己的观念，形成了自我。为学具有二重性质，一方面它成就了自我，另一方面，也让人局限于自我，产生自我的偏见。通常，人们容易忽略自我带来的局限性，也就是忽略为学带来的局限性。比如说，我们从小学习汉语，如果不是后来知道了世界上还有别的语言的话，就会认为说汉语是天经地义的，人只能说汉语，这就容易产生自我中心的思想。古人严守夷夏之别，以为中原是文化的正统，贬低中原以外的文化。为什么呢？因为没见过中原文化之外的西方文化。所以，我们所学到的这些东西是一种知识的体系，并非理所当然的。学了中国的文化，就知道仁义礼智信，温良恭俭让，于是，就把这样一些观念看作天经地义的。而把别的观念看作非法的、不可思议的，加以排斥。这样的话，就很难去理解权利的思想、自由的思想、平等的思想。对这些思想很陌生，甚至很抵触。所以，为学日益成就了自我，同时又封闭了自我，以至于最后看不清事情的真相。人形成一种观点，是可喜可贺的事情，也是一件很可怕的事情，人可能待在一个封闭的思想观念里面永远走不出去。

为道日损。什么叫损？损就是减少、放弃已经拥有的东西，既包括物质性的东西，也包括观念性的东西。为学做加法，为道做减法。有人误解老子的减法思想，损的思想，以为只是强调了不断地去减，而忽视了加。

老子思想的本义是加法在先，然后再做减法，而不是说加法还没做的时候就开始做减法。加法永远在减法之前。生活中，人每天都在为学，都在做加法。人心智高度成熟以后，才知道做减法的意义。老子“为道日损”的思想是针对“为学日益”而提出来的。老子先说“为学日益”，后说“为道日损”，这样的顺序，说明了加法在前，减法在后。加法也是道，为学也是道。只不过为学之道人所共知，就没有必要提出为学是道的问题。相反的，如果只把为学当作道，就会进一步强化为学的行为。所以，老子这里讲的为道是特指减法的，是带有价值倾向性的。在加法里面，价值是非常好判断的，按照数量来判断价值的高低。数量越大，价值就越高。但量趋向于无穷大，任何量跟无穷大相比都是微不足道的，所以，现在拥有的永远都是微不足道的。这就迫使人追求更大的量，实现更大的价值。在追求的过程当中，人的心理负担越来越重，压力也越来越大。减法不一样，减法让人对已经拥有的东西进行价值判别。做减法的时候，首先减去价值最低的那个东西，不断去减，留到最后的东西，就是人心目中最有价值的东西。

假定世界上只剩下这几样东西，一袋黄金、一个手机、一袋米、一个碗、一双筷子。必须要扔掉其中的两样，那扔掉的一定是黄金和手机，留下的肯定是那一袋米、一个碗、一双筷子。这是一个思想的实验，实验的结果让人很震惊。我们平常最瞧不起的就是那一袋米，一袋米有什么用处呢？一袋黄金可以买多少米啊！当世界上就剩下这几件东西，你会发现，米就是最重要的，黄金是不重要的。黄金不能吃，吃下去还要人命。你看，真正的价值出来了。人际关系也是这样，平常狐朋狗友一大堆，也用减法来减，减到最后会发现有一些关系减不掉。哪些关系减不掉呢？友情减不掉，亲情减不掉，爱情减不掉。所以减法的意义是什么？就是让你知道，在各种价值中什么是最重要的价值。要是不用减法，这些价值就被遮蔽了，所以人平常的焦虑是人虚构的，原本可以不这样焦虑。这就是为什么要“为道”，减法之后，剩下的就是道。那一袋米、一双筷子、一个碗、一口锅，就是大道，大道至简，就是这么简单。

那么，加法和减法，哪一个更容易做到？人本能的在做加法，生活中的每一天其实都在做加法，做加法是生命的常态。所以，不要担心人哪一天不做加法了，不会的。我们每天都在讲新课，加法；毕业拿到了毕业证，加法；找了一个工作，加法；工资每年都要加一点，加法。不要发愁不做加法，发愁的是做减法。做减法比做加法难。《论语》中有一个叫宁武子的，孔子说他“邦有道则知，邦无道则愚”。又说“其知可及也”，他的智慧是可以学的，“其愚不可及也”，他的愚笨是学不来的。这句话很有意思，体会一下很有意味。也就是增加不难，减少太难。大家可以试着去做一下，感觉一下扔东西是不是很难。

扔东西还不是最难的，最难扔掉的是观念。东西可以强制你放弃，观念已经根深蒂固了，怎么放弃？让人放弃观念，比放弃生命还难。记住一个东西很难，忘掉一个东西更难，比如说这个字，小学学会的，现在让你把这个字给忘掉，你试试看。你试着把“人”字忘掉，把“人”字放到你面前，问你这是什么字？怎么做到不认识这个字？忘不掉啊，一眼就认出是“人”。这就说明，做减法很不容易的，做减法是太难了，就是因为太难了，老子才提出来“为道日损”。

损之又损，以至于无为。“损之又损”就是不断地损。减法不是一次性就完成的，减法是个持续性的过程，要始终保持做减法的意识。那要减到什么时候为止呢？“以至于无为”，达到无为的境界。严格意义上讲，减法就是让人无我，无我才能无为。

例如，《吕氏春秋》等好多书都记载了这样一个故事，这是一个编造的故事。楚悼王在打猎的时候丢掉了弓箭，手下人第一反应就是把弓箭找回来。我们知道，越是有价值的东西，就越想把它找回来，但也因为最有价值，所以注定找不回来了。楚悼王很懂这个道理，但他讲了一句冠冕堂皇的话“楚人失之，楚人得之”。楚国人丢了弓箭，楚国人捡到了，对楚国而言，没任何损失，只是换了主人而已，不必去找了。楚悼王把个人主义提升到爱国主义的高度，解脱了个人的痛苦。从个人的角度上讲，有损失；从国家的角度上讲，没损失。所以，楚悼王的境界还是很高的。但这个故事还没完，据说孔子听到了这件事。孔子说，“去楚字可矣”，把“楚”字去掉。去掉“楚”就成了“人失之，人得之”。去掉“楚”字事关重大，因为“楚”字里隐藏着一种危险，一种战争的危险。如果那个弓箭不是楚国人捡到的，而是齐国人捡到了，或鲁国人捡到了，怎么办？楚悼王的意识里，弓箭是楚国人的，楚国人捡到了没事，别国人捡到那就有事。孔子认为，弓箭是天下人的，天下人谁捡到都一样，对天下来说都没有损失。所以去掉了一个“楚”字，就是去掉了一场战争。孔子的境界比楚悼王又要高。孔子是一个人类主义者，天下主义者。但更厉害的还在后面。老子听到这件事，在后面又补了一句话。老子说“去人字可矣”，把“人”字再去掉就更好了。再去掉“人”，就成了“失之，得之”。老子这个思想很了不得，他改变了人类的思维方式。无论是楚悼王部下的个人主义，还是楚悼王的爱国主义，还是孔子的国际主义，他们都是站在人的立场说话。老子改变了人类中心主义的视角，他站在对象的角度，以对象的立场看对象。前面都是以人观物，老子则是以物观物。以物观物，物属于它自己，谁都不可以拥有它。这个故事的思维方式是什么？就是做减法，不断地减。首先减掉“我”字，然后减掉“楚”字，最后减掉“人”字，正是通过“损之又损”的减法，发现了事物自身的价值。弓箭只属于它自己。全世界的人都没有了，弓箭还是弓箭，这才是世界的真相。人以无我的态度对待世界，也就无为了。

无为而无不为。这是老子思想的核心命题，可以从三个方面去理解。首先，“无为而无不为”是对圣人而言的，是治理国家的最高境界。老子曾经讲过“太上，下知有之”，这也是讲统治的最高境界。都是最高境界，两者有什么不同呢？“太上，下知有之”，是从百姓的角度描述最高境界，“无为而无不为”，则是从统治者的统治方式和统治效果方面描述最高境界。其次，道无为和圣人无为都能达到无不为的效果。但道无为与圣人无为在方式上还是有差别。道是绝对无为，让万物自为。而圣人无为，是顺道而为，让百姓自为。百姓都做好了自己的事，就等于做好了天下所有的事，这就是无不为。圣人一旦有为，就会干扰百姓的为。但是呢，圣人毕竟不是道，不可能像道那样绝对的无为。圣人也是人，他必定要有所为。所以圣人无为，不是绝对的不为，而是为其所当为。什么是为其所当为呢？就是要确保老百姓能够自为。他要制定出一个合理的、公正的制度，还要保证制度能够得到执行。无为思想的核心主旨，就是要限定统治者的权力。绝对不为也好，为其所当为也好，都是限制权力的一种说法。最后，“无为而不为”还是一种普遍的做事原则，每一个人都要“无为而不为”，这里的无为指的是无心而为，无不为是指达到最好的结果。也就是做事不要有太强的主观目的性，要顺其自然去做事，不要在意做事的结果，在做的过程中体会做的意义。

取天下常以无事。“取”与“夺”合在一起，组成了一个词夺取，夺取就是强取，这不符合老子的思想。所以许多人都认同河上公的注解，释“取”为治。取天下就是治天下，这样就避免了夺取的暴力含义。但是释“取”为治，在古书中没有先例，所以“取”还是按本字解释。按照杨伯峻先生的说法，在古人那里，拿到东西很容易就叫取，取并没有后人说的夺取的意思。其实，在今天的生活中，取也没有夺取的意思。快递来了，打电话让你取一下，这个取丝毫没有夺取的意思。那个东西本来是你的，把它拿回来，这叫取。所以取是取本来属于自己的东西，没有丝毫夺取的意思。取要有夺取的意思，拿快递就是一场战争了。什么叫取天下？天下本来就是你的，天下主动回归你，好像什么事都没有发生。也就是不通过武力，你就拿回天下。天下自然归属于你，这才符合道。

及其有事，不足以取天下。换一个角度说，如果你想“有事”的话，想用武力夺取天下的话，你是得不到天下的。夺天下会遭到天下人的反抗，即便暂时夺走了天下，迟早要把天下归还给天下。

四十九章

圣人常无心，以百姓心为心。

善者，吾善之；不善者，吾亦善之；德善。

信者，吾信之；不信者，吾亦信之；德信。

圣人在天下，歙歙焉，为天下浑其心，百姓皆注其耳目，圣人皆孩之。

圣人常无心。这里“常无心”三个字在通行本中写成“无常心”，陈鼓应根据帛书本改为“无常心”。“常无心”与“无常心”有何区别？为什么一定要这样改？“无常心”，没有固定不变的心，也就是心在不断地变化。根据什么来变化呢？根据百姓心来改变自己的心。这句话的意思看起来也是不错的。但和“常无心”相比较，它还是有一些不足。“无常心”可以随着百姓心不断地在改变，但这种改变具有某种不确定性，有种游移不定的特点。也就是说，“无常心”具有了一种可解释的空间，而“常无心”意思明确，无法对它作另外的解释。所以把“无常心”改为“常无心”呢，意思更为确定。根据“常无心”，可以进一步地发现，这里讲的圣人是道家的圣人，而不是儒家的圣人。道家的圣人是无心，儒家的圣人是有心。庄子讲儒家的圣人，“何其多忧也”，《周易》上也有一句话，说“作易者，其有忧患乎？”儒家的圣人有一个特点，就是有忧患。忧患是什么意思呢？就是不放心，老是担心别人会犯错误。担心意味着，儒家的圣人把自己看得高人一等。如果觉得自己和他人平等的话，或者是不如他人的话，是无法去替他人担忧的。道家的圣人“常无心”，对他人放心，信任他人，认为他人能够做好自己的事情。儒家不放心，就会强调一种强制性的秩序，认为不强制的话，社会就会变得很混乱。道家放心，所以推崇一种自由的秩序，也可以叫自然的秩序。“圣人常无心”就把儒道两家彻底区分开了。

以百姓心为心。“以百姓心为心”具有某种民主的倾向。儒家也很关注民意，并提出民本的思想。那么老子的“以百姓心为心”与儒家民本思想有什么区别呢？儒家讲“民为贵”，也讲“天听自我民听，天视自我民视”。儒家民本思想着眼点在维护统治者的利益，民本仅仅是维护统治的手段。“以百姓心为心”，是把百姓心当作目的。因为他自己无心，他“以百姓心为心”时就是一种无目的的行为，就是把“以百姓心为心”当作最终的目的。所以，尽管儒道都强调民的重要性，但一个强调的是民意，一个强调的是民权。民意和民权有什么区别呢？两者具有质的差别。差别的关键在于儒家是有心，道家是无心。因为无心，在无心之下强调百姓心，百姓心就是一切。因为有心，在有心下强调百姓心，百姓心就要受制于有心。道家的百姓心，是百姓的全部之心，是百姓的全部要求。这里面既包含了日常生活中的衣食住行，也包含了人的各种精神追求，还包括人对自由的追求。这个百姓心内涵极为丰富。儒家的百姓心，不是心的全部，是心的某些部分。衣食住行这方面，儒家也是很重视的。孔子的社会理想里，有一条就是要使老百姓富裕。这一点和道家是一致的。孟子讲“无恒产者，无恒心”，孟子对老百姓的恒产还作了细致的规定，家有多少田地，房子多少，甚至房前屋后的树有多少都规定好。但是对于人的精神方面的追求，儒家就非常警惕。儒家认为，对百姓不能听之任之，要去教育他、提升他。对于人的自由呢，儒家连提都没有提到。因为道家圣人无心，他“以百姓心为心”是无条件的，百姓就真能自我做主。因为儒家圣人有心，他“以百姓心为心”是有条件的。当百姓心与圣人的有心发生冲突时，百姓心就要让位于圣人的有心。道家的圣人和百姓是无和有的关系。无包含着有、包容着有。所以，圣人与百姓之间没有丝毫的冲突，儒家的圣人和百姓是有和有的关系。尽管圣人是大有，但只要是有，不管有性质如何，这个有总会和其他的有发生冲突。

我们说老子“以百姓心为心”里边有民主的倾向，这个民主与现代的民主有没有区别？区别有两点：第一点是老子这里还保留了圣人做主的形式，是圣人自己无心，然后才以百姓心为心。这表明，“以百姓心为心”不是百姓争取来的，而是无心的圣人给予的。尽管无心的圣人不会去妨碍百姓心，但只要是给予的，就是不完全可靠的。而现代的民主是争取来的，不是人家给予的。第二点是现代的民主有一个完整的制度设计，老子提出了民主的理念，但没有制度上的设计。当然，在老子那个时代，要求他有制度设计是不现实的。但毫无疑问，老子的思想和现代的民主思想最为接近，尤其是他的政治哲学思想。老子的政治哲学思想是非常超前的。既然要“以百姓心为心”，那该如何对待复杂多样的百姓心呢？

善者，吾善之。善是好的意思。这个好是绝对的好，大家一致认为的好。而不是你说好，我说不好，或者是我说好，你说不好。那么，对绝对好的人，我们应该有一个怎样的态度？“吾善之”。一定要善待他。善待善者，就是在社会里树立一个理想。尽管我们达不到这个理想，但这丝毫不影响这个理想的价值，它能不断地提升我们每个人的境界。

不善者，吾亦善之，德善。这句话就不好理解了。什么叫不善呢？不善就是够不上善，没有达到善的标准。这些人不是坏人，是些什么样的人呢？其实就是我们这些普通人。因为善者是理想的人，不是现实生活中的人。而不善者是现实当中的人，他们和善者比较起来都是不善者。这里面包含了老子对于人性的深刻理解，我们都是不善者。我们应该怎样对待不善者呢？不能因为他不善，没有达到善的标准，就去否定他，而是要善待他。这里包含了对人性的宽容。人性里边就要犯错，该如何去对待人性里的错？首先，要承认这个错。其次，要宽容这个错。不能够因为错，就全面否定，因为人都在犯错。《圣经》里也有类似的思想。一个女人犯了通奸的错误，于是大家都要用石头砸死她。耶稣是怎样对待这个错误的呢？耶稣说，你们可以用石头去砸她，但是砸她的人必须要有一个条件，就是你必须没有犯过错。每个人都犯过错，都没有资格去砸她。那么，谁才有资格去砸她呢？就只有上帝了，只有上帝才不会犯错。这就是“德善”。“德善”就是得到真正的善。什么是真正的善呢？批评别人的错误是一种善，不过这是一种低层次的善。这种低层次的善也是必要的。但从最高的善来看，却必须要善待他，只有善待他，才能达到真正的善。如果有人不善，就待之以不善，这就是以不善对不善，那么你就处于一个低层次上。只有善待不善，你才处于善的最高层次。所以高级的善，不仅有批评，还有悲悯。

信者，吾信之。这个“信”要翻译为真实，翻译为诚信，就是儒家的思想了。信就是真实无妄，就是真实地表达自己。道家的真实和儒家的诚信是有区别的。真实里面带有自然的性质，诚信里面带有人为的痕迹。当人真实坦率地展现自己的时候，就是一个真实的人。“吾信之”，我们要去相信他。这个真实的人是一个理想的人，是一个榜样，因为生活当中没有一个人能做到完全的坦率。这句话和“善者，吾善之”的思路一样，就不多说了。

不信者，吾亦信之；德信。不信者是指没有达到真的标准的人，他们是生活当中的普通人。对这些人应该具有什么样的态度呢？“吾亦信之”。我们要信任他。“德信”，这是最高层次的信，是真正的信任。绝对信任的人不需要我们去信任。我们要信任的人，应该是那些达不到信任标准的人，去信任他们才叫信任。所以，最高的信任具有一种悲悯情怀。现实生活中，人都是“不信者”“不善者”。老子讲“不善者”要善之，“不信者”要信之，这就和“以百姓心为心”相一致了。如果只善待某一部分人，只信任某一部分人，就不叫“以百姓心为心”。这两句中，还要注意这个“吾”字，“吾”是形式化、虚拟化的我，不是现实中的我。如果是现实中的我，他就有情绪，就会有思想，就会有一个评判人的标准，就不能做到“不善者，吾亦善之”“不信者，吾亦信之”。帛书本里没有这两个“吾”，意思反而更明确。

圣人在天下，歙歙焉。这是“圣人常无心”的一个具体做法。光讲圣人“常无心”还不够，还要知道怎样做才“常无心”。“常无心”不是天生的，是后天修养得来的。圣人统治天下要像鸟的翅膀那样“歙歙”，也就是合起翅膀，也就是收敛的意思。如果鸟的翅膀已张开，就意味着鸟准备要自由飞翔，要有所作为。圣人“歙歙”就是要学着鸟的样子收缩翅膀、收缩自己。收缩自己干什么？为了避免去干扰别人。接下来又举了一个例子。

为天下浑其心。“浑其心”中的“其”是一个指代，指代谁呢？说法不一。有人认为指代老百姓的，陈鼓应就认为是指代老百姓的。这个说法在道理上是不通的。如果这是指代百姓的，那就是指圣人让老百姓回归淳朴！圣人使老百姓心化为纯朴，就是改变了百姓心，就不是“以百姓心为心”了，这就与本章的主旨相冲突。所以，这个“其”是指代圣人自己，是指圣人在治理天下时使自己的心变纯朴。“浑其心”就是浑浊其心，就是没有分别心。圣人“浑其心”，虽然对象不同，但对待的方式是一样的，没有区别，不分彼此。有分别心的时候，就会偏离“以百姓心为心”的宗旨，就会用不同的方式去对待不同的人。这个时候，就会出现这样的情况：善者，吾善之；不善者，吾不善之；信者，吾信之；不信者，吾不信之。

百姓皆注其耳目。因为圣人浑其心了，百姓才有可能关注自己的耳目。想看什么就看什么，想听什么就听什么，可以自由使用自己的耳目，没有限制。百姓都能按照自己想要的方式去生活。不像儒家讲的“非礼勿视，非礼勿听”，去限制人的耳目。耳朵就是用来听的，眼睛就是用来看的，为什么要限制呢？百姓自由地运用自己的感官，是人的自由的基本体现。这里的“皆”指每一个人都是自由的，这与“以百姓心为心”相呼应。如果不是“皆”呢，就可能少数人自由，甚至是一个人的自由。

圣人皆孩之。通常，人们对百姓这种自由的存在状态会表示担心，担心会出乱子。儒家就有这种担心。但道家圣人对这种情况一点也不担忧，而是以孩子的眼光去看待百姓这种自由自在的生活。孩子的最大特点是不分彼此，无差别地对待对象。这里的“孩子”也有不同的解释。有人解释为把百姓当作孩子一样对待，这种解释让人联想到儒家“爱民如子”的观念。是以孩子的眼光看待百姓，还是把百姓看成孩子一样，哪种说法更好？从字面上来讲，解释为把百姓当作孩子来看待似乎更有道理。但这样的话，就会与“圣人常无心”相悖，把百姓当孩子时是不能“常无心”的。正如父母很难做到“常无心”。相反，他们是常有心，他们拥有对孩子的监护权。看到哪个孩子不好的时候，就会不由自主地去教育他、干涉他。所以理解为用孩子的眼光去看待百姓更为妥当一点。

五　十　章

出生入死。生之徒，十有三；死之徒，十有三；人之生［生］，动之于死地，亦十有三。夫何故？以其生生之厚。

盖闻善摄生者，陆行不遇兕虎，入军不被甲兵；兕无所投其角，虎无所用其爪，兵无所容其刃。夫何故？以其无死地。

出生入死。这是一个成语，并且是褒义词，指为了实现一个崇高的理想而将生死置之度外。在老子这里，“出生入死”只是陈述一个事实，即人先出生后入死，也就是讲人的生命有生就有死，讲死是生命的必然性。生命有生有死是一个常识，但人对待这个常识，态度是完全不一样的。常人采取回避的态度，回避谈论死亡。好像不谈论死亡的事实就能不存在。儒家也不谈死亡，“未知生焉知死”，就是拒绝讨论死亡的问题。孔子的这个态度影响深远，也使得儒家失去了一个重要的思想维度。因为生和死是相互阐释的。“未知生焉知死”，这个观念本身也不错，这是以生来阐释死。而“未知死焉知生”，是以死来阐释生。讲“未知生焉知死”，只讲了人生思想的一半，这另一半就拱手让给了道家。从某种意义上来讲，以死来阐释生比以生来阐释死更具有哲学的深度。几乎所有的哲学、所有的宗教，甚至所有的艺术都和死亡结下了不解之缘。所以回避死亡，就是回避了一种深度。道教源于道家，但道教和道家的思想差别很大。在死亡的问题上，可以说是南辕北辙。道家认为死亡是一种自然现象，对死亡的态度是顺其自然。但是道教的态度正好相反，它追求长生不老，追求成仙。道教不仅回避死亡，它还要战胜死亡，它要积极作为，延年益寿。

老子正视死亡，并把死亡当作思想的对象，去思考死亡。那么，老子在死亡里发现了什么？他发现人的生命长短不一样，对生命长短不一样的现象进行归类；思考生命长短的原因，思考生命的长短与人对生命的态度之间到底是一个怎样的关系。

生之徒，十有三。这个“生”是长生、长寿的意思。属于长寿的人大概有多少呢？“十有三”。这个“有”有两种解释。一是把“有”解释为“又”，“十有三”就是“十又三”，就是十加上三，即十三。然后就牵强附会，把十三附会于身体，说人有四肢和九窍，合起来正好是十三。这些是有道教倾向的人所作的解释，尽量把身体神秘化。神秘化的结果就是采取神秘化的方式去对待身体。这种解释为什么不好呢？因为老子思想的重要特征就是理性化。他本就是要把神秘化的东西进行理性化的解释。所以，这里的“有”只能按本字解释，“十有三”只能理解为十分之三。这句话的意思就是那些天生长寿的人，大概占总人口的十分之三。既然是天生长寿，就是没有原因的，只能说他们素质好、基因好。

死之徒，十有三。这个“死”是短命的意思，短命夭折的人也占总人口的十分之三。至于为什么短命，也是说不清的，也只能说是身体素质不好、基因不好。从古代开始，人就对人的生命、人的寿命进行思考，结论是死生由命。寿命是由命来决定的，和人的努力无关。那些长寿的人，经过多少磨难还是长寿。短命的人呢，无论多么的富贵还是短命。《红楼梦》中最长寿的是刘姥姥，王熙凤那么富贵，只活了二十几岁，林黛玉更惨，只活了十几岁。大概因为这个原因，儒家就不去思考死亡的问题，因为思考也没有用处，所以干脆就不思考。

人之生［生］，动之于死地，亦十有三。这里面的“人之生”，陈鼓应根据帛书本增加了一个“生”字，写成“人之生［生］”。增加这个“生”字好不好呢？我觉得增加得不好，为什么说不好呢？因为后面的“生生之厚”就是专门解释“人之生”的，这里增加一个“生”字，导致语义重复，“生生之厚”在意思上就悬空了，且行文也累赘。所以，把这个“生”字去掉更好。这几句话的意思是人本来可以长生，由于不当的行为，导致了自己的死亡。这类人也占总人口的十分之三。这一类人原本是可以生的，结果把自己给作死了。通过“动”，想让自己长生，没想到反而伤生。可见这一类人是讲究养生的人，但错误的养生，反而加快了他们的死亡。他们的本意是好的，但方法是错误的。那么错在什么地方呢？

夫何故？以其生生之厚。这句话是关键。老子讲天生长命短命不过是一个引子，他的着眼点在第三类人的身上。这十分之三的人弹性最大，正确的养生就会长命，不正确的养生就会短命。这部分人是长寿还是短命完全取决于如何去养生。非常不幸的是，这十分之三的人都采取了错误的养生方式。他们错在什么地方？错在了“生生之厚”。什么叫“生生之厚”？“生生”就是生上加生，把生看得特别重要，把生太当回事，这就过分了。养生按照本意讲，是要把生当回事，但“生生之厚”则是过于把生当回事了，时时关注生，处处关注生，好像生之外就没有别的事了。本来是一件自然的事情，现在变成了他们的一个负担。因为“生生之厚”，就会担心生有不足，担心身体里面缺什么，于是就想着要去补什么。所以，特别注重养生的人，他们不是正常吃饭，而是把吃补品当作正常的了。吃补品为什么会出现问题？因为人的身体是几十万年不断进化的结果，人的日常饮食里面已经包含了各方面的营养。身体在常态下能够自然调节，吃补品反而破坏了原有的内在中和平衡。即便身体处在不健康的状态，补了一方面的不足，但又可能导致另一方面的过量。人的身体非常复杂，它讲究的是中和平衡。由于能力有限，人们很难知道身体内部的需要。季康子给孔子送来补药，孔子说“丘未达，不敢尝”，因为不知药性，所以不敢尝。可见孔子对身体持有一个理性的态度、一个自然的态度，决不迷信补药。那么有没有养生成功的人呢？有的。在老子的归类中，长寿的人、短命的人、过度养生的人，各占了十分之三，总共占了十分之九。剩下的十分之一的人，就是善于养生的人。

盖闻善摄生者，陆行不遇兕虎，入军不被甲兵。善于养生的人是什么样的？“陆行不遇兕虎，入军不被甲兵”。这个“陆”字，有的本子写作“陵”。“陵”比“陆”好，因为陆是平地，在平地上遇不到兕虎是很正常的。陵就是丘陵，在丘陵里面，在山林里不遇兕虎这才是奇事。这两句话不是讲养生的方法，而是讲正确的养生所产生的神奇的效果。老子说，正确养生之后，有两个神奇的效果：一是在山里行走，遇不到兕虎；另一个是进入战场遇不到刀枪。这两件事在生活中都是不可能发生的，但养生过后，不可能发生的事发生了，让人感到不可思议，叫人半信半疑。怎么会出现这种神奇的效果呢？

兕无所投其角，虎无所用其爪，兵无所容其刃。这里，注意体会几个“无所”。因为兕不是不想用角去伤害人，虎不是不想用爪去伤害人、兵不是不想用刃去伤害人，而是“无所”，无伤害之所。它们拿着伤害人的工具，不知道使用在什么地方，言用下之意是他们想伤人，但没有找到伤害的对象。这几句话很让人费解。人们容易把它朝着神秘的方向去解释，好像会养生的人能进入一个奇异的境界，会刀枪不入。揭开神秘的面纱，老子通过荒诞的表述，想要表达的道理不过是：善于养生的人，一是不会遇到伤害他们的对象；二是遇见伤害的对象，伤害他们的对象也无法实施对他们的伤害。

夫何故？以其无死地。为什么会出现这种情况？“以其无死地”。这个答案就像脑筋急转弯。正在我们为种种神奇感到不可思议时，看到这一句话，突然就恍然大悟了！前面的思路错了，我们以为他们真的走进山林了，没有遇到兕虎；真的进入战场了，没有遇到刀枪。事实上，他们根本就没进入到山林中去，根本就没进入到战场上去。现在，我们种种的疑虑、种种不解都烟消云散了。原来，会养生的人根本就不进入那个让他死亡的境地，这种养生方法和前面的“生生之厚”风马牛不相及。那么，这些养生的人为什么不去进入死地呢？虽然老子没有说明，但是我们可以猜想。那是因为他们有一种正确的身体观。他们把身体看作一种自然现象，所以，他们会按照自然的方式去养生。而这种自然的方式就是，自然地吃、自然地喝、自然地睡，以自然的方式去做事，以平常心去对待身体。这是养生，又不像是养生，这种不像养生的养生就是最好的养生。韩非子讲得好，“夫兕虎有域，动静有时。避其域，省其时，则免其兕虎之害矣”。兕虎有自己的活动范围，万害都有自己的源头，避开了兕虎的活动范围，堵塞祸害的源头，就可以免于各种祸害了。

五　十　一　章

道生之，德畜之，物形之，势成之。

是以万物莫不尊道而贵德。

道之尊，德之贵，夫莫之命而常自然。

故道生之，德畜之；长之育之；亭之毒之；养之覆之。

生而不有，为而不恃，长而不宰，是谓“玄德”。

道生之。就是道生万物。这个“生”字和“道生一”“有生于无”的“生”字是同一个意思。这个“生”不是产生，不是生出来的意思，而是以不生的方式让万物自生。“道生之”就是道提供一个空间，提供了一个场所，让万物在这里面生长。所以，道和万物的关系看起来最疏远，但其实又是最紧密。说它们疏远呢，是因为我们没有看见道是如何生物的，只看到物自生；说它们紧密呢，如果没有道提供一个让万物生长的空间，万物就无法自生。一般人看不到道生物的过程，就以为道和物之间没有关系。不是它们没有关系，而是人们没有看出来它们之间的关系。

德畜之。“德”的意思是什么呢？可以这样讲，道无处不在，道是一个整体，物不可能获得全部的道，它只能获得某一部分的道。物所获得的那部分道，就称之为德。每个种类的物所获得的道是不一样的，这就形成了不同种类的物。同一种类的每个物所获得的道也是不一样的，这就形成了万物。道只有一个，而德却有千千万万个，道是一，德是多。

这个德相当于性，可以用性这个词来替换德，一物之德就是一物之性，物性的使用频率远高于物德。德或性与道相比的话，道是一个无，德或性就是有。当然，这只是一个抽象意义上的有，和现实生活中见到的有不一样，但抽象的有毕竟也是一种有。这个德或性与物的关系是什么呢？是畜的关系。畜是养的意思。德或性不是以一种强制性的手段去规定万物，而是以一种柔性的方式，以一种畜养的方式去养育万物。这样的方式是把万物当作有生命的存在。因为物德或物性与物的关系是一种滋养的关系，所以，物德或物性不干扰物的发展，物也乐于在物德或物性规定的范围之内去发展自己。物按物德或物性发展，物就处在自然生长状态。物背离了物德物性，物就处在异常状态，就会毁灭。所以，物要返回到物德物性，物德物性是对物的保护。

物形之。这个“物”不是物体，而是构成物体的材料。物德物性只是物的抽象规定性，要发挥真正的养育作用，就必须要进入到材料中去，使物从抽象的状态进入到具体的状态，变成一个感觉当中的物。所以，形成物还必须具有材料。那些材料通过德或性的凝聚，就形成了一个个具体的物。当然，德或性进入材料当中形成物，这个过程是很神秘的、不可思议的。

势成之。这个“势”指一种形势、一种趋势，也就是物所生存的环境。这个环境才使物成为一个真正的物，成为可感可见可触的物。为什么呢？因为“物形之”的物，还是一个理论上的物，一个没有处所的物，这样的物是不能生存的。地势地貌、气候都是物的处所，这个处所让物形成这个样子。高原、平原、山地生长出来的物是绝对不一样的。即便是同类物，由于所处的具体位置的不同，个体的生长状况也不一样。

冯友兰把这四句话理解为物形成的四个阶段。这种说法表面上看起来没有错，物经过道、德、物、势四个阶段，最后形成了物，它表达了物是如何产生的。这是以科学的态度对待万物的产生，会遇到很多棘手的难题。比如说“道生之”，就得解释道是如何生物的。道既已生物，那后面的“德畜之，物形之，势成之”就是多余的了。又如“德蓄之”是讲物性；“物形之”是讲材料。物性和材料是如何相合的，恐怕没有人说得清。又如“势成之”，是把物放进处所，那物在此之前又放在什么地方？我们见到的物性与材料，物与处所似乎总是连在一起，永远分不开。所以，这四句话应该是讲物的结构四要素。也就是说，先假定物的存在，然后再分析这个存在物的结构要素。这样一来，这四个要素之间的关系就好理解了。首先，物必须有一个处所，这就是势；其次，物有它自己的材料；再次，物的材料有自己的本性，这个物不能变成那个物。一般人就只能分析到物的三要素，老子在三要素之外又分析出了一个要素，这就是道。道是一个潜在的要素，一般人分析不出来，就以为它不存在，老子认为道不仅存在，还是最重要的一个要素。

这个理解和冯友兰的理解有什么不同？冯友兰认为这个物首先是不存在的，他讲的核心问题是如何构成一个物。但如何构成一个物，是科学的任务。我们先肯定物已经存在，然后再去分析物的构成要素。老子分析出来物的四个要素，并说明四要素在物的构成中所发挥的作用。道发挥生的作用，德发挥畜的作用，物发生形的作用，势发挥成的作用。这四个作用不能理解为形成物的时间先后关系，如果一定要用先后观念去表达这个作用的话，可以把它们理解成逻辑上的先后关系。从时间上来看，这四个要素是同时存在的。所以，冯友兰说这是事物形成的四个阶段是不对的。

是以万物莫不尊道而贵德。万物的存在应该同时具备四个要素，所以万物应该感谢这四个要素。但从老子对四要素的表述顺序来看，它们的地位并不是平等的，发挥的作用也是不一样的。老子特别强调道和德的作用，为什么要“尊道而贵德”？这是不是贬低物和势呢？显然不是。老子的这种表述不是说物和势不重要，而是因为物和势的重要性人都能看得见，但道和德的重要性呢，最容易被人忽略。道是无，谁能想到无居然成为物的构成要素呢。德尽管是一个有，但仅仅是一个抽象的有，也容易被人们忽略。但没有道，所有的物都失去了可能性；没有德，所有的物都失去它的本性，成为一堆僵死的材料。所以道和德是物的灵魂，是物的生命。但没有了物和势，道与德就是空洞的，表现不了自己。

道之尊，德之贵，夫莫之命而常自然。道为什么尊，德为什么贵，老子给出了一个答案“莫之命而常自然”。“莫之命”就是莫命之，就是不去命令万物，而让万物去成为它自己的样子。显然，道德尊贵主要是因为道德生物畜物那种独特的方式，它不强制物去成为什么样子，而是让物去成为自己的样子。所以，“道之尊，德之贵”不是因为道和德做了什么，而是因为道和德什么也没有做。当然它什么都没做，而最后又做成了一切。

故道生之，德畜之。这句话其实可以不要的。在这么短的篇幅里面又重复了一次，显然是要强化道和德的尊贵，以及道生物，德畜物的独特的方式。接下来就具体地讲，道和德究竟做了什么，是怎么做的？

长之育之；亭之毒之；养之覆之。这里所有的“之”都指的是物。这个长就是生长，育是养育。让物生长，然后养育万物。养育不能半途而废，一定要持之以恒，要使物“亭之毒之”，也就是成之熟之。使物达到成熟的状态，不能中途夭折。物的成熟状态不是物的最终的状态，物还要继续保持它的存在，直到它的消失。在这个过程中，道始终伴随着物，善始善终，这就是“养之覆之”。在物生老病死的全过程中，道德都在尽职尽责，没有丝毫的懈怠。所以，道德对万物来讲就是大恩大德。

生而不有。“生而不有”以下这几句话和第二章文字有部分的相同，和第十章文字完全相同。很多人以为是错简。但是，这些重复的内容在各章当中都不是可有可无的，都是这些章里的有机构成部分。所以，这些重复不应该理解为错简，而应该理解为一种思想的强化。这几句话的思想主旨都是强调道和德对于万物的态度。什么态度呢？首先是“生而不有”，也就是产生万物而不去拥有万物。这里要明确，产生万物、拥有万物，这也是一种德。比如，我的劳动所得，归我所有，这算不算是德呢？这也算是德。我有一个发明，要去申请一个专利，署上自己的名字；我写了一本书，在书上署上自己的名字，这些合不合乎德？这也是合乎德的。这是社会公德。公德是社会的底线，没有公德的话，社会就会混乱，就会崩溃。这个公德应该表述为“生而有”。那么，这个“生而不有”呢，可以理解为一种私德。私德在某种意义上是高于公德的，私德是没有上限的，你可以无限地提升自己的道德水平，你可以大公无私，放弃自己所拥有的一切。这种德超乎了常人的理解，是一种不可思议的德，所以叫作玄德。

为而不恃。帮助了别人不求别人回报，这也是私德。对一个德行特别高的人来讲，应该是“为而不恃”的，应该是做了好事，帮助了别人不求回报。但“为而恃”是不是一种德呢？也是一种德。从公德讲，如果做了好事，社会没有给予回报，那对做了好事的人是不公平的。人做了好事就应该得到回报，所以“为而恃”也是一种德，是社会公德。“为而不恃”是一种更高级的德，是玄德。

长而不宰。让他生长而不去主宰他。同样的道理，“长而宰”也是一种德，在他生长的过程中，必须去指导他、监护他，让他更好地去发展自己，不能做甩手掌柜，任其自生自灭。“长而宰”是公德，是对他人成长负有一种责任，不能放弃这种责任。但作为私德来讲，“长而不宰”就是不去干扰他人的生长，让他人自由自在地生长，这是一种更高的德，一种玄德。我们可以从艺术家和他笔下人物的关系去理解“长而不宰”。作品中的人物是在艺术家的笔下成长起来的。按照常人的观念，艺术家应该能够主宰作品中人物的命运。但是，艺术都有一些很奇怪的说法，比如歌德写浮士德的时候，他说不是我在写浮士德，而是浮士德通过我的笔来写他自己。托尔斯泰说安娜怎么会卧轨自杀呢？他也没想到。鲁迅也说阿Q怎么会死掉呢？并且是以这样的方式去死，他也没想到。他们笔下的人物都不受他们的主宰，那些人有自己的个性和命运。从这个意义上来讲，艺术家都有一种玄德，都有“长而不宰”的本领。

是谓“玄德”。“玄德”是最高级的德。这里要特别注意“生而不有，为而不恃，长而不宰”，是道之德，在道那里，这是一种再自然不过的德。但对人来讲，这是一种高不可攀的德、不可思议的德。所以把它称之为玄德。人只能无限靠近玄德，却不能达到玄德。人可以达不到玄德，但应该坚守社会公德。就玄德与公德的关系而言，玄德不是对公德的否定，而是对公德的超越。在讲玄德的时候，一定不能忽略公德。如果忽略了公德，就把老子的玄德变得虚无缥缈。把玄德理解为对公德的超越，玄德就好理解了。玄德体现了人性的光辉，只有圣人能够做到，一般人没有这么高的层次。

五 十 二 章

天下有始，以为天下母。

既得其母，以知其子；既知其子，复守其母，没身不殆。

塞其兑，闭其门，终身不勤。开其兑，济其事，终身不救。

见小曰明，守柔曰强。用其光，复归其明，无遗身殃；是为袭常。

天下有始。始是开始，“天下有始”就是天下有一个开始。人关注开始，这是人的本性。当然，人最关心自己的开始，每一个人都关注自己的生日，在生日那天庆祝一下，纪念一下。这是对开始的关注，是对我从何处来的关注。但我的生日，仅仅是我的开始，还不是真正的开始。人进一步追究家族的开始，那家族的始祖，是不是真正的开始呢？还不是。这样不断地往上追溯，追溯到人的开始。但是，人的开始还不是真正的开始。老子提出了一个更远的开始，天下的开始。追问天下的开始就是追问世界的开始，这是比追问人的开始更为彻底的一个追问。康德也在追问世界的开始，他发现，说世界有开始是有问题的，说世界没有开始也是有问题的。他把这个矛盾称作辩证法，称作辩证的幻象。思考开始是人的哲学冲动，它源于人的有限性。人不能稀里糊涂地离开这个世界，这样人会感到不安。只有弄清了人从何处来，再到何处去，才能够心安理得。所以，除了哲学家有这种疑问，文学家包括一般人也有这种追问。屈原有《天问》；张若虚问“江畔何年初见月，江月何年初照人”；苏轼问“明月几时有，把酒问青天”，都在问这个问题。

以为天下母。老子认为道是天下的开始。道很神秘，老子就用了一个类比帮助我们去理解这个道。他把道类比为母。这样，道和天下的关系就变成了母和子的关系，就进入了我们熟悉的领域。有人会问，为什么要把道比喻成母，而不是比喻成父呢？老子的书里多处提到母，只有个别地方才提到父，有人由此认为老子思想里面具有一种女性崇拜。总体来说，这种说法还是有一定根据的，在有些章里面还表现得特别明显。但在这个地方，不一定要把它理解为一种女性崇拜，可以有一种更好的解释。父生子是间接地生，父子是一种间接的关系。母生子是直接地、有具体的生的过程，具有直观性。说母生子特别好理解。

既得其母，以知其子。老子在母子关系中看中了什么呢？他看中的是母生子这样一个事实。这个事实表明了没有母就没有子，表明母对子的绝对重要性，绝对的主宰关系。既然如此，想要了解子的话，就不能从子入手，就要通过母去了解子。这是通过母对子的决定作用，表达道对万物的决定作用。

既知其子，复守其母。通过母了解了子，能不能就停留在子里面呢？显然不行。还要从子返回到母。这仍然是强调母对子的作用，表明道对万物的决定性作用。也就是说人以道的方式去应对万物，在应对万物之后，还要回到道。这个地方用母与子的关系来类比道与万物的关系，还要注意类比的差异性。

它们的差异性是什么呢？差异性体现为三个方面：第一个方面，道生物和母生子有着本质的差别。道生物是道让物自生，母生子是直接地生。第二个方面，道生万物之后，让万物自己去生长。而母生子过后，母对子还要进行具体的监护。在这个过程中不免控制、干扰子的生长，让子按自己要求的方式去生长。第三个方面，道与万物的关系是永远不会改变的，但母与子的关系会发生微妙的变化。母老子壮，母对子的决定性作用就会变成子对母的决定性作用。所以，类比一方面帮助我们通俗地去理解道与万物的关系，另一方面也会让我们误解道和万物的真实关系。要注意类比可能会出现问题。

没身不殆。正确掌握了母与子的关系，也就是说正确掌握了道与物的关系，人就不会发生危险。知道了天下有道，按照道去做事，最后又回到道，人就会获得一种安全感。老子在万物之上假定了一个开端，假定了一个道，这有什么好处呢？这就使万物得到了道的保护，按自性发展。天下万物有一个开端，这对万物来讲是一种幸运。

塞其兑，闭其门，终身不勤。“兑”指人的感官，“门”也是指人的感官，“兑”和“门”是同一个意思。道的重要性不言而喻，只要正确把握道与万物的关系，人就可以“没身不殆”了。但问题在于道不是现成的，求道然后才能得道，这就需要有一个求道的功夫。这个功夫是什么呢？就是要拒绝外物的干扰。外物通过感官进入内心，干扰人的思维，进而干扰人的行动。不让外物干扰内心，就要封闭人的感官。“塞”和“闭”都是封闭的意思。这里对封闭感官要有一个正确的理解，封闭感官不是说让人和外在世界完全隔绝。这是不可能的，也是做不到的。彻底地拒绝感官，就是彻底地拒绝生命。彻底地拒绝了生命，也就无所谓求道了。封闭只是个比喻性的说法，“塞其兑，闭其门”应该是说不让外物无限制地进入内心，通过一种封闭的方式来限制人的感官，目的是为了人能够思考。孟子讲“心之官则思”。心是能够思考的。思考什么呢？思考道。对常人而言，只有和万物隔绝时才能够思考道。人的这种求道方式与道的特性有关。道是超越感官的，只能在感官之外去体验道的存在。这就需要“塞其兑，闭其门”。体验到道的存在，按照道去做事，顺其自然，就不会疲劳。

开其兑，济其事，终身不救。完全开放自己的感官，满足自己的欲望，就会“终身不救”，一辈子无可救药了。为什么呢？因为放纵感官就是放纵欲望。放纵欲望就是被欲望所控制，人的欲望是无限的，但人满足欲望的能力却是有限的，这样就会“终生不救”。庄子讲得好，“其嗜欲深者，其天机浅”。“塞其兑，闭其门”就能得到道，“开其兑，济其事”就要失去道。

见小曰明。得道有一个表现，就是能不能“见小”。到“小”才叫“明”，才是得道了。为什么这样讲呢？我们通常都是见大不见小，见到大树不见小草，见到大河不见小溪，见到大人物不见小人物，见到英雄不见平凡人。见“大”是人的本性，是自然而然的事情。见“小”则是一种功夫，要下功夫才能见到“小”。见到“小”说明你的眼睛好，能明察秋毫。见到“大”是平常的事，没人说你眼睛好。但奇怪的是人见到“大”，会津津乐道，对于“小”却不屑一顾。

守柔曰强。得道的第二个表现，看能不能守柔。人们习惯于把柔和弱联系在一起，叫柔弱。没人把柔和强联系在一起，认为柔和强毫不相干。常人以强大为强大。在老子看来，以强大为强大，这是有限的强大，是一个僵死的强大。如何理解“守柔曰强”呢？可从两个方面看，首先，坚守柔，以柔的方式去强大，这样的强大具有包容性，不仅不伤害人，还能够保护人。其次，以一种柔的方式去对待强大。对待谁的强大呢？既是对待自己的强大，也是对待他人的强大。以柔的方式对待他人的强大，就会减少与他人的冲突，化干戈为玉帛。以柔的方式去对待自己的强大，就会认为自己还不够强大，就会使自己变得越来越强大。

用其光，复归其明，无遗身殃。这里用光和明来作类比，再次说明道的重要性。我们通常都能“用其光”，都知道光的重要性。为什么要回到明呢？明是发光体，发光体显然比光更重要。光不断地变化，有时明、有时暗、有时强、有时弱。但那个发光体依然在发光，也就是说光的明暗强弱变化，与发光体无关。明白这个道理，就不会对光的变化产生困扰。遇到没有光的时候，或光的强弱变化时候，就不会怀疑发光体的存在。哪怕身处黑暗时，也会有对光的信念。由光而关注发光体的存在，就不会被表面的现象迷惑，这样的人就不会有身殃，就不会有灾难。

是为袭常。“袭”就是沿袭坚持，“常”是不变的意思。世上有一个不变的东西。要守住这个不变的东西，也就是要守住这个道，让道去指导人的行为。

五　十　三　章

使我介然有知，行于大道，唯施是畏。

大道甚夷，而人好径。

朝甚除，田甚芜，仓甚虚；服文彩，带利剑，厌饮食，财货有余；是谓盗夸。

非道也哉！

使我介然有知。这个“我”是虚拟的，不是指老子本人。这个“我”指我们每一个人。以“我”这样的方式进行表述，增加了表述的亲切感和可信度。这个“介然”有两种解释：一种是确然的意思。如果把“介然”理解为确然的话，这句话可以翻译成：如果我真的有智慧的话。这个“介然”，还有微小、微弱的意思。如果把“介然”理解为微小的话，这句话可以翻译为：如果我稍微有一点点智慧。这两种解释看起来是相反的，但实际上是相通的。为什么是相通的呢？因为在道家的思想里面，一个拥有常识的人就是一个有智慧的人，一个有智慧的人也是一个拥有常识的人。智慧是简单的，这跟我们通常理解的智慧不太一样。我们通常看到智慧这个词，就会有深不可测的感觉。那么，在道家那里，智慧是很浅显的。孔子对于智慧的看法和老子有相似之处，例如，季康子给孔子送药，按照礼仪的话，他是应该尝一尝这个药，或者是讲，后面一定要尝一尝这个药。但孔子显然是不打算尝这个药的，他对这种保健药是持怀疑态度的。那么，他就要给自己的行为找到一个合理的理由。孔子讲“丘未达，不敢尝”。这句话非常有智慧。我不尝这个药，不是说你这个药不好，而是我不了解这个药的药性。所以不敢尝的责任，不在药而在我，这就给对方一个台阶下。但同时我们又说，这是一句很平常的话，是符合常识的一句话。我是真的不了解这个药性，所以不敢尝。在这里，常识和智慧是相通的、合二为一的。孔子还给子路讲过一句话，“知之为知之，不知为不知，是知也”，你知道就说知道，不知道就说不知道，这就是智慧。在这里，智慧和常识也是相通的。说老实话就是智慧，有智慧的人永远说老实的话。因为说老实话很不容易，所以往往把老实话看作最有智慧的话。具体到这句话，哪一种翻译会更好一点？我们把它翻译为：稍有常识的人。为什么要这样去翻译呢？这样就与下面讲到的统治者走上邪路形成鲜明的对比。一个稍有常识的人都知道的事情，可你作为一个统治者却不知道，你一个统治者的智慧居然不如一个老百姓。如果翻译成真有智慧的话，就达不到批评的效果。有智慧的人能做得到，我没有他那样的智慧，所以我做不到，这就给自己找到一个做坏事的借口。

行于大道。这里面的“大道”，既是一种本意，指现实当中的道路，也是一种比喻，指人生该走的路。所谓“行于大道”，就是指应该走大路，应该走正路。关于路，鲁迅有一个经典的表述，说“世界上本没有路，走的人多了便变成了路”。所以路不是本来就有的，是人走出来的。一个人走不出来一条路，走的人多了才能形成一条路。为什么这么多的人都走这一条路呢？说明这条路走得通。如果前面的人走不通了，后面的人就不会跟着去走了。所以大路是应该走的路，是一条必然的路、一条安全的路、一条光明的路。

唯施是畏。“施”是邪路的意思。“唯施是畏”就是害怕走上邪路。邪路是一条不归路。在老子这里，正路和邪路都是有特定含义的。人自然无为去做事就是正路，人以有为的方式做事就是走邪路。人走邪路就是不按自性走路，人失去自性，就会走向灭亡。所以，人都怕走邪路。

大道甚夷，而人好径。“夷”是平坦的意思，平坦的路好走。“而人好径”，这个“人”字有的版本上写作“民”。陈鼓应根据其他版本，把“民”改作“人”，这个改法是有道理的。如果写成“而民好径”，这句话就是对老百姓的指责。写成“人”的话，就是对统治者的指责。现在人把“人”和“民”合在一起，组成一个词叫“人民”。但在古代，人和民的意思不太一样，民是对下层人的统称，人是对上层人的统称。这里改为“人”，指的是上层社会，指的是统治者。那么这句话的意思就很明确了。大道特别平坦，而统治者却喜欢走小路。怎么去理解？

“径”是小路，也是邪路的意思。换个说法就是统治者为什么喜欢走邪路呢？人走上邪路，这是由人的本性决定的。这是什么本性呢？是自由的本性。人有一种自由意志，可以选择走什么样的路。当人可以选择的时候才表明他是一个人。人可以选择走邪路，也只有人才能走邪路。因此，人走上邪路不是品德问题，不能只从道德方面去指责，还要从人性的深处去理解。人性的深处有阴暗的一面，老子的这个思想隐隐约约地触及了人性深处的阴暗面，这在儒家思想里面是看不到的。尽管人性深处都有走上邪路的本能，但哪些人走邪路的欲望更强烈，走邪路的可能性更大呢？显然是手中握有权力的统治者。统治者不仅有走邪路的愿望，还有走邪路的能力。统治者会利用手中的权力无限扩大自己的自由，肆意妄为，以实现一己之私利。这些统治者的具体表现是什么？

朝甚除，田甚芜。“朝”就是朝廷。“除”有两种相反的解释：一种解释是清洁、整洁；另一种解释是肮脏。从文字表达的思想来看，这两种解释都是有道理的。把“除”解释为整洁的话，意思是统治者只顾自己，不顾他人。这句话与“服文彩，带利剑，财货有余”的意思一致。如果把“除”翻译为肮脏，那么这句话和“田甚芜，仓甚虚”的意思一致。在不改变文字顺序的情况下，把“除”翻译为肮脏更好。就是朝廷腐败，导致“田甚芜”。朝廷腐败与田地荒芜构成了因果关系。为什么统治者腐败，田地就荒芜呢？孔子有几句话可以作为佐证。孔子说“道千乘之国，敬事而信，节用而爱人，使民以时”，这是孔子对统治者的谆谆教导，说的都是一些生活常识。但是作为一个统治者，他有权力，就敢利用权力违背这些生活常识，敢在春种秋收的时候征用百姓，这就导致了田地荒芜。

仓甚虚。田地荒芜了，“仓甚虚”就是一个必然的结果了。作为一个统治者，弄得“朝甚除，田甚芜，仓甚虚”，就是没有尽到自己的责任。但“仓甚虚”影响的只是百姓，对统治者的生活没有任何影响。

服文彩。穿得特别好，绫罗绸缎的。**带利剑。**可以有两种意思：一是游乐，舞枪弄棒的寻求刺激；二是用来防身，随时都在警惕他人。**厌饮食。**山珍海味，吃也吃不完。**财货有余。**自己家里的小金库，还塞得满满的。这和统治者标榜的“民之父母”“爱民如子”，风马牛不相及。

是谓盗夸。非道也哉！这种做法叫作“盗夸”。“盗夸”就是强盗的头子，就是江洋大盗。“盗夸”这两个字触目惊心，“民之父母”居然成了大盗。他们原本就是大盗，还是后来变成大盗呢？统治者也是人，作为人来讲，他们也有普遍的人性。用儒家的话来讲，人性都是善的。既然人性善，该怎样去解释一个本该爱民如子的人，最终成为抢劫百姓的江洋大盗呢？他怎么只顾自己享受，“服文彩，厌饮食”的时候，看到旁边的老百姓缺吃少穿，他真的会一点感觉也没有？一个有正常人性的人，都会去施舍、去帮助的。这些统治者之所以失去了同情心，是因为他在尽情享乐的时候，根本就没有看见老百姓生活的艰难。他被身边的人包围，根本不了解天下百姓的生活。他可能也知道老百姓生活的艰难，但并没有切身体会到那种艰难。艰难在他那里就是一个抽象的观念。如果他真的走到民间的话，情况可能就大不一样。但是谁能让他走向民间呢？这是中国文化永远的难题，准确地讲，是中国政治文化永远的难题。

五　十　四　章

善建者不拔，善抱者不脱，子孙以祭祀不辍。

修之于身，其德乃真；修之于家，其德乃余；修之于乡，其德乃长；

修之于邦，其德乃丰；修之于天下，其德乃普。

故以身观身，以家观家，以乡观乡，以邦观邦，以天下观天下。

吾何以知天下然哉？以此。

善建者不拔。“建”是建设、建造的意思。建设什么？在老子这里，应该有一个特定的含义。《老子》是一本政治哲学书，它跟《庄子》不一样，《庄子》讲的是人生哲学。尽管老庄连称，但老庄的思想有很大的区别。作为一本政治哲学书，这里建设的对象就应该是一个理想的社会。那么用什么样的方式去建设一个理想的社会呢？我们要注意这个“善”字。“善”可以理解为最好的方式，这个最好的方式就是道的方式。道的方式就是让事物自己去发展自己，也就是自然的方式。那么“善建者不拔”的意思就是以自然的方式建立起来的社会，永远推翻不了。这个“拔”就是拔起来、拔掉的意思，也就是推翻的意思。“不拔”就是推翻不了。也就是说以自然方式建立起来的社会，这种社会是不可能被推翻的。

这种以自然方式建立起来的社会，应该是什么样子的？它一定是符合人性的社会，否则一定会被人推翻。具体地讲，首先它应该满足人的自然需求，比如吃穿住，这是不言而喻的。在这一点上，儒道是一致的。但道家在人的自然需求以外，还承认人的精神需求。道家的精神追求有独特的内涵，完全不同于儒家。比如说人的自由、人的自我实现、自我发展。在老子的理想社会里，人首先要能够自由地说话，自由地表达思想。就像宪法里边规定的，人应该有言论自由、信仰自由、出版自由、结社自由。因为没有这些自由的话，人就重新回到动物世界。人是怎样对待动物的呢？人很关心动物的吃和住，关心动物的生命，看到动物生病的时候会感到特别的痛苦。但人永远不会想到给动物自由，人从来没有想过动物会有自由。只有人才有自由，不给人自由的话，就是不把人当人，就是把人当动物。在老子的理想社会里面，人是必须要有自由的。因为道生物，就是道让万物自己生长，就是道让万物自由生长。人是自由的思想，不是我们强加给老子的思想，而是道生物必然产生的思想。这是由道的性质决定的。

在这样一个自由的社会里，人人都能够自由地发展，还有什么理由去推翻这个社会呢？那不是自己推翻自己吗？相反地，人们会极力维护这个社会。保护它就是保护人的自由，就是保护人性，就是保护自己。

善抱者不脱。这句话在形式上和上一句话很相似，但是它说得更为具体。说的是在一个自由的社会里，人心是如何凝聚的。我们通常有一个偏见，认为自由的社会是人心涣散的社会，而强制的社会才是一个有凝聚力的社会。事实恰好相反，自由社会在形式上是散漫的，在精神上是一致的。而一个强制性的社会，在形式上是一致的，但内在精神上是分离的。“善抱者不脱”表达的就是如何才是真正的凝聚力。这里面的“抱”是拥抱的意思，也就是向心力、凝聚力的意思。“善抱者不脱”就是以道的方式、自然的方式，也就是自由的方式抱在一起，是无法将他们分离的。善抱不一定是身体在一起，而是心在一起。身体抱在一起，心不在一起，那是貌合神离。按照庄子的说法，人和人的关系有两种：一种是以天相合，一种是以利相合。以天相合是自然而然的相合，以利相合是有目的的相合。以利相合，是偶然的相合，利益不存在了，必然会分开。以天相合，是必然的无条件的相合，永远分不开。贾宝玉和林黛玉是以天相合，贾宝玉和薛宝钗是以利相合。因为以天相合，贾宝玉和林黛玉身体分开了，精神上却在一起。因为以利相合，贾宝玉和薛宝钗身体在一起，但精神上却是分离的。宝玉出家表明，以天相合最终战胜了以利相合。梁山伯和祝英台生不能在一起，死也要化蝶在一起，化蝶体现了自由的力量。

子孙以祭祀不辍。子孙祭祀不辍，不就是说社会长长久久吗？为什么社会能长长久久呢？因为这个社会是自由的，每个人都主动担当责任，去维护这个自由，这个社会才会永远地存在下去。

修之于身，其德乃真。这个“之”指的是道。“修之于身”就是修道于身，就是用道来修身。老子的“身”指的都是身体。十三章里讲“贵大患若身”，四十四章里讲“身与货孰多”，这些“身”都是指身体。老子不太强调修心，他强调修身。老子的修身就是要使道的思想变成一种身体的体验，体现了一种更深的思想。我们通常强调修心，认为修心才会修身，通过修心来修身。但这里就会有心对身的主宰、强制在里面。修行达到心的状态，还处在一种意识的状态，还不牢靠。修行达到身的状态，就是进入到无意识的状态，就成了人的生活方式。所以“修之于身”，才能“其德乃真”，这才是真修行，是修行的最高境界。因为德已经进入到身体里了，已经是身体的一部分。德和身体合二为一了。老子前面讲要建设一个美好社会，在这里，他却开始讲修身，这两者是什么关系？老子上面讲的美好的社会不是抽象的，它必须是具体的，要落实到每一个人的身上，还要落实到各种社会组织上面，通过它们去呈现这个美好社会的具体样式。这就需要从个体的修身开始，通过修身，使人达到一种自然状态。

修之于家，其德乃余。“修之于家”与“修之于身”有点不太一样。修身好理解，修家呢，是怎么个修法？“修之于家”是不是指家里的每个个体都达到修身的自然状态呢，我们可以说是，也可以说不是。说它是，是指家的自然状态必须以家中每个人的自然状态为前提。说它不是，是因为家是一种组织的形式，仅仅把达到自然状态的人聚集在一起，还不足以成为一个自然状态的组织。所以“修之于家”就是要求家这种组织形式，它本身也应该是符合自然的。不是说把这些自然状态的人合在一起就是“修之于家”了。“修之于家”，就能“其德乃余”，德的范围就扩大了。德有富余，不仅仅是指人人都有德，也是指家这个组织本身也具有德了。

修之于乡，其德乃长。同样的道理，“修之于乡”不是把若干个“修之于家”的家合在一起就行了。乡这种组织形式，与家有明显的区别。要让乡这个组织的形式也能够达到一种自然的状态。“其德乃长”既是指家家都有德，也是指乡这种组织形式符合自然状态。这是新德，这个德既不同于个人之德，也不同于家之德。

修之于邦，其德乃丰。这句话意思也是一样。“修之于邦”，不是说把所有的乡加在一起，而是指所有的乡所构成的邦也具有自己的德。邦的这种自然状态又不同于乡的自然状态，这个不同就体现在“其德乃丰”的“丰”字上。

修之于天下，其德乃普。“修之于天下”不是把天下所有的国加在一起，就构成一个天下之德，而是指天下所有的国合在一起所形成的这个天下，具有了自己的德。“其德乃普”这个德就遍及天下了。

身、家、乡、邦、天下，这些不同的个体和组织形式，它们各自具有自己的德，它们表现出来的自然状态也是各自不同的。那么这些各自不同的自然状态，各自不同的德，是用来做什么呢？是用来检验现实社会中的身、家、乡、邦、天下，是否达到了这样的标准。下面就是用各自不同的标准来检验各自是否达到了这样一个自然状态，也就是用应该有的样子检验现实有的样子。

下面这段话的翻译特别关键。要是从字面上去翻译这段话，就完全脱离了老子的真实思想。陈鼓应就是按照字面意思翻译的："所以要从［我］个人观照［其他的］个人，从［我的］家观照［其他人的］家，从［我的］乡观照［其他的］乡，从［我的］国观照［其他的］国，从［我的］天下观照［其他的］天下。"这段话的翻译，前面还能说得通，最后一句就特别费解，"从［我的］天下观照［其他的］天下"，什么意思？天下只有一个，哪有什么你的天下我的天下？身、家、乡、邦可以有很多个，还可以说从我去观察其他，但天下只有一个，怎么从我的天下去观照其他的天下呢？这样翻译还遇到一个问题，就是以此观彼，以我观他到底以谁为标准呢？以我观他，好像是以我的标准来观察。换一个角度，以他为标准来观照我，那我不就变成他了吗？究竟我是标准，还是他是标准？我和他都无法成为一个标准。我不能成为他的标准，他也不能成为我的标准。陈鼓应的翻译是把这段话作了儒家化的理解。儒家认为一个人可以成为另一个人的标准，君子可以成为小人的标准。但在老子这里根本就没有君子和小人，有的只是人。人不能以人为标准，只能以道为标准，以自然为标准。

故以身观身。什么叫"以身观身"？"以身观身"就是以修身为标准，以自己的身体进入到自然状态为标准来衡量自己有没有进入到自然的状态，有没有达到这样的标准。也就是以身体的自然状态作为标准来考察自己的身体有没有进入自然的状态。现实中，主要是儒家的修身方式。儒家强调正心、诚意。心有各种各样的情感，这些情感不一定都符合规范。所谓正心，就是要克制情感，使其规范。所谓诚意就是要时时监督自己的意念，当一个不好的意念产生时，要赶紧地克服。所以，儒家修身是让人的身体从一个自然的状态进入不自然的状态。老子的修身则是要身体回到自然的状态。

以家观家。家是最小的组织形式，那么这个组织形式靠什么来维持呢？靠孝悌。儒家怎么讲孝悌呢，《论语》里有子说："其为人也孝弟，而好犯上者，鲜矣；不好犯上，而好作乱者，未之有也。"大家看，这个孝悌是干什么用的，这个孝悌不是着眼于孝悌本身，而是着眼于孝悌能够不犯上作乱。有子这样的表述，取消了孝悌的独立地位，孝悌仅是维护社会稳定的一种手段。《大学》里也有一句话，"孝者，所以事君也；弟者，所以事长也"，这里孝悌发挥的作用和有子说的孝悌发挥的作用完全一样。孝悌本来是人的一种自然情感，现在变成外部某个目的的手段，这样，孝悌就变质了。现在以老子的思想来衡量，"以家观家"这个家已经背离了它的自然状态，进入了非自然的强制状态，这样的孝悌就不能表达人的真实情感了。

以乡观乡。乡也是古代地方的一种组织形式。乡以尊卑为标准，尊卑又以什么为标准呢？尊卑以年龄为标准，年长者就是尊者，年轻者就是卑者。尊敬长者本来是一种自然情感，但把它作为一种原则来运用的话，就会导致原则的僵化。似乎真理永远在长者那里。而长之为长，完全取决于无法改变的年龄。人能不能受尊重，完全由年龄决定。年龄又决定了话语权，只要是年轻的，就永远无理；只要是年长的，就永远有理。但也不用着急，随着年龄的增长，年轻的自然也会有理。按照老子的思想来看，理应该超越年龄，年长者未必都有理，年轻者未必都无理。用老子的思想来检验，以乡观乡，乡也背离了它的自然状态。

以邦观邦。有的版本叫“以国观国”，意思都一样。邦的自然状态主要体现为邦的最高权力的自然交接。邦的权力是怎样交接的呢？是以世袭的方式交接的，是按照嫡长子继承制的方式交接的。看起来也能维护社会稳定，但这种稳定带有极大的偶然性。因为嫡长子，第一个出生，并不意味着他的能力和德行也是第一的。而且由于君主的绝对权威，君主有可能改变嫡长子继承制的原则，最终导致宫廷内乱。古代国家的内乱主要出现在权力交接上，权力交接混乱就会引发战争，受苦的都是老百姓。按照老子的自然标准看，嫡长子继承制也有问题。老子没有提出解决的方案。但从内在理路看，要实现权力自然交接，民主制是个不错的选择，尽管老子没有说。

以天下观天下。天下的问题和国的问题是一样的。天下的自然状态也体现在权力的自然交接上。但是，天下和国在权力交接方面也有差别。国的最高权力是世袭来的，天下的最高权力是怎么来的呢？按照儒家传统的说法，或者是按照孟子的说法，天子的权力首先来自天，所以最高统治者叫天子。其次来自民。可见，天子的权力有双重来源。什么叫来自天呢？天又不能讲话，怎么把权力交给天子呢？孟子说“使之主祭而百神享之”，就是让他主持祭祀，天接受这种祭祀，这就叫作“天受之”。在今天来看，就是一个形式而已。什么叫“民受之”？“使之主事而事治，百姓安之”，这个原则，缺乏具体的操作模式，也很模糊，所以天下也就不断地易主。天下易主的方式往往都很血腥。按照老子的自然状态来看都是不合法的，包括武王伐纣，说起来很正义，其实很残酷。那么老百姓如何真正自己做主，选择自己的最高统治者呢？这又让人联想到民主制度。

吾何以知天下然哉？以此。天下应该怎么样？从上面就可以看出来了。老子先讲自然之道，然后用道的标准去修身、齐家、治国、平天下，然后用这个标准去衡量现实中究竟有没有做到。

老子“以身观身，以家观家，以乡观乡，以邦观邦，以天下观天下”表述方式表明，他认为身、家、乡、邦、天下的治理方式是不一样的，各有其独特性。治身的方式不能治家，治家的方式不能治乡，治乡的方式不能治邦，治邦的方式不能治天下。它们不能混淆。《管子·牧民》中有一段话和老子的思想非常接近：“以家为乡，乡不可为也。以乡为国，国不可为也。以国为天下，天下不可为也。以家为家，以乡为乡，以国为国，以天下为天下。”管子在老子之前，但《管子》这本书并不是管子一个人的，它是属于管子学派的著作，因此，这句话是否出自管子本人很难说。就这句话与老子的关系而言，很难断定到底是谁影响谁。《大学》里有几句话与老子的这几句话也很相似，但表达的方式却不一样。“心正而后身修，身修而后家齐，家齐而后国治，国治而后天下平”，这也是讲修身、齐家、治国、平天下。《大学》里的这个表述，把“修齐治平”看作在逻辑上相关联的一个整体。从心正推出身修，从身修推出家齐，从家齐推出国治，从国治推出天下平。尽管“修齐治平”的对象不一样，但治理的方式却完全是一样的。从第一项心正就可以推出最后一项天下平。儒家认为修身就可以解决一切问题，儒家这个想法过于简单化、理想化。老子认为不同的治理对象有不同的治理方式，强调了治理方式的复杂性和特殊性，更符合社会治理的现实。

五 十 五 章

含德之厚，比于赤子。蜂虿虺蛇不螫，攫鸟猛兽不搏。
骨弱筋柔而握固。未知牝牡之合而朘作，精之至也。
终日号而不嗄，和之至也。知和曰常，知常曰明。益生曰祥。
心使气曰强。物壮则老，谓之不道，不道早已。

含德之厚。“含德之厚”就是德性深厚，也就是大德之人。德源自道，是人所获得的道，人获得道的多少就表示德是多少。所以，德有厚薄之分，有大小之分，德是千差万别的。我们通常认为德是同质的、不可分的，德不能分为多和少。有一句话叫滴水之恩当涌泉相报，这句话既是对的又是不对的。说它是对的，因为人要尽自己最大的心意去报答他人的滴水之恩，这种心意表现得越充分越好。但就社会层面来讲，这个观念就可能是不对的，因为这是一种不对称的报答，它会引起接受人的不安。一种对称的报答可能更合适。

比于赤子。赤子就是婴儿。德有多少，有大小，那么大德是什么样的呢？老子打了一个比方，说大德就好像是一个婴儿。老子经常提到婴儿，第十章讲“能婴儿乎”，第二十八章讲“常德不离，复归于婴儿”。这表明婴儿在老子的思想里占有非常高的位置。把大德比喻成婴儿，是老子思想的一个重要特色。老子的这个思想不太好理解。婴儿无知无欲，连意识都没有，如何有大德呢？这与日常生活中对大德的体会差别太大。儒家也不会同意老子的这个说法。孟子讲人性善，毫无疑问婴儿也具有善性，但这个善性只是一个开端、一个萌芽，需要不断去扩充、不断去学习，以成就自己的善。在扩充善端的过程中，婴儿只能是一个受教育的对象。但在老子这里，婴儿却成了我们学习的对象。老子强调婴儿具有大德，他有什么根据呢？他看中了婴儿身上的什么优点呢？

蜂虿虺蛇不螫，攫鸟猛兽不搏。这是婴儿大德的第一个表现。“蜂虿虺蛇”和“攫鸟猛兽”都是能够伤害人、攻击人的有害物。“不螫不搏”是说不去伤害人、不去攻击人。老子说，这些能够攻击成人的有害物却不去攻击婴儿。这是一个很奇怪的现象。它们是不是真的不去攻击婴儿，不去伤害婴儿？老子的这个观点能不能在生活中得到证实？恐怕很难。估计也不会有人把婴儿放在猛兽旁边做这个危险的实验。因此，我们不必按照现实中是否会发生这种事情去质疑老子。我们可以根据五十章对“陆行不遇兕虎，入军不被甲兵”的理解方式去理解这句话。不是说这些有害物真的不去伤害婴儿，而是受到大人的保护，婴儿根本就没有进入到受伤害的境地。所以这里的“不螫不搏”，不是他不受伤害不受攻击，而是他受到保护，不能受到伤害攻击。这里有一个问题，为什么婴儿会受到成人的保护？成人宁愿自己受伤害，也要奋不顾身去保护婴儿呢？婴儿代表的是什么？婴儿代表的是纯善，是善本身。而“蜂虿虺蛇”和“攫鸟猛兽”代表的则是世间的恶。人们会保护善不受恶的侵犯，这种情感是本能的、自发的。退一步说，即便善没有得到保护，恶就敢去侵犯善吗？恶也不敢去伤害善。在我们的心目中，恶是凶狠的、令人恐惧的。善是弱小的、容易被人欺负的。有句话叫人善被人欺。可见，善是脆弱的，是容易受到伤害的。既然如此，恶为什么不敢去伤害善呢？不敢不是说它不能去伤害，而是说害怕伤害善要承担后果，伤害善是有后果的。这个后果就是，它会心神不宁、会内疚、会做噩梦。它会忏悔欺负了善、伤害了善。可见善看起来非常弱小，事实上却非常强大。陀思妥耶夫斯基的《罪与罚》，写了一个叫拉斯柯尔尼科夫的大学生，因为贫穷杀死了一个放高利贷的老太太，为了灭口他又杀死了老太太的妹妹，得到了他想要得到的东西，可结果他的精神分裂了。莎士比亚的四大悲剧之一《麦克白》里，麦克白受到内心欲望的驱使杀死了国王，结果也疯了。他每天洗手，为的是洗掉身上的罪恶。所以人作恶，伤害的就是心中的善，也就是伤害了他自己。他将永无宁日。可见，善是不好欺负的，也是不能欺负的。老子这句话很深刻，比孟子的性善论深刻得多。即便这个婴儿没有受到保护，你也不敢伤害他。这又体现了老子的另一个思想：最弱的就是最强的。把大德比喻成婴儿，意味着大德是不可以伤害的，不敢伤害的，相反，它是人们乐于去保护的。一个对象吸引别人，让别人自觉地去保护他，这不就是大德了吗？

骨弱筋柔而握固。这是婴儿大德的第二个表现。“骨弱筋柔”指婴儿的身体特别柔软。“握固”指婴儿的手紧紧地握住。“握固”不是紧得掰不开，而是掰开后，刚一放手，婴儿的手又握在一起，握的时间特别长，一直握着。这个现象又说明什么呢？婴儿的手不是受外在的压力，也不是受内在的强制要握在一起，而是自然而然地握在一起。另一方面，他的手握在一起，不是想要握住某样东西，不是为了某个目的，这个握是内在本能的要求。所以他的手始终握在一起，却不会感觉到负担、劳累。而成人的手想握住一个东西，害怕失掉所握的东西，就越握越紧，越握越累。同样是手握，婴儿是自然而然地握，无目的地握，握里面有大德。大人则是有意识地握，有目的地握，握里藏着私心。

未知牝牡之合而朘作，精之至也。这是婴儿大德的第三个表现。牝牡之合指的是男女交合。朘作，指婴儿生殖器自然勃起。“未知牝牡之合而朘作”是讲婴儿不知道男女交合，但生殖器能自然地勃起。成人的生理特点怎么样呢？成人知“牝牡之合而朘作”。成人受异性身体的刺激，或想象中的异性身体的刺激，或者是受药物刺激，然后勃起的。这里要注意“未知”两个字，“未知”表明，婴儿的大脑处在无意识状态，他不知道用意识去控制自己，也不知道去刺激身体。婴儿身体的欲望来自身体之内，而不是来自身体之外。婴儿身体精气充足。表明婴儿的身体是自足的。自足的身体是健康的身体。欲望来自身体的内部，身体就是健康的，欲望来自外部的刺激，身体就是不健康的。所以，只有婴儿的身体是健康的。

终日号而不嗄，和之至也。这是婴儿大德的第四个表现。“号”就是哭，“嗄”就是嗓子哑了。婴儿一整天地哭，嗓子却不哑。大人哭的时间稍长，嗓子就会哑。为什么会有这么大的差别呢？“和之至也”。“和”是身体里的气在自然地流动，没有任何的阻碍，婴儿不是用嗓子在哭，而是运用气在哭。甚至，我们可以不把婴儿的这种哭理解为哭，可以把它理解为身体在抒情，身体在歌唱。成年人不理解，把他当作哭。成年人要专门训练，才能用气去唱歌，但不会训练用气去哭，所以哭的时候嗓子会嘶哑。成人遇到了伤心事才哭，伤心事是外在的，它诱导强迫人去哭，所以这个哭对身体是有害的。林黛玉喜欢哭，林黛玉的哭与婴儿的哭不同，婴儿的哭是内在的需要，他不哭反而伤身。而林黛玉的哭不是身体的需要，而是遇到了伤心事。

婴儿身体在四个方面都表现出大德。大德表现为婴儿的身体行为，都是身体的自然行为，和外部的刺激无关。婴儿的身体是自足的、不假外求的。它是健康的而不是病态的。健康的身体，欲望都是由内而外的，是身体自发的。就像味觉很好、食欲很好的时候，欲望都是来自身体内在的需要，当食欲不好的时候，才要依靠各种辛辣去刺激。

老子大德的思想特别重要，它意味着德来自自身，和外部世界无关。王阳明龙场悟道，他悟出来的是什么呢？“吾性自足”，而“向之求理于外物”是错误的。他悟出来的道就是老子的婴儿之德。德国的哲学家康德，他说道德是意志的自律，人的德来源于人的自由意志，来自纯粹理性的绝对命令，这也是讲德在内而不在外，与老子婴儿之德的思想异曲同工。

知和曰常。老子在第十六章讲“复命曰常”。这个“常”就是常理，永恒不变之理。这个常理不是只有一条，“复命”是常，“知和”也是常。什么叫和呢？和在老子这里特指气之和，是指身体里气的充盈性。气和让身体柔软，充满活力。这种和是内生的、自发的，不借助任何外在刺激。

知常曰明。懂得了常理，就叫作“明”。明是一种独特的眼光，能看见别人看不见的东西。有形的东西人人都能看见，无形的常理很少有人看得见，看得见事物常理的人才算是聪明。

益生曰祥。“生”是生命的意思。“益生”就是增加生命所不需要的东西，就是强加给生命的东西。身体只需要这么多，但是美食太诱人，不知不觉多吃一些。之所以会“益生”，是遇到了有益于身体的东西。如果是坏东西呢？我们会本能地拒绝。所以要警惕好东西，好东西容易过度，过度就成了坏东西。“祥”通常是吉祥的意思，这里是不祥的意思。也就是说，给生命增加不需要的东西，这是不祥的，是对身体有害的。“益生”原本是保养身体的，最终却伤害了身体，这就是不知生的后果。

心使气曰强。这个“心”指的是人的意识，“气”指的是身体。“强”是勉强、强制的意思。“心使气曰强”，人用心也即人用意识要去控制自己的身体，叫作逞强。这就完全背离了老子讲的婴儿之德，婴儿之德讲欲望来自身体本身，而“心使气”是讲用意识去控制身体。心为什么要去控制身体呢？身体已经不听使唤了，不想做任何事了，但是心强制身体去做。在生活中，却美其名曰有志者。“心使气”说明身体已处于不健康的状态，否则身体凭本能就会去做，哪里还需要心去强制呢。人凭着身体去做事的时候，人的身心是合一的。当“心使气”的时候，身心是分裂的。婴儿都是用身体本能去做事，只有成人才会强制身体做事。与婴儿相比，成人的德行在不断地退化。

物壮则老，谓之不道。三十章也有“物壮则老”，所以这里简单再说两句。物不断强壮走向衰老，是自然的、是符合道的。所以，从字面上去理解这句话是有问题的。因此，“物壮则老”，指的是有意识地推进事物不断强壮，也就是人为地使事物超自然地发展，这是不符合道的。这是拔苗助长，人只有这么高的个子，非要去增高，就是不道的。

不道早已。不符合道，就会事与愿违，想长生却导致短命，这就是“不道早已”。老子强调让事物自然地变老，这才是符合道的。

五　十　六　章

知者不言，言者不知。

塞其兑，闭其门，挫其锐，解其纷，和其光，同其尘，是谓“玄同”。

故不可得而亲，不可得而疏；不可得而利，不可得而害；

不可得而贵，不可得而贱。故为天下贵。

知者不言。这个“知”是智的意思。“知者不言”就是“智者不言”，就是有智慧的人不说话。沉默是金，这句话在中国家喻户晓，影响深远。在公开场合下，人们都喜欢保持沉默，让别人去说话。这有什么好处呢？说错了别人去承担责任，说对了也有自己的份，自己也绝对不吃亏。当然也有说话的，但所说的几乎都是唱赞歌，听不到任何批评的声音，尽管是众声喧哗，却等于什么也没有说。人们把这样的态度，美其名曰智者不言。这样的理解产生了很坏的影响。涉及侵害他人利益的时候都保持沉默，那么在涉及侵害自己利益的时候，他人也同样地保持沉默。这种集体沉默最终导致集体冷漠。显然，这是对老子智者不言的误解，是对老子思想的歪曲。

“知者不言”的真实含义是什么？这个“不言”，有一个特指的对象，指的就是道，也就是说智者不说什么是道。庄子的《知北游》里对智者不言有一个非常好的表述。知北游时遇到了无为谓，他问无为谓什么是道？无为谓三问三不答。知遇到了狂屈，问他什么是道，狂屈想回答却不知怎样回答。知回来问黄帝，什么是道？黄帝给了他一个明确的回答，知特别高兴。知又问，我与你知道，无为谓和狂屈不知道，到底谁是对的呢？黄帝回答说："彼无为谓真是也，狂屈似之，我与汝终不近也。夫知者不言，言者不知。"庄子讲这个故事，就是解释什么叫智者不言。他把智者分为两类，严格地讲分为三类：第一类，智者拒绝讲什么是道，无为谓认为道是不可说的，干脆不说道。第二类，智者就是狂屈，主观上想说，但不知道怎么去说，最后也没有说成。这两类智者都认为道是不能说的，他们给人的感觉是，不食人间烟火、大彻大悟、遗世独立。第三类，智者就是黄帝。黄帝比较务实，不拒绝说道，老子也是这类智者，也不拒绝说道。为什么不拒绝呢？因为人是自由的，人的言论是自由的，人想说什么就说什么，想怎么说就怎么说。说道是人的自由。但老子对说道的人提出警告"道可道，非常道"。人可以去说道，这是人的自由，但不要认为所说的就是道。黄帝也一样。他一方面给知一个关于道的答案，一方面又说他和知并没有接近于道。所以，进一步说智者不言，不是说不能说道，而是说道之后，不认为所说的就是道。白居易显然没有理解老子思想的本质，他还写了几句诗来讽刺老子。"言者不如知者默，此语吾闻于老君；若道老君是知者，缘何自著五千文？"一看白居易就没有读懂老子。所以"知者不言"是说智者不言道，所言非道，因为道不能言。人们通常所说的"知者不言"，针对的是日常生活中的具体事物。这些事物是应该去说的，可以去说的。应该说的也不去说，可以说的也不去说，这是故意混淆两种不同性质的"不言"。道是真不能说，而日常事物是能说的，只是出于利益故意不说。可见经典的误读是非常可怕的。经典读对了是精华，读错了就是糟粕。所以，读经典固然重要，但怎么读更为重要。

言者不知。"言者"指言道、说道。说道，并认为自己所说的就是道，这样的人是不智慧的。这是把自己等同于真理，垄断了说道的权力，否认了他人也有说道的权利。往轻里说，这是自己不进步，也不让他人进步；往重里说，会导致思想的专制。子贡抱怨孔子不言天道，说明子贡不知道，不是一个智慧的人，但从反面说明孔子是智慧的人。孔子还说“朝闻道，夕死可矣”。早上闻道晚上就可以死去，孔子说这话时还活着，说明他还没闻道，还在孜孜不倦地求道。孔子这样说，表明他是一个智者。但后人出于需要，不顾孔子生前的反对，称孔子为圣人，这是违背孔子意愿的。说明后人都不是智者。

塞其兑，闭其门。这两句话五十二章里面也有。前面讲了道不能说，说了就不是道。那我们通过什么方式去接近道呢？如果没有一种接近道的方式，道与人就隔绝了，道也就不会对人发挥作用，这显然是我们不能接受的。老子认为在言说之外，还有一种接近道的方式，这就是“塞其兑，闭其门”。就是通过与感官世界的隔离去体验道的存在。这种体验道的方式是针对悟性不高的人，也可以说是针对普通人的。普通人需要通过一种仪式才能与外在世界隔离。“塞其兑，闭其门”不是真的把人的感官封闭起来，人的感官是无法封闭的。那应该怎么办呢？比如说做一个隐士，隐居到山林里去，人的欲望自然就会消减。但人们对隐士的评价并不高，小隐隐于山林，这是一种低层次的体验道的方式。为什么这样说呢？因为你控制不住自己的欲望，只好逃到没有诱惑的地方去，自然就没有欲望了。那些悟性很高的人呢，不必去“塞其兑，闭其门”，他不需要这样一个环节，随时随地都可以去顿悟大道。悟性高的人是不去山林里隐居的，大隐隐于市。道家思想是这样的，佛教思想也是这样的。对那些佛性高的人来说，烦恼即是菩提，空即是色，色即是空，没有必要把头发剃掉去当和尚、尼姑，生活中处处都可以悟道。悟性低的就需要仪式，用仪式去约束自己。剃掉头发是在表示决心，因为害怕诱惑，担心自己控制不住诱惑。

挫其锐，解其纷。这句话与后面的“和其光，同其尘”在第四章也出现过。这句话是讲悟道后对生活发挥的作用。没有悟道以前，人是什么样子呢？用一个字来说就是“锐”。锐是锐利的意思。尖锐、锐利的器具容易伤害到别人，和别人产生纷争。这个“锐”只是一个比喻，比喻人的锐气、人的自我。人的自我有个特点，会不断地膨胀。他要去征服世界，在征服世界的过程中就会把世界当作敌人，世界也会把他当作敌人。征服的结果可想而知，既害了别人，也害了自己。那怎么办呢？人该如何正确地对待自我？这就需要挫锐，就要用道去限制自我，化解纠纷。道限制自我，依赖于人对道的体悟。三十四章说“大道泛兮”。道无时不在，无处不有，万物都有道。庄子说得更形象，说道在蝼蚁、在稊稗、在瓦甓、在屎溺。如此卑贱的东西都有道，何况我们人呢？人人都有道，意味着人人都有价值。这样，人就产生了关于他人的意识，这个世界上不仅有自我还有他人，且每一个他人都有价值，也都有自我。那么试图以你的自我去否定他人的自我，就没有道理了。这样一来，人就会自觉地限制自我，这不就挫锐解纷了嘛！还有，就道和万物的关系而言，道生万物，道让万物按照自己的方式去生，这不也意味着万物独立，各有自己的价值吗？道让万物自生，那么人呢？不也要按照道的原则，让他人按照自己的方式生吗？你还有什么理由用你那个膨胀的我去否认他人呢！

和其光，同其尘。光是能够照人的，也是能伤害人的。后羿射日的神话表明了人对光的态度。神话说太阳本来有十个，这十个太阳同时发光，那人类肯定会被晒死。这十个太阳轮番来照，从此就没有了黑夜，人就会为失眠而发疯。人不能没有光，又不能让光伤人，人渴望“和其光”，后羿射日就实现了“和其光”的愿望。在这里“光”是一个象征，象征生活当中各种各样成功的人。他们有权、有钱，自以为是，看不起那些不成功的人。“和其光”是什么意思，就是要让人意识到自身的有限性，要自我收敛。收敛到什么程度？要“同其尘”。“尘”，是尘土、尘埃的意思。尘是最低贱的、最普通的、最平常的。也就是把自己当作一个普通的人，和别人平等的人，不要把自己当作一个光芒四射的人。

是谓“玄同”。这是对“挫其锐，解其纷，和其光，同其尘”作的总结，以上这些叫作“玄同”。什么是玄同呢？“玄同”和通常讲的同不一样。通常讲的同是绝对的一致，你往东我就往东，你往西我就往西。玄同是什么呢？玄同是承认差异，你往东我可以往西，你往西我可以往东，最终我们都实现了各自的愿望。玄同是异中有同，同中有异，是不可思议的同。玄同用什么来同呢？用道来同。用庄子的话来讲，就是以道观之，道通为一。“故为是举莛与楹，厉与西施，恢诡谲怪，道通为一”。莛是小草，楹是木柱，一大一小绝对不同；厉长得丑，西施长得美，观感绝对不同；恢诡谲怪是奇形怪状、形形色色、各个不同。但它们都是独立的个体，都有自己的价值，都有自己的作用，这就是道通为一。玄同不是绝对的同，也不是绝对的异，而是以同的方式保持物的差异性。这个同是无形的、不露痕迹的。它让万物同，却又不干扰万物的独立性。因为它的不可思议的性质，称作“玄同”。“玄同”其实是道与万物关系的另一种表达。玄同就是用道的眼光平等地看待万物、平等地看待差异。

玄同是一个美好的社会，具体是什么样的呢？

故不可得而亲，不可得而疏。玄同的社会没有亲疏的区别，现实社会是有亲疏区别的。现实社会中，我生在这个家，我就与这个家最亲，这个家在哪个乡就与哪个乡亲，这个乡属于哪个省就与哪个省亲，属于哪个国就与哪个国亲。人不能选择自己的出生地，所以这种亲疏关系是先天决定的，是一个偶然性的东西，但它却决定了日常交往的方式。中国文化尤其看重先天的亲疏关系。看看《红楼梦》中的人物关系，亲疏关系都是先天决定的。如同辈中，堂亲比表亲亲；表亲中，姑舅表亲比两姨表亲亲。所以，贾宝玉跟林黛玉比贾宝玉跟薛宝钗的关系亲。在一个玄同的社会里，人应该怎样去对待亲疏关系？玄同社会超越亲疏，不以人的出生决定人和人的关系。人与人的交往是一种人格的交往，人格与人格是平等的，在人格上没有亲疏之分。在玄同的社会里当然也有亲疏关系，但不以亲疏关系来决定人的行为。不因为亲，就无条件赞同；不因为疏，就无条件反对。亲疏的事实是存在的，但对待亲疏的态度是平等的。

不可得而利，不可得而害。以个人作为标准的话，必定会产生利害关系。人趋利避害，这是人的自然本能，在某种意义上讲也是一种合理的选择方式。司马迁说“天下熙熙，皆为利来；天下攘攘，皆为利往”。人活在名利场中，“穷在闹市无人问，富在深山有远亲”，这是中国人的人生经验，充满了世态炎凉之感。这是世俗生活的现状。在玄同的社会中，人以什么态度对待利害关系呢？玄同的社会也承认利害关系，但在利害关系之外，还建立了道义关系。道义是超越利益的。从道义的角度看，有利的不一定去做，有害的不一定不去做，这就超越了利害关系。玄同的社会以道来理解利害关系的，在道看来，物都是有价值的。没有一物是有害的。物尽其用都是有利的，物不尽其用都是有害的。人也是一样，都是有价值的。人尽其才都是有利的，人不尽其才都是有害的。

不可得而贵，不可得而贱。在世俗社会里面，人习惯于把万物区分为高低贵贱。什么叫作贵？“物以稀为贵”，数量上少的就称为贵，数量上多的就称为贱，所以贵贱是由物的数量决定的，与物本身的价值无关。于是把玉石、黄金看作贵，把土看作贱。这个贵贱的标准延伸到人的关系中，地位高的就叫贵，地位越高，人数越少，天子只有一个，九五之尊最贵。地位低的就叫作贱，百姓人太多，到处都有。在玄同的社会里，应该怎样看待多与少、贵与贱呢？不因为数量少，价值上就高贵；不因为数量多，价值上就低贱，而是各有各的价值。三十九章讲“故贵以贱为本”，老子更看重的是贱。可见，玄同的社会反对绝对的同，反对把大家都变成一模一样。同时也反对绝对的差异，认为差异的背后有共同性。它们的共同性就是人格的平等。人的外在相貌、人的能力是有差别的，但人格是没有差别的。玄同社会强调人要以人的方式来交往，不要以身份来交往，也不要以利益来交往。以人的方式与人交往，保证了交往的纯粹性与公正性。玄同是理想的社会，不是现实的社会，是需要努力才能实现的社会。贾宝玉努力要实现玄同的社会，他与人交往完全突破了身份的限制，一视同仁地对待所有人。在一个等级森严的社会里，反而觉得他很怪异，怎么能对丫鬟平等呢？就连丫鬟也不理解他的行为。

故为天下贵。天下最理想的就是玄同社会，是需要努力才能实现的社会。

五　十　七　章

以正治国，以奇用兵，以无事取天下。吾何以知其然哉？
以此：天下多忌讳，而民弥贫；民多利器，国家滋昏；
人多伎巧，奇物滋起；法令滋彰，盗贼多有。
故圣人云："我无为，而民自化；我好静，而民自正；
我无事，而民自富；我无欲，而民自朴。"

以正治国。这个"正"是治国的理念、原则。有意思的是儒家也讲"以正治国"，孔子说"政者，正也。子帅以正，孰敢不正？"还说"其身正，不令而行，其身不正，虽令不从"。这是典型的"以正治国"的言论。孟子也是这个思想。他说"行有不得者，皆反求诸己。其身正，而天下归之"。还说"君正莫不正，一正君而国定矣"。《大学》里专门强调正心。这些"正"都是针对国君说的，要求国君治国先要端正自己的心，要本着一颗公心，去克服自己的私心。但只要有心就很难达到公心，难免会借公心来行私心。统治者都说本着公心去做事，但事实上都在借公心谋取私利。因此，公心难免会被人利用。老子"以正治国"的"正"完全不同于儒家讲的"正"。老子的"正"是什么意思呢？四十五章对"正"有一个明确的解释："清静为天下正"，清静就是无为，无为就是无心。无心与公心相比，无心这种表达排除了任何意义上的有，任何人都没办法利用它，作出有利于自己的解释，堵死了任何做坏事的借口。这里有一个问题，为什么老子与孔子都用"以正治国"来表达治国理念？换一个词不是更好吗？可以从两个方面去理解。一方面，用同样的词汇表达不同的思想，各说各的话，可以减少思想的冲突。另一方面，如果我们承认老子思想有个发展过程的话，那么“以正治国”可能是老子思想早期的表达，到了思想的成熟期，老子就直接用自己的词汇来表达思想，突出了思想特色。

以奇用兵。战争是个特殊的领域，战争的规则和治国的规则是完全不一样的，准确地说，是正好相反的。治国要以百姓心为心，让百姓自为。战争中，用兵的对象是敌人，总不能以敌人心为心吧！所以，要积极的作为，调动敌人，进入我的彀中。就如人在健康状态和生病状态饮食不同一样。健康状态下正常地吃饭，吃什么吃多少由自己来定。但在生病状态，人需要吃药，这个时候不能听自己的而是听医生的，吃什么药，吃多少药由医生来定。

“兵者，诡道也。”兵不厌诈，用兵需要阴谋诡计。阴谋诡计会产生奇特的效果，不战而屈人之兵，能快速地取胜并且没有伤亡。儒家的圣人王阳明是一位杰出的军事家，他在江西平叛的时候采用阴谋诡计，伪造假文件、传播假消息，引诱敌人上当，最终胜利平叛，活捉了宁王。

以无事取天下。这句话与“以正治国”的意思差不多。“取天下”是治理天下。先秦的“天下”与秦以后的“天下”概念是不一样的。秦以前的“天下”采用封建制度，秦以后的“天下”采取中央集权制度。封建制度是一种分权的制度。天子的权力没有后来皇帝的权力大，天子实际管理的范围很小，他通过分封的方式把权力下放到诸侯国了。这些诸侯国相当于国中之国，有独立的财政，有独立的军队。天子对诸侯国的统治更多是形式上的而非实质的。“以无事取天下”不只是表达一种理想，它还有现实的依据。周朝的历史最长，有八百年，周朝的治理方式是很值得思考的。

吾何以知其然哉？以此。与这句话表达方式相似的，还有二十一章的“吾何以知众甫之状哉？以此”，五十四章的“吾何以知天下然哉？以此”。这两个“以此”都是承上。但这里的“以此”是启下。帛书中没有这两个字，很多人建议把这两个字删掉。但不删也是可以的。有“以此”来启下，明显强化了上下文之间的逻辑关系。上文讲要“以正治国，以奇用兵，以无事取天下”，为什么提出以上的原则呢？因为以下的原因。

天下多忌讳，而民弥贫。“忌讳”就是不能说的话、不能做的事，就是划定一个领域把它神圣化，构成一个禁区。忌讳是生活中的规矩，是儒家讲的礼仪，也就是当今讲的制度。从这个意义上讲，忌讳是必要的，没有规矩不成方圆。如果一点忌讳都没有，一点规矩都没有，那就做不成任何事。忌讳是有一定合理性的。问题出现在“多”字上，在现实当中，规矩太多了。儒家十三经就有三部经典直接讲规矩的，有《周礼》《仪礼》《礼记》《孝经》讲孝，其实也是讲规矩的。《中庸》里面讲“礼仪三百，威仪三千”。礼越来越多，越来越繁琐。礼对人的规定越细，人受到的限制就越多，人的行为就越僵化。三十多年前，上大学的时候，报纸上天天讨论女学生可不可以烫发，可不可以穿高跟鞋，可不可以穿喇叭裤。讨论很严肃，讨论的问题在今天看来毫无意义。人们浪费时间讨论这些事情，就无法做自己想做的事。“而民弥贫”，老百姓种什么、种多少都要听上面的指令，上面不让做的就不能做，结果老百姓就越来越穷。

民多利器，国家滋昏。这个“民”字要改成“人”字，如果写成“民多利器”的话，“国家滋昏”的责任好像是要民承担的，这显然是不妥当的。所以，要把“民”改为“人”。“人”指的是统治者。“利器”是统治的暴力机器。统治者拥有适当的暴力机器是合理的，它是用来对付少数不法分子的。但拥有过多的暴力机器，显然不是用来对付极少数不法分子的，而是用来对付老百姓的。统治者把老百姓当作暴力镇压的对象，也就是把老百姓当作了自己的敌人。老百姓怎么成了敌人了？贫穷使老百姓成了潜在的叛乱者，贫穷迫使他们铤而走险，这就需要暴力机器去稳定局面。“国家滋昏”，暴力镇压必然导致国家混乱，直到国家灭亡。国家灭亡不是遇到了强大的敌人，而是丧失了人心。以上四句话在反思“忌讳”，反思政治制度。老子不是不要制度，而是反思需要什么样的制度。

人多伎巧，奇物滋起。上面四句是反思政治制度的，下面四句是反思技术的。“伎巧”就是技术的意思。老子认为，人拥有过多的技术就会制造出稀奇古怪的东西。技术对于人来讲是必要的，人类早期就已经拥有了某种技术，技术不是今天才有的。只不过人类早期的技术比较落后，在今天的人眼里都不叫技术，就会产生错觉，以为古人没有技术。旧石器时代的打制石器，看起来像天然的，几乎没有人工的痕迹，但毕竟有了人参与的意识。所以打制石器尽管原始粗糙，但已经包含了技术因素。后来又发展到了磨制石器，水平越来越高。所以人类和技术是共生的，技术和人具有一种原始的关系。反对技术，让人回到原始生活，这是不可能的，也是做不到的。但技术的加速发展的确也给人类带来了很多困扰和麻烦，有必要去反思技术。老子这两句话不是反对技术，而是反思技术。反对是让其退回到原始状态，反思是看到技术的局限性，以求避免技术可能带来的问题。可以说老子是中国古代最早反思技术的人。一般来说，老子时代的技术和今天的技术相比，是小巫见大巫。但老子作为一个思想家，他对技术有着特殊的敏感，在他的时代，技术还没有发达到对人产生困扰，但他却先知般的意识到技术将对人类带来困扰。这个思想放到今天来说最合适，这就是老子思想的穿透力。也可以说，老子技术反思的思想在今天获得了知音。知音难求，老子在2500年后才找到自己的知音。

法令滋彰，盗贼多有。“法令滋彰”，河上公本写作“法物滋彰”，简本和帛书本也作“法物滋彰”。到底哪个好呢？还是“法物滋彰”比较好。如果是“法令滋彰”，就和前面的“天下多忌讳”重复了，就会造成思想逻辑的混乱。“法物”就是好物，就是奇物。奇物越来越多，盗贼就会越来越多。奇物是技术创造出来的，这就和“人多伎巧，奇物滋起”联系起来了。老子认为人们创造出奇物，导致了盗贼的产生。这与第三章的“不贵难得之货，使民不为盗”是一个意思。奇物与盗是什么关系呢？奇物扰乱了人心，让人产生了一夜致富的欲望。拥有奇物最捷径的方法就是盗。盗的方式各种各样，老子的时代是直接去盗，现在盗的水平更高了，通过技术去盗。这四句是对技术的反思。接下来老子讲正确的做法。

故圣人云：“我无为，而民自化。”这个“我”就是圣人。“我”治理国家的目标就是希望民过上幸福的生活，“我”怎么做才使民能过上最好的生活呢？民是一个庞大的群体，各个都不一样，只要“我”有为，“我”的任何一种为，只能有利于一部分人，不能使所有人同时受惠。让所有人同时受惠的方式就是“我”无为，让每个人按自己的方式去为。这就叫作“民自化”。这里要注意这个“自”，民自己能够进入化境，不需要旁人操心。即便化而欲作，也是成长过程中应该付出的代价。就像小孩学走路，跌倒是必然的，但不能因会跌倒就不让他去走路，那会导致他永远不会走路。小孩是因为跌倒才学会走的。人走错路了，也是他想要走对路所应该付出的代价，要信任老百姓，相信他最后会走对路。

我好静，而民自正。民“化而欲作”，产生了过度欲望，走错路了，怎么办？有人就会着急，想去拉一把，纠正他的错误，但民那么多，能纠正得过来吗？况且你所说的纠正，真是纠正吗？纠正的最好方法是“我好静”，自己不动，让民自己纠正，要相信民有纠错的能力。道家对人性充满信心。

我无事，而民自富。民的能力不一样，兴趣点也不一样，所以民自富的方式也不一样。不一样的自富方式正好成就了各行各业。每个人通过不同的方式自富，可以产生互补的关系，可以交换自富的成果。“我”不给每个民指明自富的途径，要让民自己选择自富的方式。这同样是对人的信任。

我无欲，而民自朴。“我”保持无欲，民就会回到朴素的状态。“我无欲”是针对“民自富”而言的。老百姓富了之后会产生新的问题，会带来负面的效果。比如追求奢侈的享受，所以富未必都是好事情，还要富而无骄，富而好礼。要让富去成就一个人，而不是去毁灭一个人。这就需要回到朴素的状态。但这种回归，不需要他人的指导，老百姓就能自己完成。这又体现了老子对民的信任。总体来看，道家对人性有一个乐观的态度，比较起来，儒家对人性是很悲观的。表面上看，孟子的人性善是乐观的，但在骨子里面，对人性还是缺乏信心，所以强调外在的教化。

还有一个问题要注意，这里的四个“我”都是圣人。现实中的统治者，是很难做到“无为、好静、无事、无欲”的，如何让现实中的统治者做到“无为、好静、无事、无欲”呢？老子没有说。

五十八章

其政闷闷，其民淳淳；其政察察，其民缺缺。

祸兮，福之所倚；福兮，祸之所伏。孰知其极？其无正。

正复为奇，善复为妖。人之迷，其日固久。

是以圣人方而不割，廉而不刿，直而不肆，光而不耀。

其政闷闷。“闷闷”就是昏昏闷闷，糊里糊涂的样子。“其政闷闷”是讲治国理政的方式有点笨、有点傻，什么也不会做，什么也没有做成，有点像现在讲的懒政，不作为。这句话的意思与上一章的“我无为、我好静、我无事、我无欲”是一样的。通常我们都认为，这样的治理方式必定会导致社会的混乱。那么这种治理方式的效果究竟怎样呢？

其民淳淳。“淳”是淳朴、淳厚的意思。“其民淳淳”是说治理的效果特别好，老百姓都变得特别淳朴。闷闷的治理方式就是让老百姓自由发展，而自由很容易让人联想到社会的混乱、道德败坏。一种闷闷之政怎么会产生这么好的治理效果呢？这里涉及人的自由与道德的关系问题，这是一个非常重要的问题，也是一个非常现代的问题。人们通常认为，自由会破坏道德，自由就是想干什么就干什么，就会做违反道德的事情。基于这样的认识，人们认为只有控制人的行为，才使人变得有道德。老子不这样认为，老子认为给老百姓自由，老百姓反而会淳朴。这是一个非常深刻的思想，人有自由人才有道德，不自由就没有道德可言。也可以反过来讲，从人的道德行为当中才可以发现人是自由的。康德就是这样表述的，一方面自由才能导致道德，另一方面道德体现人的自由。为什么讲有自由才会有德呢？因为自由和责任是连在一起的，自由让人选择，人要为自由的选择承担责任。没有自由，就没有选择，也就无所谓责任。比如说上车给别人让座，什么情况下才体现德呢？你主动地站起来让座才叫德，如果是被人强制性地拉起来让座，就没有体现德，所以自由与德是连在一起的。

其政察察。“察察”就是制度特别繁琐、严苛。要通过这样的制度去约束人、限制人。这句话与上章的“天下多忌讳”“人多利器”是一个意思。按照统治者的设计，通过强化秩序，人性应该变得特别美好，但结果怎样呢？

其民缺缺。“缺缺”是狡黠、狡诈的意思。也就是说用严格的制度去限制人，并没有让人变得有德行，相反还破坏了人的道德心。按理来说，制度设计很严格，人应该都变成好人，为什么会事与愿违呢？因为规定越多，人自由选择的可能性就越小，人承担的责任也就越少，就可以把责任推诿给各种规定。这就等于是放弃了自由。人放弃自由，就是放弃选择，就是放弃道德，导致道德堕落。人做了坏事，就会说，当时那种情况，刀都架到脖子上了，我没有办法啊！所以我也就无需承担任何责任。但是，我们都不会听他的辩护，依旧要给他应有的惩罚，我们凭什么惩罚他呢？因为他是自由的，必须要为自己的选择承担责任。人有自由才有道德，没有自由，就没有道德。人不需要为别人的选择来负责任。鲁迅可以不对朱安负责，但必须要对许广平负责。所以，让人自由选择，就是给人一份责任。选择错了，为错误负责，也是一种淳朴。这句话，体现了老子对自由与德行关系理解的深刻性。

祸兮，福之所倚；福兮，祸之所伏。老子进一步把德行与自由的关系上升到抽象的哲理高度。老子用福祸关系表达这个抽象的哲理。人们喜欢用“塞翁失马，焉知非福”来说明福祸之间相依相存、相互转化的关系。但这种祸福关系的理解还处在浅层次上，它只强调了祸福转化的偶然性因素。丢了一匹马是祸，这匹马带回来一群马是福。问题是这匹马与一群马之间没有必然关系，纯粹是偶然的结果。带回来一群马是福，碰巧塞翁的儿子喜欢骑马，结果把腿摔断了，这是祸。从福到祸也没有必然关系，因为骑马不一定要摔断腿。正好遇到战争，塞翁儿子因腿残疾没有参军上战场，保住了生命，这是福。这里从祸到福也是偶然性的。假如没有战争，这个祸就永远是祸，不可能成为福。“塞翁失马”中福祸的不断转化都是由偶然性导致的，可以用人生无常来解释。因为人生无常，人生有福的时候，不要自傲；有祸的时候，不要自卑，福祸是相互转化的，要以平常心来对待。这样来理解祸福转化也是不错的，但这种转化完全是由外部条件促使的，如果外部条件没有出现的话，就无法实现转化。这种祸福转化只能是听天由命，人发挥不了任何作用。比较而言，《韩非子·解老》更为深刻，他强调了福祸转化的内在因素，是人把祸变成福，又是人把福变成祸，福祸转化之间，人的因素起到决定性作用，这样理解就比较深刻了。

《韩非子·解老》说：“人有祸，则心畏恐；心畏恐，则行端直；行端直，则思虑熟；思虑熟，则得事理。行端直，则无祸害；无祸害，则尽天年。得事理，则必成功。尽天年，则全而寿。必成功，则富与贵。全寿富贵之谓福。而福本于有祸。故曰：‘祸兮福之所倚。’以成其功也。人有福，则富贵至；富贵至，则衣食美；衣食美，则骄心生；骄心生，则行邪僻而动弃理。行邪僻，则身死夭；动弃理，则无成功。夫内有死夭之难而外无成功之名者，大祸也。而祸本生于有福。故曰：‘福兮祸之所伏。’”

孰知其极？其无正。“极”是终点，谁能知道福祸转化的最终结果呢？“其无正”谁也不知道转化的终点是什么。也就是说“塞翁失马”的故事永远没有一个结束。但常人都希望有一个确定的结果，所以只引用前面八个字“塞翁失马，焉知非福”，正好用来安慰一个人。故事必须要有一个结尾，而生活中塞翁并没有随着故事的结束而结束，还在延续祸福的转化。这两句话告诉我们，生活中充满不确定性。

正复为奇。“正”是正确的意思。“奇”是错误的意思。“正复为奇”就是指正确的很容易转化为错误的。按照福祸转化的原理，也可以反过来讲“奇复为正”。但在这里，老子只提到“正复为奇”，而没提到“奇复为正”。老子为什么不提“奇复为正”？因为“奇复为正”是人希望的结果，是努力想要达到的结果。但“正复为奇”是人不愿看到的状况，是极力想要避免的状况，是人特别担心的事。老子警告我们不要从一种正确转化为错误。正确向错误的转化是在不自觉中完成的，人往往意识不到这个转化。因为没有意识到，明明是坚持错误，却自认为在坚持真理。“三思而后行”是一个绝对正确的观念。孔子的学生子文子以“三思而后行”来要求自己，应该说这是一个好学生。可是孔子却批评了子文子，告诫他“再斯可矣”，思考两次就够了。为什么这么说呢？“三思而后行”是针对像子路这样人的，即行动能力特强，思考能力特弱的人。但子文子是思考能力特强，行动能力特弱的人，这句格言是不适合于他的。任何格言都是有针对性的，对一些人是真理，对另一些人则是谬误。子文子坚守“三思而后行”是错误的，而他对错误毫无所知。还有“盲人摸象”，摸到象的腿说象是大柱子，摸到象的肚子说象是一堵墙，几个盲人争论不休。谁对谁错呢？严格说来都对也都错。就所摸到的部位来讲，他们的判断都是正确的。就把局部判断变成对大象的判断而言，他们都错了。人们每天都是通过自己的所见所闻去判断事物，当人们试图把这个判断推广到无所见、无所闻的领域中，很可能会出现谬误。人们常常陷入错误当中而不自知，在无意识中犯了许多错误。所以老子提醒我们，任何正确的事情都有可能会变成错误，真理多迈出一步就可能变成谬误。

善复为妖。“妖”是恶的意思。“善复为妖”就是善的东西很容易转化成恶的东西。老子原本也可以增加一句“恶复为善”。但“恶复为善”是人所要追求的结果，就不用再提了。而“善复为妖”是人不能接受的，是极力想要避免的。但人不能接受的、极力要避免的这个事情，在生活中，却是常常发生的。最可怕的是它是在不自觉中发生的，我们不知道它是怎样发生的。明明在作恶，却以为是在行善，这就很危险了。为什么善恶的转化在不自觉中完成了呢？因为人不是完整的在做一件恶事，生活中很少有人完整地做一件恶事。恶是许多人分阶段完成的，每一个人只完成了恶的一小部分，不觉得它是一种恶。但把无数人所作的恶合在一起，就会发现，你已经在参与作恶了，已经在不自觉地作恶了。

有一个很奇怪的现象，纳粹集中营里的罪犯，在最后审判的时候，都不承认自己作了恶。他们为什么不承认呢？因为他们只是参与了这个恶事的一个部分，没觉得这是一种恶，甚至觉得是在参与一个伟大神圣的事业。还有一种情况，对他人作恶保持一种沉默，看起来没有参与作恶，事实上已经构成他人作恶的环境，是鼓励他人作恶。每个人都以沉默默许他人作恶，就等于参与了作恶，这样才能理解，为什么作恶的人很少，但造成的恐惧感却如此巨大。这时候真正的恶，不是作恶的人，而是默许作恶的人。这才是最危险的。还有一种情况，不加思考就接受别人提供的观念，这也是一种恶。著名的哲学家阿伦特把这些不知不觉的恶称之为平庸之恶。平庸者每天都在制造大量的恶。所以思考尤为重要。但思考必须要有前提，你必须拥有多种信息来源，至少要有两个观念相反的信息来源，这样才能进行思考。如果只有一种信息来源的话，最好的办法就是怀疑，在不能判断的时候，是允许怀疑的。老子思考很深刻，在没有问题的地方，发现了重要的问题。

人之迷，其日固久。“迷”就是迷惑。人对于“正复为奇，善复为妖”的迷惑，已经很久了。这不是某个人的迷惑，是人类集体的迷惑，是出于人性的迷惑。要解惑它是有一定难度的。

是以圣人方而不割，廉而不刿，直而不肆，光而不耀。这几句话表达的意思是一致的，是讲圣人如何避免“正复为奇，善复为妖”的现象发生。这几句话里面的“方、廉、直、光”都是指善的品质。“方”是方方正正、为人端方。“廉”有棱角、有能力。“直”是正直、直率。“光”是有光彩、有光明。都是代表人的正面品质。老子的伟大在于他反思人的正面品质，认为这些正面的品质随时会走向负面，走向“割、刿、肆、耀”。为什么好的品质会产生负面的效果呢？首先，任何好品质都有自己的度，越过这个度，就可能变成坏品质。因为是好品质，出于提倡的心理，就容易被过度使用。其次，人具有好的品质，就会本能地推广这种好品质。用自己的好品质去要求他人，有好品质，就会有高要求，就会强人所难。这就走向了好品质的反面。就像人有一技之长，就去推广他的一技之长。如果推广的对象也喜欢这一技，那固然是好。如果有人不喜欢这一技呢，强行推广，就会给人带来痛苦。由于他推广的是一种好、一种善，就会使人失去反抗的能力。你怎么能去反抗一种善呢？正因为如此，善在推广的过程中容易演变成一种恶。《孟子·离娄下》表达了类似思想：“以善服人者，未有能服人者也；以善养人，然后能服天下。”善是好东西，但自以为善，并以善臣服别人，就会给别人带来痛苦，就是强制别人行善了。要时时刻刻提醒自己，不要把这些好品质，把这些善演变成恶。圣人对人性有深刻的洞察，有清醒的认识。他意识到人性的多样性、复杂性，也意识到善的多样性、复杂性。你可以用善去影响人，但不能用善强迫人。他不接受你的善，不表明他没有善。有各种各样的善，各种善都是相对的，不要把自己的善当作绝对的善。这样才能做到“方而不割，廉而不刿，直而不肆，光而不耀”。这是老子的辩证法。

五 十 九 章

治人事天，莫若啬。

夫唯啬，是谓早服；早服谓之重积德；重积德则无不克；

无不克则莫知其极；莫知其极，可以有国；有国之母，可以长久；

是谓深根固柢，长生久视之道。

治人事天。“治人”是治国的意思。治国的根本就是治人，治人就是管理人。人们通常认为，管得越多越好，越细越好，这样才能确切地知道被管理者在做什么，在怎么做。这种模式对人极不信任，认为不加强管理，人必然就会投机取巧、消极怠工。这种管理模式用在学校，首先是对学生不信任。把课安排得越多越好，把作业布置得越多越好，不让学生任何空余时间。其次是对老师不信任，老师每节课讲什么内容以及讲多少都要规定，考试题型、试卷怎么批改也要规定，认为这是管理的现代化。“事天”就是保护身体。如何保护人的身体呢？通常的方式就是“生生之厚”，就是过分地保护身体。这在大人对小孩的态度上表现得最为明显，尽管天气很暖和了，还要强调多穿衣服，认为多穿衣服比少穿衣服好，只知道少穿了会生病，没考虑到多穿了也要生病。对于“治人事天”，老子的态度是什么呢？

莫若啬。“啬”是吝啬、节约。“莫若啬”就是没有比吝啬精力、节约精力更好的了。节约精力就要减少做事，把复杂的事情简单化。老子提倡无为而治，为什么在这里换了一个说法叫“莫若啬”呢？“啬”与无为是什么关系呢？无为是高标准，面对这个标准，人们通常感到无所适从。而且，无为的字面意思也让很多人迷茫，不知道该从哪里下手，以至于误解无为这个概念，以为无为就是什么也不做。“啬”的观念就为实现无为思想指明了一个方向，提供了一个可操作的方法。就是把复杂的事情尽可能简单化。有了“啬”的观念，无为就不那么扑朔迷离了。老子通过“啬”这个观念去落实无为的思想。

夫唯啬，是谓早服。“是谓早服”从语法来看好像是对“啬”的解释，但其实不是，它是“啬”的思想所产生的一种要求。“早服”也就是早服从道，越早越好。“夫唯啬，是谓早服”的意思是要培养“啬”的思想观念，需要早早去服从道。为什么一定要早呢？“啬”这个观念看似简单，其实并不简单。从简单到复杂难，从复杂到简单更难；形成一个观念难，消除已经形成的观念更难。就比如刚才讲的管理方法，一旦形成了管理越严格越好的观念，这个时候让你换一种思维，以一种宽松自由的方法去管理人，你就做不到，就觉得会天下大乱。所以，世界上最可怕的不是人没有观念，而是有一个错误的观念。

所谓“早服”就是在错误观念形成之前，先让你形成一个正确的观念。小时候特别重要，小时候接受了一个什么样的观念，就会终身去坚持。“早服”就是早服从道，就是从小就要接受道的思想，相信人能够做好自己的事。就身体而言，“早服”就是要相信身体具有自然调节的功能。身体作为万物之一，在自然中产生的，它和自然就有一种天然的协调性，不必过度焦虑身体。

早服谓之重积德。“早服”是一个过程，这个过程叫作“重积德”，就是不断地去积德。这里的“积德”与通常的“积德”意思正好相反。通常的“积德”是指本没有德，然后不断积累德，使德越来越多。老子讲的“积德”，不是使德越来越多，而是要不断减少已经具有的德，使本性上的德逐渐地呈现出来。这个德与平常的德相反。这个德就是要去掉平常的德，去掉了平常的德，真正的德才能呈现出来。这个德也就是“啬”。因为用的是同一个德字，很容易混淆误解。所以，“重积德”就是不断减少通常所谓的德，保留下来的就是老子的德。对于悟性高的人来说，依靠顿悟，一下就能把该减掉的东西都减了。对于悟性不高的人来讲，这是个慢功夫。在做事之前，都要问自己一句，这件事真的需要去做吗？能不能不做？

重积德则无不克。这是讲“积德”以后，或者说“啬”以后，或者说简单化以后，会产生什么样的效果呢？“无不克”就是无所不能，会产生无所不能的神奇效果。为什么会有这样神奇效果呢？因为“重积德”就是尽量少做，甚至是不做，给他人留下一个做的空间。这等于是让别人替自己做，每个人都做好自己的事，就等于是替你做好了所有的事。“无不克”不能理解为自己什么都能做，没有人有这么大的能耐，“无不克”是发挥所有人的能力做好了所有的事。

无不克则莫知其极。这句话进一步强化“无不克”的能量，这个能量大到无法估量。一种坏的管理模式突出一个人的作用，一种好的治理模式要发挥所有人的作用。至于每个人发挥什么样的作用，完全不用去操心。管理者唯一要做的就是不操心、少操心，放手让人去做。唐诗水平高，唐人有没有一套方案要去繁荣唐诗呢？没有的。因为没有一个繁荣唐诗的计划，所以唐诗才会繁荣。后代都关注诗，诗的规矩多了，诗却写得越来越差。小说不登大雅之堂的时候，没人去在意它，任其自然发展，结果小说繁荣起来了，四大名著出来了。现在许多人感慨我们缺少原创力，只有模仿力。为什么呢？原创必须在自由的基础上才有可能，任何计划都不能带来原创力。原创的东西是不符合规范的、是超越规范的，管理得越少，才有超越规范的空间；管理得越多，就只能在规范内活动。

莫知其极，可以有国。把“啬”的思想，也就是把简单化的思想发挥到极致，就可以治理好一个国家。这句话与前面的“治人”构成一个循环。前面讲“治人”需要简单，后面讲简单之后可以“治人”。把简单发挥到极致的时候就是无我，就接近了无为的思想。管理者的我越多，对他人的容忍度就会越小；管理者的我越少，对他人的容忍度就会越大。管理者无我，从形式上看一无所有，但从内容上看，因为无我反而拥有了整个世界，这是他最富有的时候。这样的人最适合去管理国家。

有国之母，可以长久。管理者不仅仅能管理一个国家，因为掌握了治理国家的根本，可以使国家长治久安。每个人在这种极简的管理下都能发挥自己的能力，怎么会想到去推翻这样的社会呢，他们唯一要做的就是去保护这个社会。人人都去保护，自然就会长治久安了。

是谓深根固柢，长生久视之道。“深根固柢”就是根深蒂固的意思。这是用树作类比。树的生命力完全取决于根扎得深不深，根扎得越深获得的营养就会越多，树就越有生命力，就能“长生久视”。这是说“啬”的思想，简单化的思想，不仅有利于治国，还有利于养生。它是治国之本，也是养生之本。养生需要简单，一个懂得养生的人一定是一个懂得简单的人。出家人断绝了所有的社会关系，去深山老林过一种简单的生活。服装简单化，统一服装，没有了攀比。头发也简单化，全部剃掉，没有了造型。儒家攻击他们抛弃父母，不结婚、不生子违背了人伦。说佛教这样一种逻辑也毁灭了佛教。没有后代，也就没有小和尚了。儒家这样的批评固然也对，但更多是误解。佛教其实是在提供一个简单生活的样本，并不是要我们都去过这样一种简单的生活，而是说要以他们为标准，使我们的生活尽量地简单一点。

这里的“长生久视”不是说活得越久越好。道教是这样理解的，要通过修行使自己活得越来越长。老子没有这个思想，老子的“长生久视”是要人尽其天年。

六　十　章

治大国，若烹小鲜。

以道莅天下，其鬼不神；非其鬼不神，其神不伤人；

非其神不伤人，圣人亦不伤人。夫两不相伤，故德交归焉。

治大国，若烹小鲜。这是很有名的一句话，是老子治国思想的经典表述。“小鲜”就是小鱼，有烹饪小鱼经验的人都知道，烹饪小鱼不能过多地去翻动它，要保持安静。老子用“烹小鲜”类比“治大国”，这个类比很有意思。老子的思想特别高大上，里面充满了许多虚无缥缈的东西，让人有一种不食人间烟火的感觉。通常我们认为老子的思想应该是一种玄想的产物，但是在这里，我们发现，老子高深莫测的思想与日常生活有着紧密的关联。治大国的思想居然与厨房里烹小鲜是同一个思路。治大国的思想可能就是老子在烹小鲜时灵机一动闪现出来的，是老子烹饪经验的产物。可见生活中到处都有思想，思想不隔绝生活。

老子把烹小鲜的经验提升到治国的理念。从治国的角度上讲，就是要“以正治国”，要保持政策的稳定性，不能够朝令夕改。政策也需要变动，但朝令夕改意味着政策的变动性太大。政策老是在变动，说明制定政策的时候非常草率，没有远见。政策不断变动的后果非常严重，最大的损失还不是经济上的，而是人们最终失去对政策的信任，所有的政策都不会发挥作用了。

如何避免这种政策上的任意性呢？韩非子从老子的思想出发，提出了法家的思想。法家思想认为，政策的稳定要靠法来保证。但韩非子歪曲了老子的思想，他的法只是国君统治臣民的工具，而国君丝毫不受法的约束。他的法事实上强化了最高的权力，最高权力成了制度不稳定的最大因素，所以韩非子没有解决制度的不稳定性问题。老子之后，还有一派重要的思想，就是黄老思想。黄老思想也是要解决制度的不稳定问题，要求国君一定要“清净无为”。这个思想影响很大，汉初的文景之治就是这个思想的产物。它的治国理念就是“治大国，若烹小鲜”，这个治国理念产生了非常好的治理效果。但非常可惜，汉武帝抛弃了文景的治国理念，抛弃了老子的治国理念，“罢黜百家，独尊儒术”，利用文景创造的财富穷兵黩武，消耗了汉初的国力。这给我们留下了一个问题，就是如何约束最高权力，使他坚持老子的治国理念。

“治大国，若烹小鲜”，那么治小国呢？是不是也要若烹小鲜？治国的理念应该是一样的。那老子为什么不提治小国呢？因为大国地域大、差异性大，政策变化的影响力也就大。“治大国，若烹小鲜”是一个方便的说法，实际上就是治国若烹小鲜，它是通用的治国原理，而不仅仅针对治大国。

以道莅天下。“莅”是莅临，也就是统治的意思。“以道莅天下”就是用道来治理天下。这句话是回应“治大国，若烹小鲜”的。只有用道治理天下，才能落实“治大国，若烹小鲜”，才能确保“治大国，若烹小鲜”。“以道莅天下”要解决两个问题：第一个要解决信仰的问题，第二个要解决世俗权力的问题。接下来，老子就讨论道与信仰的关系以及道与世俗政权的关系。

其鬼不神。这句话是说道和信仰世界的关系。什么是鬼？人死为鬼。“其鬼不神”表明老子承认鬼存在。日常生活中，我们都没有见过鬼，但却有对未知世界的害怕，对黑暗世界的恐惧，我们就把这个让人害怕、令人恐惧的对象称为鬼。鬼不是实际的存在，但作为一个让人恐惧的对象，它实实在在地存在着。鬼代表的是一个未知的世界、一个彼岸的世界、一个神秘的世界。这个鬼不是狭义的，它是我们对信仰世界、未知世界的总称。鬼能让人害怕，表明鬼对人有一种作用。鬼很灵验，对人有一种控制力，能控制人的思维和情感，甚至还会影响到人的行为方式。这个神秘的未知世界能对人产生巨大的影响。“其鬼不神”是说鬼没有产生灵验，没有发挥它应有的作用。鬼理应发挥它的作用，但却没有发挥作用，这正是“以道莅天下”的结果。用道来统治天下，鬼就不会发生应有的作用。

为什么道能抑制鬼的作用呢？这就需要对道要有一个新的理解。道是路，是人不得不走的，这个“不得不”是什么意思？就是事物的道理，就是必须这样做、不能不这样做。道在这里是指事物之理。我们知道，鬼的世界是一个神秘的世界、一个信仰的世界、没有道理可讲的世界。但我们生活于其中的这个世界是不是没有道理可讲呢？“以道莅天下”，用道来治理天下，就是要在信仰世界之外，为现实世界另外确立一个原则。在现实世界中，人应该运用理性来生活，人是可以讲道理、必须讲道理的。老子划分了两个世界，神的世界和人的世界。人的世界是理性的世界，神的世界是非理性的世界，是一个信仰的世界。鬼神的世界不能去干预人的世界，这就限制了鬼神的作用。

非其鬼不神。这句话是一个过渡。不是说鬼真的不发挥作用，鬼只要存在，就会发挥它的作用，鬼的鬼性是不会改变的。那么为什么又说“其鬼不神”呢？为什么又说它不发挥作用呢？

其神不伤人。鬼神依然在发挥作用，但人的理性限制了它的作用，只让它在特定的领域里发挥作用。鬼不能越过自己的领域去伤害人。这是先秦的理性精神，这是人的觉醒。人从鬼神的世界里独立出来，建立了人的世界，并给予人的世界一个独特的规则。老子是这样的思想，孔子也是这样的思想。孔子说，“敬鬼神而远之”，既承认鬼神存在，又认为人的社会活动要远离鬼神，人有自己活动的方式，跟鬼神不相干。他还说“未能事人，焉能事鬼”，没有把人的事情做好以前，不要去谈论鬼的事情，先要做好人的事，然后再去做鬼的事。不仅中国的思想是这样，西方的思想也是这样。西方文艺复兴就是让人的世界从神的世界里独立出来，这体现了人类思想的不断进步。神权社会政教合一、政教不分，政就是教，教就是政。老子的思想、孔子的思想，以及文艺复兴的思想都是要让政教分离。政和教是不同的两个领域。政治领域需要理性、需要讲道理、需要辩论。宗教领域是信仰、是不可思议的领域、是非理性的领域。康德一生中所做的事，就是要区分两个不同的领域，给不同的领域不同的规则。在认识的领域，严格遵循因果律，在道德领域，人是自由的，这里没有因果关系。在《纯粹理性批判》里，他反对有上帝。在《实践理性批判》里，他又肯定上帝，表面看康德的思想是矛盾的，但实际上并不矛盾，因为不同的领域有不同的原理、不同的规则。

鬼神在它自己的领域依然发挥作用，但是不再能伤害人了。这里还要注意一个问题，不管是老子、孔子还是文艺复兴都是承认鬼神的作用的。只不过把鬼神的作用限定在一个范围内，把鬼神的作用置于道的作用之下，降低了鬼神的作用。更准确地表达是在道的作用下承认鬼神的作用。在现代人话语体系里，鬼都是贬义的。把毫无根据的话说成是鬼话，把不可能发生的事说成是见鬼了，把侵略者说成是鬼子。“鬼”在今天只有负面的含义，完全失去了它的作用，这又走上了另一个极端，是非常遗憾的。

非其神不伤人。这句话也是一个过渡，是从鬼神的世界过渡到人的世界。

圣人亦不伤人。这是说在道的治理下，不但鬼不伤人，圣人也不伤人。这里的“圣人”应该是指现实中的统治者，不是理想的统治者，理想的统治者肯定是不会伤人的。这句话体现了老子的一个重要思想，那就是统治者是能够伤人的。统治者凭什么去伤人？凭自己的权力伤人。可见在老子的眼里，权力是能够伤害人的。正因为权力能够伤人，所以要警惕权力，要想办法去约束权力。用什么去约束呢？用道去约束统治者的权力。老子对权力的思想和西方对权力的思想非常接近，西方人一直都把权力看作一种不得不有的恶。西方人对权力特别的警惕，想出许多办法去限制权力。最著名的是三权分立，用权力去制约权力。老子用道去制约权力。道让万物自生，就是削弱统治者的权力，让老百姓拥有自己的权利。在关于权力的问题上，道家的思想和儒家的思想有质的差别。儒家有歌颂权力的倾向，他们把统治者说成是民之父母。父母管子女是天经地义的，所以统治者管老百姓也是天经地义的。在这个地方可以看出老子政治思想的先进性。

夫两不相伤。鬼的世界是不伤害人的世界。在人的世界里，统治者不伤害百姓，百姓自然也不伤害统治者。在道的统治之下，两两都不相伤。

故德交归焉。这个“德”就是指鬼的世界和人的世界，统治者和老百姓都各守本分。“交归”就是他们各自回到自己的范围之内互不干扰，他们各自实现了自己的德。

六 十 一 章

大邦者下流，天下之牝，天下之交也。牝常以静胜牡，以静为下。

故大邦以下小邦，则取小邦；小邦以下大邦，则取大邦。

故或下以取，或下而取。大邦不过欲兼畜人，小邦不过欲入事人。

夫两者各得所欲，大者宜为下。

大邦者下流，天下之牝。我们先看本章的前三句话。王弼本的意思是这样的："大国者下流，天下之交，天下之牝。"陈鼓应根据帛书甲本进行了订正："大邦者下流，天下之牝，天下之交也。"与王弼本的相比较，一是把国改成了邦；二是调整了"天下之牝"与"天下之交"的顺序。但仍把这三句话作为一个独立的意义群，与王弼本意思没有实质性的变化。我们认为帛书本的标点方式更好。"大邦者下流，天下之牝也"，构成一个意义群，而"天下之交也，牝常以静胜牡"，构成另一个意义群。

按照王弼本的意思，将"大国者下流，天下之交，天下之牝"合在一起讲，也能说得通。这句话的意思是大邦与小邦在处理关系的时候，大邦应该处于河流的下游。河的下游就是湖泊、大海。湖泊、大海有什么特点呢？处下、处静、虚空、接纳。由于这些特点才成为河流交汇的地方。这和六十六章所说的意思就完全一样了，六十六章讲"江海之所以能为百谷王者，以其善下之，故能为百谷王"。也就是说大国之所以成为大国，就在于它处下、处静、空虚、接纳。老子感觉只有一个类比还不够，也就是说用湖泊、大海去类比大国还不够，还没有把意思表达透。他又增加了“天下之牝”的类比，把大国比喻成“天下之牝”，“牝”是雌性的生殖器官。也就是讲大国不仅仅要像湖泊和大海，还要像雌性的生殖器官。牝和湖泊大海的特征是相似的。这是对王弼本的解释，王弼本的解释也是可以的。

但是，根据帛书本，意思就会发生变化。这里“下流”就不能翻译成湖泊大海了，“下流”就是居下的意思，就没有大海的含义了。这是直接把大邦比喻成雌性的生殖器官，那么下一句“天下之交”的“交”字就不能翻译为河流交汇，就要翻译成交配，雌雄交配的意思。现在帛书本与王弼本的差别就出来了。帛书本的论题比较集中，更加突出了类比的生理特征，而且依照帛书本，“大邦者下流”与六十六章也就不重复了。

天下之交也，牝常以静胜牡。为什么大邦要成为“天下之牝”？因为“天下之交也，牝常以静胜牡”。这句话的字面含义是天下雌雄交配，牝常常以她的静战胜牡。这句话的关键在于牝牡怎样翻译比较好？有各种各样的翻译方法，有的翻译成阳性阴性，有的翻译为雌柔雄强，还有的翻译为雌性的、雄性的。这些翻译都不错，但都不够准确、不到位。把牝牡翻译成阴阳，太哲学、太抽象了，在阴阳的概念里体现不出牝胜牡的意思。老子讲“万物负阴而抱阳”，这个阴阳里面看不出谁胜谁的问题，“负阴抱阳”似乎暗示阴和阳的关系是平等的。《周易》讲“一阴一阳谓之道”，也没讲谁战胜谁的问题。周敦颐也讲到阴阳关系。他讲“太极动而生阳，动极而静，静而生阴，静极复动，一动一静互为其根，分阴分阳，两仪立也”。在周敦颐那里阴阳之间循环往复，也没有谁战胜谁的问题。所以把牝牡翻译为阴阳不准确。

那么把牝牡翻译为雌雄准不准确呢？这个翻译优点是很具体，而且涵盖面比较广，包含了所有的动物，也包含了人。但为什么不用男女来表达？雌雄和男女有什么区别？男女除了性别的生理特征不一样外，还包含了社会学、伦理学因素在里面。讲到男女时，除了男女关系，还有他们的社会地位、社会角色问题，诸如男女平等、男主外、女主内的问题。雌雄则把男女身上的社会性因素剔除掉，单纯讲性别的差异。用雌雄来翻译牝牡，突出了雌雄两性的生理特征。但这个翻译还是不够好，因为这个翻译没有体现出雌性究竟是如何战胜雄性的？我们通常看到的都是相反的情况，雄性战胜了雌性，雄性的体力胜过雌性，那牝胜牡体现在什么地方呢？

这里的牝和牡应该是特指雌雄交配，与五十五章里“未知牝牡之合”的“牝牡”意思是一样的。雌雄交配过程中，雄性的器官看起来很强大，雌性的器官看起来很柔弱。但结果呢？柔弱战胜了强大。道家的这个思想影响特别大，古代的房中术都是强调雌性是强者，雄性是弱者，雄性如何通过养生去战胜雌性。古代的色情小说描写两性性行为的时候，同样认为男性是弱者，女性是强者。现在，“牝常以静胜牡”的确切意思就出来了，就是讲雌雄交配中，雌性器官以自己的宁静战胜雄性器官。这句话是以性行为来说明强弱的关系，貌似强大实际弱小，貌似弱小实际强大。

以静为下。这句话在帛书本中表述为“为其静也，故宜为下”。这句话进一步说明牝凭什么战胜牡的，牝是以静战胜牡的，所以静是根本。因为静，所以下是表现方式。这里讲到静的力量、静的强大。下面讲大邦和小邦的关系，都是围绕着静来进行的，而静又符合道的原则。道无为，无为就是好静，静不仅仅是事物的状态，更是体现了道的思想和精神。

故大邦以下小邦，则取小邦。这里开始讲大国与小国的关系了。

大国和小国如何相处，这是古今中外都面临的一个难题。《孟子·梁惠王下》里，齐宣王问孟子“交邻国有道乎？”与邻国相交有什么好方法呢？孟子说：“惟仁者为能以大事小，是故汤事葛，文王事昆夷。惟智者为能以小事大，故大王事獯鬻，勾践事吴。以大事小者，乐天者也。以小事大者，畏天者也。乐天者保天下，畏天者保其国。”这段话说出了大国与小国相处之难，只有仁者和智者才能处理好这种关系。仁者以大事小还容易，智者以小事大里有多少心酸的故事。大国和小国如何相处，一直是困扰人类的问题。老子生在春秋末期，是大国与小国关系特别复杂的时期，他试图以道的思想去解决大国与小国的关系。

这句话里要特别注意两个字，一个是“下”，一个是“取”。这个“下”，很多人翻译成谦下，这样翻译带有儒家的特点。什么叫作谦下？如何才能够谦下？这里面涉及很多技术的问题，很难把握。我们可以根据上面讲的“以静为下”来解释这里面的“下”，可以用“以静为下”来替换这个“下”字。那么，“大邦以下小邦”，就是大邦以静下小邦。这就具体地指明了下的方法是什么，也就是说用静的方法来下小邦，用静的方法来处理大国与小国的关系，这样意思就比较明确了。静就是无为，这样“大邦以下小邦”，就是大邦以无为的方式来对待小邦，也就是大邦不去干扰小邦，让小邦自我发展。大邦和小邦相邻的时候，大邦不去干涉小邦的事务，这不就是静吗？这不就是无为吗？“取”是聚集的意思，不是获取的意思。也就是大邦以无为的方式、以静的方式去对待小邦，这样就能够与小邦聚集在一起。这个“聚”就是聚会、聚集。“聚”里面有自由的意思，大家聚在一起喝茶聊天吃饭都是自愿的，相处特别融洽。这句话的意思就是，大邦以一种静的方式、无为的方式去对待小邦，这样就能和小邦自由地聚在一起。

小邦以下大邦，则取大邦。小邦也是以静以下大邦，以无为的方式与大邦相处。说大邦以静的方式与小邦相处比较好理解，说小邦以静的方式与大邦相处就不太好理解了。为什么呢？一般认为，小邦因为它的小，必然会静。如果说大邦是主动的静，小邦就是被动的静。老子说小邦也要静，说明小邦未必一定静。小邦因为小，按照道理来讲，它必须要静，它被迫要静。但它是否一定就会静？也不一定。历史上那些大邦并非一开始就是大邦，它是由小邦演变成大邦的。“周虽旧邦，其命惟新”，周虽是一个小国，但有一种使命，要成为大邦。文王三分天下有其二，到武王终于拥有了天下。所以小邦不因为小就必然会静，小呢，也不安分，它不满足于自己的小，它向往大，也会惹是生非。所以老子才讲，小邦也要以静的方式对待大邦，不要试图去撼动大邦既有的地位，小邦做到静，就能和大邦和平地聚在一起。“取大邦”就是聚大邦，就是和大邦自由相处的意思。

故或下以取，或下而取。这是讲相聚的两种不同方式。大邦以静的方式、无为的方式对待小邦，吸引着小邦和它相聚。这有点像孔子说的“近者悦，远者来”，近处的人快乐的不想走，远方的人不远千里而来。小邦很难吸引大邦与它相处，它没有那么大吸引力。小邦以静的方式、无为的方式对待大邦，让大邦感觉到小邦安分守己，以获得大邦对它的信任，从而与大邦和平相处。为什么用静的方法能够使它们相聚在一起呢？因为静是大邦和小邦共同的治国理念。静也就是无为，也就是无心，也就是“以百姓心为心”。国有大小，但大国的百姓心与小国的百姓心并没有不同。当统治者有心的时候，大国就会以实力欺压小国，小国就会韬光养晦、卧薪尝胆。这里讲到大国静可以与小国和平相处，小国静了也可以和大国友好相处，关键在于它们拥有共同的价值观，都“以百姓心为心”。

大邦不过欲兼畜人，小邦不过欲入事人。陈鼓应把这两句话翻译成：大国不过要聚养小国，小国不过要求容于大国。大多数学者也都这样翻译。这种翻译把“不过”两个字连读，这种翻译好不好呢？应该说这种翻译没有体现老子思想的特色，也解决不了大国与小国的关系问题。根据陈鼓应的翻译，大国就很容易去干预小国，去欺负小国。大国可以借口小国没治理好，要去帮一帮，乘机干预小国，甚至灭掉小国。小国呢，不过就是想去侍奉大国而见容于大国，这就明显地感觉到大国与小国的不平等。“事人”这两个字包含了很多的委屈、不得已。但也可能是一个策略、一个谋略、一个阴谋，卧薪尝胆里隐藏着祸心。这时候小国与大国，仍然是不正常的关系，所以陈鼓应的翻译是有问题的，与老子的思想是不协调的。在诸多的翻译里，张松如的翻译有可取之处。他是这样翻译的：做大国的不过分贪求兼并别人，做小国的不过分顺从别人。张松如把“过欲”两个字连读，符合老子的思想。

按照张松如的翻译，大国不要老是想着去帮助小国，治好自己的国就行了，这样就不可能借口帮助去做干扰别国的事。小国也不用老想着怎样去巴结大国，治好自己的国就行。小国事人并非出自本心，而是迫不得已。现在也就不用借事人之名暗藏祸心，推翻别人。这就形成了大邦与小邦的良性关系。

当然，大邦如何不“过欲”，小邦如何不“过欲”，这是一个问题。指望统治者本人不“过欲”是很难的。他不知不觉地就会“过欲”，要避免“过欲”的话，唯一的方法就是用制度去限制统治者，让他不能“过欲”，也无法“过欲”，这就引出了法治的思想。

夫两者各得所欲。这两者就是指大国、小国。“所欲”实际上是不欲的意思，不欲就是各守本分。大国以静治大国，小国以静治小国，大家都静了，就是各得所欲了。

大者宜为下。这个“下”是静的意思。大者要先静。尽管最终的目标都是静，但是实现这个目标还有个先后次序问题。小邦因为它的小，静的可能性就更大；大邦因为它大，静的可能性就小。所以大邦静的难度比小邦要大。大邦带头静，能起到一个示范作用。吴澄说得好：“然小者素在人下，不患乎不能下，大者非在人下，或恐其不能下，故曰：大者宜为下。”

这章的核心是国际关系问题。开始用牝牡之合的现象引出静字，再用这个静字去处理大国与小国之间的关系。老子这个思想比孟子交邻国有道的“道”要高明得多。孟子讲的交邻国有道，实际上远未达到道的层次。孟子所举，以大事小，以小事大的例子，也不是处理大国与小国关系的核心原则。老子从道的高度解决了大国与小国的关系问题。当然这个理论还需要继续去深化。

六　十　二　章

道者万物之奥。善人之宝，不善人之所保。
美言可以市，尊行可以加人。人之不善，何弃之有？
故立天子，置三公，虽有拱璧以先驷马，不如坐进此道。
古之所以贵此道者何？不曰：求以得，有罪以免邪？故为天下贵。

道者万物之奥。道是万物之奥。这个“奥”至少有三种解释：第一种，解释为房屋的西南角，古人认为这是家里最尊贵的位置。第二种，解释为“主”，就是主宰的意思。第三种，解释为“藏”，是庇护、保护的意思。三种解释尽管不同，但都是强调道的重要性。这三种解释中哪种解释更好呢？第一种，看起来把道看得很尊贵，实际上是降低了道的地位。相比于房屋其他地方而言，西南角是一个尊贵位置。但它毕竟只是一个位置，道应该高于任何具体的位置。把奥解释为主宰的话，可能会引起一种误解。主宰这个词特别强势，让人感到道外在于物，要去控制物。相对来讲，把奥理解为藏是最好的。这个藏就是庇护的意思，就是住所家园的意思。人需要有一个住所，有一个家园，否则，就流离失所。万物也要有自己的住所家园。所以，道者万物之奥，就是道是万物的住所，道给万物提供了一个家。这种解释体现了道和万物之间一种亲密关系。

善人之宝。进一步讲道与人的关系。首先讲道与善人的关系。善人在春秋时期大概是一个比较流行的概念。《论语》里多次出现善人的概念，孔子还给善人下了一个定义。什么叫善人呢？“不践迹，亦不入于室”。“不践迹”，不踏着别人的脚步走。善人有主见，走自己的路。没有主见的人，只好跟着别人走，按别人指的路走。“亦不入于室”，还没有进入到室内，室是家里最隐秘的地方，也就是说思想不够精深。孔子讲子路登堂了，但还没有入室。堂是家里公开的地方，人人都可以去。室就不一样了，只有特殊的人才进得去。子路就是个善人，他有主见，敢指正孔子，甚至顶撞孔子。在孔子那里，善人应该是低于仁人的。登堂了，离入室还远。善人这个概念后来莫名其妙地就消失了。为什么会消失呢？这大约与善人的“不践迹”有关。春秋战国时，善人很有市场、很受欢迎。某种意义上，诸子都是善人，他们都有自己独立的见解，都极富创造性。但秦统一六国后，特别是汉武帝“罢黜百家，独尊儒术”后，独创性就成了思想者的一个梦。善人自然也就不受待见，他们成了打击的对象。而圣人、仁人这些概念被保留下来了。他们不危害统治，甚至有助于统治。所以概念的变迁史，也就是时代的变迁史。一个时代结束了，另一个时代开始了，善人从此告别了历史。在老子这里，善人的地位要比在孔子那里高。老子的善人是指达到了善的标准的人，也可以讲是以善来要求自己的人。善人近似于今天讲的榜样，这种人在现实生活当中很少。善人和道的关系很密切，他们把道当作宝贝去珍爱。什么是宝呢？不同的人对宝的看法是不一样的。常人把金银财宝、把物质财富当作宝。孟子认为统治者应该把土地、人民、政事当作宝。《大学》引楚书里的两句话，“楚国无以为宝，惟善以为宝”。楚国人把善当作宝。善人以什么为宝呢？以道为宝。宝不是事物，而是构成事物的条件。五十一章里讲物的构成四要素，也就是物形成有四个条件：道、德、物、势。道生之，道是生物的首要条件。物之条件是不灭的，不灭的才是宝。康德对善有深刻的见解，他说平常我们所表现出来的品质都不能说是善的，这些善的品质如果能成为善的话，必须依赖于一个条件，它必须要出自善的理念。在善的理念前提下，那些善的品质才可能是善的，没有善的理念作为前提的话，那些善的品质都有可能成为恶的。比如说一个人很勇敢，你很难说他是善的。如果这个人不善的话，勇敢就是恶的，越勇敢就越恶。老子的思维方式与康德是一样的。善人之宝是道，在合乎道的前提下，善人所做的事都是善的。善人的地位为什么高？因为他把形而上的道，看作人生之宝。

不善人之所保。“不善人”就是没有达到善的标准的人。绝大部分人都没有达到善的标准，都在不善人之列。所以不能把不善人理解为坏人，更不能理解为是恶人。不善人就是普通人，就是我们大家。不善人与道是什么关系呢？“所保”，就是所要保护的。道也是不善人要保护的，不善人也离不开道。在不善的人眼里，道是虚无缥缈、若有若无的。不善人对道如此疏远，为什么还说他们离不开道呢？因为道是住所，人即便不善，也不敢说不要住所。只要回到住所，就是接受住所的保护。不善人可以不接受住所的保护，但住所不拒绝保护任何一个人。好人可以到住所里来，不好的人也可以到住所里来，甚至恶人也可以到住所里来。住所以一种独特的方式保护人，它永远敞开大门，人可以进入，也可以走出。人出入住所就是道，但百姓日用而不知，以为与道无关。不善人与道疏远，不把道当回事，我们对不善的人应该有怎样的态度呢？

美言可以市。“美言”就是好听的话，“市”就是市场、买卖。买卖是要得到好处。“美言可以市”是说，一句好听的话，就可以得到好处。这里要注意这个“美”字，研究美学的人喜欢在古代的文献里寻找“美”字，结果发现中国古代文献里“美”字很少。另外，“美”字在古代美学概念里层次比较低，古人用许多别的概念来替代美的概念。

比如庄子用大表达崇高之美，魏晋用风度表达人之美，严羽在《沧浪诗话》里用妙悟表达诗之美，王国维用境界表达词之美。可见，“美”字在中国美学的语境里层次较低，所以这里的“美言”是带有贬义的。它是说，就那么一句轻描淡写的美言，一句好听的话，就能得到别人的赞美。

尊行可以加人。“尊行”是一种令人尊敬的行为，也就是一种善行，一种好的行为。比如帮助了一个人，就是一种好的行为。这种好的行为会怎样呢？就会“加人”，“加人”就是影响到其他人。一个好的行为就会影响到其他人。正因为这样，社会鼓励每个人都贡献出一点点善，让这个世界变得更加美好。所以这两句话是讲，一句好听一点的话，一个小小的善行都会产生影响。言下之意，如果有更大的善行，影响就会更大。这个更大的善行是什么呢？就是下面这句话。

人之不善，何弃之有？“美言可以市，尊行可以加人”与“人之不善，何弃之有”构成了上下文之间的因果关系。也就是说，做这么一点小事可以产生很好的影响，那么“人之不善，何弃之有”这么大的好事，你为什么不做呢？人喜欢善人，这是人的本能，不喜欢不善人也是人的本能。不善人身上有很多缺点，还屡教不改，人本能就想放弃他们。那么老子就说了，一句好听的话，一个小的善行固然也很好，但不弃人更重要。不弃人就是救人，救人是根本性的事情，比人的一言一行要重要得多。道不弃人，圣人“常善救人，故无弃人”，圣人也是不弃人的。人要学道，学圣人，也不要弃人。道家救人的方法跟儒家有点不同。儒家心肠特别热，苦口婆心地去救人。道家比较冷静、比较消极，他只是敞开大门，让你随时都可以进来。但他绝不会拉你进来，进不进都是你的事情。这就把选择的权力交给了人，真正地发挥了人的能动作用。道家救人的方式看似消极，但效果可能更好。

故立天子，置三公。“立天子，置三公”是国家重大的人事变动。一朝天子一朝臣，新的天子就会有新的气象，他要任用一批新的人物来表明他未来施政的动向，这是天下大事。

虽有拱璧以先驷马。周天子与诸侯国是一种松散统治关系，天子更多只是名义上的统治者，实际的事都是诸侯国做主。但天子毕竟是天下共同的主人，毕竟是一个形式上的统治者。遇到立天子这样的大事，诸侯国必须要有所表示，要送礼表达自己的拥护。送什么礼好呢？“拱璧驷马”。拱璧就是大璧，驷马就是车马。拱璧驷马是最贵重的礼，但老子认为送拱璧驷马是不合适的。为什么呢？因为天子三公富有天下，天下都是他的，他不缺拱璧驷马。送拱璧驷马，只能使他富上加富，会更加刺激他的欲望。当人为欲望所左右的时候，离失去天下就不远了。所以送拱璧驷马是不吉利的。那送什么好呢？

不如坐进此道。不如把道进献给他。“坐进此道”就是坐在那儿向他说道，向他传道。对天子来讲，最重要的东西就是天下，最大的希望就是永远拥有天下。什么东西能让他永远地拥有天下呢，这就是治天下之道。天下之道保天下，这个礼物是多么贵重！道家也讲送礼，在这一点上，和儒家、和世俗的人都是一样的，要通过送礼表达一种情意。但送什么样的礼，道家和常人就不一样了。道家不送形而下的礼，而是送道，送形而上的礼。送道就是送一种观点、送一种思想、送一种理论，可以供人用一辈子。孔子求教老子，临走的时候，老子送孔子几句话。他对孔子讲“去子之骄气与多欲，态色与淫志”，要去掉骄气与多欲，要去掉身上的傲气，这是老子送给孔子的大礼。汪伦也擅长送礼，“李白乘舟将欲行，忽闻岸上踏歌声”，用歌声送别，也是别具一格，让人终生难忘。汪伦送的是一份情，情也是道。所以，送人最好的礼物就是送道。道是无价的，也是最珍贵的。

古之所以贵此道者何? 自古以来，人们为什么这么看重道呢？当然，这些看重道的人，不是一般人，都是求道之人，也就是我们讲的善人。所以，这句话是特指善人为什么看重道，不是泛指所有人。

不曰：求以得，有罪以免邪? 为什么重视道呢？原因有两个：一个是“求以得”，一个是“有罪以免邪”。“求以得”就是有求必得，也就是说求道的人，想要什么就会有什么。这里要注意了，求道之人所求与世俗之人所求不一样，他不是贪求，而是合乎道去求。烧香拜佛原为求道，现在却求升官发财，考一个好学校，这个怎么能“求以得”呢？当然，如果所求都合乎道，最终有个好的结果，也是自然的。

“有罪以免邪”，从字面上看是有了罪可以免罪，免掉已经有的罪。这个理解是有问题的，已经犯下的罪是免不了的。如果求道之后，前面的罪全被免掉了，就会出现一个情况，大家都去犯罪，然后再去求道免罪，这不是怂恿人犯罪吗？所以“有罪以免邪”，应该是从求道的那一刻开始，你就会免于再犯罪了，就不会再犯罪了。老子认为，人犯了错误以后，可以改正错误，以后不再犯错。不管他以前犯过什么样的错误，都要保持一种救人的心态，相信他可以变得更好。

故为天下贵。为什么天下人都看重道呢？因为道不弃天下之人。善人固然不弃，不善之人也加以保护。道给天下人住所，是天下人的家园，天下人自然都很珍惜这个家园。

六十三章

为无为，事无事，味无味。大小多少，[报怨以德。]
图难于其易，为大于其细；天下难事，必作于易，天下大事，必作于细。
是以圣人终不为大，故能成其大。
夫轻诺必寡信，多易必多难。是以圣人犹难之，故终无难矣。

为无为。就是通过为的方式达到无为，最后以无为作为为，使无为成为生活的常态。这里，为与无为是手段和目的的关系，也就是通过为这种手段达到无为的目的，最后把无为变成一种生活方式。为什么要通过为的方式来达到无为呢？这与道的本性有关。道的本性是无为，它让万物自为，也就是让万物自然生长，对于人来讲，就是让人自由地去生长。道无为就是道给人自由。人拥有自由以后，就可以去自由选择，人可以选择为。所以，无为不是一种现成的状态，而是需要努力争取的状态。如何去争取呢？争取本身是不是又是一种为呢？从字面上看，这也是一种为。这是一种特殊性质的为，尽管用的也是为字，但表达的意思正好相反。为有两种相反的意思，一种是有为，这是一种加法形式的为，是“为学日益”的为。“为无为”的为是一种减法形式的为，是“为道日损”的为，通过这样一种为，最终达到无为。如果这个为是有为的话，那就会离无为越来越远，就达不到无为的目标。“为无为”这种表达方式类似于王阳明致良知的表达方式，良知是一个本体，但良知不是现成的，需要去致，需要推广。无为在老子这里也像一个本体，需要不断去为，最后达到无为。“为无为”“致良知”都是思想的经典表达方式。

事无事。就是通过做事达到无事，最后以无事为事，使无事成为生活的常态。“事无事”和“为无为”的思路完全是一样的。那它和为无为有什么区别呢？或者说它们是一种什么关系呢？无为是具有统领性质的概念，围绕着无为的概念形成了一个概念群。这个概念群有一个共同的特点，都是以一种否定的表达方式来补充无为的观念。如不言、不为始、不恃、不尚贤、无知无欲、不仁、不自生、不争，等等。它们不是严格的概念，只是一些围绕着无为，表达无为的观念。无事呢，就是这个观念群里面的一个观念，它在层次上是低于无为的。那么这个低层次的观念有什么用处呢？与无为相比，无事明确告知人该怎样去做。可以将无事看作无为概念的落实，同时便于我们更好地把握无为概念。另外呢，无为是一个纯道家特色的概念。无事呢，近乎于一个中性的概念，是一个中性的词，道家可以使用，儒家也可以使用。比如孟子讲的几句话，和道家就很相似，“如智者若禹之行水也，则无恶于智矣。禹之行水也，行其所无事也。如智者亦行其所无事，则智亦大矣”。这几句话，如果说是老子说的，或庄子说的，是可以乱真的。无事作为一个中性的词影响面会更大。

味无味。就是通过味达到无味，最后以无味为味。这个思路跟“为无为”“事无事”也是一样的。但跟“事无事”相比，更加贴近人的感官，跟人的关系更密切了。“味无味”的思想是对中国的美学和艺术产生了极大的影响。“无味”就是道，老子讲道“淡乎其无味”，所以“味无味”就是味道。道不在天边，就在眼前，就在人的味觉里。宗炳说“澄怀味象”，实际就是“澄怀味道”，味象就是要体会象中之道。钟嵘的《诗品》讲滋味，说这个滋味就是道。无味的另一个表述方式就是平淡。司空图的《二十四诗品》中讲“落花无言，人淡如菊”。苏东坡评价陶渊明的诗，“绚烂之极归于平淡”，这个平淡不是淡而无味，而是绚烂之后的平淡。苏东坡有两句诗说得更具体，“发纤秾于简古，寄至味于淡泊”，淡泊里有至味，平淡是最有味道的。君子之交淡如水，也是强调平淡，平淡如水才能长久。水可以长久地喝，酒不可以长久地喝，生命中可以没有酒，但不能没有水。

大小多少。这句话特别费解。这里大和多都是动词，“大小”就是大其小，“多少”就是多其少。就是把小要看得很大，把少要看得很多，也就是要重视少和小。重视少和小是为无为的通俗表达方式。是无为观念在生活中的落实，具体体现为对大小多少的看法上。如果重视小和少，就是在遵循无为的原则，如果只看到了大和多，就是违背了无为的原则。人们通常喜欢越过小和少达到大和多，急功近利。人为什么关注大和多呢？这与人的感官性质有关。大和多招人耳目，小和少容易被忽略。关注大和多还与人的欲望有关，人总是希望拥有的对象越来越多。老子讲大小多少，就是提醒人正确处理大和小、多和少的关系。要重视小，只有从小才能到大。要重视少，只有从少才能到多。这符合无为的原则，无为的原则就是循序渐进的原则。

报怨以德。这句话和上下文关联度不强，放在这里面也很费解。有些学者主张把它放到第七十九章里面，放到那里与七十九章的内容浑然一体，所以这句话放在七十九章去讲。

图难于其易，为大于其细。这两句话是“大小多少”关系的另一种表述。“大小多少”不做具体的解释，就不知所云。但换一种表述，“图难于其易，为大于其细”，这个道理一下就清晰了。这两句话表达的意思完全一样。大事往往是难事，小事往往是容易事，既然这两句话的意思完全一样，就只解释“为大于其细”就行了。

“为大于其细”的道理并不难懂，意思也很明确。但生活中，人们总是违背这个道理，说明人们对这个道理的体会还不够深。为什么要“为大于其细”呢？因为大不是纯粹的大，不是单纯的大。大是由小构成的，是可以分解的。以数字为例，任何大的数字都是由一构成的，由一不断相加得出来的。一千就是一千个一，一万就是一万个一，一亿就是一亿个一。奇怪的是，当人说到一千、一万、一亿的时候，很少去想到这个一字。因为平常说的一千，不是从一相加开始的，而是别的两个数相加开始的，比如说五百加五百等于一千，在五百加五百里再也看不到一了。人只看到五百，没有进一步想五百里面有五百个一，一的基础地位就被彻底遗忘了。“为大于其细”，就是要唤起对一的感觉，恢复一的基础性作用。数字是这样，万物都一样，可以分解成一。大海那么大，分解到最后也是由一滴水一滴水构成的，楼房那么高，分解到最后也是由一砖一瓦构成的。但一滴水在构成大海的时候，被大海淹没掉了，再也看不到一滴水了；无数的砖瓦一起构造了高楼，但一砖一瓦融进了大楼不见了。小构成大之后，小就融进了大，就看不到小了。人只能通过反思，去还原那个小。

天下难事，必作于易，天下大事，必作于细。这两句话与上两句话看起来很相似，但其实是有区别的。区别在什么地方呢？“图难于其易，为大于其细”讲的是一个抽象的原则，这两句话是把它落实到如何做大事上。“天下难事，必作于易，天下大事，必作于细”，这两句话意思也是一样的，所以把它们合在一起讲，只讲“天下大事，必作于细”。讲“为大于其细”时，是把大分解为小来讲的，这里我们换一个角度来讲。“天下大事，必作于细”，这里的“大事”是工作目标，它作为一个空间性的存在，必须提前出现在人的意识中。做大事就是要把这个空间中的存在转化为时间中的存在。事物在空间中同时存在，教室里边的人和桌子、凳子是同时存在。事物在时间上是先后存在。时间是线性的，在时间中，只能是先做什么，然后再做什么，事情要一件一件地去做。同一个时间只能做一件事，一心无二用，把心用到这个地方，就不能用到那个地方。例如，作家创作时，要写两件事，这两件事是同时发生的，怎么办？你不能同时去叙述它，只能先写一件事，后写另一件事。这叫花开两朵，各表一枝。两朵花同时开放了，空间中它们同时存在，要描写这两朵花，就必须有一个选择，谁在先谁在后，这就构成了艺术创作的技巧。什么叫技巧？技巧就是如何把空间中的同时存在转化为时间中的先后存在。贾府里那么多人，这些人都是同时存在。先写谁呢？就是一个问题了，曹雪芹巧妙安排好了人物出场先后顺序，他不从贾府里面的人写起，而是从刘姥姥写起，从林黛玉进贾府写起，通过她们的一言一行，进入这个家庭内部，再通过众多人的一言一行，最终构造出让人惊叹不已的鸿篇巨制。

是以圣人终不为大，故能成其大。现实中人人都想“成其大”，但奇怪的是那些一心想“成其大”的人，最终并没有“成其大”，都中途夭折了。而那些没有想过“成其大”的人，反而“成其大”了。这是生活中的一个悖论。通常，人们认为想什么才会成就什么，不想不会有成就。但事实正好相反，想成功的人没有成功，不想成功的人反而成功了。这就应了那句话，“有心栽花花不发，无心插柳柳成荫”。有心就是过多地关心，就想多浇水，多晒阳光，促进它的生长。这是什么心态？这就是功利的心态，尽量地缩短过程，快速达到结果，结果有的花淹死了，有的花晒死了。“无心插柳”是审美的心态，审美的重要特点就是非功利，就是让物按照自身的物性去发展，看起来并不关心柳树的生长，却达到“柳成荫”的效果。《孟子·尽心下》说到大舜：“舜之饭糗茹草也，若将终身焉；及其为天子也，被袗衣，鼓琴，二女果，若固有之。”大舜贫穷的时候，若无其事，位极人臣的时候也若无其事。舜只是循序渐进、按部就班地去做事。因为他并不在意成功，也就不受成功的逼迫，能够一心享受做事的过程，而享受本身又给了他做事的动力，确保他持续不断地去做事，最终他成功了。但成功对他是个意外的收获，并不是他所要追求的目标。

夫轻诺必寡信，多易必多难。前面从正面讲应该怎么样才是无为，这里从反面讲不这样做就是有为，有为就会产生严重的后果。“诺”就是诺言、承诺的意思。一诺千金，“轻诺”就是不重视承诺，随便承诺，拿自己的承诺当儿戏，自然就不打算兑现承诺。“多易”，把事情看得很简单，想要人为地缩短事物的进程，结果自然是“多难”，因为事物都有性，性是不可改变的，逆性而为是有为，有为注定要失败。

是以圣人犹难之，故终无难矣。圣人把做事看得很难，圣人深知，要做好一件事，就得跟物打交道，就要了解这个物的物性。了解了物性就知道，做任何事都不容易，都很难。于是就把难事分解成一件一件容易的事，从一件件容易的做起，最终做成了难事。由于难事被分解，做事过程中所做的始终是易事，没有感觉到难事的存在。所以圣人无论做什么难事，都是那么从容，好像什么都没有做，但什么难事都做成了。

六十四章

其安易持，其未兆易谋。其脆易泮，其微易散。
为之于未有，治之于未乱。
合抱之木，生于毫末；九层之台，起于累土；千里之行，始于足下。
为者败之，执者失之。是以圣人无为故无败；无执故无失。
民之从事，常于几成而败之。慎终如始，则无败事。
是以圣人欲不欲，不贵难得之货；
学不学，复众人之所过，以辅万物之自然而不敢为。

其安易持。“安”指的是事物最好的存在状态，也可以把它解释为安宁、安稳、安全。事物最好的存在状态就是事物的自然状态。对于人来讲，就是人处在一种无为的状态，无为让事物按照自己的本性去为。事物处在这样一种状态下怎么样呢？“易持”。事物在这种状态下最容易保持、最稳定，因为这种状态最符合事物的本性。

其未兆易谋。“其”指的是什么呢？根据后面几句话的意思可以判定，这个“其”不是一件好的事情，这个不好的事情特指的是什么？就是有为。这个“其”就是有为的状态。这句话就是说在有为尚未发生的时候，最容易去谋划。这个谋划不是谋划发展，而是谋划阻止有为的发生。这句话实际上是讲无为是一种最好的状态，但无为的状态不能一直地保持下去，人会在不觉当中产生有为的想法，有为不利于事物的发展。因此，要在有为还没有发生的时候，就要开始谋划，不让有为的现象发生。这里有一个难题，有为还没有征兆的时候，怎么去谋划呢？这是没有对象的谋划、是空对空的谋划、是一个纯粹的想法，但必须要有这样一个想法。这是居安思危。在有为尚未发生的时候，想着可能会发生，而且是一定会发生。为什么有为一定会发生？这是基于对人性的一种观察，或者说是人性使然。人有自由，可以自由选择，有为就是选项之一。可以这样讲，人因为自由而处在有为和无为之间，随时都有可能偏离无为，走向有为。但同样也可以从有为回到无为。在有为和无为之间，有为更为根本，它是人的基本生存状态。既然在人性当中，有一种有为的冲动，就要未雨绸缪，对这个尚未到来的有为，保持警惕。人一定要有这样一个意识，尽管这个有为尚未到来，但一定会到来的，有了这种意识，就多了一份警惕心。

其脆易泮，其微易散。这两个“其”都是指有为。“脆”是脆弱的意思，“微”是微弱的意思，“泮”是分开的意思，“散”就是驱散、离散的意思。这两句话是说，在有为刚刚有一点苗头的时候，还很微弱的时候，就要采取措施去制止。什么叫微弱呢？就是指意识里面刚刚有个念头的时候，念头看起来很微小，但所有惊天动地的大事都源于这微弱的一念，都是先动了念头，然后慢慢地形成一种观点，一种思想，最后再落实到行动。念头有好的也有不好的，这里指的是不好的念头，是有为的念头。人有了有为念头的时候，就要想办法去克服它、离散它，这个时候花的代价最小。儒家也讲真心诚意，心是一个念头，意也是一个念头，真心诚意强调，要保持善的念头，要去掉恶的念头。佛教更强调念头，一念善一念恶。强调不要有善念也不要有恶念，要无念，连念头都不要有。但无念特别难，佛教又退了一步，说可以有念头，但要念念不住，不要停在某一个念头上，停留了就是执着，不停留就是不执着。比较一下这三家，我们会发现佛教讲无念，儒家讲善念，道家讲自然之念，

为之于未有。这句话是对“其安易持，其未兆易谋”的抽象，把它抽象成一个原理、一句格言。意思与“其安易持，其未兆易谋”是一样的，也就是在有为还没有开始的时候，就要谋划，防止有为的产生。这句话的难点在于，对于一个未有的状态，人能够做些什么？《大学》里讲“喜怒哀乐之未发”，跟这句话的意思很相近。儒家也有这样一个问题，情感未发的状态应该怎样去下功夫。面对已经出现的事物，自然知道如何去应对。对于一个没有出现的事物，谈不上该怎么去做。当然，刚才也讲到了，本着对人性的理解，知道它一定会来的，所以要提前做好预案。

治之于未乱。这句话是对“其脆易泮，其微易散”的抽象，意思也是一样的。“未乱”是有为刚刚出现，还没有造成严重后果的时候。“治之于未乱”也有一个难点，在有为刚刚开始，还没有产生大乱的时候，怎么能判断它就是一种有为呢？人们都是事后判断，认为当初那一个念头就是有为了，但在当时，身处其中的人，很难判断这是不是一个有为的念头，甚至就不认为是一个有为的念头。学习历史会发现，每个朝代灭亡了，都能找出几条理由，说明这个朝代为什么会必然灭亡。比如苛捐杂税、严刑峻法、残酷的剥削压迫，等等。但这些都是后人对前人历史的总结，而且每个朝代灭亡的原因都大同小异，历史在不断地重复。这说明什么呢？说明在后人眼里，前人一直在有为，但在前人眼里，都不觉得是有为。因为不觉得是有为，就会导致有为，历史的悲剧就在不断重演。

以上几句话是讲如何防止一个坏的念头、一个有为的念头出现。下面几句话是说如何培养好的念头，去培养无为的念头。

合抱之木，生于毫末。看见一棵大树，我们会感叹树之大，这是人人都有的情感状态，也是自然会有的情感状态，但也仅此而已。老子这句话的意义在哪里呢？他提醒我们看大树最初的样子。这棵大树当初只是一个微小的毫末，没有人去关注它的存在，也没有人会想到未来它会成为一棵参天大树。它混迹在众多的毫末当中，随时都有夭折的危险。顺着这个毫末，老子事实上还提醒我们，这个毫末日复一日地生长。这个毫末不是一下子就成为参天大树的，它一点点地生长，生长的过程非常地缓慢，以至于都看不出来它是不是真的在生长。老子要求我们不仅仅要看这棵大树的最初状态，还要看到这个毫末的生长状态。老子的看和我们的看有什么不同呢？我们喜欢看结果，看结果就容易产生羡慕，产生有为的冲动，想有朝一日也要成为一棵参天大树。老子看开端、看过程。看到开端和过程，人就会冷静下来，就会淡定起来，就不会急于求成了。老子用大树的生长来说明无为的思想，树是生命，生命的生长最能体现无为的思想。孟子用拔苗助长，说明生命的生长，只能是自然生长，不能去助长，助长反而会伤害到生命。

九层之台，起于累土。看到“九层之台”的时候，我们也会惊叹于这个工程的伟大，智慧的高超，忍不住要唱赞歌。那么面对“九层之台”，老子想到什么？“起于累土”。他想到的是“累土”。“累土”就是一筐土，就是当初奠基的第一筐土，以及随之而来的一筐一筐的土。但这第一筐土已经看不见了，它已经融入到“九层之台”里面去了。所以我们就不能把那一筐一筐的土与“九层之台”联系在一起，就好像“九层之台”是天然混成的，不是累积而成的。能否想到九层之台来自第一筐土是不一样的。想到了就会重视开端和过程，想不到就会重视结果，就会很急躁，就想一口吃成一个胖子。

千里之行，始于足下。这是家喻户晓的一个成语。到千里之外，从脚下的第一步开始，要一步一步地走，这是生活中的常识。这个例子比前面两个例子更要切身。“千里之行”一步都不能少，每一步都是在重复前面的一步，所以，千里之行是一个非常单调的行程。老子告诉我们，生活也好，生命也好，都是很平庸、很平淡、很单调的。老子把轰轰烈烈的世界还原成一个平凡的世界。参天大树，轰轰烈烈的；九层之台，轰轰烈烈的；千里之行，也是轰轰烈烈的。但经过老子的还原，“参天大树”原本就是毫末，“九层之台”原本就是一筐土，“千里之行”原本就是一步路，这是生活的真相，也是生活的常识。

还有一个问题。老子这里讲的是一个很平常、很平凡的道理，人人都能懂的道理。老子为什么不厌其烦地重复这个简单的道理呢？这说明我们就没有落实这个平常的道理。为什么不能落实？一个很重要的原因就是生命的有限。生命有限使每个人都处在事物的过程当中，看不到事物的结果，因此就希望加速进程看到结果。这就形成功利性的价值观，重视结果。老子提醒要重视过程，也就是要重视美。“千里之行”的每一步都是单调的重复，但每一步都会看到不同的风景，审美的娱乐性会让人忘掉行走的单调性。

为者败之。这个“为”指的是有为，有为一方面指不按物性只按主观意志去为。另一个方面指不按己性，超越己性去为。不按物性去为，超越己性去为，都是做人做不了的事情，肯定是要失败的。

执者失之。“执”就是抓住不放。抓住不放原本是要得到这个事物，但结果呢，却失掉这个事物。为什么会事与愿违呢？因为人错误地认识了物和我的关系，以为物就是属于我的。其实，任何物都是它自己，任何人也是他自己。抓住不放，就使物失去了物性，使人失去了人性。弗洛姆写过一本书叫《占有还是存在》，认为人要去生存，同时让万物生存，不要去占有万物，人占有不了万物。

是以圣人无为故无败。这句话的字面意思是不做就不失败，这是一个肤浅的理解。老子的无为不是无所作为，而是以最好的方式去为。当然，每个人在为的过程当中也可能会失败，但即便是失败，那也是他走向成功必须要付出的代价，失败是成功之母。

无执故无失。这句话的字面含义是不拿就不会丢失。这个理解也是表面的、肤浅的。这里的无执不是真的不执，如果真的不执，人和万物就没有关系了。老子认为人和万物是有关系的，无执是人和万物相处的最好方式。按照庄子的说法，人对万物要不将不迎。什么意思呢？就是万物来的时候不要去迎接，万物走的时候不要去挽留。用王弼的话叫应物而无累物。

民之从事，常于几成而败之。这个“民”指一般人，一般人做事会出现什么情况呢？快要成功的时候反而失败了。接近成功容易产生有为的冲动。这个时候人的主观意志大增，开始为所欲为，最后乐极生悲。

慎终如始，则无败事。“慎终”就是对将要成功保持谨慎。这句话很有点儒家的味道。《大学》《中庸》都强调人要慎独，明末思想家刘宗周的核心思想就是讲慎独。这里的慎终与儒家的慎独在形式上有点接近，但在内容上是完全不同的。老子讲的“慎终”是要“如始”。“慎终如始”是说，要像事物开始的时候那样谨慎。事物开始的时候处于弱小的状态，这个时候人会特别谨慎。谨慎是什么意思？就是尽量避免主观性，尊重事物的客观性，这不就是无为吗？所以，“慎终如始”，这个“始”指的就是无为的状态。人在开始做事的时候，能够保持一种无为的状态，但快要成功的时候，有为的思想就开始作怪了。老子要回到当初的无为。回到了当初的无为，“则无败事”，就不会有失败了。

是以圣人欲不欲，不贵难得之货。“不欲”就是不想要，“欲不欲”

就是圣人要常人不想要的东西。常人不想要的东西就是道，“下士闻道，大笑之”，一般人听说道时会哈哈大笑，这个世界上怎么会有道呢？常人最想要的是难得之货，是金银财宝，这些东西实实在在。但圣人与众不同，不以难得之货为贵。最想要的是道，在他眼里，难得之货也只是货，与其他货相比较，不过就是数量少而已，但这个少，并不能提高它的价值。

学不学，复众人之所过。“不学”就是不想学，“学不学”就是圣人学习常人不想学的东西。常人不想学的东西就是道，所以“学不学”就是学道的意思。学道之后会怎样呢？能“复众人之所过”。“复”是返回、纠正的意思，就是纠正众人所犯的过错。众人的错误在于只看到物，看不到物之所以为物。物之所以为物，就是构成物的四个要素，就是道、德、物、势。众人只看到事物的表面，看不到事物的根本。老子讲学道以后会纠正这个错误的认识。

以辅万物之自然而不敢为。学了道以后，人才能看清自己在宇宙中的地位。人和自然具有双重关系，人一方面要从自然中摆脱出来，但另一方面，人要意识到人是自然的产物。在这双重关系中，老子更加强调自然的主导地位。人最终只能是辅万物，让万物按照自然的方式去发展，不要试图去改变万物的本性。道家以天道推人道的思维方式即根源于此。这与儒家大异其趣。在人和自然的关系中，儒家更强调人的作用。荀子就讲人定胜天，要制天命而用之。如果说儒道两家都讲天人合一的话，儒家的天人合一是以天合人，道家天人合一是以人合天。

六十五章

古之善为道者，非以明民，将以愚之。

民之难治，以其智多。故以智治国，国之贼；不以智治国，国之福。

知此两者亦稽式。

常知稽式，是谓“玄德”，玄德深矣，远矣，与物反矣，然后乃至大顺。

古之善为道者。自古以来就有许多善为道的人，这些人与一般人在各个方面都有很大的区别。帛书乙本十五章首句，也是“古之善为道者”。那里就讲到善为道者与一般人在各个方面的区别。这里又从治国理念上讲到了善为道者的一个重要思想。本章的思想可以看作“治大国，若烹小鲜”的治国思想的一个深化。六十章讲到“以道莅天下”“圣人亦不伤人”，本章讲圣人在什么样的情况下不伤人。另外，本章还对“以百姓心为心”的思想作了进一步的深化，进一步地规定了百姓心，百姓心不再是空洞的，而是有内在规定性的。以前，老子更多从君的角度谈治国，也就是什么样的君才是一个好的君，现在进一步提到了什么样的民才是一个好的民，对君民双方作了限定，思想显得更加圆融成熟。

非以明民。以道治天下需要什么样的百姓呢？“非以明民”。“明”是聪明的意思，“非以明民”就是说教育老百姓，不让老百姓变得聪明。这种教育思想，听起来非常奇怪，这与流行的教育观念大相径庭。教育要让人越来越聪明，已成为普遍共识。为了实现这个教育的目标，教育越来越低龄化。甚至发展到胎教，把胎儿也带入残酷的竞争中，要让人赢在所谓的起跑线上。教育只培养人的聪明才智，必然把教育引向歧途。尽管我们也讲德智体全面发展，但事实上，只关注智力。道家对这种纯智力的教育保持高度警惕。庄子讲了一个混沌之死的故事，南海之帝叫倏，北海之帝叫忽，这两个帝王到了中央之地，到了混沌的地盘上。混沌热情地接待南北二帝，南北二帝对混沌十分感谢。怎么感谢呢？他们发现混沌没有五官，为了报答，他们决定在混沌的头上凿出七窍，结果把混沌给凿死了。混沌是死于智慧，死于聪明。这个故事发人深省，触目惊心。老子和庄子清醒地看到了聪明、智慧的负面作用。但对一般人来讲这是一个奇谈怪论。

将以愚之。这句话更是匪夷所思。在一个有道的社会里，不让人聪明也就罢了，还要进一步地把人变愚，这还是个有道的社会吗？“非以明民，将以愚之”被人看作老子愚民思想的铁证，受到了很多的批评。宋代理学家程颐说“老氏之学……大意在愚其民而自智，然则秦之愚黔首，其术盖亦出于此”。这个话说得比较狠，这是说老子的愚民思想是专制思想的源头，是专制思想的帮凶。朱熹则从老子的动机和人格上来攻击老子。这些都是断章取义，故意歪曲老子的思想。为什么这样讲呢？这就涉及对“愚”的理解。

可以从四个方面替老子的愚民思想作辩护：首先，“非以明民，将以愚之”，是“古之善为道者”提出来的治国思想，这个思想与道相关，是道的产物。那么道是什么？道无为，让万物自为，可见，道是平等地看待万物的。所以，在道的思想体系里决不可能有愚民的思想。其次，不符合老子的一贯思想。老子处处站在民的立场批评国君，批评统治者。七十二章的“民不畏威，则大威至”，七十四章的“民不畏死，奈何以死惧之”，七十五章的“民之饥”“民之难治”“民之轻死”，都是统治者的责任。这是老子的一贯思想，老子不可能去愚民。

再次，在老子这里，“愚”字不仅仅和“民”字连在一起，还用来表述“我”，二十章就讲到了“我愚人之心”，这个“愚”是针对“我”的。老子自愚，甚至还以愚为荣。最后，老子主张“不以智治国”，也就是要“以愚治国”，所以这个愚也是针对统治者的。老子不仅让民愚，也要我愚，也要统治者愚，大家一起愚。显而易见，在老子这里，愚是一个褒义词，指的是淳朴老实的意思。所以，“将以愚之”就是教育老百姓淳朴老实。老子把愚理解为淳朴老实，在孔子的思想里也能得到佐证。孔子和老子基本同时，他们对愚的理解是比较一致的。孔子评价他的学生高柴是“愚”。朱熹注说“愚者，智不足而厚有余”。《孔子家语》说高柴“足不履影，启蛰不杀，方长不折”。可见高柴很善，愚就有善的意思。在老子这里，愚是一个德行的概念，表示一个人有德才叫愚，没有德就叫智。老子在这里提出了以德为本的治国思想。为什么德这样重要呢？只有德才能保证人的聪明才智用来做好事，没有德，所有的智都会用来做坏事。

民之难治，以其智多。这句话听起来也像是愚民。我们把愚和智作一个对比，就能了解老子的真实思想是什么。刚才说了愚是淳朴老实，愚作为人的一种德行，有什么特征呢？愚具有一种收敛的性质。换句话讲，愚就是守规矩、守法则。在法则的范围内，是我的就是我的，不是我的就不是我的。智是什么？智是一个扩张性的概念，总想越过法则去获得，在这样的观念下，是我的当然是我的，不是我的也要成为我的。如果人人都想越过法则，会是什么样的社会？城市的十字路口都有红绿灯，愚者的态度是按照法则去通行，红灯就停，绿灯就行。智者就不一样，他要突破这个规则，绿灯要行，红灯也要行。大家都以智者的方式对待红绿灯的话，最终要出事故。大家都以愚者的方式去对待红绿灯就会相安无事。愚者遵守规矩，用现代的话讲就是做守法的公民，教育就是要培养守法的公民。如果民“以其智多”去对待红绿灯的话，红绿灯就成了摆设，交通怎能不混乱？

故以智治国，国之贼。“以智治国”就是国家的罪人。为什么“以智治国”不好呢？首先，智与个体性相关，是个人的一种特殊禀赋。个人容易受到情绪的影响，情绪正常时，智慧能正常地发挥；情绪不正常时，智慧可能会失常。而且，个人的生命有限，随着生命的消失，个人的智慧不再，人亡政息，基于智慧所建立的制度也随之瓦解。其次，国君拥有权力，他很容易借助权力宣称自己是智慧的。其实呢，这不过是他自以为是、独断专行罢了，而与真正的智慧风马牛不相及。由于君位世袭，君王执政具有合法性，人们对此只能表示无奈。王阳明一生中许多时光是在明武宗朝度过的。面对年少贪玩、性情强横的武宗，即便王阳明这样的大儒，也只能徒唤奈何。五十七章讲“以正治国，以奇用兵”。这个“奇”就是智，也就是说只有在用兵的时候才用到智，在国家日常状态下是不能用智的，三十六计都是智，是不能随便用的。再次，“以智治国”就要彰显“智”，要不断地出政绩，只有这样，别人才承认你是有智的。这就需要做一些面子工程。最容易出政绩的是硬件，最不容易出政绩的就是软件，所以“以智治国”就要在硬件方面下功夫，在看得见的地方下功夫。而那些看不见的地方就会被忽略掉、被遗忘。最后，智慧是一个扩张性的概念，它需要不断去挑战规则，正是在挑战中，所有的规则都成了一纸空文，成了一个摆设。智慧以自我为中心，以牺牲规则为代价来展示个人的魄力和魅力，国家和人民都成了他自我表演的工具。可见智慧多么的危险。

不以智治国，国之福。了解了“以智治国，国之贼”，那么“不以智治国，国之福”就好理解了。“不以智治国”就是不以主观的方式去治国。老子认为，治国不存在主观的方式，没有所谓你的方式、我的方式，只有一种客观的方式，就是要尊重对象、尊重客观。“治大国，若烹小鲜”是“不以智治国”的经典表述。以智的方式烹小鲜，就会随意翻动小鲜，想怎么翻就怎么翻，但最终就破坏了小鲜。“不以智治国”呢？就是尊重小鲜的特点，考虑到小鲜的完整性。“以智治国”是以我为中心、以国君为中心、以统治者为中心。“不以智治国”是以老百姓为中心。按照今天的话来讲，以智治国就是人治，不以智治国就是法治。人治特别复杂，容易产生私心杂念，法治简单透明，只能秉公办事。

知此两者亦稽式。这个“两者”就是前面讲的“以智治国，国之贼；不以智治国，国之福”。“稽式”是法则的意思。“知此两者亦稽式”就是知道这两者是治国的法则。这就把“以智治国，国之贼”和“不以智治国，国之福”提到法则的高度。如果不是法则的话，就可做可不做，一旦提升到法则，就必须要做。

常知稽式，是谓“玄德”。“常知稽式”就是要时常记住这个法则。记住法则很重要，因为法则，尽管是人必须要遵守的，但由于种种原因，人们总是不愿意去遵守。因为法则是对统治者的限制，他们时时想突破限制，把法则丢在一边。老子提醒他们一定要时时记住法则，并坚决服从法则。能够这样做的人，我们就说他有玄德。

玄德深矣，远矣，与物反矣。这是在解释玄德。玄德有什么特点呢？玄德深远，深远得不可思议。这不可思议的德具体有什么样的表现呢？“与物反矣”。“反”有两种解释，一种解释为返回的返，一种解释为相反。我们取相反这个含义。那么“与物反矣”是说玄德与一般的德是相反的。在生活中我们熟悉了一般的德，当玄德出现，与一般的德表现的相反的时候，就感到不可思议。二十章里面，老子描述“我”的形象与俗人的形象不同，“俗人昭昭，我独昏昏，俗人察察，我独闷闷”。昭昭察察是一般的德，昏昏闷闷是玄德。上一章讲到圣人“学不学”“欲不欲”，圣人学常人不想学的东西，要常人不想要的东西，这也是玄德。

然后乃至大顺。这是讲玄德带来的效果。“大顺”就是特别的顺，也就是以玄德的方式治理国家效果特别好。这正是玄德之所以成为玄德的地方，表面看来什么都没做，“不以智治国”，但结果呢，什么都做好了，“无为而无不为”，这就是玄德。

六十六章

江海之所以能为百谷王者，以其善下之，故能为百谷王。

是以圣人欲上民，必以言下之；欲先民，必以身后之。

是以圣人处上而民不重，处前而民不害。是以天下乐推而不厌。

以其不争，故天下莫能与之争。

江海之所以能为百谷王者。“百谷”就是百川的意思。百川归海的现象我们都见过，但看见了也就过去了，就像在生活中经常看到的许多现象一样，见得多了，熟视无睹。老子不一样，他看到江海与百谷之间构成了一种关系。这很重要，否则的话，江海和百谷就是孤立的，一个孤立的江海、一个孤立的百谷，最多还有百谷流入江海，仅此而已。如果看到江海与百谷之间构成一种关系，就不一样了，就可以进一步去追问这种关系，并在这种追问中提炼一种思想。就像苹果落地，本来平淡无奇，但经过牛顿的思考，居然发现了一个隐秘的原理。所有隐秘的原理在生活中都是有所表现的，只不过对这些现象没有进一步去观察，没有发现现象之间隐藏着一种关系。所以要学会去看，有的人一眼就看出来了，有的人始终看不出来，这里需要直觉能力。老子具有这种直觉能力，他看到江海，看到百谷，看到百谷流到了江海，就突然有所触动。追问江海怎么会成为百谷王呢？我们也看到了这个现象，但只是把它当作一个自然现象，没有去追问一下，百谷的水为什么会流入江海。

以其善下之，故能为百谷王。前面是提问，这里是回答，实际上是自问自答。江海能为百谷王的原因是什么呢？“善下之”。因为江海位于百谷之下。要特别注意这个“善下”，“善下”意味着江海在下出于一种主观的意图，好像它本来可以在上，但它有一种品质，自愿选择在下。这就很重要了，这对人就有一种启示，就能把它作为一个学习的对象。如果江海自然就在下，它本来就在下，它不得不在下，那么江海作为一个榜样的价值就大大降低了。如果把“善”字去掉，江河在下就是一个事实，它本来就在下面，在下的位置是天然决定的，而且是固定的。如果上就在上，下就在下，在上的下不来，在下的也上不去，那么老子从江海在下里面就引不出来有意义的思想。“善下之”是江海自己的选择，这样就可以成为人们学习的榜样。

是以圣人欲上民，必以言下之。简本里面没有“欲”字，下句“欲先民”，简本里也没有“欲”字，但其他各本都有“欲”字。没有“欲”字，这就是一个描述句，描述一种现象，描述圣人是怎样治国的，圣人和老百姓之间是一种什么样的关系。有“欲”字，这两句话就构成一个条件句，“必以言下之”就构成了“欲上民”的条件。这两句话是讲圣人在成为圣人以前，应该做点什么。有“欲”字，句子的重点在于圣人是怎样成为圣人的，没有“欲”字，句子的重点在圣人如何治国上。哪一个好呢？我认为还是有“欲”字好，有“欲”字，这句话就提供了一个新的思想。不是圣人会怎样做，而是怎样做才成为圣人。这里“圣人”两个字，王弼本没有，但其他本子都有。陈鼓应在这个地方补了“圣人”两个字，但我认为不补这两个字更好一点。因为一开始就定性了他是圣人的话，圣人必然是“以言下之”，这里面有一种必然性。作为圣人，“欲上民，必以言下之”是不言而喻的事情。如果没有“圣人”这两个字，“欲上民，必言以下之”的意思就是一个人想要成为统治者，就必须“以言下之”，只有先“以言下之”，然后才能成为统治者。至于谁想“欲上民”，这是不确定的，谁都可以“欲上民”，每一个人都可以。前提就是“必以言下之”，只要做到这一条，谁都可以成为统治者。这里“欲上民”的主语就不是特指圣人，而是泛指所有人。这个条件句，对今天的人来讲更有启发意义。

既然江海善下成为百谷王，那么圣人就要学习江海，“以言下之”，成为一个为民所接受的统治者。圣人的统治方式不是在大脑里玄想出来，而是受到江海成为百谷王的启发，也就是受到自然的启发，受到天道的启发而产生的。人道来自天道，人间的很多规则都根源于自然的法则。尽管规则是由人制定的，但制定规则的原则是来自自然的。想成为一个统治者，与江海成为百谷王的原理是一样的。江海成为百谷王取决于江海的位置低下，圣人要想成为一个统治者的话，也必须“以言下之”。圣人的目标是“欲上民”，这个“欲”字表明，“欲上民”这个时候还只是一种想法、一种愿望，要落实这个想法就必须先要做点什么，要满足什么样的条件，否则的话就永远只是一个想法。“欲上民”的条件是“必以言下之”，这是不能讨价还价的，是必须要做的，没有选择的。先要用语言对老百姓表示卑下，老百姓认可了才能成为一个统治者。所以在老子看来，成为一个统治者要有一个程序，要得到老百姓的认可，老百姓说了算。这就有些民主的意思了。

这里还有一个问题，江海处于百谷之下是一目了然的，而统治者“以言下之”，这个“下”是什么意思呢？这个“下”是通过什么方式表现出来的呢？“以言下之”是以语言的方式来表达自己的“下”，那么这个言可以理解为一个承诺，他对百姓先有一个承诺。承诺什么呢？老子没讲，但我们可以去猜想一下，他会承诺些什么？他要承诺为百姓服务？他要制定一些惠民的政策？这个承诺有点像现在的竞选演讲，这是个近乎儒家的承诺。儒家更多的是一些政策上的承诺。道家则是一种权力结构上的承诺，道家承诺无为而治，承诺一种治理方式。他不承诺具体的政策，具体的政策是可变的，它所惠及的人是有限的，只有国家治理方式的承诺才是彻底的，才能惠及所有人。道家的承诺是不一样的。当然从现代民主制度来看，仅仅有这种承诺还不够，承诺了不兑现怎么办？这就需要有制度去保证这个承诺能够兑现，这样百姓才放心。

欲先民，必以身后之。这句话的思维模式和上面这句话是一样的，只是在内容上有所不同。“欲先民，必以身后之”和第七章里“后其身而身先”是一个意思。“以身后之”是指遇到利益的时候，不和百姓争利益，这样百姓才去推他为统治者。这是圣人的一个通常做法，圣人做这些是自然而然的。成为统治者以后，他还会自然而然地“后其身”。但是，在一般的统治者那里，“以身后之”就可能是一个谋略，一旦“先民”就不再“后其身”了，这种情况很多。

是以圣人处上而民不重。这是讲圣人统治的效果了。圣人“以言下之”获得了统治地位，然后又兑现了自己的承诺，实现无为而治。在他统治期间，百姓没有感受到来自统治者的任何压力，也就是说没有感受到来自权力的任何压力。这里要注意，老子讲“处上而民不重”，表明老子对权力有着清醒的认识。老子意识到权力具有一种恶的倾向，权力会让老百姓有一种重压的感觉，但老子是一个理性主义者，他看到了权力的罪恶，却不否认权力存在的必要性，否则“欲上民”“欲先民”这些话都不用说了。老子不是一个浪漫主义者，也不是一个无政府主义者，为了防止权力给百姓带来伤害，他才提出“圣人处上而民不重”这样一个治国理想。

处前而民不害。这句话和“处上而民不重”的思路是一样的，也是讲圣人治理天下兑现了他的承诺，绝没有和老百姓争利益，所以百姓没有感觉到统治者的伤害。

是以天下乐推而不厌。“乐推”表明统治者得到了老百姓的认可才成为统治者，统治者是老百姓推上去的，而且还是老百姓十分愿意推上去的。在老子看来，统治者的权力是老百姓给的。老百姓是绝对不可能授权让统治者伤害自己的，这是不可能的。当然如何“推”，以什么样的程序“推”，老子没有讲，这是需要今人去完善的。“乐推而不厌”，“不厌”这两个字需要体会。“不厌”就是不厌烦，“不厌”似乎让人感觉到圣人在上不是永久的。好像有一个任期，好像是期满之后重新推举的。这个思想很值得玩味。

以其不争，故天下莫能与之争。圣人是通过什么样的方式成为统治者的呢？是以不争的方式成为统治者的，通常，人们认为只有通过争才能成为一个统治者。老子“不争”的思想常被人误解，有人根据圣人最终成为统治者的结果，就说老子的这个思想是一种阴谋。“不争”是手段，“天下莫能与之争”是目标。为了这个目标而“不争”，“不争”是冲着这个目标来的，那么，不争就变成一种谋略，甚至是阴谋了。圣人是不是在玩阴谋呢？肯定不是。首先，“圣人欲上民”“欲先民”的过程是透明公开的，圣人公开表明想要成为一个统治者。“以言下之”“以身后之”是对百姓的公开承诺，可见圣人成为统治者以前，他的行为是公开的。那么，圣人成为统治者以后呢？鲁迅有一句话，说人一阔就变脸。圣人成为统治者之前竭力讨好老百姓，成为统治者之后有没有改变对老百姓的态度呢？没有。“处上而民不重，处前而民不害”是圣人统治下老百姓的心理体验，这种“不重”“不害”的体验是一种非常好的体验。这表明圣人兑现了承诺。后面的“乐推不厌”表明了百姓对圣人施政的结果非常满意，表示要继续支持。所有这一切都表明，圣人没有任何阴谋的意思。说一套做一套才叫阴谋，如果所说与所做相一致就不是阴谋，如果非要说是什么谋的话，就只能说是阳谋了。

关于圣人“不争”，还可以作进一步地理解。圣人不争是出自一种本性，不是为了某一个目的。圣人不争却成了一个统治者，是一个自然的结果。常人习惯于争，看到“不争”两个字，感觉不可思议。想要获得，怎么能不争呢？所谓争，是把他人当作标准，与他人争高低。当人把自己作为标准时，人唯一的目标就是更好地实现自己，做最好的自己，就不会跟别人去争了。你不跟他人争，那他人就无法和你争了。

六 十 七 章

[天下皆谓我："'道' 大，似不肖。" 夫唯大，故似不肖。

若肖，久矣其细也夫！]

我有三宝，持而保之。一曰慈，二曰俭，三曰不敢为天下先。

慈故能勇；俭故能广；不敢为天下先，故能成器长。

今舍慈且勇；舍俭且广；舍后且先；死矣！

夫慈，以战则胜，以守则固。天将救之，以慈卫之。

天下皆谓我："'道' 大，似不肖。" 天下人都跟我讲，你说的那个道太大了，什么都不像，也就是说不像任何具体的事物。这是一般人对道的看法，他们从感官出发去理解事物，能感觉到的就相信，感觉不到的就不相信。道太大了，大到看不见摸不到，有点大而空、大而无当的意思。言下之意，这个道是否真的存在。另外呢，即便道是存在的，但道什么也不像，对我们有什么意义呢？这句话是对道的存在和意义表示一种疑惑。苏东坡论画时说"论画以形似，见与儿童邻"。说那些不懂画的人，怎么评价画的好坏呢？就是看这个画与实物像不像，像就是画得好，不像就是画得不好。苏东坡说，这个见解就是儿童的水平。以道像不像一个事物来评价道，就和以像不像来评价画的水平是一样的。

夫唯大，故似不肖。若肖，久矣其细也夫！ 这是老子的一个回应。因为道特别大，所以它不能像任何具体的事物，如果它像某一个具体的事物，那它的作用就很有限了。道必须要大，大到看不见、听不到了，这才是道。这里反复谈到了道的大。大有两种：一种是有形式的大，这是在比较中形成的大，是相对的大。跟小的相比，它变大，跟大的相比呢，它变小。这种大不是特别可靠。另一种是绝对的大，绝对的大没有形式。老子这里讲的大，是无形式的大。无形式的大和无限的大还不一样，无限大说到底还是有形的，只是由于感官的限制看不到的形。无形的大指它没有任何形状，因为无形所以它的作用就是无限的。

我有三宝，持而保之。有研究者说上面的文字与这里的文字联系不紧密，认为上面这一段话应是错简，应该放在第三十四章的“故能成其大”的后面，或者放在第七十章的句首。但是我们认为这段话放在上面是没有问题的。正是因为上面普通人对道有困惑，老子在下面才试图对道作具体的表述。这里的三宝可以理解为道的三种表现方式。尽管它们不是道，但都是道的表现。老子很看重，把它们称作宝，还要保护它。可见上面的话与这里的话是有呼应的。

一曰慈。“慈”是爱的意思，它特指上对下、老对少应该有的一种情感。父母对子女的情感叫慈，类比的意义上，也可以把统治者对老百姓的情感叫慈。慈是儒道共用的一个概念。儒家特别强调父慈子孝。孝和慈是相对的两个概念，但儒家思想里慈孝很不对等，说孝多，说慈少。但有一点，慈和孝是一样的，慈也没有独立的价值。孔子说“孝慈则忠”，慈是为了忠，是达到忠的条件。《大学》里说“慈者所以使民也”，慈是为了使民的。这个慈和爱就有些距离了。

佛家讲慈悲，慈悲就近似于道家了。那么，老子讲的慈是什么意思呢？我们把慈爱与性爱作一个对比，就可以发现慈爱的特征。首先，慈爱是无条件的，父母对子女的爱是无条件的。性爱看起来是无条件的，但仔细看是有条件的。爱上一个人是有条件的，长得漂亮就是一个条件。其次，慈爱更原始、更本能，从出生开始就有了父母的慈爱。性爱显然不够原始，人到了一定的年龄，性成熟后才产生性爱。越是原始的东西越是牢固，在某种意义上，慈爱比性爱更持久。最后，慈爱的方式也不一样，慈爱以一种柔性的方式去爱。所谓柔性的方式，就是不把对象据为己有，而是让人自由、让人独立。所以慈爱显得特别的博大。“慈母手中线，游子身上衣。临行密密缝，意恐迟迟归”，慈母用手中线在游子的衣上密密缝，表达出一种爱意，一种不舍和关心。但又不以关心作为手段去限制游子，这个时候就体现了慈爱。两性之爱呢，相对来说限制比较多，限制人的自由。两性之爱是以丧失自由为前提的。有一首著名的乐府诗“上邪，我欲与君相知，长命无绝衰。山无陵，江水为竭。冬雷震震，夏雨雪。天地合，乃敢与君绝”。看得出，女主人公的感情非常强烈、非常真挚、非常感人，但也非常可怕。如果所爱的人也这样深爱着她，固然是好。如果所爱的人感情有所变化，还用这种方式去爱的话，那对双方都是一种伤害。性爱是需要回报的，得不到回报就会产生怨恨，所以性爱很容易产生悲剧。慈爱不求回报，慈爱里包含了自由。圣人统治天下“不有”“不恃”“不长”，不求拥有，不求回报，这也是慈爱。在某种意义上讲，慈爱可以理解为一种大爱。

二曰俭。“俭”也是儒道共用的一个概念。孔子说“礼与其奢也，宁俭”。他还说“奢则不孙，俭则固”，都在强调俭。孔子的俭更多是针对物质上的浪费，似乎还是一种权宜之计，与其怎么样宁可怎么样，是在两个东西中选择，奢固然不好，但毕竟还是一个选项。在老子这里，俭是什么意思？是要节省精力、要减少欲望、要清净无为，过一种简单的生活。老子的俭是一种生活方式，没有道德的含义，不是品质的问题。

三曰不敢为天下先。这个观点和儒家的观点完全不一样，儒家讲要敢为天下先。“先”就是在前面，具有引导的作用。那么凭什么你能引导别人呢？凭你有一种自信，自信自己把握了真理。《孟子》里伊尹的话非常有代表性，“天之生此民也，使先知觉后知，使先觉觉后觉也，予，天民之先觉者也，予将以斯道觉斯民也，非予觉之，而谁也？”这是一种真理在握的自信。孟子的自信有过之而无不及，“夫天，未欲平治天下也，如欲平治天下，当今之世，舍我其谁也”。相比较而言，孔子很低调，但仪封人不让他低调，他说孔子是天下之木铎。后人更是不放过孔子，说孔子是万世师表。儒家具有一种英雄情结，具有大一统的倾向，认为老百姓都是需要教化的对象，这种思想发展到极致的时候，就可能导致专制。还是道家比较亲切。老子讲“不敢为天下先”，待在自己原有的位置上不去争先。哪怕事实上已经在先，也不以在先而自居。老子的思想基于道，在道的思想下人与人是平等的，不需要你去引导。你可以善意地提醒，但不可以强迫别人跟你走。老子“不敢为天下先”，就是不把自己看作导师、领袖和舵手。

慈故能勇。这是讲慈的作用。“慈故能勇”，慈能让人产生一种品质，能让人勇敢。慈是一种爱，爱总是让人感到特别的柔软，所以我们很少把爱与勇联系起来。慈爱特别原始，人生下来的时候，父母的慈爱就开始了。可以说慈爱是一种生物本能，越是本能的东西，力量越是强大。不仅是人有慈爱，动物也有一种类似于慈爱的情感。动物对后代的保护也是很让人感动的。慈爱出自一种义务、一种责任，他必须要这样做。按照康德的话来讲，这是绝对命令，一种理性的命令。所以，慈爱里能产生出巨大的力量。

俭故能广。“俭”就是“啬”，就是自我约束、自我收敛、减少欲望。人的欲望越多，自由就越少。欲望总是对于一个对象的欲望，欲望一个对象本质上就是离不开这个对象，也就是被这个对象控制。你欲望的对象越多，被欲望控制就越多，最终就成了欲望的奴隶。看起来你是主人，实际上你已经被奴役了，离开它就活不了。所以一个人欲望越多的话，所拥有的世界反而越小。欲望越小，你的自由就越多，拥有的世界就越大。这不就是“广”嘛。对于统治者来讲，统治者减少欲望，努力达到无为，让所有的人去自为，不就成就了他的大业吗？“俭故能广”，就是通过“俭”与物保持一种自由的关系。在自由的关系中让物自由，也让自己自由。不让物自由，自己也不能获得自由，只有自由能使人广大。

不敢为天下先，故能成器长。“不敢为天下先”就是说不去引导别人，说得严重一点，就是不要试图去控制别人。每个人都是自由的，每个人都渴望自由，他不可能推举一个人，让自己不自由。所以，一个能让别人自由的人，就是大家乐于推举的人。对统治者来讲，“不敢为天下先”，就是不去控制老百姓，让老百姓按照自己的本性去发展，老百姓就愿意推举他做统治者。

今舍慈且勇。丢掉慈去追求勇会出现什么结果呢？“死矣”。就是死路一条。为什么这样讲？因为勇只有工具价值，谁使用工具，工具就为谁服务。慈能让人勇，不慈也能让人勇。慈让勇去实现一个好的目的，不慈让勇去实现一个坏的目的。就像手里的刀一样，可以用于切菜，也可以用于伤人。慈规定了勇的方向，让勇去实现一个好的目的。但现在，“舍慈且勇”没有了慈，一味去勇，勇就失去了方向，就有可能作恶。慈类似于方向盘，勇类似于发动机，方向错了，跑得越快，离目标就越远，危险就越大。儒家也讲“舍慈且勇”的危害。孔子说它的学生冉有是一个“具臣”，“具臣”是有能力的大臣。能力是一个工具，谁使用就为谁服务。冉有作为季氏的家臣，努力地为季氏敛财。孔子发火了，说“非吾徒也”，不认冉有是他的学生，还鼓励别的学生“鸣鼓而攻之”。冉有的问题就在于“舍慈且勇”，能力越强，后果越严重。孟子与齐宣王有一段著名的对话。齐宣王说“寡人好勇”，孟子循循诱导，说好勇没错，但勇敢分为两种，一种是小勇，一种是大勇。“夫扶剑疾视”，手拿着一把宝剑对路过的人说“彼恶敢当我哉”，你们谁敢挡我？这就是小勇，小勇就是“舍慈且勇”。大勇是什么呢？“文王一怒而安天下之民”。文王之勇就是“慈故能勇”。

舍俭且广。“舍俭”就是奢侈、多欲的意思。“广”就是不断地扩大欲望。本来就很多欲了，还要扩大自己的欲望，结果陷入欲望中无法自拔。人的生命是有限的，欲望是无限的，用有限的生命去追逐无限的欲望，如庄子所言，这是死路一条。对于统治者来讲，多欲就是有为，就是强行去做自己想要做的事。而且想法还多变，今天想做这个事，明天想做那个事，劳民伤财，最后死路一条。

舍后且先。不知道后退，只知道前进，一味地前进，遇到障碍时还去前进。这样的人不就是机器吗？这种人连动物都不如，动物发现危险也知道后退。对于统治者来讲，只知进不知退，就是把自己置于老百姓之上，炫耀自己的权力，膨胀自己的权力，想做什么就做什么。这种权力的傲慢肯定会激起百姓的反抗。

死矣。这三种情况都会导致死亡，都会走上绝路。为什么走上绝路？因为丢掉了三宝。“舍慈且勇”，丢掉了第一个宝：“慈”。“舍俭且广”，丢掉了第二个宝：“俭”。“舍后且先”，丢掉了第三个宝：“不敢为天下先”。三宝是干什么的？是让人走向生路的。如果说前面是从正面讲三宝给人带来的好处，那么这里就是讲丢掉三宝给人带来的恶果。

夫慈，以战则胜，以守则固。前面讲到三宝的时候，三宝都是同时表述。这里只讲到三宝之一的“慈”，没讲到“俭”“不敢为天下先”，可见三宝中“慈”是最重要的。有了“慈”自然就会“俭”，就会“不敢为天下先”。慈有什么特殊的作用呢？“以战则胜，以守则固”，慈能攻能守，战无不胜。慈为什么有这么大的作用？它为什么能够保证战争的胜利？有了慈的保证，确保了战争的正义性质。统治者舍慈而战，就是以牺牲士兵的生命为代价实现自己个人的利益。有了慈作为前提，那就意味着每个士兵都是为自己而战，为自己的生存而战，为自由而战。人为自己而战与为他人而战的效果肯定是不一样的。慈是道的表现形式，是合乎道的，合乎道的战争是应该取得胜利的。这里要特别注意，“以战则胜，以守则固”不是陈述一种必胜的事实，不是说有了慈，战争就必然会胜利，不能这样僵化地理解。它表达的是必胜的信念，而不是必胜的事实，这个要区分开来。类似的表达方式，还有孟子的“仁者无敌”，还有生活中经常讲的“好人有好报”。“仁者无敌”并不是说仁者打遍天下无敌手，“好人有好报”并不是说好人就一定有好报，它们都是表达人对美好事物的一种期望。这个期望非常重要。有了这个期望，就会朝着这个期望去努力，最后就有可能去实现这个期望。期望本身也是一种力量。如果没有期望，我们就会绝望，就不会努力地去实现期望。但同时也要明白，有了这个期望并不意味着就真能实现这个期望。在某种意义上来讲，期望比实现期望更重要，人有没有期望是最重要的，能不能实现反倒是其次。谋事在人，成事在天。所以对这句话要有一个正确的理解，否则有人就会质疑，有道义的战争，以慈作为保障的战争，就一定能胜利？他很容易举出一个战争的例子来推翻这个命题。所以“战则胜，守则固”，只是表达必胜的信念、必胜的信心。

天将救之，以慈卫之。这个“天”就是道的意思。“天法道”，尽管天还不是道，但天与道是最接近的。天有情有义，它不忍心人走上邪路。天以什么样的方式去救人呢？“以慈卫之”，它以慈的方式去保护人。慈就是慈爱，慈爱就是让别人获得自由的爱，也就是让人成为他自己。慈爱让人自救，让人自己去救自己。

六　十　八　章

善为士者，不武；善战者，不怒；善胜敌者，不与；善用人者，为之下。是谓不争之德，是谓用人，是谓配天，古之极也。

善为士者，不武。这一章讲老子的战争观，也可以讲在战争中如何表现道。前面我们更多地说和平时期，道在各个领域的表现。这个地方是要考察战争之中，道有什么样的表现方式。“士”是统帅的意思。“善为士”就是成为一个好的统帅。好的统帅是什么样的呢？“不武”。“不武”就是不炫耀武力，最好的统帅，是不炫耀武力的。这跟我们通常的理解是不一样的，战争本来就是用武力去征服对方，炫耀武力、用武力去威胁是战争当中必然会发生的事情。但一个好的统帅，也就是一个合乎道的统帅，他不去炫耀武力。炫耀武力与不炫耀武力有什么差别？从战争的目的来看，战争就是为了胜利，在炫耀武力的人看来，为了取得胜利可以不择手段。对于不炫耀武力的统帅来讲，战争是一种不得已的行为，战争也是有底线的，并不是为了胜利什么都可以做。在追求胜利的过程中，他特别关注手段的人道性，比如俘虏怎么对待，敌人的伤员怎么对待，为了胜利是不是可以使用生化武器之类，这些都是要关注的。好的统帅在战争中思考战争。为了争夺一块领土，经过残酷的战争，消灭了所有的敌人，自己的人也所剩无几，从战争的角度来讲是胜利了。但一个好的统帅，对这个所谓的胜利就会反思，这个胜利是不是有价值的？这到底算不算胜利？这个反思与他对人的理解有关，在一般人的眼里，会把人区分为战友和敌人，但在好统帅的眼里，没有所谓的敌人，敌人也是人。从我们的角度来看，他们是敌人，从他们的角度来看，我们也是敌人。我们把杀敌最多的人称为英雄，敌人也把杀死我们最多的人称为英雄。反思还与他对生命的理解有关。生命对每一个人只有一次，是特别宝贵的，不到万不得已的时候，不要发动战争。所以“善为士者”不只是一位军事家，还是一位思想家，还是一位人道主义者。《孟子》里说，当年周太王受到夷狄的侵袭、骚扰，采取各种办法息事宁人都没有效果。怎么办呢？他说了一句特别有名的话“君子不以其所以养人者害人”。土地本来是养人生命的，现在为了土地要去伤害人的生命，要这个土地做什么？于是，他主动让出了土地。这个举动非常了不起，太王不愧为一个好的统帅。《孙子兵法·谋攻》里的“是故百战百胜，非善之善者也；不战而屈人之兵，善之善者也。故上兵伐谋，其次伐交，其次伐兵，其下攻城”，意思也是一样的。

善战者，不怒。善于打仗的人，不发脾气。战争是理性的行为，需要冷静的态度，最忌感情冲动、情绪失控。人带着怒气看世界，看到的就不是本来的世界，而是他的怒气制造出来的世界。在这种情况下所作的每个决策，都是不符合实际的。“知彼知己者，百战不殆”，怒的状态下，既不知己，也不知彼，必然是每战必败。古代打仗有一种战法叫作骂阵。专门派人骂对方的统帅胆小如鼠，就是为了激怒对方作出不理智的决定。在战争的危急时刻，还是要冷静。空城计是一步险棋，但它绝对是理性的，司马懿多疑，诸葛亮稳重，一个多疑的人遇到一个稳重的人，空城计才能唱下去。若是张飞来了，空城计就唱不成了。在战争处于绝境时更需要冷静。在任何反抗都是死亡的时候，要不要让士兵徒劳地反抗而死亡呢？一边是军人的尊严，一边是士兵的生命，该怎么办？一个理性的统帅可能让自己去赴死，而让自己的士兵活下来。所以，善战者是一个理性的人。

善胜敌者，不与。“不与”，王弼注为“不与争也”。这样注释也没错，但意思不够明确。高亨注“‘与’犹‘斗’也，古谓对斗为‘与’”，这个解释比王弼的解释更为具体、更为准确。“与”特指两个人面对面的厮杀。这句话是说善于胜敌的人，不和敌人面对面地厮杀。为什么要避免与敌人面对面的厮杀呢？可以想象，面对面厮杀的场面是多么残忍、多么惨烈。双方你死我活，为了自己生，必须让他人死，这个场面彻底暴露了人性的黑暗。“不与”就是要避免血腥的场面，避免刺激人的良知，让人对人性失去信心。孟子也有一个相似的说法“君子远庖厨也”。虽然一个讲的是人，一个讲的是动物，放在一起不太好，但意思是相近的。君子为什么不到厨房，不是君子虚伪，好吃懒做。因为厨房一方面提供美食，另一方面又是个屠宰场，是很血腥的。君子不愿见这种血腥的场面。

善用人者，为之下。善于用人的人，把自己放在所用之人之下。这和通常的理解不一样。通常的理解是：你任命一个人，这个人就必须听你的，如果不听话，就可以撤了他。那么你可以撤吗？可以撤，这是你的权力。但是，你无论用了谁，你都要听他的，这是用人之道，这也是老子的管理学。人的能力是有限的，不能什么都管，这就需要划分职能部门，任用不同的人替你管理。如果你干预这个职能部门的运作，那就等于没有发挥这个职能部门的作用，这与当初设置这个部门的意图是背道而驰的。所以老子讲，任用他就得相信他，不能干预他，用人不疑。当然如果你觉得他没能实现你的意图，你可以撤了他。当初用人不当，需要重新任命。但重新任命之后，你还是要听他的。道理不难理解，但生活中用人，“为之下”不多，为之上却比比皆是。

是谓不争之德。这是对前面三句话的总结。“善为士者，不武”“善战者，不怒”“善胜敌者，不与”都是讲不争的。所以，把这句话放在“善胜敌者不与”后面作为总结会更好。这里的不争是针对“善为士者”“善战者”“善胜敌者”而言的，这些人与其他人相比都是强者。只有强者才敢去炫耀武力，才敢愤怒，才敢面对面的厮杀。但强者有不争之德，他并没有去“武”、去“怒”、去“与”。所以，这里的不争是说强者不与弱者相争，是讲强者约束自己的行为。

是谓用人。王弼本写作，“用人之力”。陈鼓应根据帛书本删掉“之力”，删掉之后意思反而不明确。我们根据王弼本把它补上，意思就明确了。“是谓用人之力”是对“善用人者为之下”的一个解释，也是思想的深化。为什么要“为之下”呢？因为要“用人之力”，用别人的力量去帮助你。人不能事必躬亲。学会借力，借他人的力去做事，这才是一个好的管理者。

是谓配天，古之极也。“配天”就是合乎天。什么东西合乎天呢？“不争之德”“用人之力”是合乎天的。天是最接近道的，所以，配天也就是合道。这样“不争之德”“用人之力”就与道相关了。这就为“不争”“用人之力”，提供了理论的依据。“古之极”这是自古以来做事的最高法则。

六　十　九　章

用兵有言：“吾不敢为主，而为客；不敢进寸，而退尺。”

是谓行无行；攘无臂；扔无敌；执无兵。

祸莫大于轻敌，轻敌几丧吾宝。

故抗兵相若，哀者胜矣。

用兵有言。兵书上有这样的说法。老子引用兵书，且下面每一句话都和用兵有关，但老子不是兵家。他是通过战争来阐述道的思想，并没有涉及具体的用兵之术。兵家也讲后发制人，但更讲究主动出击。《孙子兵法》讲“攻其无备，出其不意”，又讲“先处战地而待敌者”，这些都说明具体的战争讲究主动出击去牵制敌人，但这些都不是老子所要阐述的思想。老子尽管言兵，但《老子》不是一本兵书。唐朝有一位将军叫王真，写了一本书叫《道德经论兵要义述》，从头到尾用兵家的思想来解读老子，显然是一个误读。老子不过是借兵书来言道。

吾不敢为主。“主”就是主人。主人通常都是褒义词。比如当家做主、翻身做主，发扬主人翁的精神。每个人都有做主人的体验，做主人的感觉特别好。人无论走多远，最后都想回家，为什么呢？就是怀念做主人的那种感觉。什么样的感觉呢？自由自在的感觉。想做什么就做什么，想怎么做就怎么做。但自由也容易让人生事，待在自己的家里，闲得没事就想把家折腾一下，把家具挪一挪，甚至把家具换掉，除旧布新。可见，主人有二重性，一方面享受自由，另一方面又被自由拖累。“不敢为主”就是不敢做主人，不敢去享受这种自由，害怕因自由而无端地生出很多事情。在这里，“不敢为主”特指不敢主动发动战争，这个兵书说的不是用兵的问题，说的是道的问题。从道的观点来看战争，要反对轻易发动战争。所以这不是一般的兵书，这个兵书不是教人如何去打仗，而是教人不要去打仗。这就把兵由术的层次上升到道的层次。

而为客。客随主便，客人相对于主人是一个从属的地位，所以客人往往小心翼翼。“独在异乡为异客”，客居他乡，心境凄凉，总是自觉地约束自己的行为。林黛玉是贾府的客，不敢多说一句话，不敢多走一步路，生怕说错了话、走错了路。在生活中，人们都不喜欢客人的状态。但兵书里却要求保持客人的状态。客人的状态是一种被动的状态、迫不得已的状态，也是合道的状态。

不敢进寸。这是对客人状态的进一步描述。客人的状态是什么样的呢？“不敢进寸”，不敢往前多走一寸。寸是度量单位。关于寸，有许多说法。如一寸光阴一寸金、寸土必争，还有寸有所长，都是说寸是一个极小的量。这么一个极小的量，是微不足道的。就进一寸，没有什么大不了的。但兵书警告一寸都不能进，今天进一寸，明天还进一寸，就会得寸进尺。这是说，一定要严守界限，不能越过边界一寸，想都不要想，就是这个意思。

而退尺。不但不能进一寸，反而还要退一尺。尺的量度是寸的十倍，也就是说要大踏步地后退，脱离接触，避免发生战争。这里有一个疑问，我一味地退，退到什么时候为止呢？这是不是在任人欺负？这里要关注前面的主语“吾”。这个“吾”是什么人？“吾”显然是一个强者，是一个能够发动战争的人。“吾不敢为主而为客”，是说我能够发动战争，但是我不敢发动战争，我能够进寸，但我宁愿退尺。一个弱者有必要说“吾不敢为主而为客”吗？因为他本来就是客，本来就不敢进，只能退。兵书是以强者的口吻在说强者应该有的行为，实际上是强者的自我约束。强者能为主而不为主，要为客；能进寸而不进寸，要退尺。为主也好，进寸也好，都是依仗着自己的强大擅自发动战争。所以读老子要注意一点，老子的言论对象都是侯王，都是强者，老子是在跟强者对话，这样才能理解为客和退尺是强者对自己行为的约束。

是谓行无行。这两个“行”字读音不一样。第一个“行”念 xíng，第二个“行”念 háng。第一个字是行为的行，第二个字是行列的行。第一个“行”是行为、安排、排兵布阵的意思，第二个“行”是行列的意思，是一个名词。“行无行”是什么意思呢？这个表述很是费解，我们可以把行无行的句序做一个调整，调整出来两种变式。第一种叫无行（xíng）行（háng），就是不要去排兵布阵。第二种变化形式叫无行（háng）行（xíng），就是无阵可排。前面讲不要排兵布阵，后面讲无阵可排。这两句话看起来好像是差不多，但细细体会，里面有微妙的区别。无行（xíng）行（háng）是说有兵有阵，兵阵是客观存在的，但主观上不去排阵。无行（xíng）行（háng）是个命令句，是对强者讲的。问题是只要有命令，就会有违背命令的可能，否则为什么要去命令？所以这个命令并不能避免排兵布阵。无行（háng）行（xíng）就是无阵可排，本来就没有排兵布阵的事情，这个表述更彻底，一劳永逸地杜绝了战争的发生。

攘无臂。我们也把这句话的句式进行改变。第一种变式是无攘臂，也就是说不要伸出你的臂去打人。第二种变式是无臂攘，你想伸出臂去打人，但你发现你没有这个臂，这就彻底断绝了打人的念头。你有臂的话，尽管别人命令你不要去伸臂，但在特定的情形下，控制不住自己，还是伸出了你的臂。所以只要有臂，打人这种事是随时可能发生的。而无臂攘就彻底断绝了打人的念头，这与前面的道理是一样的。

扔无敌。这句话的思路与前面是一样的。第一种变式是无扔敌，扔是攻击的意思，敌是敌人的意思，就是不要主动去攻击敌人。但只要有敌人在，攻击的可能性就在，今天不攻击并不表明明天不攻击。第二种变式是无敌扔，没有敌人可以攻击，意思是不把敌人当敌人。把敌人当作人，当作和你一样的人，这样就没有了攻击的对象，再攻击的话，就是攻击同类。

执无兵。思路也是一样。第一种变式是无执兵，不要拿着兵器去打人。这是说兵器是存在的，但不要拿兵器去打人。但只要兵器存在，战争的可能性就存在。只要人类还有生化武器和核武器，毁灭人类的可能性就在。第二种变式是无兵执，就是没有兵器可拿，就是兵器不存在，或者说这些兵器存在了，最后又被销毁了，这样就无兵可执，想打都打不起来。以上的两种变式，哪一种变式更符合老子的原意呢？这两种变式在不同的层次上，一种是低层次，一种是高层次。无行行、无攘臂、无扔敌、无执兵，是低层次的，不能最终解决战争的问题。无行行、无臂攘、无敌扔、无兵执，是高层次的，符合老子的思想。

祸莫大于轻敌。在四十六章有类似的表述，“咎莫大于欲得，祸莫大于不知足”。“祸莫大于轻敌”表明事态已发展到非常危险的地步了。什么叫轻敌？轻敌有两种说法：一是轻视敌人，没有把敌人放在眼里；二是轻易与敌开战。这两种意思是相通的，轻视敌人必然轻易与敌人开战。老子警告，最大的祸患就是轻易地与敌人开战，也是针对强者讲的。这里有一个问题，既然强者很强大，有能力去战胜敌人，那轻易开战为什么说是祸呢？轻易发动战争，打了败仗叫祸。稳操胜券，打了胜仗，为什么还是叫祸呢？因为这是一种以强凌弱的霸道行为，会破坏道义，破坏人对道义的信念。而且，以强凌弱发动战争，即便一统天下，也一样会在天下制造等级，欺负弱小者。只崇尚武力，不相信道义，这个世界就永远不会安宁。

轻敌几丧吾宝。这里的“宝”就是前面讲的三宝，就是慈、俭、不敢为天下先。三宝是道的体现，轻易地发动战争也就是背离了道。具体地看，发动战争肯定是不慈，慈是爱的意思，主动攻击别人怎么是爱呢？主动地攻击别人，这不是在放纵自己的欲望吗，这怎么叫俭？主动地攻击别人这不是为天下先吗？

故抗兵相若，哀者胜矣。“抗兵”就是两军对抗的意思，“相若”就是兵力相当的意思，“哀者”是指有一种悲哀心境的人、被人欺负的人、被动还击的人。这句话的意思是，如果军力相当的两支队伍对抗的话，发动战争的一方会失败，被迫应对战争的一方会获得胜利。为什么呢？因为守卫者具有正义性，他们应战是为生存而战、是为自由而战，所以他们能视死如归，直到最后胜利。这里需要说明的是，“抗兵相若”这个前提很重要，双方的兵力旗鼓相当，哀兵才能胜。如果兵力悬殊，哀兵就不一定能胜了，这个前提非常重要。

“相若”两个字在王弼本里是“相加”。“相加”没有兵力旗鼓相当的意思，就很难得出“哀者胜矣”的结论。尽管王弼把“相加”理解为相当的意思，但就文本看，还是容易产生误解。帛书本把“相加”改为“相若”，意思就明确了。“哀者胜矣”是有条件的，兵力悬殊的情况下，哀者未必会胜。老子这句话暗藏的意思是什么呢？战争中的胜利者未必是道义的，失败者未必不是道义的。这与平常讲成者为王，败者为寇是不一样的。老子认为，成者未必是王，败者未必是寇，这就颠覆了我们对于成败的价值观。不要看他成功了，就仰望他。不要看他失败了，就鄙视他。成功者未必值得我们敬仰，失败者可能虽败犹荣。

七　十　章

吾言甚易知，甚易行。天下莫能知，莫能行。

言有宗，事有君。夫唯无知，是以不我知。

知我者希，则我者贵。是以圣人被褐怀玉。

吾言甚易知，甚易行。这章讲的是老子的一个困惑。他的困惑是什么呢？他困惑他关于道的思想非常好理解，也很容易落实，但为什么许多人却认为道很难理解，也很难落实。“吾言”是指关于道的言论。这里出现了两个概念，一个是知，一个是行。后人把知和行合在一起构成了知行的理论，知行概念最早出自老子。老子觉得很委屈，他觉得自己的理论很好理解，也很好落实，是不是这样呢？比如无为，尽管无为让好多人误解，但它的基本意思还是不难理解的。老子在不同领域中具体论述无为的时候，尽量使用和无为相近的概念进行表述，为的是让人能很容易地理解无为的思想。比如在政治领域，老子提出了不以智治国的观念，这个观念就是无为思想的通俗表述。人的智慧是有限的，再有智慧的人，他的智慧也是有限的。统治者是一个人，他的智慧也是有限的，不会因为他变成了一个统治者，他的智慧就会变得无限。既然智慧是有限的，以他的智慧所作出的决定，作用也必定是有限的。那么，与其以自己的智慧去替他人做主，还不如让他人自己做主更为可靠。每个人最了解的就是他自己，每个人的需求、愿望和理想都是不一样的，统治者不能用自己的智越俎代庖。对统治者来讲，这个道理应该很好理解。

老子无为思想的另一种表述方式，就是适性。每一个人都有自己的性，性是对自己的一个限制，人只能在性的范围之内活动，不能够越过性去做事情。陶渊明“性本爱丘山”，终于回归田园，其他人喊喊而已落不到实处，更多的人连喊的勇气都没有。因为他们的性不同。生活中人的喜好不同，有人喜欢文科、有人喜欢理科、有人爱唱歌、有人爱跳舞，爱好不同，就是性不同。人根据爱好做事，就是在本性内做事。这样的道理很难理解吗？好像很好理解。

那么，老子的思想是不是“甚易行”呢？实行起来难不难呢？我们也从治国方面来看，老子告诫统治者“治大国若烹小鲜”，不要随便去翻动小鲜。这件事情做起来难不难？我们通常讲做事很难，是因为做事需要很多外部条件，任何一个条件达不到，这个事情就做不成。现在讲的，不是让你去做一件事，而是让你停止做一件事。停止做一件事取决于自己的意念，下一个决心，然后就能停下。这不需要什么智力，想停止折腾就能停止折腾，只要愿意就可以做到。所以，“治大国若烹小鲜”这样一个治国理念，落实起来只靠一个意念，只和意念有关，与智力无关。平常去做一件事，我们会讲智力不行，脑子不够用，做不了。而这里讲的，既不需要外部条件，也不需要任何的智力，只要想做就可以做到，这个多容易啊！老子讲的这个道理“甚易行”啊！对于个人来说，老子教导“天下大事作于细”，就是做大事要从做小事开始，先做小事然后再做大事，做事情要循序渐进，这个好像也不难做。所以老子说“吾言甚易知，甚易行”，是有道理的。

天下莫能知，莫能行。天下没有人能够懂得这个道理，没有人去落实这个道理。要注意这里面的用词，前面两个“甚”字，表明他讲的道理特别好理解、特别好落实。这里两个“莫”字，没有一个人懂得这个道理、去落实这个道理，这就形成了巨大的反差。这让老子很困惑。这样一个智者居然也困惑了。“天下莫能知”，从现象上看还不好说，因为一个道理知不知，只有自己知道，外人是不知道的。但通过天下“莫能行”，可以反推出天下“莫能知”。按照王阳明的话来讲，真知必定能行，知而不行就表明不是真知，知行应该是合一的。

天下“莫能行”应该是一个事实。在老子之前我们不说，老子之后，从治国的角度而言，有谁真的落实了“不以智治国”的思想？我们现在津津乐道的只有一个文景之治，在漫长的中国历史当中，只存在了短短的几十年的时间。而在治国的理念上，我们称赞的都是那些大有为之君，所谓的秦皇汉武、唐宗宋祖、成吉思汗。由此可见，老子的无为思想就一直没有得到很好的落实。“小鲜”明明不能翻，但他就是要去翻动，想停都停不下来。通过翻动“小鲜”证明自己翻动的能力。家是小的国，我们仿照“不以智治国”，也可以提出不以智治家。不以智治家就意味着父母不去干预子女的事情，让子女选择自己的职业，选择自己的婚姻。但是，父母总想去干预一下，让子女以他们的意志去选择怎样的职业，去选择一个怎样的对象，这就导致大量悲剧的产生。林黛玉死了、贾宝玉出家了、薛宝钗守寡了，这些悲剧原本是可以避免的，只要相信他们的选择就可以避免这些悲剧。相信这么难吗？相信真的很难！最容易做到的事情，也是最难做到的事情，明明知道退一步海阔天空，但就是不退，就是要迎着困难上。

为什么“莫能行”呢，为什么做不到呢？首先，涉及改变人的思维方式，人最难改变的就是思维方式。我们通常认为做事很难，但不做事其实也很难，甚至比做事还难。我们理解做事是尽职尽责，很难理解不做事也是尽职尽责。比如爱，爱一个人就想替他做一点什么，父母爱孩子就本能地要替孩子做一点什么。怎样做才能够体现爱呢？就要去做孩子本应该做的事。这就是溺爱，溺爱会让孩子失去生存的能力，这是爱孩子还是害孩子？但不去表达这种爱的话，就会于心不安，就会特别的失落，就觉得没有真正去爱一个人。而一种真正的爱，老子似的爱，就是要实现一种自我超越，去克制自己，不要去溺爱。克制自己不去溺爱，的确是一件让人很痛苦的事情，这说明老子的思想“莫能行”是真实不虚的。

其次，从人性的两面性去理解。人性有两面性。人既想行，又不想行。有利于自己的就想行，不利于自己的就不想行。比如，人都想要自由，但人在不同的处境、不同的位置上，对自由的理解是不一样的。如果处在社会的上层，你就想努力去扩大自己的自由，扩大到极限，就是只让自己自由，不让别人自由。这是积极的自由。当你处在社会的下层，你就想努力地去保护自己的自由，保护自己免受他人的侵犯，这是消极的自由。处在上层追求积极的自由，处在下层追求消极的自由。关键是什么？关键是同一个人处在不同的位置上会有不同的诉求。当你还处在下层的时候，你就在追求一种消极的自由，让自己免于他人的侵犯。如果哪一天处在上层了，你就会改变当年的主张，由消极的自由转变为积极的自由，这就是人性的问题了，最好的办法是用法去界定各自自由的界限，从而去保护自由。

最后，伟大的思想具有超越性，注定不被人理解和接受。老子的思想，正言若反，玄妙难懂，不被人理解。那孔子的思想呢，孔子关注现实，但也不被人理解。孔子经常发牢骚，“予欲无言”，还说“道不行，乘桴浮于海”，又说“欲居九夷”。

言有宗。这是说所有的言都有一个来源。我们通常认为谁说话谁就是话的来源，我说话我就是话的源头。我说才有话，我不说，话就没了，我当然是话的源头。按照老子来说，“言有宗”的宗不是说话的这个人，而应该是道。一切言语都源自道。源于道的言才是有意义、有价值的言。道无言，道以无言的方式言说，就是让人自己来言说。但人的言可能会偏离道。孔孟老庄的言为什么有意义，因为他们的言都源于道。我们要读源于道的言，所以要读经典，使自己返回到道。当然还有另外一种言，与道不相干的言，这种言叫言无言，一天到晚都在说，但什么都没说，说的全是废话。

事有君。做事是有原则的，以道的方式去做，就是做事的原则。以道的方式去做事，要求做事本着一个好的意图、一个好的目的，同时要有一个好的方式、一个好的手段。在这里面，好的手段比好的目的还要重要。为什么呢？因为在目的方面，人们很容易达成共识。要建立一个美好的社会，让每一个人过上美好的生活，这个目的没有人会反对，大家都会赞同。分歧在手段上，采用什么手段达到目的才是最重要的。不择手段去达到目的，肯定不是好的方式。应该以合乎道的方式去达到目的。“合抱之木”“九层之台”“千里之行”，这目的都非常好，怎么去达到这些目的呢？合道的方式是怎样的呢？老子讲，从毫末开始、从垒土开始、从足下开始，这就合道了，这就是“事有君”了。

夫唯无知，是以不我知。那些不知道“言有宗”的人，不把言当回事，以为言是随便说说，说了许多废话。那些不知“事有君”的人，认为做事只要有一个好的目的就行了，至于用什么手段，什么快捷就用什么，可以不择手段。因为他们的无知，也就理解不了老子的思想，也就理解不了老子这个人。只有认同一个人的思想，才能认同创造思想的这个人。只有认同李白的诗写得好，然后才说李白是一个大诗人。认同孔子的思想，才认同孔子是一个大思想家。

知我者希，则我者贵。这句话帛书本写为：“知我者希，则我贵”，“我”的后面没有“者”字。有“者”和没有“者”，意思很不一样。

有“者”这句话就翻译为：理解我思想的人少，能够接受我思想的人就越高贵。没有“者”字这句话就翻译为：理解我思想的人越少，我就越高贵。一个是说我高贵，一个是说别人高贵，意思完全不一样。到底哪个好一点？这一章是老子的内心独白，表达他的困惑，通篇说他自己的事，所以根据帛书本把“者”字去掉会更好。现在的问题是，知道我思想的人少，这不是一件好事，怎么会得出一个好的结论，“则我贵”呢？老子高贵不高贵与知道的人多少无关，不是说知道的人越少，老子就变得越来越高贵，哪一天知道的人多了，老子会变得越来越低贱？这在逻辑上是说不通的。这句话应该理解为老子的一种情绪化表达。是老子的自我安慰。这种自我安慰平常人需要，圣人也需要。孔子的好多话也是一种自我安慰，不能作实在的理解。孔子说“天生德于予，桓魋其如予何”。又说“天之未丧斯文也，匡人其如予何？”还有孟子说的“天将降大任于是人也，必先苦其心志，劳其筋骨”。这些都是自我安慰、自我打气的话。

是以圣人被褐怀玉。这是老子的一个总结。圣人穿着普通人的衣服，但怀里却藏着一块宝玉。这里的“玉”是指道的思想。圣人外表上和一般人是相同的，但思想上是有差别的。“被褐怀玉”表明圣人不被人理解，没有人欣赏。这是思想者的孤独，也是思想的孤独。因为思想了别人没有想到的，也必然是别人不能理解的。

七　十　一　章

知不知，尚矣；不知知，病也。圣人不病，以其病病。

夫唯病病，是以不病。

知不知，尚矣。知道自己不知道，知道自己无知，这就是最有智慧的人。不知有两个层面，一个是现象层面，一个是本体层面。现象层面的不知，是人直接能意识到的，不用思考就可以回答知还是不知。孔子对子路讲，“知之为知之，不知为不知，是知也”，这里的知与不知就是现象层面上的，知与不知，子路是一清二楚的。“子入太庙，每事问”，孔子对知与不知也是十分清楚的。孔子知识再多，也是有不知的，即便有所知，还有知之不断深化的问题。既然人本能的知道自己不知道，那么，孔子为什么还要提醒子路“知之为知之，不知为不知”呢？这是不是多余的呢？这里，也是提醒我们每个人，知道自己不知道是一回事，承认自己不知道是另一回事。不承认自己不知道，既是自我欺骗，也是欺骗他人。自我欺骗是心理问题，欺骗他人是道德问题。所以，“知不知，尚矣”在现象层面上体现在心理健康和道德的诚实上。

本体论层面的不知，是一种高层次的不知。孔子只讲现象层面的不知，对于本体论层面的不知是不讨论的，比如性、命、天道，他拒绝讨论。但本体论层面的不知又是特别重要的，本体层面的不知表现为人本来不知道，但自以为知道，人不知道自己不知道。比如我们认识这个世界，我们真的认识这个世界吗？我们认识的是这个世界的本身吗？绝大多数人都会是肯定的回答。但康德说不对，我们认识的并不是物自身，只是现象世界。人认识世界取决于人有一种认识的能力。什么能力？一个是人有时间和空间的能力，另一个是人有范畴的能力。时空和范畴是人认识世界的形式，但同时也成为人认识世界的一种限制，人认识到的世界是人以时空和范畴构造出来的世界，人不能够认识本体的世界。这就给人的认识划定了一个界限，人只能认识人能够认识的，不能够认识人不能认识的。这就意味着，世界上有人不能认识的东西。老子也认为世界上有人不能认识的东西，这就是道。“道可道，非常道”，道是不能认识的，这就与康德的思想相合了。孟子也意识到历史发展过程中的神秘性。尧把位置让给了舜，舜把位置让给了禹，这就是古代的禅让制。但是到了禹，禹把位置让给了自己的儿子，这就破坏了禅让制。禹是圣人，他为什么不用禅让的方法传位给益，而传位给儿子呢？这不是私心的表现吗？这是圣人该做的吗？孟子必须有一个合理解释：“舜、禹、益相去久远，其子之贤不肖，皆天也，非人之所能为也！莫之为而为者，天也；莫之致而至者，命也。”孟子讲，禹没有传位给益而传位给他的儿子启，有两个因素。一与辅佐的年限有关，益辅佐禹的时间短，只有六年，而禹辅佐舜的时间长达十七年，舜辅佐尧的时间就更长了，二十八年，时间越长，从政的经验越丰富，威望就越高。第二个是“其子之贤不肖”，碰巧他们的儿子又有差别。尧和舜的儿子都没有出息，禹的儿子有出息。孟子接着思考，为什么益辅佐大禹的时间短呢？为什么又碰上禹的儿子比尧舜的儿子贤呢？这就不知道是什么原因了，这就是天命、天意了。他也不能解释了。在这里孟子隐隐约约地感觉到历史的神秘性、偶然性、不可知性。这也是一种本体的不可知。

又如，文学创作中的人物塑造问题，理论家力求要把人物创造的过程说清楚，说这是典型化的过程，是把许多生活中的人物形象进行加工提炼塑造出来的。细想一下，我们也见过无数的人，为什么没有能力把这些人加工提炼成一个形象呢？可见这个加工、提炼的过程是一个神秘的过程，是一个不可知的过程。如果不神秘的话，如果这个过程可知的话，会出现什么情况？每个人都可以按照这样的方式创造出一大堆作品。很多人喜欢问作家的作品是怎样写出来的，作家们都说不知道，这不是谦虚，他是真的不知道。

这种本体的不可知还表现在经济活动中，以前搞计划经济，现在搞市场经济。为什么计划经济不行了？因为计划假设经济行为是理性的、可知的，但这个假设是不成立的，否则的话，人人都是大富翁了。所以，要用市场去调节经济，市场是一只看不见的手。所以不知是人的基本生存状态，当人“知不知”的时候，只不过是陈述了人的生存状态而已，它表明人是有限的存在。这跟谦虚无关。

不知知，病也。明明不知却自以为知，这就是病。这个不知也有两种解释：第一种不知是现象层面上的不知。现象层面上人知道自己不知，那人为什么要以不知为知呢？显然是人故意为之。人为何要故意为之？人知道自己不知不难，承认不知很难。承认自己不知，就是自我否定，人越长大越是难以自我否定。因为现象层面的不知是知道自己不知，故意隐瞒自己不知，所以解决的办法只能是道德。本体层面的不知是真的不知，他不知道自己不知，他以为自己知，所以说起来理直气壮。例如，有一种科学主义的思想，认为科学能够解决一切。要用科学去指导生活，用科学去反对宗教，甚至要用科学去解决生命密码，这就是“不知知”。

圣人不病，以其病病。夫唯病病，是以不病。这两句话因果颠倒，意思是一样的。“圣人不病，以其病病”，是结果在先，原因在后。“夫唯病病，是以不病”，是原因在前，结果在后。前面是先有果再追溯原因，后面先讲原因再讲结果，意思是一样的。人知道自己有病就会去治病，最后就没病了。圣人知道自己无知，恰好就避免了无知。所以有学问的人、有思想的人、有智慧的人都说自己无知。苏格拉底总说自己无知，碰到谁都请教问题，但谁都不否认，苏格拉底是最有知识的。

知道自己无知有什么好处呢？从现象层面来看，知道自己无知，才想进一步去知，知才能由少到多，从不完善到完善，做事情才能精益求精。“知不知”还意味着做任何一件事情都不自以为是，尤其是做好事的时候，一定要反思这是不是真的在做好事。你想帮助他人，但恰好这个时候，他人不需要你的帮助，你的帮助反而给他人添乱。所以，任何时候都要自我反思，以减少错误。那么从本体的角度讲，人知道自己无知，有什么好处呢？你就知道有些事情能做，有些事情永远做不了。就知道知有一个范围，在知的范围之内呢，你可以不断完善知识；但在知的范围以外，不要试图去知那些不能知的东西。这就把世界分为可知的和不可知的，严守知和不知的界限。

七 十 二 章

民不畏威，则大威至。

无狎其所居，无厌其所生。夫唯不厌，是以不厌。

是以圣人自知不自见；自爱不自贵。故去彼取此。

民不畏威。这个“威”是威胁的意思。“民不畏威”就是老百姓不害怕威胁。不怕谁的威胁？不怕统治者的威胁，只有统治者才能威胁老百姓。统治者有权有势，老百姓手无寸铁，按照道理来讲，老百姓应该害怕威胁才是对的。只要是一个人，出于一种本能，都会害怕强者的威胁。那么老百姓为什么不害怕威胁呢？当人受到威胁，真的要失去生命的时候，为了保住生命，就必须不怕威胁。怕威胁是怕失去生命，不怕威胁则是为了保住生命，当威胁到了一个临界点的时候，到了能置人于死地的时候，人就不再害怕威胁了。人走投无路的时候，开始学会了反抗。反抗可能会死，但不反抗一定会死。这才有了陈胜吴广起义，他们起义时有一个理由，“等死，死国可乎”，都是死，为国而死会不会更好？所以，老百姓既怕威胁又不怕威胁。老子在这里警告统治者，不要欺负老百姓弱小，弱小的人身上蕴含着一种强大的力量。当他们爆发出强大的力量时“则大威至”。

则大威至。最大的威胁就降临了。这个最大的威胁不是指统治者对老百姓，而是老百姓对统治者的威胁就到了。历代的农民起义，都证明了老子的这个观念。每个强大的王朝，最后都是被弱小的农民推翻了。应该说在老子的时代，农民起义还是不多的，但他天才地预测到了后来的历史。这是一个什么样的历史？从压迫到反抗的历史。在这个历史当中，老百姓自然是受压迫最多的、最痛苦的，但压迫者也不是很幸福，他们每天都生活在恐惧当中，提心吊胆，害怕被推翻。“民不畏威，则大威至”，描述了中国社会上下层关系的恶性循环。

无狎其所居。“无”就是不要，“狎”是狭小，“居”是居所的意思。这句话是警告统治者，不要人为地缩小百姓的居所。这个居所首先指物质上的居所。物质上的居所就是人的生存空间，这个生存空间当然是越大越好。缩小人的生存空间，就是限制了人的活动范围。

这个居所还可以进一步地引申。它不仅指人的生存空间，还指人的思想空间、心灵空间。所以，“无狎其所居”，也与人的自由有关，这个自由包括行动的自由和思想的自由。

无厌其所生。厌读 yā，压迫的意思。生是人赖以生存的物质材料，也就是人的基本生存需求。这个基本的需求就是衣食住行。这个压迫比前一个压迫程度更深，上面只是不允许你自由，按照鲁迅的话来讲，这至少是坐稳了奴隶。“压其所生”呢，是想做奴隶都不行了，直接威胁到人的生存了。人到了这个时候，只有两条路：一是等死，二是在反抗中求生。

老子在这里对统治者提出了两个警告：这两个警告处在不同的层次。“无狎其所居”是不要压制人的高层次的需要，“无厌其所生”是不要压制人的低层次需要。只有少数人认为，不自由毋宁死，但对于大部分人来讲，人没有自由还可以活着，像动物一样地活着。压制人低层次需求，直接威胁到人的生存，人不能活的时候，反抗就是最好的选择。老子的警告，不是什么高深的理论，只不过是平凡的道理，就是让人活着，并活得有尊严、有意义，就是这样一个简单的道理。

夫唯不厌，是以不厌。第一个厌读 yā，是压迫的意思；第二个厌读 yàn，厌恶的意思。统治者不去压迫老百姓，老百姓也就不会厌恶统治者。厌恶是一种心理情绪，藏在心里，外人看不见，最容易被忽略，但后果很严重。谁为严重的后果负责呢？“夫唯不厌，是以不厌”，统治者的压迫在先，老百姓的反抗在后，统治者要为后果承担责任。这句话还暗示了老百姓的反抗是合理的。

是以圣人自知不自见。圣人是理想的统治者。理想的统治者“自知不自见”，自知就是认知自我、了解自己，把自己当作一个客观的对象去认知。自知很重要，只有自知才能更好地认知他人。因为自己是认知他人的标准，标准不一样，认知的结果就不一样。错误地认知自己，就会错误地认知他人，所以人必须要认知自己。

为什么不能“自见”呢？“见”就是现，表现的意思。“自见”就是自我表现、自我表扬。“不自见”就是不能自我表扬。表扬是关系活动，涉及他人。我可以表扬你，你可以表扬我，但不能自我表扬。因为自我表扬就是取消了表扬，人人都表扬自己的时候，那还存在什么表扬？所以，圣人自我反省，决不自我表扬。

自爱不自贵。什么叫自爱？自爱就是爱自己。饿了要吃饭、冷了要穿衣、生病了找医生，这些都是爱自己，人爱自己是一种本能，是无可厚非的。人只有爱自己了，才能爱他人，连自己都不爱，怎么爱他人？林黛玉听说贾宝玉要结婚了，感到很绝望，就不爱自己了，饭不想吃了，水不想喝了，被子也要踢掉，不爱自己也就爱不成宝玉了。普通人都自爱，何况圣人呢？但是不能自贵，贵是在比较当中体现出来的，可以说别人高贵，但不能说自己高贵。在老子的思想里，本来就不认为哪一个更高贵，万物是平等的。圣人爱自己，但并不认为自己比百姓更高贵，所以他能无为，让百姓自为。

故去彼取此。彼就是自见自贵，此就是自知自爱。人一定要自知自爱，不能自见自贵。老子认为统治者的思想与他的自我认知有关，老子把社会统治的理想升华到人的自我意识上。

七 十 三 章

勇于敢则杀，勇于不敢则活。此两者，或利或害。

天之所恶，孰知其故？［是以圣人犹难之。］

天之道，不争而善胜，不言而善应，不召而自来，繟然而善谋。

天网恢恢，疏而不失。

勇于敢则杀。“勇于敢”就是勇敢。“勇于敢”和勇敢在表达上有一点差别，这个差别影响到对“勇于敢”这个词的理解。勇敢在今天是一个褒义词，“勇于敢”在老子这里却是一个贬义词。“勇于敢”中“勇”和“敢”是两个单音节的词，两个性质相近的词，“勇”是对“敢”的强化，表示极端、过分的意思。但“勇”和“敢”合成一个词，就失去了极端的性质，或者讲这个极端的性质就被冲淡了，久而久之，就变成一个褒义词了。“勇于敢”这样的表述，指的是人突破自己的本性，做过分的事情。看到有人掉进水里，尽管自己不会游泳，还是跳进水里去救人，这就叫“勇于敢”。明知打不过别人，但还是要去打，也是“勇于敢”。“勇于敢”会导致什么结果呢？就是死亡。人突破了本性的限制去做事，必然要付出生命的代价。显然，老子是以死亡为标准来否定“勇于敢”，如果“勇于敢”会导致死亡，那么“勇于敢”就是没有价值的。老子在这里间接地批评了儒家的很多思想观念。比如儒家讲舍生取义，老子就会问，舍了生，所取的义还有什么价值？比如儒家讲杀身成仁，老子也会问，杀生而成就的仁对人有什么意义？一个好的思想观念为什么要让人死亡？老子以死作为标准去质疑各种价值观念的合理性。既然“勇于敢则杀”，“勇于敢”就不是一个好的价值观念。

勇于不敢则活。“勇于不敢”是指人在本性之内做事，做人能做之事。这样做事容易获得成功，让人很好地活下来。既然不敢能让人活，人就应该不敢。但不敢并不那么容易。不敢看起来是一个很平常的事，但做起来可能比勇敢还要难。老子讲要“勇于不敢”，人要有足够的勇气才能不敢。因为在人的本性之内做事，做的大都是平常之事，很难做出惊天动地的事。不敢是自我否认，承认自己无能，让人产生平庸的感觉，还让人产生胆小怕事的感觉。在日常生活中，不敢这个词具有贬义的性质，没有人愿意把自己与一个具有贬义性质的词联系在一起。所以人人都希望勇敢，弱者希望自己变得勇敢，强者希望自己更加勇敢。比较起来，强者受到不敢的压力更大。因为弱者本来就弱小，大家认可了他弱小。而强者呢，要是表现的不敢，就会受到强大的舆论压力。显然这是对不敢的误解，以为不敢就是胆小怕事。不敢不是不敢做，而是不冒险去做，不越过本性去做。游泳运动员跳到水里去救人，这个行为就是不敢，所以，不敢就是更好地去做事，以最好的方式去做事。老子给出了敢与不敢的行为标准。如果行为导致生的话，就是“勇于不敢”，就是一个正确的行为。如果行为导致死的话，就是“勇于敢”，就是一个不正确的行为。救了人，自己也活着回来，就是“勇于不敢”，人没有救上来，自己先被淹死了，就是“勇于敢”。老子以生死为标准衡量人的各种行为。

此两者，或利或害。此“两者”指的是“勇于敢”和“勇于不敢”。“或利或害”就是有的生、有的死。两种不同的行为导致了两种不同的结果。这里要思考一个问题，老子这样的价值标准和儒家明显不同，会不会引出孟子所担心的后果，人为了生无所不为。以儒家的思想来看，的确有这种担忧，所以孟子要用义去限制人求生，要人舍生取义。从现实的角度看，孟子的思想也是很有说服力的。那么，怎样看待老子把生看作绝对的价值观呢？老子是在一个更高的层次上理解现实中的各种价值观念。在老子看来，让人做生死选择这个行为本身就是不正确的、错误的。因为生的价值是绝对的，任何以死相威胁都是不对的，没有了死的威胁，也就没有了生死的抉择，也就没有了孟子所担心的，为了生而无所不为的情况发生。老子把生作为绝对价值，这是一个绝对理想的思想，是一个美好社会应该有的思想，而孟子担心的问题是理想社会丧失之后，在现实生活当中出现的问题。他们不在一个思想的层面上。用老子的思想反思生活中许许多多的死，这些死都得打上一个问号。比如为了仁义而死，为了正义而死。这些死在理想社会中都是不会有的，在不理想的社会里才会发生的。所以对这些死，我们在崇敬的同时，应该有一种同情和悲凉，如果只是崇敬，而感觉不到悲凉，那死的悲剧将会继续重演。

天之所恶。“天”是天道的意思。“恶”是好恶、好生恶死的意思。天道无情，它怎么能够好恶呢？这是把天拟人化了。人怎么知道天道的好恶呢？人在自己的行为中感觉到了天道的好恶。做事成功了，活下来了，这就是天之所好。失败了，死掉了，这就是天之所恶。人把自己的感情投射到天道的身上，然后以天道的名义，说成是天道的好恶，以此来增加天道对人的威慑力。如果人把成功和失败、生与死只和自己联系在一起，就会以为自己能决定成功和失败，能决定自己的生和死。把人的生死成败上升到天道，就会对人的行为产生一种制约。

孰知其故？天道为什么有这样的好恶呢？谁都不知道这是为什么，这就增加了天道的神秘性、威慑力。只有天道是神秘的，人的行为才会谨慎。

是以圣人犹难之。六十三章也有这句话，许多学者认为这句话是错简，主张把这句话删掉，陈鼓应也主张删掉，所以用中括弧括起来了。但这句话不删掉也能说得通。怎样理解呢？圣人对“天之所恶”这个事情也说不清楚，感觉很为难。圣人是世界上最有智慧的人，他都说不清楚为什么，那我们就更说不清楚了。可见天道是多么的神秘。

天之道，不争而善胜。天道的神奇在于“不争而善胜”。天道让万物待在自己的性分里，万物都是胜利者。大自然中四季交替，没有纷争。如果四季更替通过争来实现的话，那么人类就遭殃了。如果春天通过争提前到来，又通过争推迟结束，那么春天就会无限的漫长，夏天就会特别短暂，庄稼就难以成熟，人类就会面临灭亡。如果四季通过争来实现轮换，四季的长短就会发生极不规则的变化，人类就会无所适从，这个世界就会彻底崩溃。现实中的四季，在固定的时间到来，在固定的时间离去。四季都恪守自己的本分，做自己分内的事情，没有想着通过努力去延长自己的时间。四季在本分之内活动，它们都是胜利者，越过本分去活动，它们都是受害者。什么是“善胜”？善胜就是在性分内活动，就是不争，就是“勇于不敢”。每个季节都是独特的，每个人都是独特的。人不是通过战胜他人才是胜利者，而是完善了自己才是胜利者。想着和别人去比，想着超过别人，这样去理解胜利的话，世界上没有人是胜利者。完善自己，成为最好的自己就是胜利者。

不言而善应。人是靠语言来交流应答的，海德格尔说语言是存在之家。语言是人类最伟大的发明创造，但人类也深陷语言当中，被语言所控制不能自拔。我们说话写文章都要引经据典，以至于好像没有经典就不能说话，或者说了也不算话。许多文章变成了经典的堆砌，这个人怎么说，那个人怎么说，就是不见自己怎么说。按照老子的观点，我们能不能学学天道，给自己放松一下，从语言中解脱出来变成一个自然人，像大自然一样不言而善应。大自然没有语言，彼此却能配合默契，兴衰更替秩序井然。四季交替，日夜交替，没有发生任何错误，语言完全多余的，这正是自然的奇妙。不仅老子，孔子对天道“不言而善应”也是深有体会。孔子讲“予欲无言”，孔子突然不想说话了，可能过去说的话太多了，也可能认为说的都是废话，所以从此不说了，要进入一种无言的境界。他的学生子贡就着急了，“子如不言，则小子何述焉？”老师要是不讲话了，做学生的怎么办？引用谁的话？子贡还停留在言的境界里，没有言他就无所适从，听到老师不说话了，就特别紧张。孔子怎么回答呢？他说“天何言哉？”老天讲过话吗？天下乱了吗？没有啊！“四时行焉，百物生焉，天何言哉？”因为天无言，四时才能运行，万物才能产生。天有言就麻烦了，它说了这个方面，忽略了另一个方面，有些物生，有些物就死了。体悟天道“不言而善应”，能纠正人的许多错误思维。人指望有名人名言来指导生活，为什么不想想这个指导有可能是一种误导呢？

不召而自来。不去召唤，它自己就会来。大海没有想到要成为大海，大海位于百川之下，百川就会自然地流入到大海。老子特别强调事物形成的自然性。人要学天道的自然性。孔子的学生子禽看到一个很奇怪的现象，老师每到一地必闻其政，这是一个很神奇的本领。他问子贡这是“求之与，抑与之与？”子贡的回答特别好，“夫子温良恭俭让以得之”，这就是“不召而自来”。那么问题来了，那些人为什么不到子贡那里去汇报，为什么要跑到孔子那里去汇报呢？因为孔子身上有一种品质，叫作温良恭俭让。温良恭俭让就类似于大海处于百川之下，由于这些品质，人们会主动向他汇报情况。所以“不召而自来”，着眼点不是如何让他来，而是你首先要成为什么人，至于来不来是他的事情。海的位置很低，如果旁边没有水，也流不进来。但是只要有水，肯定就会流进来。至于旁边有没有水，不是海能定的。孔子练就温良恭俭让的品质，至于人家来不来，是人家的事情，来了更好，不来也无所谓。孔子修炼温良恭俭让的品质，不是为了让人向他汇报问题的，他只管做自己的事，至于有什么结果不必在意。

绅然而善谋。“绅然”是舒缓的样子、很安静的样子、不急不慢的样子、从容不迫的样子。“善谋”和谋的意思正好相反。谋是把注意力集中在某个地方。只要是谋，就难免会顾此失彼。庄子讲了一个“螳螂捕蝉，黄雀在后”的故事。这个成语从语境中脱离出来未能凸显谋的险恶。在这个成语的语境中，庄子在谋这个黄雀。他发现黄雀正在谋螳螂，而螳螂一心在谋捕蝉。最妙的是什么？最让人惊心的是什么？庄子也被人盯上了，被看园子的人盯上了。在他想着谋划别人的时候，没想到别人也在谋划着他。“善谋”是什么？“善谋”就是不谋，就是不要去谋划什么，人算不如天算，顺其自然地去做。饿了就去吃，冷了就加衣服，自然而然。老是谋着每顿饭该如何营养搭配，按照老子观点来看，就太不自然了。

天网恢恢，疏而不失。恢恢是无所不包的意思。“天网恢恢”，天网是一张无所不包的大网。天网既是巨大的网也是无形的网，谁也看不见这网。“疏而不失”，这张网没有任何闪失，万物被一网打尽，没有任何遗漏。春天一到，万物都复苏了，所有的叶子都绿了，所有的花都开放了。秋天一到，所有的叶子都变黄。天是怎么做到的？人效法天，用法织出来一张法网。人用法网让人遵纪守法。但你会发现，总有人会钻法律的空子，干出违法的事情，但法律对它又无可奈何。

法网和天网无法相比。天网无形，它让每个物根据物性去实现自己，天网有点类似佛教讲的业报。所谓业报就是自作自受，自己做的事，自己承担后果。天通过自作自受来实现了它的目的，所以没有一物逃脱得了。天网是自然的网，这个网不规定做什么，让你按照自己的方式去做，然后去承担自己做的结果。“疏而不失”，把责任交给每个人，每个人都承担自己的责任，哪里还会有闪失？要是分配任务，那就不一样了，任务有多有少，责任有大有小，没有任务的就没有责任。

七 十 四 章

民不畏死，奈何以死惧之？
若使民常畏死，而为奇者，吾将得而杀之，孰敢？
常有司杀者杀。夫代司杀者杀，是谓代大匠斫。
夫代大匠斫者，稀有不伤其手矣。

民不畏死，奈何以死惧之？这句话与七十二章“民不畏威，则大威至”的意思比较相近。但“民不畏死”说得更加明确，在威胁里面，最大的威胁就是死亡威胁。所以，“民不畏死”是“民不畏威”在思想上的进一步深化。这句话说的是民不怕死，统治者为什么一定要用死去威胁他呢？民怕死的时候，死亡的威胁会发挥作用的，有威慑力的。但民不怕死的时候，死亡的威胁就没有任何作用了。人的生命只有一次，死了就不能复活，所以人人都怕死，有时候只是因为活着就很满足。庄子非常夸张地说，他宁愿像一只乌龟“曳尾于涂”那样活着。民间的说法是，好死不如赖活。这都说明怕死是人的本能，怕死是正常的。怕死表明人的身体正常、心理正常、社会也正常，人人都希望能够活着，过一种美好的生活。

为什么民不怕死了呢？不怕死是不正常的。人什么时候不怕死？当人生不如死的时候就不怕死。人什么时候生不如死？当人的生命受到了威胁，生活在恐惧中，人就会冒死选择反抗。反抗是一种求生的方式，反抗未必就能生，但不反抗绝对会死。还有一种情况，不是生命受到威胁，而是自由受到限制，尊严受到践踏。裴多菲有一首诗，

“生命诚可贵，爱情价更高，若为自由故，二者皆可抛”“不自由毋宁死”，自由是一种精神生命，自由比生命还重要，人失去自由的时候，也是生不如死的，也会选择反抗的。

若使民常畏死，而为奇者，吾将得而杀之，孰敢？这几句话放在一起来讲。“若使民常畏死”，帛书甲本写作“若民常畏死”，少了一个“使”字，有没有“使”字，意思会有所不同。我们先按照通行本去解释。通行本有一个“使”字，那么“使”字前面就应该有一个主语，这个主语应该是统治者。统治者“使民常畏死”。“常畏死”是什么意思？“常畏死”就是常怕死，常怕死表明老百姓生活非常正常，甚至也可以说生活非常美好。在这样幸福美好的生活中，“而为奇者”，那些做坏事的人，即那些破坏美好生活的人，我们对他应该怎么办呢？“吾将得而杀之”，他敢破坏这样美好的生活，就应该把他抓起来杀掉。“孰敢”？谁还敢破坏我们的美好生活呢？所以，这个地方有“使”，就是提醒统治者一定要给老百姓一个美好的生活，让他怕死；他的生活越美好，就越怕死。而对那些破坏美好生活的人要严惩不贷。

按照帛书本，没有“使”字，那么后面这几句话就是“对民不畏死”的一个反证。假定民是怕死的，会出现什么情况？我们把那些奇者，也就是不听话的人、反抗统治者的人杀掉，那么谁还敢反抗呢？这里的“奇者”和前面对“奇者”的解释就不一样了。前面的“奇者”是真的违法乱纪的人，这里的“奇者”是指在统治者眼里违法乱纪的人。所以，在没有“使”的情况下，这几句话是用反证的方式强化民真的不畏死，不要拿死去威胁他。不能随便杀人。

这两种解释都说得通。但后面的解释更具警告性质，警告统治者不能靠杀去维护统治。在这一点上，孔子和老子的思想是一致的。季康子提出了为政的方法，“杀无道，以就有道”，听起来好像还不错。

但是，遭到孔子严厉的批评，“子为政，焉用杀？”为政为什么要杀人呢，就没有别的方法了吗？孔子主张道德教化，“君子之德风，小人之德草”，要用风去教化草，用君子去教化小人。老子也反对杀人的，但是老子比较理性，不能用杀人的方法去治国，这并不意味治国就不需要杀人。杀人是不可避免的，更何况有人杀了人，他被杀也罪有应得。

常有司杀者杀。但是呢，即便是一个该杀的人，也不是谁都能够随意去杀的。有一个流行的观点，此人罪大恶极，“人人得而诛之”，人人都可以去杀他。但老子比较冷静、比较理智，在他看来，“人人得而诛之”只是表达一种感情的愤怒，并不意味着真的人人都可以去杀。杀人的事情应交给“司杀者”。“司杀者”专管杀人，人应该由他去杀。司杀者究竟是谁呢？它就是天、天理、天道。“司杀者”是天，天杀和人杀有什么区别？天公正公平，只杀该杀的人，不会滥杀无辜。民间说一个人该杀时，就骂天杀的。但天不能开口，它代表了正义，却不能去行使正义，它委托专门的人去维护正义。那么在人间，体现这种正义、维护这种正义的是谁？就是那个司法机构，那些司法人员。所以，司法是一件很神圣、很庄严的事，判决人有罪的时候，需要有一系列的程序，要收集证据，光有证据还不行，还要在证据之间形成一个证据链，最后才能定罪。人命关天，生命宝贵，不能草菅人命。所以老子不反对杀人，但严格限制了随意杀人。这是一个了不起的思想。

夫代司杀者杀，是谓代大匠斫。这里打了一个比方。如果不让“司杀者杀”，统治者要“代司杀者杀”，也就是说统治者要凌驾于法律之上。这就好像什么呢？就好像一个人不让工匠去砍削木头，而要自己去砍削木头一样。这样做会产生严重的后果。什么样的后果呢？

夫代大匠斫者，稀有不伤其手矣。不让工匠去砍木头，自己代工匠砍木头，去做一件他不该做的事、不能做的事，最后肯定会砍伤自己的手。言下之意，统治者不经过司法机关，不按照司法程序审判，就直接判人死罪，会产生严重后果。有人会认为司法机关按照司法程序去判罪，花的时间太长。明知罪大恶极，就地正法，大快人心啊，怎么会有严重后果呢？很多人想不通，对待一个坏人，为什么也要经过一个司法程序呢？这里面有一个问题，我们是怎么知道他是一个坏人的，是经过司法程序的认定，才确认他是坏人的。没有经过这样的认定程序，就不能断定他是一个坏人，只能说他是一个嫌疑人。所以，司法认定的过程特别重要，没有这个认定的过程，每个人都有可能被随意认定为坏人。这样就会出现大量的冤假错案，就会激起民愤，就会官逼民反，最终危及统治。正如砍木头，因为不按规矩砍，最后砍到了自己。

老子这个思想是非常深刻的。他实际上是把天置于统治者之上，也就是把法置于统治者之上。统治者不能够凌驾于法律之上随心所欲地杀人，这就等于是用法限制了统治者的权力，颇有些司法独立的意思。

七　十　五　章

民之饥，以其上食税之多，是以饥。

民之难治，以其上之有为，是以难治。

民之轻死，以其上求生之厚，是以轻死。

夫唯无以生为者，是贤于贵生。

民之饥，以其上食税之多，是以饥。民以食为天，民吃不上饭，是一个严重的社会问题。人饿肚子，就会铤而走险造成社会混乱。怎么解决这个问题呢？首先需要问责，找到“民之饥”的根源。就统治者来讲，他总想推卸责任，往往都说成是天灾。老子站在老百姓的立场，认为这是人祸，不是天灾。即便是天灾，作为统治者，也应该预见到天灾会发生，应该提前做好预案，减少天灾带来的损失。

说“民之饥”是人祸，具体的说就是统治者“食税之多”。老子没有举例说明他的观点。但《论语》里提供了一个非常好的例证。鲁哀公问有子“年饥，用不足，如之何？”这明显是想加税，但又不直说，想借有子的口说。鲁哀公的心思，有子心知肚明，但就是不接这个茬。有子说“盍彻乎？”那就收取百分之十的税。鲁哀公讲“二，吾犹不足，如之何其彻也？”百分之二十的税还不够，怎么能只收百分之十的税呢。言下之意，他是想收取百分之三十的税。鲁哀公明知“年饥”，还是坚持要加税。什么叫税？税就是统治者和老百姓利益分配的一种方式，税率就是分配的比例。社会的总财富是一定的，税率越高，统治者得到的就越多，老百姓得到的就越少。这样就明白了，“民之饥”是因为统治者“食税之多”。“民之饥”的原因根本不是天灾，是统治者人为造成的。

民之难治，以其上之有为，是以难治。在统治者的眼里，老百姓都是刁民，特别难以治理。这就把社会治理失败的责任推卸给老百姓了。历代以来，很少看到统治者负起治理失败的责任，他们惊人的一致，都把责任推卸给老百姓。那么老子的看法是什么？老子认为治理失败，责任在统治者本人，这是统治者有为的管理方式造成的。什么叫有为？有为就是不按照规律去为，随心所欲地为，以自己的意志强制推行某种政策。他们推行的这种政策都是即时性的，没有长远目标和规划，是注定不能长久的。于是又推行另一种新的政策，新政策一个接着一个地出来，百姓目不暇接、无所适从。而且每一个具体的政策都只是适用于特定的对象。统治者也是人，人的能力是有限的，他不可能为不同的对象制定出不同的政策。只能把针对特定对象制定出来的政策强加给不同的对象，这就必然遭到不同对象对政策的抵制。一边要强制推行，一边要坚决抵制。这种情况就被统治者称为“民之难治”。老子批评他们，为什么不采取无为的管理方式呢？让老百姓自己去制定政策，不就什么问题都解决掉了吗？正是统治者有为，使得民无法按照自己的方式去作为。统治者无为，让百姓按照自己的方式去为，不就皆大欢喜了？

民之轻死，以其上求生之厚，是以轻死。“轻死”就是不把死当回事，也就是不把生命当回事，动不动就要去造反。在统治者看来，“民之轻死”，原因还是在民。民天生就有犯上作乱的本性，除了以死相威胁，没有其他的办法。在老子看来，“民之轻死”在于统治者“求生之厚”。“求生之厚”就是太把生命当回事。生命是平等的，但统治者呢，由于他的地位，他总是认为自己的命和百姓的命不可同日而语，他的命比百姓的命要贵，总是想方设法去延长自己的命。通过不断获取自然界中一些神奇的东西，去滋养自己的生命，这就要大量搜刮民脂民膏。统治者越是把自己的命当回事，老百姓就越不把自己的命当回事。

夫唯无以生为者，是贤于贵生。这句话可以看作上面三句话意思的深化。统治者为什么要“食税之多”，要“有为”，要“求生之厚”，根本原因是“贵生”。“贵生”就是把生命看得特别重要。“贵生”为什么是错误的？万物都有性，生命也有性，生命的性到底是什么呢？很少有人能把它说清楚。生命和人的吃穿住有关，尤其和吃相关。那吃什么？吃多少？怎么吃？人们是不是都很清楚呢？所以平常所谓通过吃来养生，多是盲目的。我们并不知道身体需要什么，也不知道身体需要多少，这个需要和那个需要是什么关系。即便都是吃，人的个体差异性很大，吃什么对这个人是有用的，对那个人可能是无用的，甚至是有害的。

另外，贵生的观念还会产生生命的焦虑感。过分的养生，反而对生命是一个负担、一个累赘。白居易有一首小诗叫《自觉》，“畏老老转迫，忧病病弥缚。不畏复不忧，是除老病药”。生命固然可贵，但切不可只关注生命，从心理学来讲，越是关注某个东西，某个东西越是有问题，只有忘掉某个东西的时候，才是与这个东西相处的最好方式。孔子有一个自我评价“其为人也，发愤忘食，乐以忘忧，不知老之将至”。注意这里几个词，“忘食”“忘忧”这才是对生命的一个正确态度。这也就是老子讲的“无以生为者”，不要太看重身体了，不要太看重生命了。这里有几层意思，一是不要把人的生命看得高于万物，万物是平等的。二是不要把自己的生命看得高于他人的生命。还有，就个体而言，每个生命都有自己的性。生命是一个复杂的系统，生命能自我调节，达到微妙的平衡。要把生命看作一种自然的现象，用一种自然的态度去对待生命。对生命应该理性，而不能狂热。道家对生命是理性的，道教对生命是狂热的。按照道家思想来看待生命，生命就是一个自然现象，用道教来看待生命，生命不是自然的，生命是可以不死的。太注重自己的生命，太执着自己的生命，就会不顾他人的生命。人要以平常心去看待生命。

七 十 六 章

人之生也柔弱，其死也坚强。

草木之生也柔脆，其死也枯槁。

故坚强者死之徒，柔弱者生之徒。

是以兵强则灭，木强则折。

强大处下，柔弱处上。

人之生也柔弱，其死也坚强。人活着的时候身体是柔软的。人死了，身体是僵硬的。很多人把“人之生也”的“生”翻译为出生，把这句话翻译成：人刚生下来的时候，身体是柔软的。这个翻译是错误的。人活着的时候，身体的柔弱程度有所不同，而婴儿的身体更为柔软。随着年龄的增长，人的身体越来越僵硬。问题在于这个“生”是与后面的“死”相对应的，这个“生”就不能指生命的某个特殊阶段，应该指生命的全过程。所以应该把“生”翻译成活着的时候，而不能特指生命的初始阶段。

这句话的主语是人。人字的含义特别丰富，不同的人那里，人的含义是不同的。常人看到人字，会关注什么？会关注这个人的身份。所以喜欢用职务去称呼人，张处长、李处长的。还会关注什么？这个人所拥有的财富，是富人还是穷人。人死了，就会想，人一无所有，人其实就是一捂泥土、一缕青烟。所以人应该干什么？应该及时行乐，享受此生。儒家怎么看人的呢？儒家把人伦理化，把人区别为圣人、仁人、君子、小人，对人进行价值上的区分。人死了以后，儒家提出

“慎终追远”，要不断进行祭祀。儒家的人是具有精神价值的人，而常人的人只是物质上的人。从思想的层面上看，精神的人显然高于物质的人。

老子看到了人的什么呢？他看到了人的身体，看到了活着的身体和死去的身体有很大的不同，活着的身体很柔软，死去的身体很僵硬。老子看到的这个现象，常人也都看见了，儒家也都看见了，但他们视而不见，并没有把身体的生死状态进行对比，也没有在对比中发现一种思想。每一种思想都来自生活，不同的人看到生活的不同侧面，并根据这个侧面去形成一种思想。生活的任何侧面都是有意义的，任何侧面形成的思想也都是有意义的。只不过有的侧面更容易受关注，有的侧面只有特定的人才会关注。

草木之生也柔脆，其死也枯槁。草木活着的时候是柔软的，草木死了的时候是枯槁的。老子不仅关注人的身体，还关注草木的身体，关注所有生命的身体。他发现生命的身体具有一个共同的特点，活着的时候身体都是柔软的，死了以后身体都是僵硬的。草木跟人一样，除了生死以外，还有很多的特性。常人看到草会想到什么？有一个词叫“草根”，歌曲《小草》里有句歌词叫“我是一棵无人知道的小草”，说明草在常人眼里很低贱。孔子把草道德化，“君子之德风，小人之德草”，草是小人之德，风吹草动，草没有自性、没有自我，它永远服从风。这是孔子眼里的草。再看艺术家眼里的草，白居易的诗“离离原上草，一岁一枯荣”，草很顽强，今年烧明年还可以生长，草的周期性生长包含了生命的哲理。韩愈有一句诗“草色遥看近却无”，讲人和草色的关系。这是一个很奇特的关系，近了看不见，远了反而看得见，这与苏东坡的诗“不识庐山真面目，只缘身在此山中”，有异曲同工之妙。要看清一个对象，不是靠近它，而是远离它。常人眼里的草，孔子眼里的草，艺术家眼里的草都是不一样的。不同的人从草里面看到了不同的东西，发现了不同的思想。老子在草里看到了什么？老子看到草在生死的不同状态下由柔软变枯槁。老子关注人的身体，也关注草木的身体，他要得出什么样的结论？想在这里发现什么思想呢？

故坚强者死之徒，柔弱者生之徒。把这两句话的顺序颠倒一下可能会更好，这样就与上面两句话形成了对应关系。这两句话和上面两句话的表述方式发生了根本的变化，上面是陈述事实，这里是基于事实作价值判断，判断时主谓语颠倒了。

上面讲“其死也坚强”，这里讲“坚强者死之徒”，上面讲“人之生也柔弱”，这里讲“柔弱者生之徒”。表述方式的变化，必然导致意义的变化。说“人之生也柔弱，其死也坚强”的时候，特指人的身体。对老子来讲，他关心的其实不是人的身体，他是要从人的身体生死不同的状态里提炼出一种思想来帮助人们生活，帮助统治者治国。要完成这样一个任务，他必须要改变表述方式，但改变表述方式在形式逻辑上是行不通的，是有悖于形式逻辑的。为什么呢？从“人之生也柔弱，其死也坚强”到“坚强者死之徒”的表述变化，扩大了主语的范围，前面的主语只限于人，而“坚强者死之徒”扩大了主语的范围。除了人的身体死亡僵硬之外，生活当中还有大量坚硬的东西，比如石头就是坚硬的。柔弱者本来只是指人的身体，当“柔弱者”变成主语之后就泛指所有的柔弱者了。海绵是不是柔弱者，水是不是也很柔弱啊，柔弱的东西多了。所以从形式逻辑来看，这种主语的转化是不合法的，在逻辑上是说不通的。但经过这样的转化，坚强者、柔弱者就被成功地引入到社会生活的各个领域，甚至自然领域。坚强者、柔弱者就不仅仅是指身体了，自然里面也有坚强者、柔弱者，人的行为方式也有坚强者、柔弱者。老子讲的坚强者、柔弱者显然不是指自然界当中的坚强和柔弱。老子不在意石头的坚强、海绵的柔弱，他在意人的行为方式的坚强柔弱。这样“坚强者死之徒，柔弱者生之徒”，就变成了生活的一个普遍原理，变成了生活必须要遵循的一个准则，还可以用这个原理去解释生活当中的各种现象。

是以兵强则灭。这里举例说明强为什么是死之徒。日常生活中，有很多表现强大的例子，但老子特别提到兵强。为什么要提兵强？兵强最具危险性、最有代表性。通常我们都认为兵强是安全的保证，但老子提出一个不可思议的观点，“兵强则灭”。兵强不仅不能保证安全，反而促使更快地灭亡。这显然违背了常识，兵强为什么会灭亡呢？兵强既是客观事实，更是主观感觉，客观的强大并不必然导致灭亡。当人意识到自己强大，以为自己强大时，就会出现对强大的误判，就会促使人去冒险、去穷兵黩武。即便是真的强大，强大也不是无限的，也有一个边界。当人试图去突破这个边界，做力所不能及的事，必然导致强大的崩溃。人一味逞强，不给自己退路，最后必然死亡。当然，“兵强则灭”不是瞬间发生的事，它有一个持续的过程，正因为如此，很多人不相信“兵强则灭”。

木强则折。“木强则折”有两种解释：一是被人砍伐，树木有用就容易被人砍伐。这个说法不是很好，理论上不够圆润。因为树木不强的时候也容易被人砍伐，关键在于人需要什么样的树木。在人的不同需求之下，任何树木其实都具有一种生存的危险性。只说木强有危险性，道理说不通。二是就风和木的关系来说的。木秀于林风必摧之，这样解释可能会更好。按照风和木的关系，树木越强大，它对风的抵抗力就越大。毫不妥协地抵抗风，不给自己留有任何余地，遇到一个超过抵抗力的风就必然会折断。在这个方面，矮小的树木具有更多的优势，因为它柔软，知道如何去退让。最柔软的是小草，小草面对任何大风，都能保全自己，安然无恙。大风过后，大树连根拔起，却奈何不得小草。永远都不会听说，风太大，把小草都拔起来了。

强大处下，柔弱处上。这两句话是结论。要注意这里的“处上”与“处下”。从字面上看，这两句话似乎是说，强大者应处下，柔弱者应处上，处上处下指的是所处的位置，由所处的位置又可引申为处事的态度。但就本章的语境来看，通篇都是讲强大不好，并未涉及强者该如何处世的问题。如此作解，显得很突兀。所以，这里“处上”和“处下”是好与不好的意思。这句话是说，强大是不好的，柔弱是好的。强大不好上面已经说了，那柔弱为什么好呢？要正确地理解柔弱，柔弱和强大不是对立的，柔弱不是不要强大，柔弱是基于强大过后的一种柔弱，不是一种纯粹的柔弱，柔弱是对强大的一个态度。也就是说人可以去强大，但不要把强大看作强大。这里要注意，不自以为强大，不是故意的，也不是什么美德，是出自真心的，是面对道不得不有的谦卑。

七　十　七　章

天之道，其犹张弓与？

高者抑之，下者举之；有馀者损之，不足者补之。

天之道，损有馀而补不足。人之道，则不然，损不足以奉有馀。

孰能有馀以奉天下，唯有道者。

是以圣人为而不恃，功成而不处，其不欲见贤。

天之道，其犹张弓与？天道好像张弓一样。“天之道”就是天道，天道和道有区别。道是什么呢？前面讲了很多了，道是超越感官的一种无形虚无的存在，看不到、听不见、触摸不到。天道属于道，是道的一种表现方式。天道是天地之道，宇宙自然之道，它接近于我们常讲的自然的规律，不以人的意志为转移，还具有可感性。日月运行、四季交替、昼夜变化，都可以说是天道的表现。既然天道是自然之道，那么在大自然里就应该能够发现天道，找到体现天道的许多例证。但奇怪的是，老子没有在大自然中去寻找表现天道的例证，而是用张弓来说明天道。张弓明显是人的活动。老子显然遇到一个问题，在自然中很难找到一个例证来说明他的天道，但从论证的逻辑来讲，用张弓去说明天道是没有说服力的，是不合适的。

高者抑之，下者举之；有馀者损之，不足者补之。这四句话是讲张弓活动的操作方式、动作的要领、动作的规范。但高者如何抑之？下者如何去举？有馀者怎么去损？不足者如何去补？历来注家的解释都不一样，差别很大，说明历代注家对张弓的具体情况都不甚了了。

因为年代的久远，今天已很难知道张弓活动具体的操作方式，但这并不妨碍我们对这几句话意思的理解。这几句话表达的思想是非常明确的，是强调天道的平衡性质。天道公平、公正、平等。高了压低一点点，低了抬高一点点，多了就减少一点点，少了就增补一点点。老子的意思很明确，天道是公正的，人道效法天道，也应该是公正的。

天之道，损有馀而补不足。这是对天道最精辟、最简练的概括。那么如何去证明天道呢？或者讲天道是不是这个样子？张弓属于人的活动，用来证明天道缺少说服力。那我们能否按照老子的思路在大自然中寻找到天之道呢？天道是一个普遍的原理，就应该能在自然中找到说明这个原理的例证。我们在大自然中无法直接感受到天道损补的过程，如果我们承认天道就是在损补的话，我们看到的自然就是天道损补过后的结果。过程看不到，结果是看得到的。那么经过天道损补的结果应该是一种最好的结果，是所有结果当中最好的结果。但我们看到的自然并不是令人满意的，自然并不都是温暖如春的，还有寒冷、炎热，甚至还有地震、洪涝灾害、各种病毒。如果把人体看作自然的话，它也应该是天道损补的结果。但身体显然不平等，外貌有美有丑，能力有大有小，出生的家庭有富有贫。在自然中无法证明天道的公正，无法证明天道真的是在"损有余而补不足"。那么问题来了，老子为什么在得不到任何证明的情况下就宣称"天之道，损有余而补不足"？他是怎样得出这个结论的？在民间也是这样的，动不动就说老天爷、天在看这类的话，都是给天赋予了一个公平公正的性质。这又是为什么呢？

这就涉及怎样理解天道的公正、公平问题。天道的公平公正不是基于现实体验，也不是基于强有力的证据，而是基于人对天道的一种信念。人需要这样一种信念，相信天道公平公正，能够"损有余而补不足”。天道是表达应该的样子，而不是现实的样子。有了天道人就有了希望，这个希望促使我们努力达到天道。这里有个问题，既然天道是一种信念，那可不可以不信？当然可以不相信。但为了生活起见，最好要信。因为你不信天道，就会认为这个世界无道，就会认为这个世界本来就是弱肉强食，在生活当中，遇到困难的时候，就会感到绝望。绝望肯定不是好的情绪体验，而是需要避免的情绪体验。想要摆脱这样的情绪体验，就需要信念了。从这个意义上来讲，天道信念不是要不要的问题，而是为了生活必须要的问题。天道不是证明来的，而是相信来的。试图去证明天道，反而会起到相反的效果，不再相信天道。

人之道，则不然。天道要求应该，但人道却不遵循应该，不按照应该去做。设想一下，如果人道真的完全按照天道去做，会出现什么样的结果？那人道就变成天道了。人道变成天道又有什么结果？人就会按照天道所规定的必然性去生活，就是按照机械的方式去生活。比如说，什么时候吃饭？吃什么？吃多少？都严格按照程序来，本来吃米饭，突然改变主意吃面条，这就不可以了。人按照天道生活，就是过一种机械的生活、一种没有自由的生活，这样想起来也挺可怕。

所以“人之道”是什么？就是人以人的方式去生活，不完全按照天的规定去生活。人是自由的，人的自由让人能够背离天道。所以，看到“人之道，则不然”的时候，就不要把“人之道”理解为一个负面的东西，理解为一种负面的思想是不对的。可以这样说，人因为自由可以背离天道，也可以从背离天道中发现人的自由。人是在背离中成为人的，背离天道不是无价值的，它恰好证明了人的自由性。人的自由性也源自道。道无为，让人自为，就是给人自由。意识到自由源于道，就意味着“人之道”其实也是道。那么这个“人之道”，人的自由，会产生什么结果呢？

损不足以奉有馀。这是讲人的自由导致“损不足以奉有馀”。怎么理解？自由按其本性而言是要无限地扩大自由。人无限地扩大自由，会限制缩小别人的自由，最极端的情况就是只允许自己自由，不让其他人自由。这体现为对绝对权力的追求，对无限财富的追求。这种追求必然导致“损不足以奉有馀”，让别人越来越少，让自己越来越多。“损不足以奉有馀”，在市场中体现得很明显，市场就是按照利益去进行调配。这本身有没有道理呢？是有道理的。资本的本性就是追逐利益，银行喜欢把钱贷给大企业和国企，不愿意贷款给民企和小企业，这是典型的“损不足以奉有馀”。这是市场运作的结果，是自由选择的结果，这会不断加大贫富差距。这时天道就出现了，就是要求平等，用平等去制约自由。这就产生了自由与平等的关系。自由与平等是启蒙运动两个非常响亮的口号，但同样源自道的这两个价值追求，它们之间却是一个矛盾的关系。这也体现在老子的思想里面，老子强调道无为，让人去自为，就是给人自由。老子又讲天道“损有馀而补不足”，这又是在弥补在限制自由造成的差距。仔细思考一下，这里面有很深刻的思想。

孰能有馀以奉天下，唯有道者。人因为自由而背离了天道，也因为自由最后回到天道，回到天道就是一个有道者。人无限地背离天道，去追求人道，追求自由的话，到最后会面临天道的制约。有道者回到天道，也就是回到追求平等，以“有馀以奉天下”。这里有个问题，就是有道者以何种方式回到天道？回到平等？有道者之为有道者，回到天道的方式也必定是有道的。换一句话讲，追求平等的方式必须是有道的。平等绝不是平均，要求绝对平均，同样是死路一条。因为平均会伤害到自由，没有自由也就没有了人的创造力，也就没有了发展，人只能在低水平的层次上平等。所以平等不是强行剥夺富人的财产归于己有，就像阿Q式的革命一样，革命就是分别人的东西。有道者回到平等，要采取有道的方式，方式错误反过来会伤及自由。所以要在自由和平等之间找到一个平衡点，老子思想当中包含了这样一个内容。

是以圣人为而不恃，功成而不处，其不欲见贤。这是返回天道，追回平等的具体方式。什么叫“为而不恃”？这里的“为”和成功是一个意思，是讲人通过自由活动创造的成果。“不恃”“不处”“不欲见贤”，是对取得的成果采取的态度。这个态度就自损。圣人是一个有道者，有道者一方面创造了巨大的成果，另一方面对这个成果采取了自损的方式。所谓自损就是自由地放弃而不是外在地剥夺，这个态度非常重要。通过主动地放弃，缩小由自由造成的贫富差距，来缓和化解贫富间的紧张关系。这里“不恃”“不处”“不欲见贤”都是圣人主动的作为。许多企业家建立基金会，去做慈善，去资助穷人，以这种方式去解决平等的问题。但这个基金到底要多少？太多会培养出很多的懒人，对那些劳动者又不公平。老子意识到自由与平等的矛盾性。自由会导致不平等，每个人的能力不一样，就算是公平竞争也会导致不平等的问题。而追求平等又会伤害人自由的本性，又会使社会生活僵化。老子在自由与平等之间找平衡点。在其他章，老子更强调自由的重要性，在这章则是强调平等的重要性。而且老子对追求平等保持了一种警惕，强调要以圣人的方式去追求平等，以一种自由的方式去追求平等。平等绝对不是平均，更不能强制地要求平均。

七 十 八 章

天下莫柔弱于水，而攻坚强者莫之能胜，以其无以易之。

弱之胜强，柔之胜刚，天下莫不知，莫能行。

是以圣人云："受国之垢，是谓社稷主；受国不祥，是谓天下王。"

正言若反。

天下莫柔弱于水。"天下"指的是天下之物。这句话的意思是天下万物里最柔弱的莫过于水。水为什么最柔弱呢？凡是一个物都有一个固定的形状，水没有一个固定的形状，水的形状随着装水的器皿不断发生变化，器皿的形状就是水的形状，器皿可以随意地改变水的形状。水没有形状，它任人改变的形象给人的感觉就是柔弱，让人同情。水的柔弱还表现在可以把任何东西放入其中。什么叫放入？说得严重一点，叫侵入、侵犯，把东西放在水中，就是对水的侵犯。但水接受了这种侵犯，没有任何的反抗。任何一个有形质的东西，都很难放入另外一个东西，任何放入都会遭到对方的抵抗，但水毫无抵抗的能力，不是它不想抵抗，而是不能抵抗，没有能力去抵抗，只好任人欺负。水的柔弱还体现在它不能选择进入的外物，给它任何物，它都要接受，无条件的接受。这样水又变成了藏污纳垢的地方，这不是水想要的，却是它不得不要的。还可以把水任意地分开，把某一些水从整体里面分流出来，把它弄到别的地方，水不得不接受这种分流，这也是水的柔弱。最后，水流的时候遇到障碍，它只能绕开这个障碍，这也显示水的柔弱。综上可见，水是天下万物中最柔弱的、最让人同情的。

而攻坚强者莫之能胜。这个“攻”可以理解为摧毁，“坚强”是坚固的东西。摧毁坚固的对象没有比水更胜任的，没有能超过水的。这句话表现了水的另一种性质，讲水的破坏力无与伦比。生活中，讲到破坏力的时候，都会讲洪水猛兽。大禹的父亲治水不力，丢掉了性命。大禹治水有功，登上了天子的位置。水成了人类需要征服的对象，治水成了人类的事业，足以说明水的破坏力多强。圣经中，上帝决定用洪水毁灭不听话的人类，也说明水的摧毁力。水的摧毁力来自水的柔弱无形，因为柔弱无形它才能无处不在。它淹没土地，摧毁房屋和桥梁，这些都是人的生存之本。水的摧毁力是釜底抽薪的。与水相比，任何有形物的摧毁力都受限于它的形，所以，它的破坏力都是有限的。水还有更奇特的破坏力，它还以缺水的方式来摧毁这个世界。水的可怕在于它既可以以存在的方式摧毁世界，也可以以不存在的方式摧毁世界。水既是柔弱的也是可怕的。

以其无以易之。水既柔弱又可怕，它的根源是什么？它源于水无法改变的本性。事物都有自己的性，不是想改变就能改变的，人所要做的就是认识事物的本性，顺从事物的本性。那老子讲水的性质二重性是要说明什么？

弱之胜强，柔之胜刚。这就是从水的二重性里得出来的道理。“弱之胜强，柔之胜刚”，这两句话是一个意思，我们只解释“弱之胜强”就可以了。为什么“弱之胜强”呢？“弱之胜强”这句话应该有一个语境，这个语境就是常人的一个观念，就是“强”一定能够胜“弱”。生活中经常能看到恃强凌弱的现象，强能胜弱，已经变成生活中的一个真理。我们都认同这个真理，但这种认同会造成严重后果，强者会更加肆无忌惮地去欺负弱者。在这样的语境里，老子指出强弱关系的另一种真理，也就是“弱之胜强”。

“弱之胜强”是一种纠偏的产物，它构成了对恃强凌弱的限制性关系，它告诫强者，弱也能胜强。所以“弱之胜强”应该翻译成：弱也能够胜强。不能翻译成：弱必然会胜强。如果说弱必然胜强的话，那么人人都会自觉地处在弱的状态，坐等有一天弱能胜强。弱能胜强的有力证据是什么呢？所有的强者最初都是以弱者的状态出现的，开始的时候都不是强者，是后来变成强者的。他由弱变强，意味着他的对立面由强变弱了，否则他怎么会由弱到强呢？但是，这并不表明所有的弱者最终都能够变成强者，“弱之胜强”只是一种可能性，它不是现实性，也不是必然性。孔子的话印证了老子的观念。孔子说“后生可畏，焉知来者之不如今”。弱是能够胜强的，不要看是小孩子，就觉得好欺负，每个孩子都会长大，这些小孩以后都有可能超过你。但是不是长大一定会超越你呢，那就不一定了。孔子接下来又说“四十、五十而无闻焉，斯亦不足畏也已”，当这些小孩到了四十、五十的时候，还没有做出成绩的话，那也就不可怕了。“后生可畏”是一种可能性，不是必然的。

“弱之胜强”的另一种意思就是，面对强大对象的时候采取弱的态度可能会胜过强的态度。面对强大，通常的做法是用强大对抗强大。但老子认为，面对强大，采取弱的态度可能是一种更高的智慧。比如面对台风，应该采取什么态度？小草有一种态度，大树也有一种态度，小草是一种退让的态度，大树是一种对抗的态度，最终小草活下来了，大树被连根拔起。显然，在面对强台风的时候，小草远比大树有智慧。需要注意的是，老子是要挖掘一个我们常会忽略的思想，并不表明我们平常所采取的思想方式是错误的。这就意味着强胜弱也是一种真理。我们经常看到草地上立着一个标语牌，“小草青青，脚下留情”，这说明通常情况下，人不会去欺负大树，但会去欺负小草，所以写一个标语，防止人去践踏小草。

天下莫不知，莫能行。这是老子的一个感慨。老子发现，大家都也认同“弱之胜强”的道理，可是却没有人按照这个道理去做，这就是一个问题了。按道理来讲，明白一个道理，就该按照这个道理去做，但现实却是明白了道理，却偏不按道理去做。在七十章里有两句话叫“莫能知，莫能行”，没有人知道，也没有人去行。那也是老子的一个感慨，那个感慨在逻辑是没有问题的，因为不知，所以不行。可是这个地方就不一样了。“莫不知，莫能行”，就是知而不行，从逻辑看就构成矛盾了，就是知行不一了。这里要追问一下，为什么人知行不一？因为知是一种纯理性的活动，知是在人的意识中完成的。行是一种感性的活动，它是有条件的，不具备条件就行不通。强胜弱是无条件的、直接的，是知行合一的。但弱能胜强是有条件的，比如说，风和小草的关系，只有在遇到强台风的时候，小草的优势才体现出来，它是在特定条件下展现出来的优势。水火不容，水能灭火。水能灭火是一个原理，但现实中水的量必须足够大，水才能灭火。杯水车薪是灭不了大火的，水灭火是有条件的。还有滴水穿石，滴水穿石靠的是漫长的时间。强胜弱的道理不需要讲，大家都能明白。“弱之胜强”的道理，不讲就不明白，明白了也很难去做，这中间还需要很多条件。

是以圣人云：“受国之垢，是谓社稷主。”老子思想的用意，就是要把自然的原理运用到社会当中来，上升为治国的原理。这个治国的原理就是弱的原理、示弱的原理，不是逞强的原理。对于国君来讲，应该怎样去示弱呢？“垢”是污垢的意思，就是脏东西，引申到社会里就是不好的东西、负面的东西、否定性的东西。这句话的意思就是能够接受一国之负面的东西，才能够成为一国的国君。老子这个话很有意思，他认为能够接受多大领域负面的东西，决定了你能够管理多大领域的土地，接受负面的东西越多，统治领域就越大。你能接受一国负面的东西，那你就能成为一国的国君。这是一个闻所未闻的国君标准。老子在这里特别强调了国君的负面承受能力。正面的东西不需要承受的，自然地会接受，只有负面的东西才需要去承受。在老子这里，负面的东西比正面的东西更有价值。老子多次讲这个道理，在美丑善恶长短高下前后的关系里，都是强调负面的价值，强调丑的价值、恶的价值、短的价值、下的价值、后的价值。这些在常人眼里都是否定的价值，但在老子这里都是肯定的价值。只有肯定了这些所谓的负面价值，才能做一个好的国君，才是一个称职的国君。比如，房子要能够住进去，首先需要有正面的东西，要有厨房、卧室、客厅，但房子之为房子还需要一个负面的东西，就是厕所。如果房子没有厕所的话，就是不合格的房子。仔细观察会发现，这个世界上，厕所的数量远超过厨房，老子这个思想非常有意思。

在帛书乙本里，“受国之垢”的“垢”字写成“诟”，意义更明确了。“诟”是批评的意思，这句话的意思就变成：经得起一国人的批评，才能成为一国的好国君，不能接受一国人的批评，就不能成为一国的国君。言下之意，国君就是一个能够被批评而且必然被批评的对象，不能批评的国君、不让批评的国君，古人称之为暴君。“受国之垢”的现代说法就是为人民服务，服务得好不好人民说了算，服务得不好，人民就要批评。

受国不祥，是谓天下王。“不详”指的是不好的后果，就是国家遇到了灾难。简单地讲，就是国家没有治理好，谁来承担责任？一国之主要承担一国灾难的责任，不能把责任推卸给他人，推卸给下级。“受国不详，是谓天下王”，承担一国的灾难，就可以做天下之王。如何“受国不祥”呢？首先要自我批评，古代皇帝通过罪己诏，表明责任在我。进一步的“受国不祥”就是辞职。当然，古代皇帝是不愿辞职的，但自我批评的传统是自古就有的。《论语》上记载，商汤就职发表演说，“朕躬有罪，无以万方；万方有罪，罪在朕躬”，我有罪不要连累老百姓，老百姓有罪也是我的罪，这才是天子。周武王登基的时候也有就职演说，“百姓有过，在予一人”，老百姓的过错都是我的过错，也体现了责任担当。人类学家考察，远古很多部落都有大祭司，部落的大祭司是一个很危险的职业。如果遇到干旱，部落需要求雨的时候，求雨失败了，大祭司就要承担责任，他会被流放甚至是会被杀死。为什么呢？因为没有尽到责任。今天民主国家里以制度的方式规定统治者要“受国不祥”，辞职更是题中应有之义。所以看到老子这句话，会令人觉得很亲切，说明老子是古代的，但又是最现代的。

正言若反。“正言”就是真理之言。“正言若反”，真理之言以真理的反面表述出来，看起来好像不是真理。《老子》全书到处都是“正言若反”，都是用一种反真理的语言来表现真理。像曲则全，枉则直，洼则盈，敝则新，柔弱胜刚强，无为而无不为，不争则天下莫能争，言者不智，智者不言，损而益，益而损，这些都是反常识的话。八十一章里面的“信言不美，美言不信。善者不辩，辩者不善。知者不博，博者不知”，也不是通常能理解的观念，但是表达了更高的真理。真理有两种：一种是我们能意识到的真理；另一种是我们意识不到的真理。我们常常把意识不到的真理当作谬误。

七十九章

和大怨，必有余怨，[报怨以德，]安可以为善？

是以圣人执左契，而不责于人。有德司契，无德司彻。

天道无亲，常与善人。

和大怨，必有余怨。“怨”，怨恨的意思，“大怨”就是大的怨恨。生活中经常会产生各种各样的怨恨，这些怨恨来自生活中各种不如意，都不能算是“大怨”。什么是“大怨”呢？“大怨”涉及人生的根本问题，比如说个人层面的背信弃义，就是“大怨恨”，社会层面的不公正、不平等、不自由，这些都构成“大怨”。“大怨”都是因违背人类价值理想而导致的，由于“大怨”来自价值观的冲突，特别具有危险性，它很容易演化成相互的对立，甚至爆发战争。所以需要消除“大怨”。如何消除呢？通常的方法是“和大怨”。怎么“和大怨”呢？必定要从制造怨恨的一方做起。在老子这里，制造怨恨的就是统治者。所以想要消除怨恨，统治者必须要改变自我，要放低姿态，获得老百姓的谅解。这种和的态度会起到一个很好的效果，能够消除怨恨，从而走出危险。

但老子在这里面提出一个更高的要求。他认为，与其“和大怨”不如不产生怨。老子看到了“和大怨”的局限性，无论怎么去“和大怨”，都“必有余怨”，都会留下余怨。一个完好的东西破坏了，无论怎么去修补都会留下痕迹，留下阴影的。这些痕迹和阴影大多不在事物的表面，而是隐藏在事物的里面。就人而言，怨恨影响到人的心灵。所谓怨恨的消除，只是一种表面的现象，适当的时候，适当的地点，这些怨恨、这些阴影又会重新出现。所以，无论怎么“和大怨”，完全回到怨以前的状态是非常困难的。任何的因都会产生果，都会以一种无形的方式参与到果里，它们不定在什么时候爆发出来。宰我昼寝不算是一个大的错误，但孔子却骂他“朽木不可雕”，这个反应是过度的，对宰我是不公平的。这表明什么？孔子的骂一定是过去无数的怨恨积累爆发出来的，绝不只是因为昼寝，昼寝只不过是一个触发点、一个借口。怨是不断积累起来的，由小怨到大怨是一个过程，怨的对象看起来是眼前的事物，但实际上是无数怨恨的积累。当“大怨”已经形成，无论怎么去和，都会留下余怨。老子看到了怨的可怕。如果“和大怨”再无余怨，完全可以回到从前，人就不会在意积怨，就会任意地去积怨，反正到了“大怨”，再去“和大怨”也不晚。老子这句话是讲统治者和老百姓的关系，也可以说是强者和弱者的关系，强者不要让弱者在心里不断积怨，一旦积成大怨，就非常的危险。

报怨以德，安可以为善？“报怨以德”四个字是从六十三章移植过来的，放在这里文意相通，所以我们也认同这种移植的方式。“报怨以德”就是以德的方式对待别人的怨恨。这是“和大怨”的具体做法。怎么去“和大怨”？最好的方法莫过于“报怨以德”。这种做法好不好呢？“安可以为善”。怎么算是一种好的方法呢？可见老子是否定“报怨以德”的。“报怨以德”为什么不好呢？也就是余怨难除。既有今天的“抱怨以德”，何必当初让怨产生。老子是在提倡一种更好的境界，尽管不能完全避免怨恨，但要尽量减少怨恨产生。这里有一个问题，《论语·宪问》中有一段对话，有人问孔子如何看待“以德报怨”？孔子说“何以报德？以直报怨，以德报德”。孔子也否定了“以德报怨”。因为《老子》中正好有“以德报怨”这四个字，好多人就认为《论语》

中的“以德报怨”出自《老子》，以为这是孔子在批评老子的观点。如果我们认同了“以德报怨”从六十三章移植到七十九章是合理的话，那么根据文意，老子也是不赞同“以德报怨”的。那么“以德报怨”是谁的观点呢，它应该是世俗流行的道德观念。从世俗的角度看，这是一种很好的观点，但从孔子和老子的观点来看，它们是成问题的。

是以圣人执左契，而不责于人。“契”就是契约的意思，类似于今天的合同。古人将契约一分为二，债权人一份，债务人一份。债权人拿左边的一份，债务人拿右边的一份。帛书甲本里面写作“圣人执右契”，引起了一些争论。但《老子》三十一章里明确说“吉事尚左，凶事尚右”，显然老子认为左为大。那么这句话的意思就是圣人手里拿着左契，却不去向债务人讨债。这句话的字面意思很好理解，但遇到义理上的问题。圣人手里拿着左契，却不以此为证据向债务人讨债，那当初为什么要签订这个契约呢？圣人要是原本就不打算讨债的话，当初直接给人不就完了？何必多此一举呢？这个说不通啊！如果圣人是要体现高风亮节的话，那么这个高风亮节也没有任何示范意义。欠债要还是天经地义的。父债还要子还，所以，圣人不去讨债，说得严重一点，这是违背了契约精神。如果圣人以此为榜样号召天下人都这么做，那结果就会产生大量的坏人，这是怂恿人去做坏事啊！于情于理都不合。所以，理解这句话要有一个附加条件。当债务人遇到天灾人祸，实在无法履行责任的时候，圣人主动放弃追债，这既体现了圣人的德行，也没有破坏契约精神。尽管从法律的角度来说，圣人“执左契”是可以讨取债务的。

有德司契，无德司彻。这个“契”指的是左契，“司契”就是手里拿着左契的人。“有德司契”，手里拿着左契而又不去逼债的人有德。因为他承认法的合理性，又超越了法的合理性。“无德司彻”，“彻”是周代的税法，税率百分之十。无德的人就像是主管收税的人，只管按照当初约定的税率去收税，至于收成如何，不是他关心的，他的心里只有税法。老子在这里强调德和法的关系。法是不变的规矩，是社会稳定的基石，而德是一种权变，是品质的一个提升。老子并不否定法的重要性，但又注重德的提升。这跟孔子关心的问题是一样的，父亲偷羊，儿子应该怎么办？从法的角度讲，儿子应该去告发；从德的角度讲，儿子不能去告发，要子为父隐。

天道无亲，常与善人。“天道无亲”与“天地不仁”意思相近。“天道”是自然之道，自然之道不偏爱任何一个人，天冷了，大家一视同仁的都冷；天热了，大家一视同仁的都热，天道无差别地对待每一个人。为什么又讲“常与善人”呢，这不是矛盾吗？这个“善人”指的是合乎道的人、顺从道的人。天冷了顺从天道去加衣服，天热了顺从天道去减衣服，顺从了天道，人和天就合一了，就没有冲突了。也可以说，你顺从了天道，天道就站在了你这边。你不顺从天道，要和天道对着干，天冷了你要减衣服，天热了你要加衣服，天就不容你了，就要让你生病。“天道无亲，常与善人”，就是天道保护那些合乎道的人，惩罚那些违背的人。这里天道作为自然之道，就是自然规律，类似于一种必然性。天冷了必须要加衣，没有人要去对抗它，这是一目了然的道理。

在人类生活中，人的行为也要遵循天道。人该怎样去做、怎样去说、怎样去交往，这里面也有一个天道。但天道和人的关系有点复杂。首先，天道和人的理解相关。不同的人都承认有一个天道，但不同的人对天道的理解却不一样。其次，天道和人的自由构成了一对矛盾。更重要的是天道“常与善人”没有得到生活的印证。按照天道，“得道者多助，失道者寡助”，但事实上，得道的人并不一定得到大家的拥护，失道的人也不一定是孤家寡人。所以人和道呈现出某种复杂性的关系。

司马迁针对这两句话发出了自己的感慨，很有代表性："或曰：天'道无亲，常与善人'。若伯夷、叔齐，可谓善人者非邪？积仁洁行，如此而饿死。且七十子之徒，仲尼独荐颜渊为好学。然回也屡空，糟糠不厌，而卒蚤夭。天之报施善人，其何如哉？盗跖日杀不辜，肝人之肉，暴戾恣睢，聚党数千人横行天下，竟以寿终。是遵何德哉？此其尤大彰明较著者也。若至近世，操行不轨，专犯忌讳，而终身逸乐，富厚累世不绝。或择地而蹈之，时然后出言，行不由径，非公正不发愤，而遇祸灾者，不可胜数也。余甚惑焉，傥所谓天道，是邪非邪？"

司马迁应该是一个得道的人，但遭遇很不好，所以怀疑"天道无亲，常与善人"的合理性。当然，我们也能找到和司马迁相反的例子来印证老子的观点。但作为一个理论，必须是毫无例外的，只要举出一个反例，老子的观点就不能成立，何况司马迁举出那么多反例，他自己也是一个反例，生活中这样的反例随处都是。那如何理解"天道无亲，常与善人"呢？应该说这句话不是一个事实的表述，而是一个价值的表述，是表达人的一种信念。这是一种应该、一种要求、一个必须相信的绝对真理。相信它有什么意义？会给我们战胜困难的勇气，会给我们生活的信心。如果天道不站在人这一边，那人间还有什么正义，还有什么美好？相信天道"常与善人"，就会朝着实现天道的方向去努力，就无限地靠近天道，靠近公正。因为相信，才会更美好。

八　十　章

小国寡民。使有什伯人之器而不用；使民重死而不远徙。

虽有舟舆，无所乘之；虽有甲兵，无所陈之。使民复结绳而用之。

甘其食，美其服，安其居，乐其俗。

邻国相望，鸡犬之声相闻，民至老死，不相往来。

小国寡民。这是非常有名的一句话。老子前面讲到如何治理大国，提到了“治大国若烹小鲜”，还说“大国者下流”。但老子理想中的国却是小国。从道的观点来讲，治国应该不分大小，治大国的方法和治小国的方法应该是一样的，不应该有大小之分。那么老子为什么把小国作为他的理想国呢？从理论上来讲，治国的方法是一样的，但就治理的实践来看，治大国容易背离道，所以，老子才提出许多治大国的方法。那么小国呢？它不得不循道，按照道来治理。

“小国寡民”是什么意思呢？小国和寡民的意思其实是一样的。小国是以领土而言，领土比较小。寡民是以人口而言，人口比较少。土地小，人口自然就会少。小国、寡民从不同的侧面说的是同一个意思，就是国家要小。

老子提出小国寡民的思想，有它的社会背景。老子生活在春秋末年，这个时候开始出现大国兼并小国的现象，这种现象愈演愈烈。战争的目的是广土众民，使自己的土地越来越大，人口越来越多，多到极限，就是要统一天下，把天下变为自己的。孟子和梁襄王志不同道不合，但讨论天下如何才能安定时结论却是惊人的一致，就是要“定于一”，要统一天下。所谓统一天下就是使自己的国变成唯一的国，让天下变为自己的天下。这种求统一的思想或者求统一的思维方式会产生什么样的结果？必然会产生战争。统一的方式有两种：一种是用霸的方式，就是用武力去统一；一种用王的方式，就是用仁义去统一。尽管孟子设定了统一的方式，只能以王的方式去统一，但历史事实表明了，秦用武力实现了统一。

求统一就是求大。大就变成了一种价值，变成了人的一种追求。在老子的时代，追求大实际上就是在鼓动战争。不通过战争，不通过兼并，你怎么变大呢？实现大的价值，最大的受害者是老百姓。老子深刻认识到追求大，把大作为价值去追求的危害性。中国文化里一直有一种追求大的倾向。在语言中由大构成的词语大多是褒义词。比如“大气磅礴”“大大方方”“大家闺秀”。由小构成的词，大多是贬义词，如“小心翼翼”“小人得志”“小家碧玉”。在贬低人的时候，总是在前面加一个小字。日本本来很强大，但我们喜欢说小日本。中国还不是很强大，但我们一定要说大中国。这种对小的盲目鄙视，对大的盲目崇拜，在现实生活中随处可见。城市要大、楼要大、学校要大、公司要大，人人津津乐道于大，以大为荣，甚至为了大而大。我们不仅崇拜有形的大，还喜欢无形的大、抽象的大，于是产生了一些很奇怪的现象。比如说爱国，一方面面对国旗能感动得热泪盈眶，专门去天安门广场看升旗，这当然很好，但另一方面都对身边的不公熟视无睹。感觉事情太小，不值得关注。正如鲁迅讲的，我们有集体的自大，却没有个人的自大。

老子“小国寡民”的思想，是对世俗中大的价值观的颠覆。他让我们关注小，关注具体性、个别性。越是具体的、个别的越是接近本质。比如说衣食住行、生老病死，是每个人最切身的问题。我们学文学的，文学最关心的是什么？是个人的命运。肖洛霍夫有一篇小说叫《一个人的遭遇》，他不写二战本身，而是把二战作为背景来看个人的命运，来看二战对个人命运的影响。老子提出“小国寡民”，把小作为一个价值标准，作为一个价值追求，这个思想是非常深刻的。他提出一个小的价值观，让我们彻底改变对小的看法。一个人重视小，这个人就成熟了，一个社会重视小，这个社会就成熟了。所以，认同小不是小事，是一件很伟大的事。追求小的价值观应该成为今天人的一种共识。但非常可惜，历代人，包括现代研究老子的人，都在批评“小国寡民”的思想。这说明我们的文化中，对于大的追求至今还是一个普遍的倾向。因为大家都认同大，认同大的价值，所以才会批评小的价值。老子“小国寡民”的意义，就在于提出了一种新的价值观：小的价值观。

使有什伯人之器而不用。“什伯”是什么意思呢？有两种解释：一种是把“什伯”解释为武器，另一种是把“什伯”解释为十倍和百倍，解释为倍数。哪一个好呢？如果解释为武器，就会和后面的“虽有甲兵，无所陈之”中的“甲兵”意思重复了，帛书本正好在“什伯”后面多出了一个“人”字，更加印证了十倍百倍的正确性，所以还是解释为十倍、百倍好。那么这句话的意思就是：即便有十倍百倍于人工的那些器物，也不会去使用。那些十倍百倍于人工的器物是什么？就是那个时代的新技术产品。老子这是对技术进行反思。老子那个时代的技术跟今天相比，还是处在一个比较原始的阶段，还很不发达，但老子已经开始对技术进行反思，足以说明老子对技术的敏感。

道家对技术天然就很敏感。庄子在《天地》篇里面讲了一个故事。子贡在汉阴，看见一位老人正在给庄稼浇水，自己挖台阶到井边，用罐子装水提上来浇园，用了很多力气但效果甚微。子贡就提醒老人，这里不是有机器吗？一天就能浇一百亩田，事半功倍，你为什么不用新机器、用新技术呢？这个老人回答说，“有机械者必有机事，有机事者必有机心。机心存于胸中则纯白不备，纯白不备则神生不定；神生不定者，道之所不载也。吾非不知，羞而不为也”。老人不是不知道这个东西省力，他是“羞而不为”，因为这个东西不符合道，可见，道家是有意识地不去使用新技术。

技术为什么不符合道呢？老子没有解释。从现代人的眼中来看，不合道可能有几种考虑：首先，是导致身体的功能退化，人体的器官都有自己的作用，用进废退。每一个器官都有自己的用途，闲置不用，这个器官最后就会退化掉。人老是不走路，腿的功能就会丧失掉。其次，技术最大的成果就是产生一种技术思维，做一切事情都强调结果，轻视过程。生命是一个过程，生命的意义就在于生命的过程。生命的结果就是生命的死亡，所以生命没有结果，只有过程。只追求结果，和生命的精神、生命的本质是相悖离的。技术思维影响深远，现在过年喜欢到饭馆吃年夜饭，人们不是在劳作中体验年的味道，而是静坐在那里等着年的到来。最后，技术使人丧失自由的本性。人为什么要技术？技术为什么会发展出来？它迎合人性的弱点。人性在哪个地方有弱点，哪个地方就会出现相关的技术。人不想走路，就发明了汽车。人想偷懒，偷懒的行业就发展得很快，如商店不想去了，就有快递；饭馆不想去了，就有外卖。老是外卖，饭就不会做了，实际上就依赖上它了。人所依赖的对象就是控制人的对象，大家看起来都很自由，实际上是被外卖和快递控制了，万一哪一天外卖和快递没有了，就没办法生活了。所以老子说不用这些机械，不使用“什伯”之器，是为了让人重新获得一种自由。

老子这句话受到很多人的误解，他们认为老子是在反对技术。老子是不是在反对呢？我们注意“不用”这个词，老子说我们有这个技术，但不用这个技术，而不是毁坏这个技术，毁坏就是真的要回到过去。“不用”是说现在不用，能够不用，而不是任何时候都不去使用。我们有车，但不用车，要去步行，不是说要把车毁掉。这是反思，而不是反对。反思就是问一句，是不是一定要用它？是不是可以不用？在反思当中，人与技术的关系由依赖变为自由。

使民重死而不远徙。“徙”，迁移的意思，“远徙”，迁移到很远的地方。人为什么要迁移到很远的地方？古人讲安土重迁，人不轻易离开自己的家园。人要离开的话，不外乎两个原因：一是生活没有保障，只能背井离乡，逃荒要饭。二是追求一种更美好的生活，说得具体一点就是追求功名富贵。老子这里面讲的“远徙”，显然不是出于生活困难，理想国里面人的生活应当不成问题，否则也就不叫理想国了。所以，老子的“远徙”应该指那些追求功名富贵而远走他乡的人。远走他乡是有代价的，尤其是在古代，这跟今天的远走他乡是有区别的。古代交通通信极为不便，出门是一件很痛苦的事。古诗词里面有一个特别重要的主题，就是表达离愁别恨。诗与远方的确有关，但通向远方的路颠沛流离，异常艰辛，有的甚至是一去不回。现在人讲诗与远方，讲得特别美好，不免有些轻飘。

如何让这些人留在自己的家乡？老子提出“重死”的价值观，“重死”就是重视生命，也就是说在生命和功名利禄之间要重视生命。《老子》四十四章里对此作了专门的论述，这里就不多说了。总之，在理想国里，生活的价值观是生命最重要，而功名是无足轻重的。重视生命的价值观就是重视小的价值观。在常人看来，个体生命是微不足道的，只有建功立业才留名千古。这样生命就成了实现功名的手段和工具。而在老子的理想国里，生命就是目的，其他的一切都是增进生命的手段。

虽有舟舆，无所乘之。理想国里有车也有船，但理想国里的人过着自足的田园生活，并不羡慕外在的功名利禄，不需要远走他乡，所以也就不需要乘坐这些舟车。这些舟车只是一个摆设，或者只起到一个应急的作用。这句话，现代人理解起来比较困难，现代人已经离不开舟车，不坐舟车就无法生活了。这里要注意，古人心目中的舟车与现代人眼里的舟车含义是不一样的。古代的舟车是一种奢侈品。在老子的时代，舟车不是随便哪个人都能拥有的，只有贵族才能够享用的。奢侈品体现人的地位、人的身份，但没有它，并不影响人的正常生活。今天的舟车是必需品，城市的公交和地铁，城市之间的高铁和飞机，都是必需品。缺了它，就没办法生活，不坐公交不坐地铁，从城东到城西就没办法上班。比照古代，现代人出门坐专列专机，才是奢侈。将来火星上住人了，宇宙飞船也只是个生活必需品。一个时代的奢侈品在另一个时代可能就是必需品。所以“虽有舟舆，无所乘之”，是讲过一种普通的生活，不要追求一种奢侈的生活。

虽有甲兵，无所陈之。虽然也有武器，但用不着这些武器，也就是说理想国里没有战争。老子的理想国是一个小国，小国资源有限，组织不起来战争。另外，小国是一个熟人的社会，在熟人的社会里，那些出去打仗的人个个都是和自己相关的人。打仗带来的后果，失去的可能都是亲人、朋友、熟人，这样就会压制战争的冲动。大国不一样，大国容易组织军队，而且大国里的人都是陌生人。他们与其说是人，其实只是人的符号，张三李四就是一个符号。他们跟组织战争的人没有任何关系，让他们去打仗，即便是打死了，也没有什么心理负担。“虽有甲兵，无所陈之”，小国失去了战争的可能性，也就制止了战争，所以，理想国是从制度层面上制止了战争。

使民复结绳而用之。“结绳”是原始人类的记事方式，是文字产生以前，人类记事的一种方法。老子说理想国的人要结绳记事，是不是要回到那个原始的时代呢？显然不是。对老子的有些观念和词汇，不能作太实在的理解，很多时候它只是一个设喻、一个比喻。人有了文字，不去使用这些文字几乎是不可能的，老子不会提出这么一个人人反对的观念。结绳记事意味着事情特别少。理想国里，人过着一种简单的生活，或者说人尽量使生活过得简单，不要把事情搞复杂，没有那么多的事情要记。

甘其食，美其服，安其居，乐其俗。这几句话有两种翻译方法：一种按使动用法翻译：使食物很甘美，使服装很美观，使住所很安定，使风俗很快乐。陈鼓应就是按使动用法翻译。这个翻译有一个问题，饮食甜美、衣服美观、住所安适、习俗欢乐，存在一个标准的问题。什么叫吃得好？穿得好？住得好？风俗好？好是没有止境的。人受到欲望的驱使，倾向于追求无止境的好。追求无止境的好可能导致奢靡。这个翻译就容易引起误解。另外一种按意动用法翻译：以现在所吃的为美，以现在所穿的为美，以现在所住的为安，以现在的俗为乐。理想国的人安于现有的生活，而不是去追求更好的生活。这个翻译可能更符合老子的原意。需要说明的是，这个现有的生活是一种什么样生活？第一，它肯定不是奢华的生活；第二，它肯定也不是一种艰苦的生活。老子的思想，从来反对奢华的生活，但也不提倡过一种艰苦的生活。老子提倡一种自然的生活。老子特别关注理想国里的日常生活，关注百姓的吃穿住。人们通常以为理想国里应该关心每个人如何建功立业，每个人要做出什么成就。但理想国不关心这些，理想国给人的感觉是不够理想。理想国关心最普通的生活，关心小，排斥大，排斥形式主义和虚荣。理想国里不仅有美好的个人生活，还有美好的群体生活。这就是“乐其俗”。俗是民俗、风俗。一个人不能构成俗，一群人一起才能构成俗，所以这个“俗”指的是理想国里的群体生活。“乐其俗”，表明人对这种群体生活非常满意，乐在其中，这是一种自由自在的生活。

邻国相望，鸡犬之声相闻，民至老死，不相往来。人们提到“小国寡民”的时候，说得最多的就是这几句话，批评最多的也是这几句话。这些批评显然都是误解。他们特别关注“鸡犬之声相闻，民至老死，不相往来”这几句话。他们批评说，人和人之间不来往，这是违背人性的。人是群体的动物，人有交往的需要，怎么能老死不相往来呢？就这几句话而言，批评似乎是合理的。但他们都把前面“邻国相望”这四个字忽略掉了。忽略掉这四个字，“鸡犬之声相闻，民至老死，不相往来”，说的就是理想国内部人和人的关系。有了这四个字，老子讲的就是一种国际关系，是国与国之间的关系。是说这个国家和那个国家的人不来往，而不是理想国内部人与人之间不来往。在理想国的内部，人是有交往的。“乐其俗”表明理想国内部人与人交往是很密切的，而且关系还十分和谐，快乐自在。

为什么国与国之间不能交往呢？怎么理解呢？这涉及哲学家的思维方式。哲学家的思维方式与常人不同。常人是求异思维，哲学家是求同思维。在常人眼里，万物是有差异的；在哲学家眼里，万物在本质上是相同的。理想国的人都是哲学家，都是很有理性的人，在他们眼里，国与国之间没有区别。另外，就文本而言，“邻国相望”的邻国应该是什么样的国？一定也是个理想国。只有邻国也是理想国的时候，邻国之间老死不相往来才是可能的。如若邻国是一个大国，且对理想国起了吞并之心，那理想国就不存在了。所以，与理想国相邻的国必定也是个理想国。既然都是理想国，有什么必要跑到邻国去呢？就像旅游一样，旅游是基于差异性的，当人认识到这个世界没有差异性的时候，就不会去旅游了。当你旅游多了的时候，发现各地的风俗民情大同小异后，就不会再想旅游了。

老子理想国的思想影响深远。陶渊明的《桃花源记》就出自老子的理想国，是理想国的生活样板，经过陶渊明的影响，理想国又变成了中国人的心灵栖息地。当然理想国也受到了许多批评，甚至说理想国开历史倒车。这些批评太较真，从而不得要领。他们真以为老子要在现实中建立理想国。其实老子是借理想国提出一种新的价值观、一种小的价值观，也可称为一个具体的价值观，也可称为平凡的价值观。这才是老子“小国寡民”的意义。有了小的价值观，就可以反思大。反思大，对大保持警惕，而不是要否定大。回忆童年、回忆家乡、回忆一段美好的时光，不是说要回到过去。过去是回不去的，但人还是不由自主地要去回忆。回忆不是消极的，而是积极的，是要更好地面对现在和未来。同样，“小国寡民”也是积极的，理想国的存在是对心灵的一种净化。

八十一章

信言不美，美言不信。

善者不辩，辩者不善。

知者不博，博者不知。

圣人不积，既以为人己愈有，既以与人己愈多。

天之道，利而不害；人之道，为而不争。

信言不美，美言不信。“信言”就是表达真实的语言、表达真理的语言。“美言”是吸引人的语言、感动人的语言。我们希望听到真言，希望别人对我们讲真话，这表明真言是我们追求的最高价值之一。同时我们也喜欢听到美言，希望被感动，所以美言也是我们追求的最高价值之一。那么这两种最高价值是什么样的关系呢？我们通常认为真言和美言是统一的，或者说我们希望它是统一的。这样一种观点或者这样一种希望最终产生了这样一种结果，就是混淆了真言和美言。误解了美言，后果还不算特别严重，误解了真言，后果非常严重。生活中，把美言当作真言，把艺术当作历史，这种情况特别普遍。把文学当作历史，把电影电视当作历史，必然会歪曲历史，影响对历史的认知，最终影响对现实的判断力。

儒家喜欢美化历史。《论语·八佾》篇记载：“哀公问社于宰我，宰我对曰：‘夏后氏以松，殷人以柏，周人以栗，曰：使民战栗。’子闻之，曰：‘成事不说，遂事不谏，既往不咎。’”鲁哀公问宰我社祭用什么木料，宰我据实回答。但对“周人以栗”特别加以解释，说周以栗树祭祀，是要使民战栗，让老百姓害怕。孔子听到这句话后，很生气，说过去的事情已经过去了，不要再说了，不要再追究了。显然，孔子认同宰我说的是历史事实，但这个历史事实有损周的形象，而孔子是拥护周的，他明确说“吾从周”，他无法容忍宰我对周的诋毁，即便是历史事实，也是不能说的。孔子的历史观与宰我的历史观截然不同。孟子也是，孟子《万章》篇，对儒家圣人进行系统的辩护。他为大舜辩护，为大禹辩护，为伊尹辩护，为孔子辩护，为百里奚辩护。他为什么要辩护呢？因为民间对这些圣人有另一种说法，这些说法都有损圣人的形象。比如说，大舜在尧在世的时候夺取了尧的位置，大禹传子不传贤，伊尹因为会烹饪得到了商汤的信任和提拔，孔子周游列国的时住在宦官家里，百里奚以五张羊皮的价格贱卖自己。这些民间传说并非空穴来风，可能更接近历史真实。但这些都是圣人的污点，孟子一一地为他们洗清，塑造出一个个理想美好的圣人形象。儒家对历史的态度直接影响了中国人对历史的态度，尽管有《二十四史》存在，但很少有人真的去读。人们大都是通过艺术作品去了解历史，这一方面说明艺术作品的力量太强大，另一方面也说明人们太缺乏历史感，这个非常危险。用艺术的美感去替代历史的真实，最终导致历史认知的缺失，也就是真的缺失，真言的缺失。老子强调真言的独立性。认为历史不是艺术，艺术不是历史，艺术和历史是各自独立的。

为什么说它们是各自独立的呢？因为真言表述存在，美言表述对存在的感觉。说树上有一朵花、有一只鸟，到底有没有？看一看就知道了。但这朵花和这只鸟美不美则是一种情感的评价。既然是一种评价，就和人的评价标准相关，不同的人有不同的评价，不同的时候也有不同的评价。“感时花溅泪，恨别鸟惊心”，这与平时对花鸟的评价是完全不一样的。存在是唯一的，评价是多样的；存在是客观的，审美是主观的。另外，真言是需要证明的，美言是不能证明的，它是凭感觉的。“黄河之水天上来”是美言，气势磅礴，但不能证明。黄河之水青海来，是真言，但是不美。所以，一定要把真言和美言区分开。

很多人说“信言不美，美言不信”，体现了一种辩证法的思想，但我觉得这个说法不是很好。仔细体会就会发现，老子这句话是强调信言的独立性，是要澄清人们对信言的误会，这有点像分析哲学中的词语分析。信言和美言不是反义词，并不构成一种辩证关系。它们分属两个不同的领域，无所谓对立，也无所谓统一，各自保持独立就好。在真的领域，真和伪是反义词，它们构成辩证关系。在美的领域，美与丑是反义词，它们也构成辩证关系。所以，“信言不美，美言不信”并不具有什么辩证法思想。它是针对词语的越界而进行的词语的澄清，说到底是对思想越界的一个警告。后面“善者不辩，辩者不善。智者不博，博者不知”也是如此。

善者不辩，辩者不善。“善者”就是好人，“辩者”就是会说话的人。好人不是说出来的，好人是做出来的。“善者不辩，辩者不善”讲的是言与行的关系。言与行的关系有两个方面：一个是道德领域的言行关系；一个是社会公共领域中的言行关系。在社会公共领域，言是非常重要的，甚至可以讲没有言就没有行。每年年初开两会，会上制定这一年的工作规划，这就是言。接下来，这一年的工作要落实这个规划，这就是行。所以在社会公共领域当中，言在先，行在后，没有言就没有行。但在道德领域，言与行的关系发生了变化。做好人是行重要？还是言重要？肯定行重要。人不用说要做好人，也不能说我是好人，当你这样说的时候，你是不是一个好人就很可疑。你可能是为了某个目的，至少不是一个纯粹的好人。老子说得比较抽象，孔子说得更具体，可以帮助理解老子的这句话。《论语·为政》说“先行其言而后从之”。《论语·里仁》说“古者言之不出，耻躬之不逮也”。《论语·公治长》里有人说“雍也仁而不佞”，雍这个人特别仁义，但口才不行，笨嘴拙舌。孔子说“焉用佞”，干嘛一定要会说话？可见，孔子对会说话不以为然。做好人就已经够了，说要做好人，就是在表演做好人，生活中表演做好人的多。做好事的人，大多没有被人宣传过，被人宣传做好事，很难说是做好事，只是一种表演。

知者不博，博者不知。这个“知”是智慧的“智”。智慧的人，不广博，广博的人不智慧。一般人都认为智慧与知识有关系，有智慧的人一定有广博的知识，有广博知识的人一定有智慧，从而混淆了智慧与知识。老子认为智慧与知识没有关系，不仅没有关系，他还进一步认为，智慧的人不追求广博的知识，追求广博知识的人不智慧。老子思想的核心是通过语言分析澄清什么是智慧。智慧的人为什么不博呢？智慧在不同的领域有不同的表现方式：首先，道德领域的智慧。孔子对智慧有个说法，“知之为知之，不知为不知，是知也”，知道就说知道，不知道就说不知道，这就是智慧。这里的智慧就是诚实，说老实话，无需广博的知识。德行的智慧只需要良知。其次，知识领域中的智慧。庄子说“吾生也有涯，而知也无涯，以有涯随无涯，殆已”，人生有限，知识无限，用有限的生命去追求无限的知识是很危险的。所以在知识领域，知道自己有限，知道自己无知，就是智慧。最后，人生的大智慧。人生的大智慧是什么？就是了解世界的根本，世界的根本就是道。求道是人生的大智慧，如何求道呢？“为道日损”，“日损”就是损去已经拥有的东西，当然包括知识。可见，知识不但无益于道，反而妨碍求道，是求道需要清除的东西。有智慧的人，不是什么都知道，恰好什么都不知道，但他知道什么是根本。

圣人不积。圣人是理想的统治者，理想的统治者不去积累自己的财富。圣人为什么不去积累财富，圣人不积累财富怎么生活呢?

既以为人己愈有，既以与人己愈多。圣人不积累自己的财富，他把自己的财富给了别人。给了谁呢? 当然是百姓。圣人把财富都给了百姓，那他自己不就一无所有了吗? 他怎么生活呢? 但神奇的效果产生了，“既以为人己愈有，既以与人己愈多”，他把自己的财富给了百姓以后，反而更加富有了。这个怎样去理解，这违反常识啊! 这是老子的经济学思想，一个非常深刻的思想。

老子的经济学思想，通俗地讲，就是藏富于民。老百姓富了才有消费的能力，消费的能力反过来促进生产，这就构成了经济发展的良性循环。一般来说，经济发展有三种方式：投资、外贸、消费。其中消费最重要，消费需要消费的能力，老百姓手上没有钱，怎么去消费? 老子的这个经济学思想，看起来很奇怪，实际上是个真理，必须要把钱给老百姓。孔子的学生有子也明白这个道理。当鲁哀公要加税，增加自己的收入，积累自己的财富时，有子讲“百姓足，君孰与不足? 百姓不足，君孰与足? ”这是老子思想的另一种表达方式。

作为一个公司来讲，老子的思想同样有启示意义。股份制公司把自己的钱给员工，使员工拥有公司股份。这样员工替公司工作也就是替自己工作，员工替自己工作也就是替公司工作，每个员工的成果都增加了公司的收入，这不就是老子说的“既以为人己愈有，既以与人己愈多”吗? 这是老子的经济学思想，也可以说是老子的管理学思想。

老子的经济思想基于一个更重要的思想，就是如何看待人我关系。如果把我和他人看作对立的话，那么我在增加财富的时候，他人必然会减少财富。以这种方式增加财富，增加的财富就是有限的，他人会限制你财富的增长。在老子看来，人我是统一的，要把自己的财富增长和他人的财富增长联系在一起，这是共同富裕。任何一种经济思想都不是单纯的，必须与道的思想、人的思想联系在一起，道的思想、人的思想优先于经济思想，是经济思想的灵魂。

天之道，利而不害，我们这个世界应该说是“天之道”的产物。那么我们能不能证明这个世界是所有可能世界中最好的世界呢？这是没办法证明的。因为我们没见过其他的世界，就没有办法证明这是最好的世界。那么“天之道，利而不害”，也就没办法证明。更何况这个世界中还有许许多多的不足，所以“天之道，利而不害”，只能是我们对天道的一种信念，不是真的“利而不害”，这只能是一种信念。

人之道，为而不争。通行本“人”前面有一个“圣”字，写的是“圣人之道”，陈鼓应根据帛书本把“圣”字删掉了，我认为删掉了“圣”字不太好。因为“人之道”既可以依道而行，也可以背道而行，不是必然的“为而不争”。“为而不争”只是一种可能性。加了“圣”字，“为而不争”就是必然的结果。那么“圣人之道，为而不争”就是对“既以为人己愈有，既以与人己愈多”的总结，也是这个思想的进一步升华。

“圣人之道，为而不争”，但结果却是“为人己愈有，与人己愈多”。很容易让人误解，以为这是圣人的一个谋略，圣人故意以这个方式来获得很多的利益。其实，“人之道，为而不争”源于“天之道，利而不害”，是“天之道”规定“人之道”，让它“为而不争”。“圣人之道”只不过是顺应天道，去做他应该做的事情，他这样做不是为了获利，获利只是一个自然的结果。

后 记

自从2013年结缘上海交大老子书院开始讲授《老子》，随后在全国多地讲《老子》。但限于课程的讲座性质，每次讲授的内容都未超出《老子》前十章。2018年给研究生讲完《大学》《中庸》后，从2019年开始讲授《老子》。由于学生的社会活动较多，以及新冠肺炎疫情的影响，断断续续花了近两年的时间才讲完《老子》。

老子是中国古代最伟大的哲学家，更准确地讲，是最伟大的政治哲学家。《老子》是中国古代最伟大的政治哲学著作，与西方任何一部政治哲学著作相比都毫不逊色。《老子》里包含了西方现代政治哲学所有重要的观念元素，从《老子》里能顺利地发展出自由、平等、博爱的启蒙观念。难怪近代的启蒙思想家严复都特别青睐老子的思想。《老子》最古老，又最现代。

老子的思想转化为黄老思想，成为汉初七十年休养生息的思想基础，取得了良好的政治实践成果，只可惜未能形成有约束力的政治制度。汉武帝上台后，好大喜功，“罢黜百家，独尊儒术”，最后耗尽了汉初聚积的国力。汉武帝罢黜的百家主要是以老子思想为基础的黄老道家思想。老子及黄老思想的核心是统治者要无为而治，这与秦以后的中央集权制度是相冲突的，统治者绝对不能容忍以无为的思想削弱自己的权力。所以，汉初无为而治的政治思想、政治实践注定只是昙花一现。

老子的政治思想不仅受到政治上的打击，还受到思想界的攻击。

宋明的新儒家们失去了先秦儒学的宽宏和胸襟，固守学派之偏见，故意歪曲老子的思想，诋毁老子的思想，认为老子的思想是阴谋论，有的甚至进行人身攻击。

当下浮躁的社会里，形成了《老子》热，读《老子》的人越来越多，但《老子》被误解的命运没有得到任何改变。说《老子》是管理学，是修身，尽管不得要领，还算是差强人意。而禅说《老子》，将《老子》庸俗化为心灵的鸡汤，于《老子》实在是风马牛不相及。

还有一种误读是混同道家与道教。由于道教将老子奉为太上老君，《老子》也由子书一跃成为经书。《老子》成了《道德经》，《老子》道教化的倾向越来越明显。道家思想在道教思想的遮蔽下隐而不显，人们把道教思想误置到老子身上，变成了老子的思想。

本书逐句解读《老子》，力图揭示《老子》思想的本来面目。老子是史官，对历史与现实中的盛衰成败有深切的体会，这就使得《老子》思想中渗透着一种独特的理性精神。这是一种历史理性精神，有别于儒家的伦理理性精神，这决定了老子的政治哲学思想更具有穿透力。他理性地思考政治问题，理性地解决政治问题。老子以“道常无为”引申出无为而治的思想，以期彻底解决政治上治乱循环的顽疾。尽管老子没有进一步说明如何让统治者无为，但这个思路无疑是正确的。在老子看来，治国的核心问题是限制统治者的权力，儒家寄希望于统治者的道德自觉是靠不住的。无为而治的思想内容极为丰富，需要今人去不断展开、深化。无为不是不为，是不妄为。如何使统治者不妄为，法的思想已呼之欲出，无为而治的现代说法应该就是以法治国。所以，要建立现代法治国家，《老子》是不可多得的思想资源。

本书《老子》原文采用陈鼓应先生的校定文。对校定文有不同意见的，将根据帛书本、竹简本，在具体讲解时加以说明。

本书是由我给研究生上课的录音整理而成的。在把录音转化成文字的过程中，李诺、魏文绫、丁馨、孔祥睿、涂王霞五位同学付出了辛勤的劳动，在这里对她们表示衷心的感谢！课堂上，坐而论道是非常惬意的事。每次课后与同学们一起去饺子馆吃饭，谈天说地，也是令人十分难忘的。通过这本书，把老子，把课堂，把同学们，把饺子馆定格在一起，构成一段美好生活的回忆。也感谢黄一凡同学！感谢吴晓梅女士、夏德元教授、杜常顺教授在本书出版过程中给予的帮助！感谢冯媛、周心怡两位编辑！感谢鹏山兄赐序！

左克厚

2021.8 月于西宁